齿轮箱轴承选型与维护

王勇 赵明 编著

机械工业出版社

本书介绍了齿轮箱轴承选型与维护中的相关技术。书中内容从常见的齿轮箱与齿轮箱相关轴承基本性能入手，介绍了齿轮箱轴承的选型原则、齿轮箱轴承的配置、齿轮箱轴承的选型计算、齿轮箱轴承的润滑等在齿轮箱设计过程中的轴承选型技术。同时介绍了齿轮箱轴承的安装、振动监测等齿轮箱轴承维护工作中的相应技术。本书在齿轮箱维护技术部分探讨了基于大数据和人工智能等技术的智能运维技术和数据分析方法。最后本书针对风力发电机齿轮箱轴承的相应选型和维护技术进行了专门的阐述。

本书可供从事齿轮箱设计、使用和维护相关领域工作的技术人员学习参考，也可供齿轮箱技术人员在日常进行设计、试验、维护、保养等涉及轴承相关问题的分析、校核工作中使用，从事齿轮箱轴承应用技术工作的轴承工程师也可将本书作为系统性的参考工具书。

图书在版编目（CIP）数据

齿轮箱轴承选型与维护 / 王勇，赵明编著 .—北京：机械工业出版社，2022.12
ISBN 978-7-111-71442-2

Ⅰ . ①齿⋯　Ⅱ . ①王⋯ ②赵⋯　Ⅲ . ①齿轮箱 – 轴承 – 选型 ②齿轮箱 – 轴承 – 维修　Ⅳ . ① U260.332

中国版本图书馆 CIP 数据核字（2022）第 150690 号

机械工业出版社（北京市百万庄大街 22 号　邮政编码 100037）
策划编辑：江婧婧　　　　　　责任编辑：江婧婧　间洪庆
责任校对：郑　婕　张　薇　　封面设计：鞠　杨
责任印制：单爱军
北京虎彩文化传播有限公司印刷
2022 年 11 月第 1 版第 1 次印刷
169mm×239mm ・24.25 印张・495 千字
标准书号：ISBN 978-7-111-71442-2
定价：109.00 元

电话服务　　　　　　　　网络服务
客服电话：010-88361066　机　工　官　网：www.cmpbook.com
　　　　　010-88379833　机　工　官　博：weibo.com/cmp1952
　　　　　010-68326294　金　书　网：www.golden-book.com
封底无防伪标均为盗版　机工教育服务网：www.cmpedu.com

前　言

　　轴承是齿轮箱中一个非常关键的零部件。在进行齿轮箱相应的设计以及应用的时候，广大机械工程师需要对轴承相应的选型、校核计算以及维护等技术具有一定程度的掌握。

　　目前对齿轮箱技术和轴承技术进行系统介绍的技术书籍十分完备，但是专门介绍某一领域中轴承应用技术的书籍又十分匮乏。事实上，轴承作为通用零部件，在不同的设备中的选型、校核、配置、维护等技术都具有设备本身强烈的技术属性，受到所使用设备技术条件的强烈约束。

　　以齿轮箱领域为例，轴承在齿轮箱中的选型、校核计算等方法更多地受到齿轮箱本身的影响，具有浓重的齿轮箱设计的色彩，而面对的对象又是具体的轴承。这样的实际情况使得专门领域的轴承选型与维护成为了交叉学科。这些交叉学科的技术恰恰是广大工程师在工程实际工作中日常遇到的问题和最直接的需求。

　　作者在2020年出版了《电机轴承应用技术》一书，那本书是介绍轴承在电机中的选型、校核与应用的技术书籍。正是因为这些技术是专门领域的轴承技术，又是工程师日常最需要的技术，此书一经出版便受到广大电机设计、使用工程师的欢迎，出版一年已经两次印刷，并准备修订后出版第2版。由此也使我想到同为驱动设备的齿轮箱领域，也需要一本专门地、系统性地阐述轴承应用技术的书籍。这也是本书着笔的初衷。

　　同时，随着工业技术的不断发展和进步，人工智能和大数据技术在工业设备运维中的应用越来越广泛，设备数据的架构、设备数据的分析算法等也得到了很好的发展。作者近两年正好从事这方面的工作与实践，因此也将人工智能与大数据技术的一些实践经验加入轴承维护、监测与分析部分的介绍之中。

　　在驱动设备中，齿轮箱是一个多轴系统。与电机等其他单轴系统相比，具有更大的复杂性。同时，在齿轮箱的设计、选型、校核计算、生产制造以及维护过程中对轴承应用技术的要求也相应更高。因此，熟练地掌握齿轮箱轴承应用技术对于从事齿轮箱相关的设计、制造以及使用的工程师而言是一个不小的挑战。

　　本书聚焦齿轮箱的设计、制造、使用、维护的全生命周期，从齿轮箱工程师的角度以及思考顺序对轴承相关应用技术进行系统阐述。机械工程师可以按顺序阅读本书的各个章节以掌握齿轮箱轴承选型与维护技术的全貌。同时，也可以在不同的阶段相应地查询相关章节，以辅助轴承的选型、应用。

本书的最后，针对齿轮箱应用领域中一个比较专门的工况——风力发电机中的齿轮箱应用技术做了专门的阐述。

本书第一～第十章、第十五章及附录由王勇主笔，第十一～第十四章由赵明主笔。

本书在一些地方引用了《电机轴承应用技术》中共性的内容部分（比如部分轴承性能、定义的介绍等），同时针对齿轮箱工况加入了专门的阐述。书中的一些数据引用了相应的国标、企标、一些轴承生产厂家的型录和手册等。

由于作者水平所限，书中难免有不准确甚至错误的地方。恳请广大机械工程技术人员、轴承应用工程师以及齿轮箱使用人员提出宝贵的意见和建议。

在本书成书之际，特别感谢伍美芳（Quency NG）女士、吴凯先生、杨彦女士在过去多年来对作者的教诲和帮助！感恩曾经的并肩战斗与学习！

王勇、赵明

2022 年 6 月

目　　录

前言

第一篇　概　　述

第一章　工业齿轮箱与轴承应用 ... 3
第一节　齿轮箱生命周期中的轴承 ... 5
一、齿轮箱设计过程中的轴承应用技术——轴承选型 ... 6
二、齿轮箱装配过程中的轴承应用 ... 7
三、齿轮箱使用、维护过程中的轴承维护 ... 8
第二节　齿轮箱轴承选型与维护技术概述 ... 8
第三节　风力发电机齿轮箱与齿轮箱轴承选型、维护 ... 10
第四节　本书框架 ... 11

第二章　工业齿轮箱概述 ... 13
第一节　工业齿轮箱简介 ... 13
一、齿轮箱的定义 ... 13
二、齿轮箱的作用、特点 ... 15
第二节　齿轮与齿轮箱的分类 ... 17
一、齿轮的分类 ... 17
二、齿轮箱的分类 ... 22
第三节　齿轮箱的基本结构、设计条件与拆装 ... 23
一、齿轮箱的基本结构 ... 24
二、齿轮箱的设计条件 ... 25
三、齿轮箱安装与拆卸基本流程 ... 27
第四节　齿轮箱的基本故障以及失效概述 ... 28

第三章　齿轮箱轴承基础知识 ... 30
第一节　轴承概述 ... 30
一、轴承的历史 ... 30
二、摩擦与轴承 ... 31
三、轴承分类 ... 32
四、滚动轴承的基本结构、组成部件以及各部位的名称 ... 34
五、滚动轴承代号 ... 37

第二节　滚动轴承通用特性介绍 ·· 44
一、轴承的温度 ·· 44
二、轴承的转速能力 ·· 49
三、轴承的负荷能力 ·· 59
四、轴承的保持架 ·· 62
五、轴承的游隙 ·· 64

第三节　齿轮箱常用轴承介绍 ··· 68
一、深沟球轴承 ·· 68
二、圆柱滚子轴承 ·· 72
三、角接触球轴承 ·· 75
四、圆锥滚子轴承 ·· 78
五、调心滚子轴承 ·· 81

第二篇　齿轮箱轴承选型技术

第四章　齿轮箱轴承配置 ··· 85

第一节　齿轮箱轴承配置概述 ··· 85
一、齿轮箱设计中的轴承配置 ··· 85
二、轴系统支撑、定位的基本概念 ··· 86

第二节　圆柱齿轮箱中的轴承配置 ··· 91
一、圆柱齿轮箱高速轴轴承配置 ··· 91
二、圆柱齿轮箱中间轴轴承配置 ··· 97
三、圆柱齿轮箱低速轴轴承配置 ··· 101
四、轴承内置式齿轮与换档齿轮轴承配置 ······································· 102

第三节　圆锥齿轮箱中的轴承配置 ··· 105
一、小齿轮轴轴承配置 ·· 105
二、输出轴轴承配置 ·· 109
三、输出轴轴承选择注意事项 ·· 111

第四节　蜗轮蜗杆齿轮箱中的轴承配置 ····································· 112
一、蜗杆轴承配置 ·· 112
二、蜗轮轴轴承配置 ·· 116

第五节　行星齿轮箱中的轴承配置 ··· 119
一、太阳轮轴承配置 ·· 119
二、行星轮轴承配置 ·· 121
三、行星架布置及轴承选用 ·· 124

第五章　齿轮箱轴承的选型计算　126
第一节　齿轮箱轴承选型计算的目的、方法和流程　126
一、齿轮箱轴承选型计算的主要目的　126
二、齿轮箱轴承选型计算的主要内容　127
三、齿轮箱轴承选型计算的方法和流程　128
第二节　齿轮箱轴承受力计算　130
一、轴系统受力计算　130
二、轴承受力计算　143
第三节　齿轮箱轴承当量负荷计算　148
一、当量负荷的概念　148
二、不同方向的轴承负荷折算成当量负荷　148
三、变动负荷折算成当量负荷计算（载荷谱折算）　152
第四节　齿轮箱轴承额定寿命计算　154
一、齿轮箱轴承寿命计算的概念和意义　154
二、齿轮箱轴承基本额定寿命计算与调整　157
第五节　齿轮箱轴承静态安全系数计算　163
第六节　齿轮箱轴承最小负荷计算　165
一、齿轮箱轴承最小负荷计算的概念和意义　165
二、齿轮箱轴承最小负荷计算方法　165
第七节　行星齿轮箱轴承平均加速度以及保持架承载能力计算　167
第八节　齿轮箱轴承的摩擦及冷却计算　168
第九节　齿轮箱轴承的工作游隙计算　170

第六章　齿轮箱轴承系统公差与配合　172
第一节　齿轮箱轴承公差配合选择的机理分析　172
一、轴承内圈配合选择分析　173
二、轴承外圈配合选择分析　174
第二节　齿轮箱轴承系统公差配合选择的原则　175
第三节　齿轮箱轴承公差配合推荐　177
一、一般齿轮箱中轴、轴承室公差配合推荐　177
二、轴承安装于齿轮轮毂内的轴、轴承室公差配合推荐　179
三、齿轮箱轴、轴承室的几何公差和表面粗糙度推荐　180

第七章　齿轮箱轴承润滑技术　181
第一节　齿轮箱轴承润滑基本知识　181
一、齿轮箱轴承润滑设计概述　181

二、润滑脂的主要性能指标和检测方法 …………………………………… 182
第二节　润滑的基本原理 …………………………………………………………… 185
　　一、润滑的基本状态与油膜的形成机理 ………………………………… 185
　　二、润滑剂工作条件与油膜形成的关系 ………………………………… 186
　　三、轴承润滑与温度、转速、负荷的关系 ……………………………… 188
　　四、不同润滑脂的兼容性 ………………………………………………… 189
第三节　齿轮箱轴承润滑的选择 …………………………………………………… 191
　　一、齿轮箱轴承润滑脂的选择 …………………………………………… 191
　　二、齿轮箱轴承润滑油黏度（润滑脂基础油黏度）的选择 …………… 191
　　三、极压添加剂的使用 …………………………………………………… 194
第四节　齿轮箱轴承润滑寿命及润滑方法 ………………………………………… 194
　　一、油脂润滑 ……………………………………………………………… 194
　　二、油润滑 ………………………………………………………………… 198
第五节　齿轮箱轴承的润滑维护 …………………………………………………… 200
　　一、齿轮箱润滑供给的检查 ……………………………………………… 201
　　二、运行中齿轮箱润滑剂质量劣化检查 ………………………………… 202

第三篇　齿轮箱轴承的维护技术

第八章　齿轮箱轴承的储运、安装与拆卸 …………………………………… 207
第一节　轴承的存储和运输 ………………………………………………………… 207
　　一、轴承的存储 …………………………………………………………… 207
　　二、轴承的防锈 …………………………………………………………… 208
　　三、轴承的运输 …………………………………………………………… 208
第二节　齿轮箱常用轴承的安装准备 ……………………………………………… 208
　　一、齿轮箱轴承装配的环境要求 ………………………………………… 208
　　二、装配前的检查 ………………………………………………………… 209
　　三、轴承的清洗 …………………………………………………………… 209
第三节　齿轮箱常用轴承的安装方法 ……………………………………………… 211
　　一、冷安装 ………………………………………………………………… 211
　　二、热安装 ………………………………………………………………… 212
　　三、圆锥内孔轴承的安装 ………………………………………………… 213
　　四、推力轴承的安装 ……………………………………………………… 214
　　五、分体式径向轴承的安装与检查 ……………………………………… 215

第四节　角接触球轴承及圆锥滚子轴承系统的预负荷（游隙）调整 …………… 216
　　一、角接触球轴承及圆锥滚子轴承系统预负荷调整的计算 ……………… 216
　　二、安装时零游隙位置的确定以及安装游隙调整 ……………………… 220
　　三、面对面配置轴承隔圈尺寸的确定与安装 …………………………… 221
　　四、背对背配置轴承垫片尺寸的确定与安装 …………………………… 223
第五节　轴承安装后的检查 ……………………………………………………… 224
第六节　齿轮箱轴承的拆卸 ……………………………………………………… 227
　　一、冷拆卸 ……………………………………………………………… 227
　　二、加热拆卸 …………………………………………………………… 228

第九章　齿轮箱轴承振动分析技术 …………………………………………… 229

第一节　齿轮箱轴承的振动 ……………………………………………………… 229
　　一、负荷区滚动体交替带来的振动 ……………………………………… 229
　　二、滚动体与保持架碰撞引发的振动 …………………………………… 230
　　三、滚动体与滚道碰撞引发的振动 ……………………………………… 231
　　四、轴承内部加工误差带来的振动 ……………………………………… 231
　　五、润滑引起的振动 …………………………………………………… 232
第二节　齿轮箱轴承振动监测与分析概述 ……………………………………… 232
　　一、振动基本概念 ……………………………………………………… 232
　　二、振动信号分析中的傅里叶变换 ……………………………………… 234
　　三、振动频谱分析方法 ………………………………………………… 235
第三节　齿轮箱轴承振动的时域分析 …………………………………………… 235
　　一、设备运行的"浴盆曲线" …………………………………………… 236
　　二、齿轮箱轴承运行时振动的时域表现 ………………………………… 237
第四节　齿轮箱轴承振动的频域分析 …………………………………………… 240
　　一、齿轮箱轴承振动的频域表现 ………………………………………… 240
　　二、齿轮箱轴承振动频域分析的实施方法（频谱分析方法） …………… 241
　　三、齿轮箱轴承振动频域分析的其他应用 ……………………………… 243

第十章　齿轮箱轴承的失效分析技术 ………………………………………… 244

第一节　齿轮箱轴承失效分析概述 ……………………………………………… 244
　　一、齿轮箱轴承失效分析的概念 ………………………………………… 244
　　二、齿轮箱轴承失效分析的基础和依据（标准） ……………………… 245
　　三、轴承失效分析的限制 ……………………………………………… 246
第二节　轴承接触轨迹分析 ……………………………………………………… 248
　　一、轴承接触轨迹（旋转轨迹、负荷痕迹）的定义 …………………… 248

二、轴承接触轨迹分析的意义 ………………………… 248
　　三、轴承的非正常接触轨迹 …………………………… 252
第三节　轴承失效类型及其机理 …………………………… 254
　　一、概述 ………………………………………………… 254
　　二、疲劳 ………………………………………………… 255
　　三、磨损 ………………………………………………… 260
　　四、腐蚀 ………………………………………………… 263
　　五、电蚀 ………………………………………………… 267
　　六、塑性变形 …………………………………………… 269
　　七、断裂和开裂 ………………………………………… 271

第十一章　风力发电机概述 …………………………………… 273
第一节　风力发电机的功能及作用 ………………………… 273
　　一、风力发电机的各个组成部件 ……………………… 274
　　二、风力发电机的设计类型与发展方向 ……………… 278
第二节　风力发电机的发展趋势 …………………………… 280
　　一、单机容量的不断增大 ……………………………… 280
　　二、风力发电从陆地向海上拓展 ……………………… 280
　　三、新方案和新技术的不断使用 ……………………… 280

第十二章　风力发电机齿轮箱的作用及特点 ………………… 281
第一节　风力发电机齿轮箱的设计 ………………………… 281
第二节　风力发电机齿轮箱的作用及特点 ………………… 284
　　一、风力发电机齿轮箱的作用 ………………………… 284
　　二、风力发电机齿轮箱的特点 ………………………… 284

第十三章　风力发电机齿轮箱轴承及轴承配置 ……………… 286
第一节　风力发电机齿轮箱里的行星轮 …………………… 286
　　一、行星轮简介 ………………………………………… 286
　　二、风力发电机齿轮箱的基本设计 …………………… 288
第二节　风力发电机行星轮上各个部件的轴承配置 ……… 290
　　一、风力发电机行星架轴承配置 ……………………… 290
　　二、风力发电机行星轮轴承配置 ……………………… 303
　　三、风力发电机平行轴轴承配置 ……………………… 311
第三节　风力发电机中轴承的特点 ………………………… 316
　　一、轴承的表面处理 …………………………………… 316
　　二、关于轴承类型选择的问题 ………………………… 317

第十四章 风力发电机齿轮箱轴承应用 318

第一节 风力发电机齿轮箱轴承应用建议 318
一、润滑系统的建议 318
二、风力发电机齿轮箱轴承配合的建议 319

第二节 风力发电机齿轮箱轴承校核方法 320
一、风力发电机齿轮箱轴承的寿命校核原理 320
二、风力发电机齿轮箱轴承的寿命校核计算 323

第十五章 基于大数据的齿轮箱轴承的智能运维技术 325

第一节 大数据与人工智能技术在轴承运行维护领域的应用场景 325

第二节 基于大数据和人工智能分析技术的齿轮箱轴承运维系统实施的基本思路和方法 326
一、齿轮箱轴系统运行状态的参数化 326
二、齿轮箱轴承系统运行数据的采集与管理 330
三、齿轮箱轴承系统状态参数的判断 331
四、齿轮箱轴承系统状态参数的分析 332
五、齿轮箱轴承系统智能运维的实施路径 334

第三节 基于大数据和人工智能分析技术的齿轮箱轴承系统状态监测与诊断方法 335
一、齿轮箱轴承系统的振动信号处理技术 336
二、齿轮箱轴承系统的振动特征提取与处理 337

第四节 齿轮箱轴承系统健康管理模型 344
一、基于健康基准的 PHM 方法 345
二、基于工况相关性的动态阈值法 346
三、基于 3σ 的动态阈值法 348
四、健康特征向量法 351

附录 354

附录 A 轴承失效模式和原因（GB/T 24611—2020/ISO 24611：2020） 355

附录 B 深沟球轴承的径向游隙（GB/T 4604.1—2012） 358

附录 C 圆柱滚子轴承的径向游隙（GB/T 4604.1—2012） 358

附录 D 开启式深沟球轴承（60000 型）的极限转速值 359

附录 E 带防尘盖的深沟球轴承（60000—Z 型和 60000—2Z 型）的极限转速值 359

附录 F 带密封圈的深沟球轴承（60000—RS 型、60000—2RS 型、60000—RZ 型、60000—2RZ 型）的极限转速值 359

附录 G　内圈或外圈无挡边的圆柱滚子轴承（NU0000 型、NJ0000 型、NUP0000 型和 N0000 型、NF0000 型）的极限转速值 ……… 360

附录 H　单列圆锥滚子轴承（30000 型）的极限转速值 ……………… 360

附录 I　单向推力球轴承（51000 型）的极限转速值 ………………… 360

附录 J　单向推力圆柱滚子轴承（80000 型）的极限转速值 ………… 361

附录 K　单列角接触轴承（70000C 型、70000AC 型、70000B 型）的极限转速值 ……………………………………………………… 361

附录 L　ISO 公差等级尺寸规则 ……………………………………… 361

附录 M　深沟球轴承新老标准型号对比及基本尺寸表 ……………… 362

附录 N　带防尘盖的深沟球轴承新老标准型号及基本尺寸对比表 … 363

附录 O　带骨架密封圈的深沟球轴承新老标准型号及基本尺寸对比表 …… 364

附录 P　内圈无挡边的圆柱滚子轴承新老标准型号及基本尺寸对比表 … 365

附录 Q　外圈无挡边的圆柱滚子轴承新老标准型号对比及基本尺寸表 … 366

附录 R　单向推力球轴承新老标准型号及基本尺寸对比表 ………… 371

附录 S　推力圆柱滚子轴承新老标准型号及基本尺寸对比表 ……… 372

附录 T　我国和国外主要轴承生产厂电机常用滚动轴承型号对比表（内径≥10mm） ……………………………………………… 372

附录 U　径向轴承（圆锥滚子轴承除外）内环尺寸公差表 ………… 373

附录 V　径向轴承（圆锥滚子轴承除外）外环尺寸公差表 ………… 373

附录 W　径向轴承（圆锥滚子轴承除外）内外圈厚度尺寸公差表 … 374

参考文献 …………………………………………………………………… 375

第一篇　概　　述

齿轮箱轴承的选型与维护工作是以齿轮箱基本知识和轴承基本知识为基础的。对于齿轮箱工程师而言,在进行齿轮箱轴承选型之前需要对轴承的基本知识有一定的了解,这样才可以根据自己设计的齿轮箱对轴承的要求,选择出适合的轴承。对于轴承应用工程师而言,在帮助齿轮箱客户进行轴承选型之前也需要具备一定的齿轮箱基础知识,以做出正确的选择。

本篇作为齿轮箱轴承选型与维护的基础,首先介绍了齿轮箱的基本分类、基本结构形式、设计条件等,然后介绍了对轴承的分类,以及轴承的基本性能等相关技术内容,最后针对一般齿轮箱中常用的轴承进行了更加详细的介绍。

第一章
工业齿轮箱与轴承应用

齿轮箱顾名思义就是以齿轮传动作为主要功能的机械设备，在工、农业生产和生活中被广泛应用。工程实际、生产生活中，人们将热能、势能、风能等各种能源通过机械装置转化为满足需求的旋转机械能后加以利用。在旋转机械中能量最终以转矩、转速的形式呈现。

在古代，人们需要将不稳定的水势能、动能、风动能等能量转化成需要的动力来源。那时候就诞生了最早的齿轮箱。人们通过齿轮箱将不稳定转速升高或者降低，得到所需要的能量形式，并进行利用。例如将水流的能量转化成磨坊磨盘的动能等。此时齿轮箱直接充当了能量转换的机械装置。

随着科学技术的进步，人类工业文明进入到汽轮机时代和电气时代。人们学会了将自然界的能量转化成更易于传输和利用的能量形式。这个能量转换的过程中，能量经历了从自然能量转化为热能、电能，再从热能、电能转化成所需要的机械能的过程。在两次能量的转换过程中，齿轮箱都起到了关键的作用。比如，人们通过风车发电，首先需要用齿轮箱将风车的转速转化成发电机可以运行的转速范围，然后由发电机发电；在人们利用电能的时候，电动机将电能转换成转轴的转动机械能，此时人们又需要使用齿轮箱将电动机相对固定的转速转化为实际设备所需要的转速和转矩。可见齿轮箱在人们进行工业生产和生活中的作用是多么关键。

从上面的介绍也不难看出，齿轮箱是在机械系统中通过对轴转动速度和转矩的调整实现能量传递的设备。也正因为如此，齿轮箱有时候又被称作变速箱，主要通过其内部大小齿轮的啮合实现改变传动速度和相应的传输转矩的功能。

齿轮箱通过轴进行能量传递，齿轮箱内部轴的旋转十分关键，因此齿轮箱属于旋转设备中的一类。齿轮箱内部转轴相对箱体发生转动，而对两者进行连接的零部件就是轴承。轴承作为齿轮箱轴的支撑和旋转零部件，对于齿轮箱的稳定运行并达到预期功能起着十分关键的作用。

另一方面，轴承虽然是一个单独的标准零部件，但是轴承本身在内部也是由几个相应的子零部件组成的，并且轴承运转的时候，轴承内部的各个零部件之间也存在相应的运动。相比于其他的零部件而言，轴承几乎相当于一个"小设备"。这也就构成轴承自身的复杂性。

与轴承相比，齿轮箱的机座承担相应的应力和负荷，但是机座自身各个零部件之间不发生相对运动。

齿轮箱里，转轴负责承担着转矩，以一定速度旋转。同时，与机座一样，一根轴的自身不同部分不会发生相对运动。

齿轮是齿轮箱的关键零部件，齿轮在啮合部位出现相对运动，并承载。但是齿轮的运动是在两个齿轮之间发生的，而一个齿轮自身是不会出现相对运动的。

通过上面的对比可以发现，齿轮箱中既承载又运转的零部件包括齿轮和轴承。因此这两类零部件是齿轮箱设计、应用、维护和故障诊断中最关键的部分，也是故障高发的零部件。在这两者中，轴承又是在自身内部实现的运转。因此就单个零部件而言，轴承是更加复杂的。

在实际工程中，轴承的选用在齿轮箱的设计中也是难点之一；同时在齿轮箱发生故障的时候，轴承也是故障最多发的部件之一。可以说，轴承对于齿轮箱而言是一个最重要的关键零部件，并且其选择、装配、使用与维护也具有相当的难度。

从工程技术人员的知识储备来看，齿轮箱工程师对轴承技术的掌握相对有限，这是因为齿轮箱本身最关键的技术是齿轮的设计、生产和制造，这是齿轮箱技术的核心。各个齿轮箱厂家和专业人士对此有非常全面和深入的研究。但是，轴承对于齿轮箱厂家和用户而言是一个使用部件。齿轮箱厂家的工程技术人员和齿轮箱的最终用户都很少参与轴承的设计，而通常在作为标准件的众多轴承中进行选用。因此齿轮箱工程师对于轴承技术的学习和了解投入精力有限。

有时候，轴承厂家经过多年齿轮箱的应用，有可能针对齿轮箱的特殊工况开发了专门用于齿轮箱的某些轴承。这些轴承的开发是轴承工程师根据齿轮箱应用、故障，以及常见问题进行的修正和改进。这个过程中齿轮箱工程师在进行故障诊断时可能会部分参与。但是参与的过程也仅仅是从齿轮箱角度提出要求。

另一些时候，一些轴承厂家也会对于某种特殊的要求进行相应的特殊设计，从而生产出某些专门应用的轴承。但是齿轮箱工程师在这个工作中只是给出工况环境要求，而同样不参与设计。

不论是对于通用的标准轴承，还是针对齿轮箱应用的专用轴承，亦或针对特殊工况而开发的特殊轴承，齿轮箱工程师虽然有可能参与了设计条件的提供，但是这个过程并非对轴承的选用知识的应用，而是提出任务，由轴承工程师设计轴承满足需要。这与日常的轴承应用并不相同。

这种特殊定制发生的频率相比于普通的轴承选型而言低很多。日常中大量的轴承应用工作最重要的技能应该是选择合适的轴承，提出合适的要求，同时将合适的轴承进行正确的使用。我们可以把这些轴承的选型与维护技术归入应用技术领域。

齿轮箱轴承应用技术，顾名思义是一门针对应用在齿轮箱环境下的轴承的使用技术。其研究目标是轴承，其研究环境是齿轮箱。同时齿轮箱轴承应用技术又是一门应用技术而非轴承本身的设计、生产、制造技术。在这里我们讨论的是如何保证轴承在齿轮箱中得到正确的选择和良好的使用，而非重新设计轴承。这样做的成本和通用性在大多数条件下都会受到限制。

另一方面，虽然有时候对某些特殊工况进行特殊的轴承设计，但是更大量的工作还是对现有解决方案的恰当使用。同时，对现有轴承技术方案应用知识的了解，可以更好为特殊设计轴承的技术要求提出更合理和有效的指导。

齿轮箱轴承应用技术作为齿轮箱技术和轴承技术的交叉领域，对工程技术人员提出了一些挑战。

首先，工程师如果从事齿轮箱轴承应用方面的工作，就需要了解齿轮箱的特殊应用工况。此时，相对于轴承而言，齿轮箱是轴承的工作环境，要通过对齿轮箱环境的掌握，选择可以满足这个工况的合适的轴承，并进行应用。因此需要对齿轮箱相应的设计、生产、制造、应用等工况有一定的了解，这对于齿轮箱工程师而言不成问题，但是，对于轴承厂家和轴承工程师而言，其核心技术是轴承的设计、制造技术。这些齿轮箱专业的设计、制造、使用技术对轴承工程师而言是非常困难的。目前轴承工程师对于齿轮箱技术，以及齿轮箱工况对轴承特殊要求的了解仍然相对欠缺。

另一方面，作为应用技术中的一个门类，齿轮箱轴承应用技术主要针对的是对目前已经有的轴承解决方案进行合理使用。轴承的应用技术对于轴承工程师的角度而言难度不大，但是对于齿轮箱工程师而言这确实是不小的挑战。齿轮箱工程师，虽然没有必要特别深入地了解轴承的设计、生产、制造技术，但是对于轴承应用技术本身的掌握成为齿轮箱工程师正确选用轴承的关键。这对于大多数齿轮箱工程师而言，是一个跨行的难度。

由此可见，齿轮箱轴承应用技术是一门交叉学科。同时也是轴承工程师和齿轮箱工程师存在技术短板的地方。

我们不难发现，现实工程中的一个矛盾：一方面轴承是齿轮箱故障高发的关键零部件，实际应用中问题繁多，影响重大；另一方面轴承在齿轮箱的应用技术既不是齿轮箱工程师的核心技术也不是轴承工程师的核心技术。这种"关键"但不"核心"的技术问题带来了双方工程师在解决齿轮箱轴承应用问题时的困难。

也正是由此，我们编写了本书，希望为齿轮箱工程师和轴承工程师在齿轮箱轴承应用方面提供一定的参考。

第一节　齿轮箱生命周期中的轴承

前面我们讲述了齿轮箱轴承应用技术在齿轮箱技术和轴承技术之间所处的地位。而齿轮箱轴承的应用技术在工程实际中主要就是指轴承的选型与维护。要对齿轮箱轴承应用技术进行阐述，我们必须首先了解轴承应用技术在齿轮箱的整个生命周期中的哪些环节需要被使用。

一、齿轮箱设计过程中的轴承应用技术——轴承选型

齿轮箱的设计流程已经十分成熟，我们暂且将齿轮箱的设计总体上分为三个阶段：传动装配设计阶段、齿轮设计阶段、结构设计阶段。我们通过对这三个齿轮箱设计阶段的简介来了解轴承应用技术在其中的位置。

需要指出的是，上述三个阶段并非顺序单向进行的。实际的设计过程往往是初步选定后再深入计算校核，最后反复迭代的过程。在每次选定、迭代的过程中，很多参数也影响了最终轴承的选择。

（一）传动装配设计阶段

齿轮箱的总体设计是从外界工况要求开始的。当一个传动系统需要使用齿轮箱的时候，首先对齿轮箱提出变速要求，这本身也是齿轮箱的核心功能。工况需求会给出输入轴的转速、转矩，同时给出所需的输出轴的转速以及相应的转矩。这些输入、输出的要求是齿轮箱设计时的功率、传动比的边界条件。

同时在这个阶段，工况要求也会给出齿轮箱的装配方式、尺寸限值等条件。这些条件是齿轮箱设计时的外形以及内部结构的边界条件。

在这个过程中，齿轮箱工程师根据要求完成了电机的选择，传动比、各个轴的转速、功率、转矩的计算，以及一些其他参数的计算。通过这些计算大致确定了齿轮箱的基本内部结构。同时，与轴承相关的一些参数也被选定，比如传动级数、轴数量、每根轴的转速，基本布置等相关因素。这些在第一个步骤完成的计算结果将成为轴承选择部分的前提条件。

在这个阶段，根据装配尺寸要求，齿轮箱工程师也可以大致完成一个初步的齿轮箱结构布置方式。这些布置方式也影响了轴承将来的位置等情况。

本书重点不在齿轮箱设计，因此，此处诸多计算、设计等过程不再展开。但是在进行齿轮箱轴承应用技术工作的时候应该知道，齿轮箱设计最初阶段的一些选择将是后续轴承选择的边界条件，这些参数的计算是后续轴承选择的基础。

（二）齿轮设计阶段

从原始参数开始对减速器中的齿轮箱进行计算，获得一些主要参数，再通过这些参数求取齿轮传动的中心距，然后得到各个齿轮的各项具体参数，从而进行齿轮的设计。在齿轮的设计环节，齿轮的中心距、齿轮的啮合位置能影响整个轴系中的受力位置，对后续轴承受力产生影响，从而也影响了轴承的选型。

（三）结构设计阶段

在齿轮箱工程师进行总体结构设计的时候，传动零件、轴、轴承是十分关键的。同时，周围的其他零件的结构和尺寸选择将受到这些零件的影响。所以在进行

齿轮箱总体结构设计的时候，首先是确定主要零件，然后从齿轮箱内部向外逐步进行。

在总体结构设计部分，首先确定箱内传动轮廓及相对位置，其中包括确定传动件的中心线、齿顶圆、节圆、轮缘，以及齿轮宽等轮廓。然后根据相应的间距要求确定齿轮箱壁的位置，进而进行轴的结构设计。

至此，轴的直径尺寸已经确定，齿轮的受力情况也已经确定，这样就可以根据齿轮箱内每一个轴系统上的轴系受力、转速等要求对轴承进行选型设计。

当然，轴系统零部件的选型校核除了轴承以外还有相关其他零部件，比如键、密封等，非本书讨论范围，此处不再赘述。

完成上述校核计算与初步设计就可以绘制齿轮箱的总体结构图。

在这个总体设计过程中还有一个很重要的环节就是润滑设计，这个环节的设计也与轴承密切相关。

完成了整体的齿轮箱结构设计之后分别进行零部件图样的绘制和设计，最后完成齿轮箱设计说明，至此齿轮箱的设计工作宣告完成。

从上面的介绍中不难看出，齿轮箱从一开始的传动设计，到后面的轴系统设计，很多因素都会对齿轮箱和轴承的选型造成影响。这些影响包括轴承的选型和轴承的布置，具体而言就是在外界负荷确定的情况下选择哪个型号的轴承，对选择好的轴承进行校核计算，以及轴承在轴系中的配置工作。

工程实际中经常把设计人员的设计工作想象成实际工艺实施过程的图样模拟。对于轴承也是一样，在齿轮箱设计中要在众多的轴承中选择可以满足要求的轴承，进行计算，之后再在图样上把轴承"装"在轴上。

这个阶段中，齿轮箱轴承的选型、校核、轴承配置等相关知识是齿轮箱工程师进行设计不可缺少的知识储备。

二、齿轮箱装配过程中的轴承应用

当完成齿轮箱设计之后，零部件进入工厂，由工人师傅进行齿轮箱组装。我们知道，良好的安装工艺是保证轴承正常运行的关键。不论多好的设计，如果无法达成工艺实现，最后设备的性能都无法发挥。

在齿轮箱的安装过程中有对齿轮的安装、对轴的安装、对密封件的安装等。这些零部件中结构相对复杂的就是轴承。轴承安装是齿轮箱安装中一个十分关键的环节，也是轴承选型设计的实施过程，同时也是轴承后续维护工作的前提条件。可以说轴承的安装是轴承选型与维护的衔接工作。因此了解正确的轴承安装技巧和方法，对于齿轮箱性能的保障十分重要。

这个阶段中轴承的安装知识是现场技术人员和操作人员必须储备的技术知识。

三、齿轮箱使用、维护过程中的轴承维护

齿轮箱投入使用之后也需要进行相应的维护与维修。在齿轮箱的使用过程中，如果能够实现一些运行状态参数的监控与监测，则有利于齿轮箱的预测性维护与故障诊断。因此齿轮箱轴承应用中的状态监测与故障诊断技术是齿轮箱轴承维护工作中的关键技术。

在维护、维修过程中，轴承是一个十分关键的零部件，也是一个故障高发的零部件。当齿轮箱轴承出现故障的时候，需要对轴承进行失效分析。进行轴承失效分析之前有时候需要拆卸轴承，为避免拆卸造成轴承的次生损坏就需要掌握正确的轴承拆卸技术。同时对失效的轴承进行分析的时候就会使用到轴承失效分析技术。

在齿轮箱的使用过程中，如果其他零部件出现失效需要进行更换，那么此时也会在不得已的情况下对轴承进行拆卸和重新安装。齿轮箱轴承的安装和拆卸技术在这个环节中得到应用。

综上所述，我们知道，齿轮箱从设计到维护直至最终生命周期的完结至少需要经历几个不同的阶段，如图 1-1 所示。而在这些不同阶段中，齿轮箱轴承应用技术范畴下的不同方面会得到使用。这些不同方面的技术一起构成齿轮箱轴承应用技术的主体。

图 1-1 齿轮箱生命周期

第二节 齿轮箱轴承选型与维护技术概述

从齿轮箱的生命周期中不难看出，轴承在整个齿轮箱的设计、制造、使用、维护，以及故障诊断与排除过程中也有其生命周期，如图 1-2 所示。

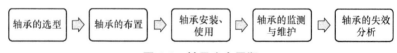

图 1-2 轴承生命周期

齿轮箱轴承的选型、维护等技术包含了齿轮箱轴承从设计阶段开始一直到故障分析阶段的所有过程。主要包括如下几个部分：

第一章 工业齿轮箱与轴承应用

1. 齿轮箱轴承基本知识

对于齿轮箱工程师而言,轴承的生命周期是从轴承的选型开始的,轴承的选型基础就是对轴承基本性能的了解。要进行正确的齿轮箱轴承选型就必须对经常使用的各种轴承的基本性能有熟练的把握,这样才能针对齿轮箱每根轴上的工况选择合适的轴承。因此,轴承基本知识以及各类轴承的基本性能是齿轮箱轴承应用技术的重要组成部分。

在齿轮箱工程师进行轴承选型的时候也需要对轴承的寿命、负荷等参数进行校核计算,这些知识也属于轴承基本知识的范畴。

2. 齿轮箱轴承在轴系统中的布置技术

当齿轮箱工程师完成了齿轮箱轴承的基本选型,就需要在轴系统中对轴承进行布置,此时就需要利用轴承的布置技术。齿轮箱轴承的布置技术是考虑齿轮箱的结构承载特点,选择合适的轴承进行合适的位置排布,并将其放置于周边零部件之中的设计过程,也是齿轮箱轴承应用技术中非常独特且重要的环节。

在齿轮箱轴承的布置完成之后还需要对相应配合的零部件进行公差配合的选择。我们把这些同样归入齿轮箱轴承的布置技术范畴。

3. 齿轮箱轴承润滑技术

在齿轮箱轴承设计选型和结构布置工作进行的时候,还需要对润滑进行设计。齿轮箱润滑设计中主要针对的润滑目标是齿轮和轴承。对于润滑的设计,包含了润滑的选型、润滑的施加、润滑方式的选择、润滑油路的设计、润滑油量和清洁度等一系列相关的技术。关于轴承的润滑技术也是齿轮箱轴承应用技术中不可或缺的重要一环。

4. 齿轮箱轴承的使用技术

齿轮箱的制造过程中使用最多的就是轴承的安装技术。同时在对齿轮箱进行维护和零部件更换的过程中,轴承的拆卸技术会得到相应的应用。在齿轮箱以及轴承的存储、运输过程中也有相应的注意事项。

我们把齿轮箱轴承安装、拆卸技术,以及齿轮箱轴承的存储、运输注意事项都归于齿轮箱轴承的使用技术。

5. 齿轮箱轴承的状态监测技术

齿轮箱轴承的状态监测技术是指在齿轮箱使用过程中的状态监测技术中针对轴承的相关部分。目前主要的轴承状态监测目标是轴承的温度和振动,其中轴承振动监测与分析技术被广泛使用。

6. 齿轮箱轴承的失效分析技术

当齿轮箱轴承出现失效的时候,轴承失效分析技术被用来分析查找导致轴承失效的根本原因。

综上所述,我们把齿轮箱轴承选型与维护技术的基本框架可以总结为图1-3所示。本书将全面介绍齿轮箱轴承选型与维护工作中所涵盖的相应技术内容。

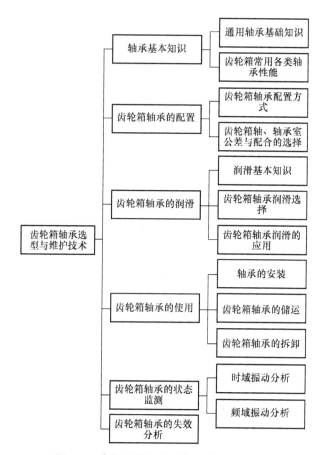

图1-3 齿轮箱轴承选型与维护技术框架

第三节　风力发电机齿轮箱与齿轮箱轴承选型、维护

风力发电机是新能源利用的十分非常重要的领域。传统的风力发电机中一般在主轴系统中都会使用增速齿轮箱结构。增速齿轮箱的作用是将风力发电机风叶传递来的转速提升，将能量传递给发电机，从而通过发电机实现发电的功能。因此增速齿轮箱对于传统风力发电机而言至关重要。

传统风力发电机中除了在主轴中使用的增速齿轮箱以外，还会在变桨偏航系统中使用齿轮箱。

各种风力发电机中，除了传统带增速齿轮箱的机型以外，还有一类通过永磁电机实现的无齿轮箱风力发电机结构。这种风力发电机充分发挥永磁电机的特性，使发电机可以在低速下实现发电的功能，从而省去了主轴系统中的增速齿轮箱结构。但是在这类风力发电机中依然需要使用变桨偏航系统，因此也需要使用变桨偏航齿轮箱。

第一章　工业齿轮箱与轴承应用

将传统具有增速齿轮箱的风力发电机和永磁无齿风力发电机结合的中间产品就是半无齿风力发电机。这种风力发电机在主轴系统上依然使用增速齿轮箱，同时使用变桨偏航系统。

综上，目前的风力发电机主流设计中都会有齿轮箱的应用，作为齿轮箱关键零部件的轴承也成为关注的焦点。据不完全统计，有19%的风力发电机故障与轴承有关。

与普通的工业齿轮箱相同，风力发电机齿轮箱也沿着几乎类似的路线进行设计。同时齿轮箱的整个生命周期中轴承也相伴相随。齿轮箱轴承的应用技术在风力发电机领域从技术应用方法上讲具有相同的使用路径。

所不同的是，风力发电机齿轮箱相较于其他类型的齿轮箱而言具有其自身的特点。

首先，风力发电机齿轮箱总体结构技术路线具有一定的相似性。大致结构的相类似会使轴承在应用领域出现一些共性。因此可以将风力发电机中齿轮箱轴承应用技术相对独立地提出来进行了解。

其次，风力发电机本身的应用工况比较严苛，工作温度差异大、工况稳定性差、工作平台摆动、操作空间小、安装拆卸困难、维护不方便，同时维护成本较高。因此风力发电机对齿轮箱以及齿轮箱轴承设计的可靠性要求相对也较高。如何从设计阶段开始就考虑到这些可靠性因素，是考验风力发电机工程师的一个难题。同时对于轴承而言，正确的选型，兼顾可靠性与成本的考量就需要对齿轮箱轴承应用技术的熟练掌握。

另一个角度，我们可以把风力发电机齿轮箱作为普通齿轮箱的一个特殊应用场景进行考虑。只不过这个场景具有非常大的使用量，同时又具有相对类似的特殊性。在风力发电机齿轮箱的整体设计过程中，轴承依然面临选型、设计校核、布置、装配、润滑设计、状态监测、失效分析等环节。在相应的环节中，也同样可以使用齿轮箱轴承应用技术的相关技术知识加以解决。

第四节　本书框架

本书将齿轮箱轴承的选型与维护技术分为三篇展开介绍。第一篇是对齿轮箱、齿轮箱轴承等本书后续介绍的主题进行概述。

第一章对齿轮箱轴承选型与维护技术的总体定义、目的、意义，以及技术框架进行介绍。

第二章从齿轮箱设计、基本结构，以及对轴承的要求入手，首先，对齿轮箱轴承的应用工况环境——齿轮箱进行大致介绍。在此基础上，本书第三章介绍工业齿轮箱中可能会用到的轴承类型及其基本性能。通过这些介绍，机械工程师可以对齿轮箱轴承的工况条件及本身性能有一定的认识。本书第四章对工业齿轮箱中常用的轴承配置及其技术细节进行阐述，供机械工程师在进行齿轮箱轴承系统设计时参考。

在齿轮箱设计选型的时候，除了定性地进行轴承选择、布置之外，更重要的工作是对齿轮箱轴承选型之后的校核计算。本书第五章从齿轮箱轴承系统的受力分析和计算入手，分别对齿轮箱轴承选型应用时的主要校核目标的具体计算方法展开详细阐述。

在齿轮箱的图样设计阶段，轴承相关零部件的公差与配合选择在本书第六章进行介绍。

本书第七章从润滑的基本概念和原理入手，详细介绍齿轮箱轴承润滑选型、使用以及维护方法。

本书第八章主要针对齿轮箱生产、制造等实际工艺环节，对轴承相关的安装和拆卸方法进行详细介绍。

本书第九章介绍了齿轮箱轴承振动分析技术。

在齿轮箱轴承设计验证、出厂试验以及使用时的失效分析技术在本书第十章进行详细展开介绍。此部分依照 ISO 相关的规范，对齿轮箱轴承典型失效模式进行介绍，同时也对失效分类之前的接触轨迹分析进行了介绍，供齿轮箱工程师在进行轴承故障诊断与分析时参考。

本书第十一～第十四章着重介绍了目前齿轮箱应用中非常广泛的一类——风力发电机齿轮箱。风力发电机齿轮箱是工业齿轮箱中的一类，但是又有其特殊的工况要求和设计需要。目前广泛应用的风力发电设备中，轴承的应用需求十分广泛，因此本书在这一部分就这类特殊的应用进行了详述。

本书第十五章介绍了基于大数据的齿轮箱轴承的智能运维技术及相关的数据分析方法，最后的附录部分收录了齿轮箱选型与维护工作中常用的轴承技术参数。

本书章节内容基本上按照齿轮箱设计流程进行编排，可以作为齿轮箱工程师系统地学习轴承应用技术参考之用，同时也可以帮助齿轮箱工程师在日常设计工作中，根据所处的设计阶段以及技术需求，有目的地进行相应的查询。同时对于轴承应用工程师而言，可以使用本书系统地学习轴承在齿轮箱这一特殊应用工况下的应用技术。

第二章 工业齿轮箱概述

对齿轮箱轴承选型与校核而言，齿轮箱是轴承服务的主体，是轴承的工作环境。因此在介绍齿轮箱轴承选型与校核技术之前，必须大致了解齿轮箱本身的相关情况。

本章仅对齿轮箱的设计、生产制造等相关的情况做简要的介绍。这些介绍仅仅是为了齿轮箱轴承后续的选型、配置、装配等相关技术的阐述提供背景信息，同时也有助于帮助读者在后续介绍轴承选型与校核相关技术细节的时候了解其在齿轮箱应用中的位置以及相关特殊要求的原因。

对于齿轮箱工程师而言，掌握这部分的知识远不足以进行齿轮箱的设计工作，具体齿轮箱设计相应的技术细节不在本书介绍范围之内，工程师可以参考专业的技术书籍及文献；对于轴承工程师而言，这些关于齿轮箱介绍的内容有助于他们了解齿轮箱轴承的应用工况条件，从而理解后续轴承应用中一些具有针对性的问题。

不论对于齿轮箱工程师还是轴承工程师而言，了解齿轮箱的基本形式、基本结构、基本安装工艺等都有助于理解后续齿轮箱轴承的选型、计算、应用等。

第一节 工业齿轮箱简介

一、齿轮箱的定义

齿轮箱又被称作变速箱，顾名思义就是通过其内部不同轴上不同齿数的齿轮啮合将电动机的转速转化成实际工况所需要的相应转速的装置。同时，在功率既定的前提下，对变速箱输入轴、输出轴的转矩也进行了相应的调整。

齿轮箱是动力传输设备中应用非常广泛的一种机构，在几乎所有的传动系统中都会见到。从汽车、船舶、机车到重型建筑机械，从工业自动化生产设备到日常生活中的家电、机械式钟表等都有齿轮箱的身影。就齿轮箱的总体而言，在如此广泛的应用中对齿轮箱提出了非常广泛的工况要求，动力传输上从大动力的重型设备到小动力的家用电器，传动精度上从钟表到精密仪器。正是这些宽泛复杂的工况需求，使得齿轮箱出现了各种各样不同的设计和类型，从而满足不同的转矩、转速的转换需求。

齿轮箱在传动系统中属于齿轮传动,与链传动、带传动、联轴器传动等传动方式一样,是转轴功率传递的一种。其最重要的特点是可以通过齿轮箱的设计改变传动的转矩和转速。我们用齿轮传动和联轴器传动做一个对比。

图 2-1 及图 2-2 中,P_1、M_1、n_1 为输入轴的功率、转矩和转速;P_v 为机构功率损耗;P_2、M_2、n_2 为输出轴的功率、转矩和转速。

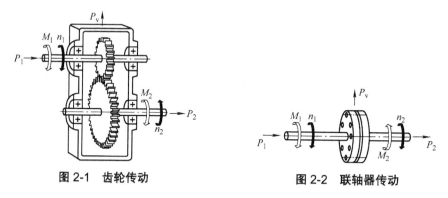

图 2-1 齿轮传动　　　　　　图 2-2 联轴器传动

从图 2-1 可以看到齿轮箱功率传输各个参数之间的关系为

$$M_1 \neq M_2$$

$$n_1 \neq n_2$$

$$P_1 = P_v + P_2$$

从图 2-2 可以看到联轴器功率传输过程中如果考虑联轴器相对滑动,其各个参数之间的关系为

$$M_1 = M_2$$

$$n_1 \geqslant n_2$$

$$P_1 = P_v + P_2$$

对比两者不难发现,两种传动方式的功率传递都是输出功率加上损耗功率等于输入功率。

对于齿轮传动而言,输出转矩与输入转矩之间的关系与齿轮箱内部齿轮的设计相关;同时输出轴转速与输入轴转速之间的关系也与齿轮箱内部齿轮设计有关。图 2-1 中,输出轴上的齿轮是大齿轮,与输入轴的小齿轮啮合,因此输出轴的转速低于输入轴,而输出轴的转矩高于输入轴。

从原理上不难看出,齿轮箱是一种机械式动力传输机构。它主要负责动力的传输,并不会在自身产生某种动力。相反,作为一种机械式动力传输装置,由于自身损耗的存在,所以在动力传输中也会有一些动力损失。输入输出动力之间的比值就是齿轮箱的效率。

从图 2-2 的联轴器传动可以看到，其输出转矩应该与输入转矩相当，但是考虑丢转或者打滑的情形，则输出轴转速小于等于输入轴转速，而丢转等情况就成了功率损失的来源。

从结构上看，齿轮箱的主要组成部分包括动力输入、动力输出以及箱体。其中动力的输入、输出部分传递功率，同时箱体作为整个机构的支撑部件撑起整个传动机构；而联轴器结构只有动力输入和输出部分，没有箱体支撑部分。

对于齿轮箱而言，工程师在箱体内部通过齿轮的设计人为地控制了动力传动的方式。

由于齿轮箱是一种通过齿轮啮合调整转矩、转速的机械装置，因此齿轮啮合的设计或者说齿轮的设计是齿轮箱设计的核心技术。经过多年的发展，各种齿轮的设计、材料、加工工艺等已经发展得非常完善，也有非常成体系的技术文献对其进行专门的阐述。

同时另一方面，由于齿轮箱调整的都是旋转轴上的转矩、转速，因此旋转支撑的零部件——轴承，也是齿轮箱中最关键的零部件之一。

二、齿轮箱的作用、特点

（一）齿轮箱在动力传输中的作用

从能源生产利用的动力传输流的角度看，齿轮箱是在很多情况下与电机配合进行转速、转矩调整的设备。其中，齿轮箱将其他能量转化来的转轴上的旋转机械能通过自身调整成可以被发电机利用的转速、转矩形式；发电机将齿轮箱传递来的机械能转化成电能上传至电网；在人们利用能源的时候，电网的电能通过电机转化成电机轴上的旋转机械能；齿轮箱再根据工况实际需求，将电机输出的机械能转化成工况需要的转速、转矩形式提供给其他工业设备使用。

上述过程可以用一个实例说明，更有利于理解动力传输流中的各个设备的作用。比如风力发电机桨叶传递来的转轴低速、大转矩的机械能，需要通过齿轮箱对转速进行提升，转化成相同功率的高速、小转矩的机械能。在这里，所使用的齿轮箱是增速齿轮箱。然后通过电机连接增速齿轮箱，将这个机械能转化成电能，传输给电网。这个过程中电机是以发电机形态出现的机电能量转换装置。

当工厂需要驱动相关设备的时候，首先需要通过电网连接电机。此时电机是以电动机的形式出现，将电能转化成机械能。然后齿轮箱与电机相连接，将电机轴输出的机械能转化成设备所需要的转速、转矩形式。

这样的过程构成了动力传输中的主要过程。因此齿轮箱与电机一起构成了动力机械设备中的主要组成部分。虽然动力传输设备中还有大量的电力设备、水利设备、热力设备等其他设备，但是就机械设备本身而言，在机械能的转化上，齿轮箱无疑是最重要的。

（二）齿轮箱调节转速、转矩的作用

齿轮箱自身对旋转轴机械能的调节主要包含以下几种作用方式：

1) 对转动速度的调节。不改变转轴系统的旋转方向，而对转轴的转速进行上下调节的功能就是齿轮箱对转速的调节。这个调节包含加速和减速两种。因此也有增速齿轮箱和减速齿轮箱两类。对于动力使用环节，减速齿轮箱被大量使用，因此也有很多人直接称齿轮箱为减速器。

2) 改变传动方向。有些工况需要对转轴转动方向进行调节，比如将转轴转动方向传递到另一根垂直的轴上，此时可以通过一些齿轮箱实现这样的功能。

3) 对传动力矩的调节。在相同功率下，转速越高转矩越低；反之，转速越低转矩也就越高。正是基于这个原理，可以根据工况所需转矩不同，选择合适的齿轮箱对传动的力矩进行调节。

4) 离合功能。离合功能相当于一个机械能量传输的开关功能。如果分开两个原本啮合的齿轮，则动力传输中断，此时动力就无法传递；反之，恢复啮合则重新达成转动能量传递。制动离合器采用的就是这个原理。

5) 对动力进行分配。工程实际中有时候需要一台电机同时驱动多个轴转动，这时候就可以通过齿轮箱的主轴带动多个从轴来实现一带多的传动方式。在齿轮箱的设计中，通过内部齿轮的设计可以将动力按照不同比例分配到各个不同的从轴。

上述齿轮箱自身对转速、转矩的调节功能是通过不同类型的齿轮箱设计实现的，也正是工况和能量传递需求的不同，对齿轮箱设计提出了相应的不同的要求，也就诞生了种类繁多的齿轮箱形式。

（三）齿轮箱的一般特点

齿轮箱作为通用传动设备，总体从性能上讲具有应用广泛、传动平稳、操作可靠、使用寿命长、维护简单、体积紧凑、动力传输效率高的特点，同时具有一定的过载能力。

从齿轮箱自身设计上看，齿轮箱具有如下一般特点：

1) 具有良好的通用性。齿轮箱作为通用传动设备，技术发展已经十分成熟，并且形成了一定的标准设计方案。这些方案在众多普通工况下具有很好的通用性；另一方面，在通用方案的基础上，齿轮箱厂家可以根据客户行业和应用的要求进行定制，经过多年的发展也形成了一定的行业专用齿轮箱设计。

2) 安装方式多样。齿轮箱可以采用立式、卧式、摆动底座、扭力臂式等安装方式。

3) 具备一定的模块化。齿轮箱的设计、生产已经具备一定的模块化基础。平行轴、交直轴、立式、卧式齿轮箱都包含通用箱体的设计。模块化设计减少了零部件种类和规格型号。

4）输入方式灵活。齿轮箱的输入方式可以是电机法兰输入、轴输入等多种输入方式。

5）输出方式多样。齿轮箱的输出有平键实心轴、平键空心轴、涨紧盘连接的空心轴、花键连接的空心轴、花键连接的实心轴和法兰连接的实心轴等诸多方式。

第二节　齿轮与齿轮箱的分类

上节提到，齿轮箱要发挥能量传递调节的功能，有多种不同的方式，正是这些不同的需求为齿轮箱设计提出了不同的要求，因此也诞生了不同类型的齿轮箱。

齿轮箱的分类方式有很多，比如可以按照齿轮形状分类、按照变速次级分类、按照功能用途分类等。不同的分类中，齿轮形状直接影响齿轮轴以及轴承的受力，因此我们这里仅仅介绍按照齿轮形状对齿轮箱进行分类的方式。而每种齿轮箱中最本质的区别是内部齿轮以及啮合的不同。

一、齿轮的分类

按照齿轮形状和啮合形式分类齿轮可以分为：

1）轮形齿轮；

2）蜗轮蜗杆齿轮；

3）行星齿轮。

（一）轮形齿轮

轮型齿轮指的是齿轮总体形状为轮形。其中根据轮形齿轮齿形的不同又可以分为圆柱齿轮和圆锥齿轮。

1. 圆柱齿轮

圆柱齿轮是人们最熟悉的齿轮传动设计，其齿轮外形为圆柱形。圆柱齿轮的加工、制造与测量都相对容易控制。

不论齿轮齿形有何不同，圆柱齿轮都用于传递平行轴之间的运动，因此这种动力传输不改变转矩的方向。

按照圆柱齿轮的不同齿形，又可以划分为直齿圆柱齿轮、斜齿圆柱齿轮，以及双斜齿（人字齿）圆柱齿轮。

1）直齿圆柱齿轮。图 2-3 是一个直齿圆柱齿轮啮合。直齿圆柱齿轮设计简单，加工精度易于控制，同时由于齿轮本身是直齿，由于加工精度或者扭曲变形而引起的轴向力无法通过齿轮进行传递，可以忽略不计。由此可见，直齿圆柱齿轮的啮合对两侧轴承仅仅产生径向力，没有轴向力。

2）斜齿圆柱齿轮。图 2-4 是一个斜齿圆柱齿轮啮合。与直齿圆柱齿轮相比，斜齿圆柱齿轮运行更加平稳，同时具有更好的承载力。由于齿形原因，齿轮传动过程中会在轴系上产生轴向力。因此这种啮合对于轴系统的轴承而言既产生了径向力,也产生了轴向力,这样便增加了轴系设计和轴承布置的复杂性。

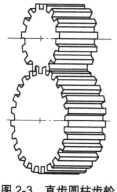
图2-3 直齿圆柱齿轮

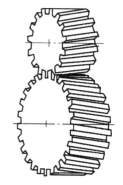
图2-4 斜齿圆柱齿轮

3)双斜齿圆柱齿轮。图2-5是一对双斜齿圆柱齿轮结构。这个齿轮结构具有齿宽大、运行平稳的特点。同时在运转的时候同一根轴上的两个斜齿齿轮产生的轴向力可以相互抵消。但是另一方面由于加工偏差,或者系统挠性等原因,一旦出现螺旋角偏差,则会引起传动不良而造成齿轮箱运转时的轴向振动。

4)内啮合圆柱齿轮。图2-6是内啮合圆柱齿轮结构。这种结构内部小齿轮与外部齿圈之间接触面积更大,因此具有更大的承载能力。但是内部齿圈的加工相对困难,同时轴承配置也相对复杂,多用于行星齿轮轴系统。

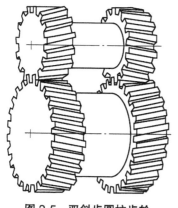
图2-5 双斜齿圆柱齿轮

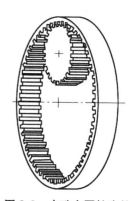
图2-6 内啮合圆柱齿轮

2. 圆锥齿轮

圆锥齿轮顾名思义就是形状呈圆锥形的齿轮,这种结构的齿轮啮合中两个齿轮的轴线方向相交,成一定角度。因此采用圆锥齿轮的齿轮箱在传输动力的时候可以改变传输方向。

圆锥齿轮按照齿形划分包括直齿圆锥齿轮、斜齿圆锥齿轮、螺旋圆锥齿轮。

1）直齿圆锥齿轮。图 2-7 所示为一个直齿圆锥齿轮示意图。

从图 2-7 中可以看到两个直齿圆锥齿轮啮合，两个齿轮的轴线成一定角度交叉，齿轮的整个齿宽在啮合部位进入或者退出啮合。正是由于这个原因，这种齿轮啮合的时候会产生较大的噪声，这也限制了直齿圆锥齿轮的应用。

从轴承受力的角度而言，直齿圆锥齿轮啮合既产生轴向力也产生径向力，并且随着齿轮的啮合，有一定的负荷脉动。

2）斜齿圆锥齿轮。图 2-8 所示为一个斜齿圆锥齿轮示意图。

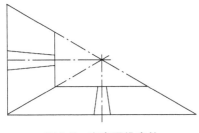

图 2-7　直齿圆锥齿轮

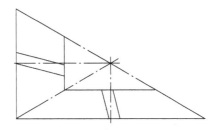

图 2-8　斜齿圆锥齿轮

从图 2-8 中可以看到两个斜齿圆锥齿轮啮合，两个齿轮的轴线成一定角度交叉。斜齿圆锥齿轮拥有直线型齿根，轮齿通常经过研磨，并且在啮合的时候轮齿逐渐进入啮合区，啮合平稳，重合度大，其噪声性能优于直齿圆锥齿轮。

从轴承受力的角度而言，斜齿圆锥齿轮啮合对轴系中的轴承既产生轴向力也产生径向力。

3）螺旋圆锥齿轮。图 2-9 所示为一个螺旋圆锥齿轮示意图。

图 2-9 中是一对螺旋圆锥齿轮啮合，两个齿轮的轴线成一定角度交叉。螺旋圆锥齿轮的齿根线是曲线型，这样的啮合具备更好的承载能力。螺旋圆锥齿轮经过研磨后，其噪声性能比直齿圆锥齿轮和斜齿圆锥齿轮更好。这种齿轮可以用于重载荷传动的场合。螺旋圆锥齿轮也是应用最普遍的圆锥齿轮。

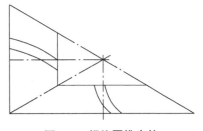

图 2-9　螺旋圆锥齿轮

从轴承受力的角度而言，螺旋圆锥齿轮的啮合对轴系中的轴承既产生径向负荷也产生轴向负荷。

（二）蜗轮蜗杆齿轮

蜗轮蜗杆齿轮箱内部是通过蜗轮、与蜗杆之间的啮合实现传动的方式。蜗轮蜗杆齿轮箱中，蜗轮与蜗杆轴线交叉，且两个轴线相距较远。

蜗轮蜗杆齿轮箱传动非常适合于单级减速场合，具有运行平稳、振动小、噪声小等优点。

由于蜗轮蜗杆齿轮传动的齿间摩擦相对较大,因此蜗轮蜗杆传动的发热相对较大;同时其传动效率比圆柱齿轮传动、圆锥齿轮传动,以及行星齿轮传动的效率低。在对蜗轮蜗杆齿轮传动进行润滑的时候需要考虑合成润滑剂。

根据蜗轮与蜗杆齿面形式不同分为圆柱蜗杆与圆弧齿蜗轮结构、圆弧齿蜗杆与圆柱蜗轮结构、圆弧齿蜗杆与圆弧齿蜗轮结构。

1. 圆柱蜗杆与圆弧齿蜗轮

图 2-10 是圆柱蜗杆与圆弧齿蜗轮啮合的示意图。

从图 2-10 中可以看到,在这个传动机构中蜗杆齿面是圆柱状而蜗轮为圆弧状。这种结构是最常用的蜗轮蜗杆传动结构。一般通过齿面硬化以及研磨来提高齿轮的承载能力。同时这种结构中蜗杆可以在轴向上自由调整,简化了齿轮箱轴承的布置与安装。

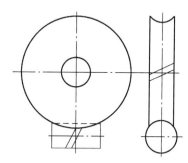

图 2-10 圆柱蜗杆与圆弧齿蜗轮啮合

从轴承受力角度看,这种结构的蜗轮、蜗杆轴上的轴承都会承受轴向力以及径向力。

2. 圆弧齿蜗杆与圆柱蜗轮

图 2-11 是圆弧齿蜗杆与圆柱蜗轮啮合的示意图。

从图 2-11 中可以看到,传动机构中蜗轮的齿面是平面(蜗轮轮廓为圆柱)而蜗杆齿面为圆弧状。

3. 圆弧齿蜗杆与圆弧齿蜗轮

图 2-12 是圆弧齿蜗杆与圆弧齿蜗轮啮合的示意图。图 2-12 中蜗轮与蜗杆的齿面皆为圆弧状。

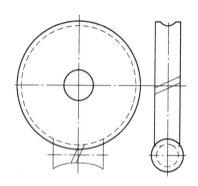

图 2-11 圆弧齿蜗杆与圆柱蜗轮啮合

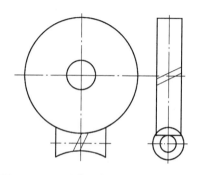

图 2-12 圆弧齿蜗杆与圆弧齿蜗轮啮合

（三）行星齿轮

从齿轮啮合角度看，行星齿轮多数为圆柱齿轮啮合，所不同的是行星齿轮的轴被静止机架支撑而行星轮围绕其旋转。因此这个结构又被称作周转轮系结构。

图 2-13 是最简单的行星轮结构。

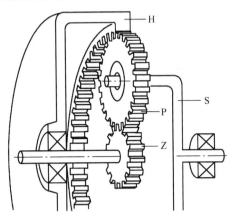

图 2-13　行星轮结构示意图

图 2-13 中 Z 为太阳轮；P 为行星轮；H 为空心轮架；S 为行星架。

当太阳轮旋转时驱动行星轮在空心支架与太阳轮之间旋转。此时行星轮的旋转既有自转也有公转。其中行星轮的公转通过行星架传递出去成为输出轴的转速。

近些年来行星轮传动被广泛应用于风力发电齿轮箱中。行星齿轮传动具有如下优点：

1）体积小、结构紧凑、质量轻、承载能力大。在相同负荷条件下，行星齿轮传动的外轮廓尺寸和质量约为普通齿轮传动的 25%~50%。

2）传动效率高。行星齿轮传动结构具有对称性，这有利于提高传动效率。一般行星齿轮的传动效率可高达 0.97~0.99。

3）传动比高。如果行星齿轮仅仅用作传递运动，那么其传动比可高达几千。并且即便在传动比很大的情况下，行星齿轮仍可以保持结构紧凑、质量轻、体积小的特点。

4）运行平稳、抗冲击和振动。一般行星齿轮箱都会采用数个相同的行星轮在太阳轮周围均布，这样可以使得行星轮与行星架受力平衡。并且参与啮合的齿数较多，因此行星齿轮运动相对平稳，抗冲击能力强，运行更加可靠。

行星齿轮也有其缺点：

1）结构复杂，生产制造相对困难。

2）难于检验。

3）维修、保养困难。

二、齿轮箱的分类

齿轮箱的设计就是根据不同工况将不同的啮合方式进行组合，从而形成不同的齿轮箱类型。

按照齿轮箱使用的齿轮形状划分，齿轮箱基本分类如图2-14所示。

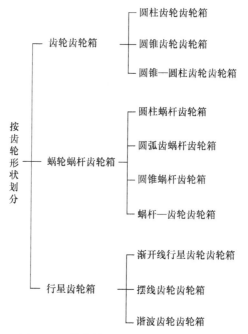

图2-14 按齿轮形状划分的齿轮箱类型

按照传动级数分，又可以分为单级、双级、三级等，常见的单级、双级、三级齿轮箱结构可以如图2-15所示，图2-15a为单级圆柱齿轮箱，图2-15b为单级圆锥齿轮箱。

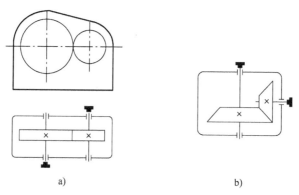

图2-15 单级圆柱/圆锥齿轮箱

a) 单级圆柱齿轮箱　b) 单级圆锥齿轮箱

图 2-16 为双级齿轮箱,其中图 2-16a 为展开式双级圆柱齿轮箱,图 2-16b 为分流式双级圆柱齿轮箱,图 2-16c 为同轴式双级圆柱齿轮箱,图 2-16d 为双级圆锥—圆柱齿轮箱。

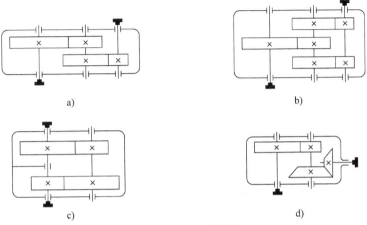

图 2-16 双级齿轮箱

a)展开式双级圆柱齿轮箱 b)分流式双级圆柱齿轮箱 c)同轴式双级圆柱齿轮箱 d)双级圆锥—圆柱齿轮箱

图 2-17 为三级齿轮箱,其中图 2-17a 为展开式三级圆柱齿轮箱,图 2-17b 为分流式三级圆柱齿轮箱。

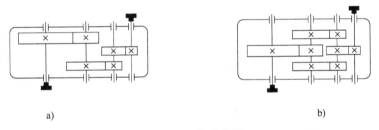

图 2-17 三级齿轮箱

a)展开式三级圆柱齿轮箱 b)分流式三级圆柱齿轮箱

第三节 齿轮箱的基本结构、设计条件与拆装

对于齿轮箱轴承而言,齿轮箱的结构、承载等因素都是轴承的工作环境,因此学习齿轮箱轴承选型与校核技术有必要对齿轮箱的结构、设计条件以及基本安装拆卸工艺有一定的了解。

本节就齿轮箱的基本结构、设计要求以及拆装工艺进行简要介绍,介绍这些内容的目的并不是为齿轮箱的设计提供指导,而是作为齿轮箱轴承应用的工作环境,从背景知识的角度展开介绍。因此不会延伸到具体参数的设计,仅仅是笼统的简述。

一、齿轮箱的基本结构

齿轮箱由众多零部件组成,图 2-18 为一台单级圆柱齿轮箱结构的示意图。单级圆柱齿轮箱是最简单的齿轮箱类型,即便如此,图 2-18 中仍然有几十个零部件。

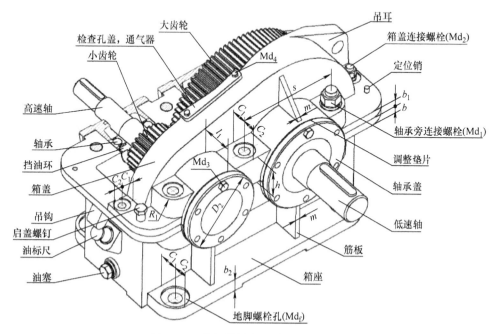

图 2-18 单级圆柱齿轮箱结构示意图

一般的齿轮箱由三大类基本结构组成:箱体结构、轴系统及其零部件、齿轮箱附件。

1. 箱体结构

齿轮箱箱体结构的主要作用是固定和支撑。

齿轮箱箱体的固定作用指的是齿轮箱需要对内部轴系各个零部件进行固定,同时需要保证轴系传动零部件之间相对位置的正确。这些为转轴留下的开孔固定了转轴位置,同时也固定了齿轮之间的啮合关系。因此,齿轮箱箱体中轴系统的开孔精度要求相对较高。

齿轮箱箱体同时是支撑部件,负责支撑整个齿轮箱相关的零部件,并承载一定的负荷。因此齿轮箱箱体需要有足够的刚度和强度。箱体的变形会影响轴系相对位置,进而影响啮合关系,因此为加强箱体刚度,通常在相应位置上添加筋板。

2. 轴系统及其零部件

齿轮箱轴系统是指由齿轮箱内部转轴传动相关零部件组成的系统。轴系统以转轴为核心,包含转轴、齿轮、轴承、密封、连接固定零件(平键、花键等)、轴承端盖、调整垫片等零部件。

同时，齿轮箱内部的润滑相关结构等也属于轴系统相应的组成部分。

齿轮箱的轴系统是齿轮箱的核心组成部分，是实现传动的关键。轴系统相关组成部件的精度、安装、选择等直接影响齿轮箱的性能。

轴承属于齿轮箱轴系统零部件之一。轴承在齿轮箱轴系统中对齿轮轴进行支撑和固定。轴承将齿轮轴上的负荷传递给箱体，从而使齿轮轴获得支撑；同时齿轮在承载的情况下以最小的摩擦旋转，减少传动中的功率损失，并对轴位置进行固定。轴承是齿轮箱轴系统中最重要的组成部件之一。

3. 齿轮箱附件

齿轮箱附件指的是齿轮箱除了箱体和轴系统零部件以外其他的附属零部件，其中包括观察盖板、通气器、油面指示器、放油栓塞、起吊装置等。有的齿轮箱还配有相应的油站及过滤系统。

二、齿轮箱的设计条件

齿轮箱是齿轮箱轴承的工作环境，同时齿轮箱的工作环境就是工况对齿轮箱的设计要求，也就是齿轮箱的设计条件。

通常而言，设备对齿轮箱的设计要求包括：

1）有足够的安全余量以满足传动的可靠性。这些安全余量包括相关零部件的疲劳以及所需寿命。

2）有足够的冷却以满足最大功率传输条件下的使用。

3）齿轮箱的噪声应该符合允许标准。

（一）不同应用工况的要求（齿轮箱的设计条件）

除了通用标准以外，不同特殊应用条件下，对齿轮箱的设计还有一些额外要求，表 2-1 列举了一些常见的情况。

表 2-1 齿轮箱设计条件举例

工况、设备举例	对齿轮箱的设计要求（齿轮箱设计条件）
挤压机	需要承受输入轴、输出轴的径向力和轴向力
矿山设备	需要承受来自外部的额外力
斗式挖掘机、单气缸内燃机发动机	需要承受较大的冲击负荷、转矩峰值
拔丝机	需要承受振动负荷
开放式采矿设备、连铸设备	需要耐受极端的环境影响，例如：温度、灰尘、液体等
挖泥船中入水工作的设备、化工行业的混料设备等	密封件承受一定压力的污染情况
轧钢机	反转运行
输送设备	反转停车
定位天线、机器人	在很小的间隙或者没有间隙或者扭转刚度的情况下运行
印刷设备	高精度
矿山设备	必须使用阻燃的润滑剂
风力发电设备	维修困难，因此需要尽可能小规模地维修
大型压塑机	对于润滑、温度、振动、转矩等参数可监控和可测量

（二）对齿轮的要求

前面大致举例说明了不同的应用工况对齿轮箱除了一般要求以外，还对齿轮箱有一些特殊的要求。不论是一般性要求还是特殊要求，所有与负荷相关的工况要求最终都会由齿轮箱中的负荷承担元件——齿轮来承担。因此这些工况要求也是间接地指向齿轮。

齿轮的设计和选择需要根据负荷的实际情况进行相应的校核计算。当针对负荷谱与齿轮承载能力进行寿命校核时，如果寿命计算结果比较理想，则说明齿轮大小选择恰当。

然而，齿轮箱实际工作的时候，负荷经常处于变动状态。因此如果想得到精确的负荷谱则需要耗费大量的测量，且操作费用不低。因此，对齿轮尺寸进行选择的时候通常使用最苛刻的条件，也就是说使用最恶劣条件下的转矩校核齿轮寿命，这样选择出来的齿轮尺寸就具备一定的余量。

在齿轮箱运转的时候，由于加速度或者振动等因素所带来的齿轮负荷会更大，因此在计算齿轮承载能力的时候会用一个系数对给定负荷进行修正。关于这方面的修正可以参照相应的标准，如 DIN 3990—1987《齿轮承载能力的计算》。

除了对齿轮的寿命进行校核以外，齿轮的承载能力作为齿轮尺寸大小的依据在相应的测试标准里有严格的规定。其中的齿轮承载能力也就是**应用工况对齿轮的要求**包括：

1）齿面抗疲劳能力——抗点蚀；
2）齿根抗疲劳断裂能力——齿根强度；
3）齿面抗热熔焊能力——齿面抗胶合；
4）齿面抗磨损能力——齿面耐磨强度；
5）齿面微孔疲劳——抗灰斑；
6）油膜形成能力。

（三）对箱体的要求

对齿轮箱使用工况提出的要求有一些也是对齿轮箱箱体提出的要求。其中包括：

1）在承受负荷的时候箱体可以给轴系提供稳固可靠的支撑和定位，这就要求齿轮箱不仅可以承受传动的负荷要求，同时也要有足够的刚度；
2）箱体需要为齿轮箱轴系零部件提供良好的散热条件；
3）噪声必须尽量小；
4）防止外界污染进入齿轮箱内部，造成对齿轮和轴承的伤害；
5）保持润滑剂不流失。

随着齿轮箱技术的发展，齿轮箱结构越来越紧凑，功率密度越来越大，因此就需要更小的箱体承担更大的负荷。

（四）对轴承的要求

作为轴系的重要组成部件，齿轮箱轴承也必须满足工况条件的要求。一般的齿轮箱轴承总体上需要满足：

1）轴承需要能够承受和支撑整个轴系统稳定可靠的运行。在齿轮承载运行的时候，为齿轮轴提供支撑和定位；
2）轴承寿命必须满足齿轮箱运行需求；
3）轴承运行的摩擦阻力在满足承载的时候需要达到最小；
4）轴承运行噪声、振动不能大；
5）轴承发热不能过大。

要满足齿轮箱对轴承的基本要求就必须对轴承进行合理的选型、装配和应用。

不难看出，齿轮箱设计的边界条件是工况需求，齿轮、箱体设计的边界条件是齿轮箱的总体设计，而轴承的应用要求既受到齿轮、箱体设计的约束，也受到齿轮箱总体设计的约束。

从负荷角度看，使用齿轮箱的设备决定了齿轮箱本身需要承受的负荷以及传递的功率，齿轮箱根据这个要求进行设计。齿轮的设计需要满足齿轮箱设计时进行的负荷设定，而齿轮的受力、轴的受力就决定了齿轮箱轴系统中轴承的负荷。同时轴系统的转速要求也成为轴承选型时的条件。

从应用环境上看，使用齿轮箱的环境决定了齿轮总体设计上的特殊考虑，比如污染情况，齿轮箱总体设计会根据不同的污染水平决定箱体的密封水平，而箱体的密封水平会直接影响齿轮箱内部各个零部件的运行环境，其中包括轴承。所以，轴承在这方面直接受到齿轮箱总体设计的影响。

以上是齿轮箱轴承选型的要求。事实上，齿轮箱轴承的应用要求还包括拆装要求、储运要求、维护要求等。综合起来就是齿轮箱轴承应用的总体要求。

三、齿轮箱安装与拆卸基本流程

齿轮箱轴承的安装与拆卸是齿轮箱轴承选型与校核技术中重要的一环。而轴承的安装和拆卸是整个齿轮箱安装与拆卸环节的一个部分。因此我们大体上需要了解一般齿轮箱的安装和拆卸过程。

普通齿轮箱的安装过程大体上可以分为如下步骤：

1）装配齿轮箱底座部装；
2）装配输出轴部装；
3）装配中间轴部装；
4）装配输入轴部装；
5）安装各个轴；
6）齿轮啮合旋转观察；
7）安装上盖部装；
8）安装上盖；

9）安装连接螺栓；

10）安装轴承端盖。

在整个安装过程中，轴承的安装与绝大多数步骤相关。

在输入轴、中间轴、输出轴的零部件安装过程中，轴承作为轴系统零部件之一被装配到轴上。在各个轴被装入箱体的时候，其实是安装到轴上的轴承进入轴承室的过程。在对齿轮啮合旋转的观察过程中，也是对轴承运转的一个基本观察。齿轮箱安装上盖的时候，对轴承而言就是上半个轴承室的安装，一直到轴承端盖的安装步骤为止，轴承整个安装才宣告完成。

第四节　齿轮箱的基本故障以及失效概述

齿轮箱是一个由多个零部件组成的复杂机构，投入运行之后，每一个零部件的单体寿命决定了齿轮箱的总体寿命。任何一个零部件的故障都构成齿轮箱的故障。引起齿轮箱故障的原因可能是齿轮箱自身以及相关零部件的缺陷，也可能是在使用过程中运行操作不当的运行缺陷，还可能是与齿轮箱连接的相关零部件的缺陷。

造成齿轮箱自身及相关零部件缺陷的原因可能是齿轮箱设计、装配、制造、材料、修理等诸多方面。

造成齿轮箱运行缺陷的原因可能是维护不当，也可能是使用操作不当。

据不完全统计，齿轮箱故障与失效按照上述原因划分的大致比例关系见表2-2。

表2-2　齿轮箱故障与失效原因比例

齿轮箱故障与失效原因		比例	
齿轮箱及相关零部件缺陷	设计	12%	40%
	装配	9%	
	制造	8%	
	材料	7%	
	修理	4%	
运行缺陷	维护	24%	43%
	操作	19%	
相关其他部件（电机、联轴器等）缺陷		17%	

在齿轮箱诸多零部件中，主要的故障与失效零部件的比例见表2-3。

表2-3　齿轮箱主要零部件失效比例

失效零部件	比例
齿轮	60%
轴承	19%
轴	10%
箱体	7%
紧固件	3%
油封	1%

从表 2-3 中可以看到，轴承是零部件中失效比例第二高的零部件。一般齿轮箱的制造厂具备齿轮、轴、箱体等主体零部件的设计、生产、制造能力，但是对于轴承而言，几乎都是外购零部件。所以，轴承是所有外购零部件中失效比例最高的一个。

在以往的统计中，由于轴承自身生产质量原因造成的失效所占比例仅在 5% 左右，有 95% 的轴承失效都是由于选型、装配、相关零部件设计、润滑等原因造成的。本书后续章节对齿轮箱轴承的失效分析技术做了专门的展开介绍，并且轴承失效有相应的国家和国际标准进行参照。

与轴承一样，齿轮的失效也有相应的国家标准——GB/T 3481—1997《齿轮轮齿磨损和损伤术语》。根据 GB/T 3481—1997，齿轮的失效分为以下六大类：

1）齿面损耗（滑动磨损、腐蚀、过热、侵蚀、电蚀）；
2）胶合；
3）永久变形（压痕、塑性变形、起皱、起脊、飞边）；
4）齿面疲劳（点蚀、片蚀、剥落、表层压碎）；
5）裂缝和裂纹（淬火裂纹、磨削裂纹、疲劳裂纹）；
6）轮齿折断（过载折断、轮齿剪断、塑性变形后折断、疲劳折断）。

同时在每一个大分类下又有若干小分类，同时标准中也给出了损伤的机理以及相应的可能原因。本书不对齿轮本身做专门探讨，因此此处不赘述，有兴趣的读者可以查阅相应标准。

需要指出的是，轴承失效与齿轮失效在失效机理和表面形貌上有很多相似的地方，甚至有一些失效类型几乎完全一致。这是因为就金属表面分析而言，其实两种失效都是金属表面摩擦与受力之后出现的失效，因此本质上并无太大差异。但是由于金属表面运行状态不同，因此齿轮失效和轴承失效也呈现不同的差异。因此其分类、归因等也有不同。

对比两个标准不难发现，除了失效机理和表面形貌以外，在标准中所有的失效既有相同，也有差异。这样的重叠有时候会为机械工程师带来困扰。因此对机理、形貌的准确把握是对齿轮失效和轴承失效做出准确判断最重要的基础。

第三章
齿轮箱轴承基础知识

第一节 轴承概述

一、轴承的历史

轴承作为旋转机械中最重要的零部件,早在古埃及时期就已经存在。人类最早使用的"轴承"通常是以直线运动形式减小摩擦,以便于挪动重量巨大的物体。那个时候,轴承的概念仅仅是一个原理模型,这样的应用可以最早追溯到修建吉萨金字塔的时候,图 3-1 是古埃及修建金字塔的时候,人们应用圆木当作滚子搬运重物的图景。

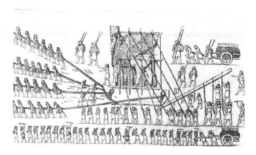

图 3-1 人类早期的轴承应用原理

早期人们在车辆中需要使用一定的装置减少轮轴与轮毂的摩擦,最简单的轴套轴承就在那个时候被广泛应用。1760 年英国人约翰·哈里森(John Harrison)在制作海上航行时使用的航海精密计时器的过程中,发明了带有保持架的滚动轴承。这是最早投入使用的具有保持架的滚动轴承,也推动了滚动轴承的广泛应用。

具有保持架的滚动轴承诞生之后,在大规模生产的时候工程师们遇到的最大的困扰就是如何大批量地生产出高精度的钢球以及滚子。1883 年德国人弗里德里希·费舍尔(Friedrich Fischer)发明了一种可以大量生产高精度钢球的球磨机,这一发明被认为是后来滚动轴承工业的开端,随着这一发明的应用,滚动轴承迅速扩展到全世界。1905 年弗里德里希·费舍尔创建了 FAG(Fischer Aktien-Gesellschaft,费舍尔股份有限公司),后被舍弗勒集团收购。

1895 年,亨利·铁姆肯(Henry Timken)发明了圆锥滚子轴承,并于 1898 年获得圆锥滚子轴承专利。1899 年铁姆肯滚子轴承公司成立。从此人们拥有了可以承担较大的复合负荷的滚子轴承。

当时人类有了可以承受径向负荷、轴向负荷以及复合负荷的轴承。但是对于方向变动负荷或者是需要调心的负荷承载还是问题。1907年，瑞典人斯文·温奎斯特（Sven Wingquist）发明了双列自调心球轴承，并成立了SKF（Svenska Kullarger Fabriken，瑞典轴承工厂）。后来SKF又发明了调心滚子轴承。

至此，滚动轴承的主要品类几乎都已经诞生了。现代轴承工业代表品牌及其生产已经成型。时至今日，工程领域使用的滚动轴承依然主要涵盖在这些领域中。

二、摩擦与轴承

轴承的主要作用是减少机械转动时相互接触又相对运动的表面的摩擦。

摩擦是指一个物体与另一个物体沿着接触面出现切向运动或者相互运动的趋势时接触表面的阻力。通常摩擦分为静摩擦、滑动摩擦和滚动摩擦。

当两个相互接触的物体有相对运动趋势而并未出现相互之间的位置改变时，接触表面的阻力就是静摩擦力。

当物体相对运动的趋势增大到一定程度，克服了静摩擦力的最大值时，便出现了相对运动以及相对位置的改变。这个静摩擦力的最大值就是最大静摩擦力。而当相互接触的物体相对发生运动时，其间的摩擦就是滑动摩擦，或者滚动摩擦。

除了接触表面的正压力以外，决定接触表面摩擦力大小的条件包括接触表面的粗糙度、硬度以及润滑条件。人们用摩擦系数来描述接触表面在一定正压力下产生摩擦阻力的程度。

一般地，滑动摩擦系数为0.1~0.2；滚动摩擦系数为0.001~0.002。可见滚动摩擦与滑动摩擦相比具有更小的摩擦系数。

正是由于摩擦形式的不同，轴承可以依次分为滚动轴承和滑动轴承。

滚动摩擦是滚动轴承内部滚动体与滚道之间主要的摩擦形式，而滑动摩擦是滑动轴承两个轴承圈之间的摩擦形式，滚动轴承与滑动轴承的对比见表3-1。

表3-1 滚动轴承与滑动轴承的对比

对比条件	滚动轴承	滑动轴承
起动摩擦转矩	小	很大
运行摩擦转矩	很小	大
油脂润滑	可以	不可以
油润滑	可以	可以
立式安装	可以	需要特殊设计
高转速	可以	可以
低转速	可以	不适合
承受重负荷能力	一般	适合
频繁起动	可以	不适合

一般齿轮箱中滚动轴承使用得最为广泛，这也是本书介绍的目标，本书后续内容如果没有特殊说明，轴承均指滚动轴承。

三、轴承分类

轴承按照摩擦方式可分为两大类：一类是滚动轴承；另一类是滑动轴承。在一般的齿轮箱中前者应用较广泛，是本书要介绍的对象。

滚动轴承虽然种类繁多，但都已成为了"标准件"，具有统一的编号形式，使用时按样本选用即可。

（一）按轴承的尺寸大小分类

轴承的大小分类是按其公称外径尺寸大小来确定的。具体规定见表3-2。

表3-2 按轴承的公称外径尺寸大小分类

类型	微型	小型	中小型	中大型	大型	特大型
公称外径尺寸范围 /mm	≤26	28~55	60~115	120~190	200~430	≥440

（二）按承受载荷方向、公称接触角及滚动体形状分类

1. 公称接触角的定义

所谓的"公称接触角"（用符号 α 表示），是指滚动体与滚道接触区中点的滚动体载荷向量与轴承径向平面之间的夹角。一般滚动体载荷作用在接触区的中心，与接触表面垂直，所以接触角即指接触面中心和滚动体中心的连线与轴承径向平面之间的夹角。

通过滚动体中心与轴承轴线垂直的平面称为轴承的径向平面，包含轴承中心线的平面称为轴向平面。

图3-2为几种不同类型轴承接触角的表示方法。

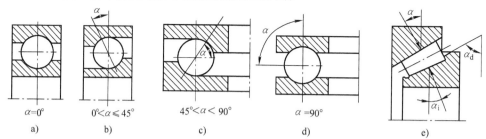

a) $\alpha=0°$ b) $0°<\alpha\leq45°$ c) $45°<\alpha<90°$ d) $\alpha=90°$ e)

图3-2 几种不同类型轴承接触角的表示方法

a）向心轴承 b）角接触轴承 c）推力向心轴承 d）推力轴承 e）圆锥滚子轴承

2. 分类

根据GB/T 271—2017《滚动轴承 分类》，滚动轴承按其所能承受的载荷方向或公称接触角的不同被分为向心轴承和推力轴承，按其滚动体形状的不同被分为球轴承和滚子轴承。综合以上分类，其基本类型见表3-3。

表3-3 滚动轴承按轴承所能承受的载荷方向、公称接触角及滚动体形状分类

序号	分类		
1	向心轴承 （$0° \leq \alpha < 45°$）	径向接触轴承 （$\alpha = 0°$）	径向接触球轴承，又称为深沟球轴承
			圆柱滚子轴承
			滚针轴承
		角接触向心轴承 （$0° < \alpha \leq 45°$）	调心球轴承
			角接触球轴承
			调心滚子轴承
			圆锥滚子轴承
2	推力轴承 （$45° < \alpha \leq 90°$）	轴向接触轴承 （$\alpha = 90°$）	轴向接触球轴承，又称为推力球轴承
			推力圆柱滚子轴承
			推力滚针轴承
		角接触推力轴承 （$45° < \alpha < 90°$）	推力角接触球轴承
			推力圆锥滚子轴承
			推力调心滚子轴承
3	组合轴承（一套轴承内有两种或两种以上轴承组合而成的轴承组）		

（三）按轴承的结构或公称接触角分类

按结构的不同或公称接触角的不同，主要分类见表3-4。

表3-4 按轴承结构或公称接触角不同分类的常用轴承

序号	名称	定义
1	向心轴承	主要用于承受径向载荷的滚动轴承，公称接触角 $0° \sim 45°$
2	径向接触轴承	公称接触角为 $0°$ 的向心轴承
3	角接触向心轴承	公称接触角为 $0° \sim 45°$ 的向心轴承
4	推力轴承	主要用于承受轴向载荷的滚动轴承，公称接触角为 $45° \sim 90°$
5	轴向接触轴承	公称接触角为 $90°$ 的推力轴承
6	角接触推力轴承	公称接触角 $45° \sim 90°$ 的推力轴承
7	球轴承	滚动体为球的轴承
8	滚子轴承	滚动体为滚子，按滚子的形状，又可分为圆柱滚子轴承、圆锥滚子轴承、滚针轴承、球面滚子轴承（调心滚子轴承）等
9	调心轴承	滚道是球面形的，能适应两滚道轴心线间的角偏差及角运动的轴承
10	非调心轴承（刚性轴承）	能阻抗滚道间轴心线角偏移的轴承
11	单列轴承	具有一列滚动体的轴承
12	双列轴承	具有两列滚动体的轴承
13	多列轴承	具有多于两列的滚动体，并且承受同一方向载荷的轴承
14	可分离轴承	具有可分离部件的轴承，俗称活套轴承
15	不可分离轴承	轴承在最终配套后，套圈均不能任意自由分离的轴承
16	密封轴承	带密封圈的轴承，有单密封和双密封之分
17	沟形球轴承	滚道一般为沟形，沟的圆弧半径略大于球半径的滚动轴承
18	深沟球轴承	每个套圈均具有横截面弧长为球周长 1/3 的连续沟道的向心球轴

(四)几种特殊工况下使用的轴承

当设备运行在特殊环境中或具有特殊运行要求的场合时,需用配置符合要求的特殊轴承。现将常见的几种列于表3-5中,供参考使用。

表3-5 几种特殊工况下使用的轴承

名称	定义和性能简介
高速轴承	通常指外圈直径与内圈转速的乘积 $> 1 \times 10^6$ mm·r/min 的滚动轴承。滚动体的质量相对较小,选用特轻或超轻直径系列,有些滚子会是空心的或陶瓷的
高温轴承	工作温度高于120℃的轴承。其零部件需经过特殊的高温回火和尺寸稳定处理,保持架通常使用黄铜或硅铁合金材料制造,160℃以上的轴承需用高温润滑脂
低温轴承	工作温度低于-60℃的轴承。可以采用不锈钢制造,保持架用相同材料或聚四氯乙烯复合材料制造,应使用低温润滑脂
耐腐蚀轴承	可在具有腐蚀性介质中运行的轴承。一般采用不锈钢制造(承载能力较低),对于浓酸、烧碱和熔融环境,则需要使用陶瓷材料
防磁轴承	可在较强磁场中工作而不产生涡流损伤的轴承。由非磁性材料制成,例如铍青铜(承载能力较低)和陶瓷等
自润滑轴承	采用以保持架作润滑源的转移润滑方法,维持正常运转的一种特殊轴承。一般用不锈轴承钢制造,性能要求较高时用陶瓷材料,保持架由润滑材料与基体材料(粉末状)烧结而成
陶瓷轴承	用陶瓷材料制成的轴承。用于高速、高温、低温、强磁场、真空、高压等很多恶劣环境中,承载能力高,摩擦系数小,寿命长,可实现自润滑

四、滚动轴承的基本结构、组成部件以及各部位的名称

一般的滚动轴承都有轴承套圈、滚动体、保持架三个最基本的组成部分。其中轴承套圈包括轴承的外圈,以及轴承的内圈。

不同设计的轴承还可能包含密封件、润滑、各种形式的挡圈等结构。图3-3为一个深沟球轴承的各个组成部分。

深沟球轴承　密封件　外圈　滚动体　保持架　内圈　密封

图3-3 深沟球轴承各组成部分

(一)常用系列部件及各部位的名称

常用的单列向心深沟球轴承、单列圆柱滚子轴承、圆锥滚子轴承、单列向心推力球轴承的部件及各部位的名称如图3-4所示。

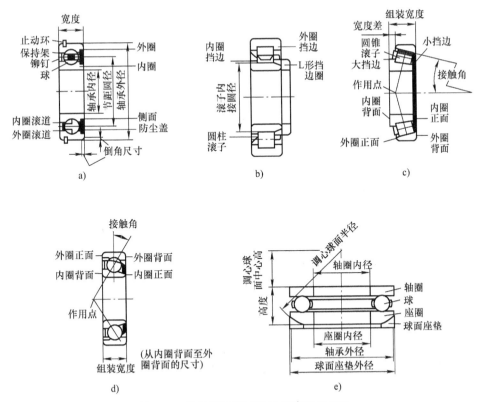

图 3-4 几种常用类型轴承各部件的名称

a）单列向心深沟球轴承 b）单列圆柱滚子轴承 c）圆锥滚子轴承 d）单列向心推力球轴承 e）单向推力球轴承

（二）密封装置

很多小型球轴承以及一些调心滚子轴承等有各种密封装置，用于封住内部的油脂并防止外面的粉尘进入（所以也称为"防尘盖"），并分单边或双边两种，在我国标准 GB/T 272—2017《滚动轴承 代号方法》以及 JB/T 2974—2004《滚动轴承 代号方法的补充规定》中规定：用字母和数字标注在规格型号后面，单边的称为 Z 型，双边的称为 2Z 型，常用的有"-Z"（轴承一面带防尘盖，例如 6210-Z）、"-2Z"（轴承两面带防尘盖，例如 6210-2Z）、"-RZ"（轴承一面带非接触式骨架橡胶密封圈，例如 6210-RZ）、"-2RZ"（轴承两面带非接触式骨架橡胶密封圈，例如 6210-2RZ）；"-RS"（轴承一面带接触式骨架橡胶密封圈，例如 6210-RS）、"-2RS"（轴承两面带接触式骨架橡胶密封圈，例如 6210-2RS）等符号，如图 3-5 所示。

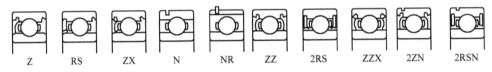

图 3-5 深沟球轴承的密封类型

(三) 保持架

保持架在轴承中是用于分隔引导滚动体运行的部件。它可以防止滚动体之间的金属直接接触带来的摩擦和发热；同时为润滑提供了空间。对于分离式的轴承，在安装和拆卸的过程中也起到了固定滚动体的作用。

保持架有用于球轴承的波浪式和柱式，以及用于圆锥轴承的花篮式、筐式等多种形式，波浪式的材质一般是用钢材冲压制成，花篮式的材质则有实体黄铜、工程塑料、钢或球墨铸铁、钢板冲压、铜板冲压等多种。其形状如图 3-6 所示，保持架所用材料的字母和数字代号见表 3-6。

图 3-6　滚动轴承的保持架

表 3-6　保持架材料代号

代号	材料名称
F	钢、球墨铸铁或粉末冶金实体保持架，用附加数字表示不同的材料：F1—碳钢；F2—石墨钢；F3—球墨铸铁；F4—粉末冶金
M	黄铜实体保持架
T	酚醛层压布管实体保持架
TH	玻璃纤维增强酚醛树脂保持架（筐型）
TN	工程塑料模注保持架，用附加数字表示不同的材料：TN1—尼龙；TN2—聚砜；TN3—聚酰亚胺；TN4—聚碳酸酯；TN5—聚甲醛
J	钢板冲压保持架，材料有变化时附加数字区别
Y	铜板冲压保持架，材料有变化时附加数字区别
V	满装滚动体（无保持架）

(四) 滚动体

滚动体按其形状分类，有球形、圆柱形（含短圆柱形、长圆柱形和针形）、锥形（实际为圆台形）、球面形（鼓形）和针形等几种，如图 3-7 所示。

第三章 齿轮箱轴承基础知识

　　球形滚子　　圆柱形滚子　　锥形滚子　　球面形(鼓形)滚子　　针形滚子

图 3-7　滚动体的类型

五、滚动轴承代号

(一) 代号的三个部分名称及包含的内容

国家标准 GB/T 272—2017《滚动轴承 代号方法》规定了滚动轴承代号的编制方法。其中规定滚动轴承代号由前置代号、基本代号和后置代号共三个部分组成，其构成见表 3-7。由于第 1 部分（前置代号）对于识别整套轴承意义不大，所以下面仅介绍第 2 和第 3 部分所包含的内容。

表 3-7　滚动轴承代号的构成

顺序	1	2				3							
内容	前置代号	基本代号				后置代号							
	成套轴承分部件	结构类型	尺寸系列		内径	接触角	1	2	3	4	5	6	7	8	9
			宽度/高度系列	直径系列			内部结构	密封、防尘与外部形状	保持架及其材料	轴承零件材料	公差等级	游隙	配置	振动及噪声	其他

(二) 轴承基本代号和所包含的内容

1. 结构类型代号

基本代号中的结构类型代号用数字或字母符号表示，各自所代表的内容见表 3-8，为滚动轴承基本代号中轴承类型所用符号，对应示例见图 3-8，为常用和特殊用途滚动轴承外形和局部剖面图。

表 3-8　滚动轴承基本代号中轴承类型所用符号

代号	轴承类型	图例	代号	轴承类型	图例
0	双列角接触球轴承	图 3-8a	7	角接触球轴承	图 3-8h
1	调心球轴承	图 3-8b	8	推力圆柱滚子轴承	图 3-8i
2	调心滚子轴承和调心推力滚子轴承	图 3-8c	N	圆柱滚子轴承（双列或多列用 NN 表示）	图 3-8j
3	圆锥滚子轴承	图 3-8d	NU	单列短圆柱轴承（内圈无挡圈）	图 3-8k
4	双列深沟球轴承	图 3-8e	NJ	单列短圆柱轴承（内圈有一边挡圈）	图 3-8l
5	推力球轴承	图 3-8f	QJ	四点接触球轴承	图 3-8m
6	深沟球轴承	图 3-8g	RNA	向心滚针轴承	图 3-8n

注：表中代号后或前加字母或数字，表示该类轴承中的不同结构。

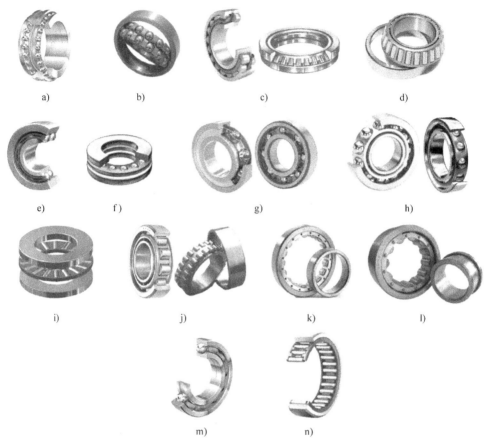

图 3-8 常用和特殊用途滚动轴承外形和局部剖面图

a) 00000 型 b) 10000 型 c) 20000 型 d) 30000 型 e) 40000 型 f) 50000 型
g) 60000 型 h) 70000 型 i) 80000 型 j) N 和 NN0000 型 k) NU0000 型
l) NJ0000 型 m) QJ0000 型 n) RNA0000 型

2. 尺寸系列代号

基本代号中的尺寸系列代号用两位数字表示，前一位是轴承的宽度（对向心轴承）或高度（对推力轴承）系列代号；后一位是轴承的直径（外径）系列代号，例如 "58" 表示宽度系列为 5、直径系列为 8 的向心轴承，详见表 3-9。

在和结构类型代号合写成组合代号（轴承系列代号）时，前一位是 0 的，可省略（另有其他可省略的情况，详见表 3-10）。

宽度、高度、直径（外径）的实际尺寸数值，将根据其代号从相关表中查得。

3. 内径系列代号

基本代号中的内径尺寸系列代号用数字表示，根据尺寸大小的不同，表示方法也有所不同，详见表 3-10，其中，d 为轴承内径，单位为 mm。

表 3-9 滚动轴承尺寸系列代号

直径系列代号	向心轴承								推力轴承			
	宽度系列代号								高度系列代号			
	8	0	1	2	3	4	5	6	7	9	1	2
	尺寸系列代号								尺寸系列代号			
7	—	—	17	—	37	—	—	—	—	—	—	—
8	—	08	18	28	38	48	58	68	—	—	—	—
9	—	09	19	29	39	49	59	69	—	—	—	—
0	—	00	10	20	30	40	50	60	70	90	10	—
1	—	01	11	21	31	41	51	61	71	91	11	—
2	82	02	12	22	32	42	52	62	72	92	12	22
3	83	03	13	23	33	—	—	—	73	93	13	23
4	—	04	—	24	—	—	—	—	74	94	14	24
5	—	—	—	—	—	—	—	—	—	95	—	—

注:"—"表示无该尺寸系列代号的轴承。

表 3-10 滚动轴承内径系列代号

公称内径 /mm	内径系列代号	示例
0.6~10（非整数）	用公称内径毫米数直接表示，在其与尺寸系列代号之间用"/"分开	深沟球轴承 618/2.5，$d=2.5$mm
1~9（整数）	用公称内径毫米数直接表示，对深沟球轴承及角接触球轴承 7、8、9 直径系列，内径尺寸系列与尺寸系列代号之间用"/"分开	深沟球轴承 62 5、618/5，$d=5$mm
10~17	10 → 00；12 → 01；15 → 02；17 → 03	深沟球轴承 62 00，$d=10$mm；深沟球轴承 619 02，$d=15$mm
20~480（22、28、32 除外）	公称内径毫米数除以 5 的商数，如商数为个位数，需在商数左边加"0"	推力球轴承 591 20，$d=100$mm；深沟球轴承 632 08，$d=40$mm
≥500 以及 22、28、32	用公称内径毫米数直接表示，在其与尺寸系列代号之间用"/"分开	深沟球轴承 62/22，$d=22$mm；调心滚子轴 230/500，$d=500$mm

注:为了明确，表中轴承内径系列代号的数字加了下划线（例如 2.5），实际使用时不带此下划线。

4. 常用的轴承组合代号

轴承的结构类型代号和尺寸系列代号合在一起组成轴承的组合代号。常用的轴承组合代号见表 3-11，表中用括号"（）"括起来的数字表示在组合代号中可以省略。

表 3-11　常用的轴承组合代号

轴承类型		简图	类型代号	尺寸系列代号	组合代号
深沟球轴承			6 6 6 6 16 6 6	17 37 18 19 (0)0 (1)0 (0)2	617 637 618 619 160 60 62
双列深沟球轴承			4	(2)2 (2)3	42 43
圆柱滚子轴承	外圈无挡边圆柱滚子轴承		N	10 (0)2 22 (0)3 23 (0)4 10	N10 N2 N22 N3 N23 N4 N10
	内圈无挡边圆柱滚子轴承		NU	10 (0)2 22 (0)3 23	NU10 NU2 NU22 NU3 NU23
	内圈单挡边圆柱滚子轴承		NJ	10 (0)2 22 (0)3 23	NJ10 NJ2 NJ22 NJ3 NJ23
	外圈单挡边圆柱滚子轴承		NF	(0)2 (0)3 23	NF2 NF3 NF23
推力轴承	推力球轴承		5	11 12 13 14	511 512 513 514
	双向推力球轴承		5	22 23 24	522 523 524
	推力圆柱滚子轴承		8	11 12	811 812
圆锥滚子轴承			3	02 03 13 20 22 23	302 303 313 320 322 323

5. 向心轴承常用尺寸系列

向心滚动轴承常用尺寸系列如图3-9所示。

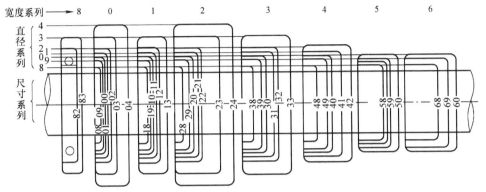

图3-9　向心滚动轴承常用尺寸系列示意图（圆锥滚子轴承除外）

（三）轴承后置代号及其含义

滚动轴承后置代号用于表示轴承的内部结构、密封防尘与外部形状变化、保持架结构和材料改变、轴承零部件材料改变、公差等级、游隙等方面的内容，用字母或数字加字母表示。现将与常用轴承有关的密封防尘与外部形状变化、保持架结构和材料改变等方面的内容介绍如下。

1. 密封防尘与外部形状变化代号

密封防尘与外部形状变化代号用字母或数字加字母表示，见表3-12。

表3-12　密封防尘与外部形状变化代号及所包含的内容

代号	含　义	示例
-RS	轴承一面带骨架式橡胶密封圈（接触式）	6210-RS
-2RS	轴承两面带骨架式橡胶密封圈（接触式）	6210-2RS
-RZ	轴承一面带骨架式橡胶密封圈（非接触式）	6210-RZ
-2RZ	轴承两面带骨架式橡胶密封圈（非接触式）	6210-2RZ
-Z	轴承一面带防尘盖	6210-Z
-2Z	轴承两面带防尘盖	6210-2Z
-RSZ	轴承一面带骨架式橡胶密封圈（接触式）、一面带防尘盖	6210-RSZ
-RZZ	轴承一面带骨架式橡胶密封圈（非接触式）、一面带防尘盖	6210-RZZ
N	轴承外圈有止动槽	6210N
NR	轴承外圈有止动槽，并带止动环	6210NR
-ZN	轴承一面带防尘盖，另一面外圈有止动槽	6210-ZN

（续）

代号	含　义	示例
-ZNR	轴承一面带防尘盖，另一面外圈有止动槽，并带止动环	6210-ZNR
-ZNB	轴承一面带防尘盖，同一面外圈有止动槽	6210-ZNB
U	推力轴承，带调心座垫圈	53210U
-FS	轴承一面带毡圈密封	6203-FS
-2FS	轴承两面带毡圈密封	6206-2FS
-LS	轴承一面带骨架式橡胶密封圈（接触式，套圈不开槽）	NU3317-LS
-2LS	轴承两面带骨架式橡胶密封圈（接触式，套圈不开槽）	NNF5012-2LS

2. 保持架材料代号

保持架材料代号见表3-6。但当轴承的保持架采用表3-13所列的结构和材料时，不编制保持架材料改变的后置代号。

表3-13　不编制保持架材料改变后置代号的轴承保持架结构和材料

轴承类型	保持架的结构和材料
深沟球轴承	（1）当轴承外径 $D \leq 400$mm 时，采用钢板（带）或黄铜板（带）冲压保持架； （2）当轴承外径 $D > 400$mm 时，采用黄铜实体保持架
圆柱滚子轴承	（1）圆柱滚子轴承：当轴承外径 $D \leq 400$mm 时，采用钢板（带）冲压保持架；外径 $D > 400$mm 时，采用钢制实体保持架； （2）双列圆柱滚子轴承，采用黄铜实体保持架
滚针轴承	采用钢板或硬铝冲压保持架
长圆柱滚子轴承	采用钢板（带）冲压保持架
圆锥滚子轴承	（1）当轴承外径 $D \leq 650$mm 时，采用钢板冲压保持架； （2）当轴承外径 $D > 650$mm 时，采用钢制实体保持架
推力球轴承	（1）当轴承外径 $D \leq 250$mm 时，采用钢板（带）冲压保持架； （2）当轴承外径 $D > 250$mm 时，采用实体保持架
推力滚子轴承	推力圆柱或圆锥滚子轴承，采用实体保持架

3. 公差等级代号

公差等级代号用字母或数字加字母表示，见表3-14。较常用的为N级（普通级）、6级、6X级、5级、4级和2级。其中，N级尺寸公差范围最大，称为普通级，用于普通用途的机械（例如一般用途的电动机），之后按这一前后顺序，尺寸公差范围依次减小，或者说精度等级依次提高。公差范围的具体数值见附录及相关表册。

表 3-14 公差等级代号

代号	含义	示例
/PN	公差等级符合标准规定的 0 级，代号中省略不表示	6203
/P6	公差等级符合标准规定的 6 级	6203/P6
/P6X	公差等级符合标准规定的 6X 级	30210/P6X
/P5	公差等级符合标准规定的 5 级	6203/P5
/P4	公差等级符合标准规定的 4 级	6203/P4
/P2	公差等级符合标准规定的 2 级	6203/P2

4. 游隙代号

游隙代号用字母加数字表示（N 组只用字母"N"），如不加说明，是指轴承的径向游隙（详见第 2 章），见表 3-15。常用深沟球轴承和圆柱滚子轴承的径向具体数值分别见附录。

表 3-15 游隙代号

代号	含义	示例
/CN	游隙符合标准规定的 N 组	6210
/C1	游隙符合标准规定的 1 组	NN3006K/C1
/C2	游隙符合标准规定的 2 组	6210/C2
/C3	游隙符合标准规定的 3 组	6210/C3
/C4	游隙符合标准规定的 4 组	NN3006K/C4
/C5	游隙符合标准规定的 5 组	NNU4920K/C5
/C9	游隙不同于现行标准规定	6205-2RS/C9
/CN	N 组游隙。/CN 与字母 H、M 或 L 组合，表示游隙范围减半，若与 P 组合，表示游隙范围偏移。 /CNH——表示 N 组游隙减半，位于上半部； /CNM——表示 N 组游隙减半，位于中部； /CNL——表示 N 组游隙减半，位于下半部； /CNP——表示游隙范围位于 N 组上半部及 3 组的下半部	—

注：同时表示公差等级代号与游隙代号时，可进行简化，取公差等级代号加上游隙组号（N 组不表示）的组合。例如：某轴承的公差等级为 6 级、径向游隙为 3 组，可简化为 /P63；某轴承的公差等级为 5 级、径向游隙为 2 组，可简化为 /P52。

（四）常用轴承代号速记图

常用轴承代号中类型和尺寸系列内容速记"关系图"如图 3-10 所示。

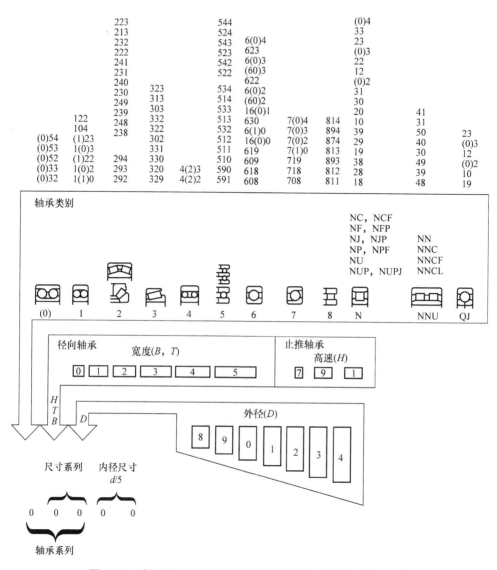

图 3-10 常用轴承代号中类型和尺寸系列内容速记"关系图"

第二节 滚动轴承通用特性介绍

一、轴承的温度

（一）轴承内部的摩擦与发热

轴承的温度是表征轴承热量的参数。轴承在运转的时候其温度变化来源于自身的发热以及外部传导来的热量。其中轴承自身的发热是由于轴承运转时内部存在摩擦的原因而引起的。

对于滚动轴承而言，轴承在运转的时候，其内部的摩擦主要由四个部分组成：滚动摩擦、滑动摩擦、流动摩擦（流体阻力）[⊖]、密封摩擦。

其中滚动摩擦主要发生在滚动体与滚道之间，与轴承所承受的负荷、轴承滚道，以及滚动体表面精度和润滑有关。

滚动轴承内部的滑动摩擦在滚动轴承内部也会发生，比如滚动体与保持架之间的摩擦；带挡边的圆柱滚子轴承中挡边与滚动体端面的摩擦；圆锥滚子轴承中挡边与滚动体端面之间的摩擦等。这部分摩擦的大小与轴承所承受的负荷、轴承的转速、轴承润滑的情况，以及轴承磨合的情况有关。

一般轴承内部都会使用润滑剂，不论是润滑脂还是润滑油，当轴承滚动的时候搅动润滑剂都会产生一定的流体阻力，我们称之为流动摩擦。这部分摩擦带来的热量也是总体轴承温度升高的组成部分。流动摩擦润滑剂的类型、工作黏度、润滑流量与轴承类型、转速相关。

密封摩擦主要是轴承附带密封件中密封唇口和被密封面之间的摩擦。这个摩擦是一个滑动摩擦，它的大小与密封类型相同，同时与密封唇口和被密封面之间的接触力的大小、密封面粗糙度等因素相关。

轴承行业对轴承内部产生摩擦的研究已经比较完善了。对轴承温度的估算是将轴承内部摩擦产生的能量进行换算得到的。

1. 轴承摩擦转矩的粗略估算

关于轴承内部摩擦的计算，其中最简单的估算方法就是按照轴承负荷与轴承摩擦系数之间的关系进行计算。公式如下：

$$M = 0.5\mu P d \tag{3-1}$$

式中　M——摩擦力矩（N·mm）；
　　　μ——摩擦系数；
　　　P——当量动负荷（N）；
　　　d——轴承内径（mm）。

对于一般工况，可以按照表 3-16 选取轴承摩擦系数范围。

表 3-16　轴承摩擦系数

轴承类型	摩擦系数
深沟球轴承	0.001 ~ 0.0015
角接触球轴承	0.0012 ~ 0.0018
调心球轴承	0.0008 ~ 0.0012
圆柱滚子轴承	0.00110 ~ 0.0025
调心滚子轴承	0.0020 ~ 0.0025

⊖ 有的资料也称之为拖曳损失。

对于轴承负荷 $P \approx 0.1C$，且润滑良好的一般工作条件，可以从表 3-17 中选取确定值。

表 3-17　确定工况下轴承摩擦系数

轴承类型	摩擦系数
深沟球轴承	0.0015
角接触球轴承	0.002
调心球轴承	0.001
圆柱滚子轴承（带保持架，无轴向力）	0.0011
调心滚子轴承	0.0018

2. 轴承摩擦转矩计算

在轴承摩擦转矩的粗略估算中，将轴承摩擦的四个组成部分等效成一个粗略的摩擦系数进行估算。事实上斯凯孚集团在 2003 年推出的《轴承综合型录》中针对轴承摩擦转矩的四个组成部分给出相对准确的计算方法。由于其计算相对比较复杂，并且在计算中各个参数在不同品牌之间也存在一定的差异，因此本书不罗列具体的计算方法。有兴趣的读者可以自行查阅。

随着技术的进步和计算机应用的普及，目前也出现了很多针对轴承摩擦转矩以及发热计算的仿真工具，可以更准确全面地对轴承内部摩擦发热的数值及分布情况进行良好的计算。

从前面的计算中我们可以得到轴承运行时的摩擦转矩，通过轴承摩擦造成的功率损失可以通过下面公式计算：

$$Q = 1.05 \times 10^{-4} Mn \tag{3-2}$$

式中　Q——摩擦产生的热量（W）；

　　　M——轴承的总摩擦力矩（N·mm）；

　　　n——轴承转速（r/min）。

如果知道轴承与环境之间每一摄氏度温差带走的热量（冷却系数），我们就可以估计此时轴承的温升：

$$\Delta T = Q/W_s \tag{3-3}$$

式中　ΔT——轴承温升（℃）；

　　　Q——摩擦产生的热量（W）；

　　　W_s——冷却系数（W/℃）。

（二）轴承许用温度范围

轴承能够运行的温度是一个很宽泛的概念。轴承通常由轴承内圈、外圈、滚动体、保持架、润滑、密封等部件构成，如果轴承在某个温度下稳定运行，这些部件不仅需要能够承受这个温度，并且还要在这个温度下承载、运转。通常选择轴承的时候，就已经选定了轴承的这些部件，因此某个轴承能稳定运行的最高温度就已经被选定了。

轴承运行的时候，在其内圈、外圈等部位存在一定的温度差异，一般而言我们用轴承的静止圈温度作为测量的基准位置。也就是说，实际工况中应该采取轴承静止圈温度作为轴承的温度值，如果无法测量轴承静止圈的温度，应该尽量贴近轴承静止圈以采样温度值。

齿轮箱工程师在轴承选型的时候对轴承温度进行考量之前需要明确一点，齿轮箱轴承的温度与周围零部件相对比大致应该是怎样一个状态？

滚动轴承本身使用滚动替代滑动从而减小摩擦、减少阻力，也就减少了功率损失和发热。从前面表3-16、表3-17也不难看出，滚动轴承其自身发热是很小的。在一定的负荷状态下，滚动轴承自身的发热相比于设备外界传导而来的热量，其并不是主要部分。换言之，滚动轴承自身的温度受到外界影响比较大。对于齿轮箱而言，润滑油温度、齿轮啮合发热、密封发热等诸多外界发热对轴承温度的影响所占比例更大。

当齿轮箱运行的时候，轴承一旦成为整个机构中的主要发热体，或者是热量的主要来源的时候，就应该引起工程师的足够重视。应给予足够的关注与检查，以排除隐患。

通常而言，轴承选型的时候更多考虑的是外界环境温度对轴承的要求，以及轴承自身各个零部件是否能够在这个温度下稳定地运行。

具体到齿轮箱轴承选型的时候，齿轮箱工程师就需要考虑轴承圈（内圈、外圈）、滚动体、保持架、密封件，以及润滑剂（自带润滑的轴承）所能承受的温度范围。

1. 轴承钢热处理稳定温度

对于轴承内圈、外圈、滚动体而言，都是由轴承钢制造而成。因此轴承这些零部件的温度承受范围就是考量所选轴承的轴承钢能够承受的温度范围。通常而言这个温度范围不是泛指轴承钢的熔点这样的物理状态改变的温度，而是考虑轴承钢能够保持其机械性能的温度范围。其中最重要的就是轴承钢的热处理稳定温度。

轴承钢经过一定的热处理可以保持一定的尺寸、强度等的稳定性。

轴承钢的热尺寸稳定性是指轴承钢在受到热作用时外形尺寸保持一定程度的稳定的性能。当然，在受热的时候，钢材质内部金属组织结构和成分也会发生变化，而对于外观最重要的变化就是尺寸和硬度的变化。

对于普通轴承钢都有一个热处理稳定温度，在这个温度以下轴承保持尺寸稳定，同时轴承钢材质的硬度等也满足使用要求。一般轴承的热处理稳定温度为150℃。在轴承上通常用SN标记，或者省略标记。除此之外，根据DIN 623-1：2020-06，轴承的热处理稳定温度及其相应后缀见表3-18。

表 3-18 轴承热处理稳定温度及其相应后缀

后缀	S1	S2	S3	S4
热处理稳定温度	200℃	250℃	300℃	350℃

相应地,各个厂家对不同类型轴承的热处理稳定温度有不同的要求,因此具体热处理稳定温度需要咨询相应厂家。

FAG轴承,外径小于240mm的轴承默认热处理稳定温度为150℃;外径大于240mm的轴承默认热处理稳定温度为200℃。其他热处理稳定温度用后缀标出。

SKF轴承,深沟球轴承默认热处理稳定温度为120℃;圆柱滚子轴承默认热处理稳定温度为150℃;球面滚子轴承默认热处理稳定温度为200℃。其他热处理稳定温度用后缀标出。

NTN轴承,默认轴承热处理稳定温度为120℃。其他热处理稳定温度用后缀标出。

对于齿轮箱工程师而言,在选用轴承的时候,应该在其热处理稳定温度范围之内,一旦超出这个范畴,轴承在工况温度下的尺寸以及硬度等性能就得不到保证,需要选用其他热处理稳定温度等级的轴承。

2. 轴承保持架温度范围

轴承不同材质保持架能够承受的温度范围不同。通常的钢或者黄铜保持架能够承受的温度范围比较大,和轴承钢相近。但是对于尼龙保持架则不同。通常而言,普通尼龙保持架能够承受的温度范围大致是 $-40 \sim 120℃$。

一般不建议超出这个温度范围使用。但是对于某些短时超出温度范围(尤其是高温),依然有可能使用。因为尼龙保持架随温度上升,其硬度变软是一个缓慢的过程,不是突然到120℃崩溃,因此在略微超过120℃的时候依然有使用的可能性。

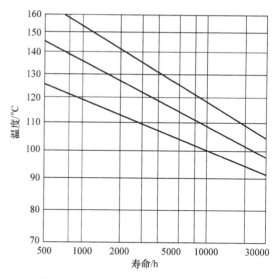

图 3-11 尼龙保持架寿命与温度的关系

尼龙保持架的使用寿命、轴承静止套圈的长时间工作温度和润滑剂之间的关系如图3-11所示。

图3-11中横轴为保持架寿命,纵轴为轴承静止圈温度,图中三条曲线自上而下为:

1)滚动轴承润滑脂K依据DIN 51825—2004《润滑剂、润滑脂K.分类和要求》中的发动机油或者机械油;

2）齿轮油；

3）准双曲面齿轮润滑油。

3. 轴承密封件温度范围

对于封闭轴承，在某工作温度下选择合适的轴承就需要考虑密封件可以承受的温度范围。一般地，封闭轴承的防护方式多为金属材料防尘盖以及橡胶材料密封件。

对于金属材料防尘盖，通常温度范围不需要特殊考虑。

对于橡胶材料密封件，需要根据密封件所采用橡胶材料的不同，来确定密封件能工作的最高温度范围。常用的封闭轴承密封件材料是丁腈橡胶（NBR）以及氟橡胶（FKM）。对于丁腈橡胶，工作温度范围是 -40~100℃。丁腈橡胶可以稳定地工作于100℃以内，同时也可以短时工作于120℃；对于氟橡胶而言，其工作温度范围是 -30~200℃。氟橡胶可以稳定地工作于200℃以内，同时可以短时工作于230℃以内。

其他密封材质的密封件允许工作温度，需要咨询相应的厂家。

4. 轴承润滑的温度

温度是影响润滑的一个最重要的关键因素。随着温度的升高，油脂的基础油黏度降低。在高温或者低温下运行，就需要非常特殊的油脂。并且，基于70℃计算的油脂寿命，其运行温度每升高15℃，寿命降低一半。因此，轴承能否运行于高温环境，轴承本身的材质并不是最大的障碍，而油脂的选择成为最大的瓶颈。

关于温度和轴承润滑之间的关系，属于润滑选择和设计的范畴。具体内容请参考润滑部分的内容。

二、轴承的转速能力

齿轮箱工程师在轴承选型的时候需要考虑轴承的转速能力。在轴承运转速度很快的情况下，其内部会产生很大的离心力，这样的离心力对轴承自身的强度是一个考验。同时，高速旋转的轴承，其内部摩擦状态使得轴承的发热变得更加剧烈，由此带来的发热变化以及会产生的一系列影响，对轴承运转形成限制。

（一）轴承的转速额定值

在轴承制造厂家的产品目录中都会列出轴承的转速额定值。轴承的转速额定值是轴承诸多额定值中重要的组成部分。但是不同的厂家对额定值的界定有所不同。

读者翻阅不同品牌的轴承型录的时候会发现一般轴承的额定值都会分为两类：一类是分为油润滑额定转速和脂润滑额定转速；另一类是分为机械极限转速和热参考转速。

这些转速中有的转速作为额定值，在实际工况中如果经过一些调整是可以被超越的；有些转速本身是一个极限，无论如何都不能被超越。但是总体而言，在不超越转速额定值的情况下的运行，从转速角度而言是安全的。

上述列举了轴承转速的额定值的不同标定，本节分别介绍其定义，然后梳理这些转速额定值之间的关系，这样齿轮箱工程师就可以明确在选型的时候如何参照。

(二)轴承热参考转速

轴承旋转的时候会发热,并且随着转速的升高这个发热会越来越严重。因此,国际上制定了一个轴承热平衡条件,在这个条件下达到热平衡的最高转速就定义为轴承热参考转速。

根据ISO 15312—2018《滚动轴承—热转速等级—计算和系数》,给定轴承的参考条件:

1)外圈固定,内圈旋转;
2)环境温度20℃;
3)轴承外圈温度70℃;
4)对于径向轴承:轴承径向负荷$0.05C_0$;
5)对于推力轴承:轴承轴向负荷$0.02C_0$;
6)普通游隙,开式轴承。

对于油润滑:

1)润滑剂:矿物油,无极压添加剂。
① 对于径向轴承:ISO VG32,40℃基础油黏度$12mm^2/s$;
② 对于推力轴承:ISO VG68,40℃基础油黏度$24mm^2/s$。
2)润滑方法:油浴润滑。
3)润滑量:最低滚子中心线位置作为油位。

对于脂润滑:

润滑剂:锂基矿物油,基础油黏度40℃时为$100\sim200mm^2/s$。

从这个转速的试验条件定义上就不难发现,轴承的热参考转速标志着轴承热平衡状态下的最高转速。换言之就是轴承在这样的工况条件下如果转速高于此值,则轴承的发热将更加剧烈,轴承温度会出现进一步升高(高于试验条件中的70℃)。

不难发现,实际轴承的使用工况往往与上述试验工况条件不相同,而工程师如果通过改善润滑、改善散热等方式对轴承进行降温,则轴承有可能运转于更高的转速(前提是轴承的机械强度足够)。

对于上述热参考转速的定义,如果要转换成实际工况下轴承的温度,就需要进行一些调整计算,也就是要将它折算成热安全转速。热安全转速的计算基于DIN 732-2《滚动轴承—热安全运行速度—计算的修正值》。这个计算主要是依据轴承热平衡的原则,也就是以速度为参数的摩擦热与以温度为参数的散热相互平衡。当轴承温度保持不变的时候,许用温度确定了轴承的热安全转速。

这个计算的前提是轴承安装正确、工作游隙正常,同时工况稳定。下面一些情况不适用这个计算。

1)具有接触式密封的轴承。这样形式的轴承最大转速主要取决于轴线与密封部分的摩擦;

2）支承滚轮和螺栓型滚轮；
3）调心滚针轴承；
4）推力深沟球轴承和推力角接触球轴承。

轴承的热安全转速 n_{per} 可以按如下公式计算：

$$n_{per} = n_B \times f_n \tag{3-4}$$

式中　n_{per}——轴承热安全转速（r/min）；
　　　n_B——轴承热参考转速（从轴承型录数据表中查取）；
　　　f_n——速度比。

轴承的速度比 f_n 可以由图 3-12 查取。

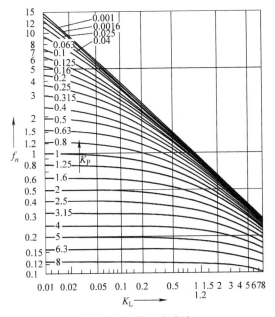

图 3-12　轴承速度比

图中

$$K_L = \frac{\pi}{30} n_B \frac{10^{-7} f_0 (\nu n_B)^{\frac{2}{3}} d_m^3}{Q} \times 10^{-6} \tag{3-5}$$

$$K_P = \frac{\pi}{30} n_B \frac{f_1 P_1 d_m}{Q} \times 10^{-6} \tag{3-6}$$

式中　K_L——润滑油膜系数；
　　　K_P——轴承转速比；
　　　n_B——轴承热参考转速（从轴承型录数据表中查取）；

v——工作温度下润滑剂的运动黏度（mm^2/s）；

d_m——轴承平均直径（内径、外径的算术平均数）（mm）；

Q——散出的总热量见式（3-7）（kW）；

P_1——对于向心轴承为径向负荷，对于推力轴承为轴向负荷（N）；

f_1——以负荷为参数的摩擦力矩轴承参数，见表 3-19；

f_0——以速度为参数的摩擦力矩轴承参数，见表 3-19。

表 3-19 齿轮箱常用轴承转速折算用轴承参数

类别	系列	f_0		f_1
		脂润滑、油雾润滑	油浴润滑、循环油润滑	
满装圆柱滚子轴承	SL 1818	3	5	0.0005
	SL 1829	4	6	
	SL 1830	5	7	
	SL 1822	5	8	
	SL 0148、SL 0248	6	9	
	SL 0149、SL 0249	7	11	
	SL 1923	8	12	
	SL 1850	9	13	
带保持架圆柱滚子轴承	LSL 1923	1	3.7	0.0002
	ZSL 1923	1	3.8	0.00025
	2···E	1.3	2	0.0003
	3···E			0.00035
	4			0.0004
	10、19			0.0002
	22···E	2	3	0.0004
	23···E	2.7	4	
	30	1.7	2.5	
圆锥滚子轴承	302、303、320、329、330、T4CB、T7FC	2	3	0.0004
	313、322、323、331、332、T2FE、T2ED、T5ED	3	4.5	

（续）

类别	系列	f_0 脂润滑、油雾润滑	f_0 油浴润滑、循环油润滑	f_1
推力和向心调心滚子轴承	213	2.3	3.5	$0.0005(P_0/C_0)^{0.33}$
	222	2.7	4	$0.0005(P_0/C_0)^{0.33}$
	223	3	4.5	$0.0008(P_0/C_0)^{0.33}$
	230、239	3	4.5	$0.00075(P_0/C_0)^{0.5}$
	231	3.7	5.5	$0.0012(P_0/C_0)^{0.5}$
	232	4	6	$0.0016(P_0/C_0)^{0.5}$
	234	4.3	6.5	$0.0012(P_0/C_0)^{0.5}$
	241	4.7	7	$0.0022(P_0/C_0)^{0.5}$
	292...E	1.7	2.5	0.00023
	291...E	2	3	0.0003
	293...E	2.2	3.3	0.00033
深沟球轴承	618	1.1	1.7	$0.0005(P_0/C_0)^{0.5}$
	160	1.1	1.7	$0.0007(P_0/C_0)^{0.5}$
	60、619	1.1	1.7	$0.0007(P_0/C_0)^{0.5}$
	622...2RSR	1.1	—	$0.0007(P_0/C_0)^{0.5}$
	623...2RSR	1.1	—	$0.0007(P_0/C_0)^{0.5}$
	62	1.3	2	$0.0009(P_0/C_0)^{0.5}$
	63	1.5	2.3	$0.0009(P_0/C_0)^{0.5}$
	64	1.5	2.3	$0.0009(P_0/C_0)^{0.5}$
	42...B	2.3	3.5	$0.001(P_0/C_0)^{0.5}$
	43...B	4	6	$0.001(P_0/C_0)^{0.5}$
角接触球轴承	70...B	1.3	2	$0.001(P_0/C_0)^{0.33}$
	718...B、72	1.3	2	$0.001(P_0/C_0)^{0.33}$
	73	2	3	$0.001(P_0/C_0)^{0.33}$
	30	2.3	3.5	$0.001(P_0/C_0)^{0.33}$
	32	2.3	3.5	$0.001(P_0/C_0)^{0.33}$
	38	2.3	3.5	$0.001(P_0/C_0)^{0.33}$
	33	4	6	$0.001(P_0/C_0)^{0.33}$
调心球轴承	12	1	2.5	$0.0003(P_0/C_0)^{0.4}$
	13	1.3	3.5	$0.0003(P_0/C_0)^{0.4}$
	22	1.7	3	$0.0003(P_0/C_0)^{0.4}$
	23	2	4	$0.0003(P_0/C_0)^{0.4}$
四点接触球轴承	QJ2、QJ3	2.7	4	$0.001(P_0/C_0)^{0.33}$

注：表中 P_0 为当量静载荷；C_0 为额定静载荷。

上述公式中散出的总热量 Q 可以由式（3-7）求得：

$$Q = Q_s + Q_L - Q_E \quad (3\text{-}7)$$

式中 Q_s——通过配合表面散热，见式（3-8）（kW）；

Q_L——通过润滑散热（kW）；

Q_E——外界热源传递来的热量（kW）。

其中：

$$Q_s = K_q A_r \Delta \theta_A \quad (3\text{-}8)$$

$$Q_s = 0.0286 V_L \Delta \theta_L \quad (3\text{-}9)$$

式中 K_q——热传递系数，可以从图313中查取，图3-13中①为向心轴承参考工况，图中的②为推力轴承参考工况；

A_r——轴承配合面面积（mm^2）；

$\Delta \theta_A$——轴承平均温度与环境温度差（K）；

$\Delta \theta_L$——进、出油口温度差（K）；

V_L——润滑油流量（L/min）。

由此可知，轴承的热参考转速不是一个不可以超越的转速限定，更多情况下这是一个热平衡的转速参考。

当轴承的润滑使用油润滑和脂润滑的时候，尤其是在轴承运转初期，相同转速的轴承，其温度不同。换言之相同温度标定下的轴承最高转速也不同，因此就出现了油润滑热参考转速和脂润滑热参考转速的标定。这就是一些厂家采用油润滑和脂润滑标定轴承额定转速的原因。

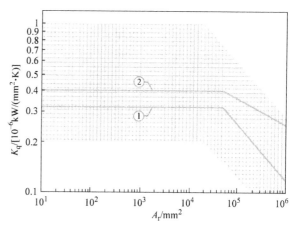

图3-13 热传递系数与轴承配合面面积的关系

（三）轴承机械极限转速

在轴承热参考转速的介绍中，我们知道如果改善散热，就可以超越此值，但是到底能够超越多少？到底轴承极限转速是多少？因此有了轴承机械极限转速的概念。

轴承的机械极限转速是指在轴承运行于理想状态下，轴承可以达到的机械和动力学极限转速值。

这个值是在假定的理想状态，轴承自身旋转在高速情况下，由于离心力的作用，其内部结构的机械强度达到极限时的转速值，这个值是轴承的机械极限转速。

轴承的机械极限转速与轴承类型、轴承内部设计等诸多因素相关。因此不同类型的轴承，其机械极限转速不同；相同型号的轴承，不同厂家设计生产的轴承机械极限转速也应该不同。

由于轴承的机械极限转速是一个极限的定义，因此在任何情况下都不应该在超过这个转速的情况下应用轴承。我们都知道轴承设计的普遍的薄弱点是保持架，在超越机械极限转速的情况下，经常会出现保持架断裂、崩溃等情况。

（四）轴承热参考转速与机械极限转速之间的关系

在各个轴承厂家的轴承型录中，我们会发现一个问题，有的轴承机械极限转速高于热参考转速；有的轴承热参考转速高于机械极限转速。机械工程师会提出这样的问题，如果轴承的热参考转速高于轴承机械极限转速，那么也就意味着轴承还没有过热的时候，其机械强度已经达到极限，轴承已经失效。如此一来，热参考转速如何得出？

事实上，轴承的热参考转速是一个热平衡结果。当然轴承厂家根据 ISO 15312—2018 进行一些轴承转速实验，但是更多的情况下此值是一个热平衡计算值。而型录上的这个额定值也多数是一个计算值。

相应地，不同类型轴承热参考转速和机械极限转速中相对高的一个揭示了轴承运行时限制转速的主要矛盾所在。比如对于深沟球轴承而言，热参考转速高于机械极限转速；而对于圆柱滚子轴承而言则相反。这说明，在转速升高的情况下，对于深沟球轴承而言，发热不是主要矛盾，而其机械强度（保持架强度）将是限制转速的主要瓶颈；对于圆柱滚子轴承而言，转速提高的时候，由于这类轴承是线接触，散热不利，因此其发热是限制转速的主要瓶颈，而其结实的保持架，不是限制轴承转速的主要因素。

所以，了解轴承结构，可以帮助我们理解轴承热参考转速和机械极限转速之间的关系。

另一方面，轴承的热参考转速从发热的角度给出了轴承转速的参考；而轴承的机械极限转速从轴承自身机械强度角度给出了轴承转速能力的极限。对于热参考转速而言，通过改善散热的条件可以适度超越，而对于轴承的机械极限转速而言，一旦轴承选定，则这个值就被固定，而不允许被超越。

从发热和强度两个角度定义的轴承转速的边界共同构成了轴承的转速额定值。

（五）影响轴承转速能力的因素及其注意事项

不同的轴承转速能力不同。轴承运行在高转速的时候，轴承各个零部件的离心力、轴承各个部件之间的相互摩擦发热等因素是影响轴承转速能力的重要因素。这些因素对应到轴承的选型上就是轴承的大小、类型，以及不同的内部设计之间带来的差异。

1. 轴承大小与转速能力之间的关系

从离心力的角度来看，由常识可知，轴承直径越大，其零部件重量也越大，因此轴承高速旋转的时候离心力也就越大。相应的轴承的转速能力就会越差。由此我们可以得到第一个基本的规律：轴承越大，转速能力越差。

如果轴承内孔直径相同，若对于同一类型的轴承（比如深沟球轴承）重系列的轴承零部件体积和重量（主要是滚动体）大于轻系列的轴承；对于不同类型的轴承，滚子轴承的滚动体重量大于球轴承的滚动体重量。而滚动体重量越大，高速转动的时候离心力也就越大，因此其转速能力也就越差。所以我们得到第二个基本规律：相同内径轴承，重系列轴承的转速能力低于轻系列轴承；滚子轴承的转速能力低于球轴承。

通过以上两个规律，我们在为高转速设备选择轴承的时候，如果想选择转速能力强的轴承就需要遵循以下原则：

1）尽量减小轴径；

2）尽量选择轻系列轴承；

3）尽量选择球轴承，其次是单列滚子轴承，再次是双列滚子轴承。

上述原则为一个通用的定性原则，不可以当作教条使用。具体选用的时候可以根据这个原则进行选择，最后还是以校核轴承的热参考转速和机械极限转速值为准。

2. 轴承类型与转速能力之间的关系

不同类型的轴承（考虑相同内径），由于其内部设计结构等的不同，具有不同的转速能力。图 3-14 就某一个尺寸的轴承进行了对比，齿轮箱工程师可以从中得到一些定性的结论。

图中不难发现：

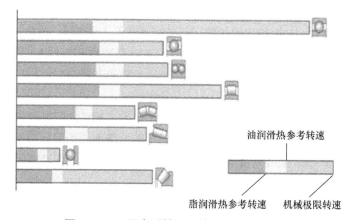

图 3-14 不同类型轴承的转速能力对比示意

1）轴承内部的接触形式不同带来了热参考转速能力的不同。点接触的轴承发热小，线接触的轴承发热大；

2）滚动体重量小的轴承机械极限转速高。这是因为滚动体重量小高速旋转时的离心力小，对保持架造成的压力小。

① 单列滚子轴承比同内径的单列球轴承的机械极限转速低；

② 双列滚子（球）轴承比同内径的单列滚子（球）轴承的机械极限转速低。

3）保持架强度高的轴承机械极限转速能力强。

3. 轴承内部设计与转速能力之间的关系

对于相同的轴承，有时候根据不同需要会使用不同的内部设计，这些不同的内部设计也带来了轴承转速能力的不同。其中最重要的就是密封件和保持架的设计带来的不同。

（1）不同保持架设计的轴承转速能力

保持架作为轴承的重要零部件，对轴承转速能力有着重要的影响。保持架相关具体内容将在后续相关部分详述，本节仅就其转速能力做介绍。

1）保持架材质方面。轴承保持架重量越轻，其自身离心力越小，轴承转速能力越强。因此通常而言，尼龙保持架转速能力最强，其次是钢保持架，最后是铜保持架。

2）保持架设计方面。保持架有引导和保持滚动体的功能。但是其自身的运动也需要一些引导。通常轴承的保持架有外圈引导、内圈引导、滚动体引导等方式（具体可以参见保持架部分）。从重量看，外圈引导最重，滚动体引导其次，内圈引导最次。除了重量以外，不同类型的保持架结构也有不同，因此导致其机械极限转速能力不同。由于各个品牌设计不同，因此这方面的折算方法也不尽相同，以斯凯孚集团生产的圆柱滚子轴承为例，其圆柱滚子轴承不同保持架的机械极限转速折算见表 3-20。

表 3-20 不同保持架机械极限转速折算系数

保持架类型（原后缀）	P、J、M、MR（转换后后缀）	MA、MB（转换后后缀）	ML、MP（转换后后缀）
P、J、M、MR	1	1.3	1.5
MA、MB	0.75	1	1.2
ML、MP			1

保持架除了影响极限转速以外，其内部设计也影响保持架和周边的润滑。对于内外圈引导的保持架类型，在轴承运转的时候，保持架需要和内圈或者外圈发生碰撞摩擦，而保持架和引导的轴承圈之间的距离十分小，因此在不同润滑方式下，表现出的轴承转速能力不同。

脂润滑的时候，保持架边缘和引导的轴承圈之间的距离无法被油脂良好地润滑，因此在一定转速时会出现保持架和轴承圈之间的干摩擦（对于铜保持架经常出现的掉铜粉现象，就是这种摩擦产生的）。所以，此时内外圈引导的轴承转速能力低于滚动体引导的轴承。

油润滑的时候，由于内圈或者外圈引导的轴承，其保持架和引导的轴承圈之间有一个狭缝，这个狭缝对润滑油来说会有一个虹吸作用，因此可以将润滑油吸附到保持架端部与轴承圈之间。在轴承高速运转的时候，保持架和轴承圈之间的相对碰撞或者摩擦都是由润滑油在其中起到很好的润滑作用。因此，这种情况下，内外圈引导的轴承转速能力强于滚动体引导的轴承。

上述保持架设计因素带来的转速能力不同在圆柱滚子轴承上十分常见。机械工程师可以在相应品牌的轴承技术人员处拿到详细的技术资料。因为各个品牌的方法和系数各不相同，此处不一一列举。

（2）不同密封设计的轴承转速能力

齿轮箱中常用的封闭式轴承主要都是深沟球轴承。通常深沟球轴承的防护方式主要有两大类：一类是防尘盖；另一类是密封。不同防护方式的轴承如图3-15所示。

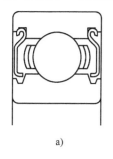 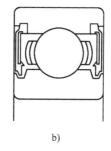 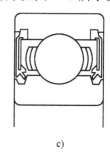

a) b) c)

图3-15 不同防护方式的轴承

a）带防尘盖深沟球轴承 b）非（轻）接触式密封深沟球轴承 c）接触式密封深沟球轴承

带防尘盖的深沟球轴承，其防尘盖多为金属材料，且防尘盖固定于轴承外圈，和轴承内圈有一个非常小的狭缝，不与内圈接触。当轴承旋转的时候，狭缝可能会分布一些油脂。由于防尘盖和轴承内圈是非接触式的，因此防尘盖通常不会影响轴承的转速能力。所以带防尘盖的深沟球轴承转速能力与开式轴承相当；另一方面，带防尘盖的深沟球轴承仅仅具备基本的防尘能力，并不具备密封能力，不能阻止细微尘埃以及液体污染。

带密封的深沟球轴承，密封件多为橡胶材质（丁腈橡胶或者氟橡胶居多）。主流品牌提供两种防护能力的密封深沟球轴承且其转速能力不同，分别为轻接触式密封（或者非接触式密封）和接触式密封。轻接触式（或者非接触式）密封轴承，有的厂家设计的密封件和内圈轻微接触，有的并不接触，但是具有一个类似迷宫的结构。接触式密封轴承密封件和内圈有接触，因此在轴承旋转的时候，接触的密封唇口和内圈之间的摩擦会引起发热。两者相比，接触式密封的深沟球轴承转速能力弱于轻接触式密封的深沟球轴承。

对比三种轴承防护方式，会得到一个总体结论，密封效果好的轴承，其转速能力就会弱，其运转阻转矩就会大，高速运转就会发热（由密封唇口和内圈之间的摩擦引起）。

各个品牌密封件设计不同，因此密封件对转速的影响程度各不相同，机械工程师需要从各个品牌的产品目录中找到对应值。

对于开式轴承，机械工程师有时候需要进行密封设计以保护轴承。密封件就是靠密封唇口和轴之间的压紧而起到密封作用。所以密封效果越好，其正压力越大，摩擦发热也会越大。这与密封的唇口形状设计、密封材质、轴的表面加工精度等相关。但是总体上，使用一般橡胶材料的密封件，其密封唇口和轴之间的相对线速度不建议超过 14m/s。

（六）齿轮箱轴承选型时转速选择的基本原则

本部分介绍了轴承转速的额定值以及轴承各部分零部件对轴承转速的影响。齿轮箱工程师在轴承选型时总体上遵循的基本原则应该是

1）所选择的轴承尽量在该轴承转速额定值范围内运行；

2）如果由于工况要求的原因，需要超越轴承的热参考转速，需要进行相应的折算；

3）无论何种情况，轴承的运行均不应该超越其机械极限转速。

如果上述原则在已选定的轴承上无法实现，则必须重新选择轴承。可以按照本部分介绍的与轴承转速相关的一些因素考虑选择转速能力更强的轴承以适应工况需求。

三、轴承的负荷能力

轴承的负荷能力是轴承重要的特性之一。轴承的不同设计导致轴承可以承受的负荷方向与大小不同。

（一）轴承承载负荷方向

1. 轴承接触角的概念

轴承接触角通常是指轴承承载接触点连线与垂直方向的夹角，如图 3-16 所示。轴承的负荷是从一个圈通过滚动体传递到另一个圈，那么接触角的连线也是轴承内部承载力传递的方向。由此可知，轴承接触角越大，轴承的轴向承载能力越大，反之亦然。

如果轴承的接触角是 0°，也就意味着轴承承载方向没有轴向分量，轴承承受纯径向负荷，我们将这种轴承叫作径向轴承或者向心轴承；相应地，如果轴承的接触角是 90°，也就是轴承的承载方向没有径向分量，轴承承受纯轴向负荷，我们把这种轴承叫作推力轴承。

轴承接触角为 0°～90° 的轴承，我们统称为角接触轴承。这类轴承既具有轴向承载能力，也具有径向承载能力。

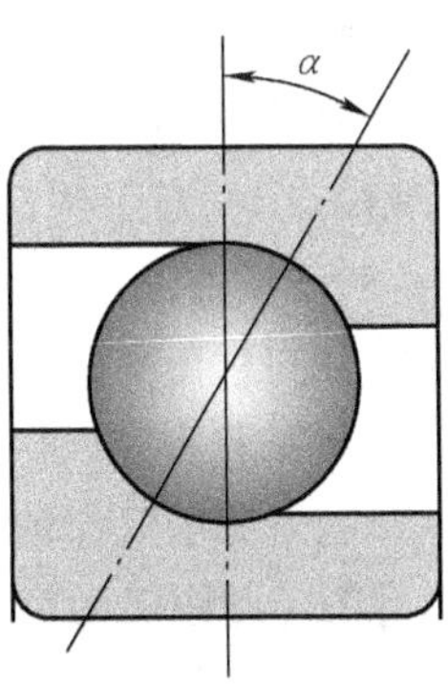

图 3-16 轴承接触角

2. 根据接触角的轴承分类

在 0°～90° 之间，以 45° 为界，根据接触角，可以对轴承进行分类，如图 3-17 所示。

接触角为 0° 的，称为向心轴承，如果滚动体是球，称为向心球轴承（也叫深沟球轴承）；如果滚动体为滚子，称为向心滚子轴承。其中径长比为 1:3 以上的，称为短圆柱轴承（也叫圆柱滚子轴承）；反之为滚针轴承。接触角为 0°～45° 的，称为向心推力轴承；接触角为 45°～90° 的，称为推力向心轴承。向心推力轴承和推力向心轴承统称为角接触轴承。如果滚动体是球，就是角接触球轴承。

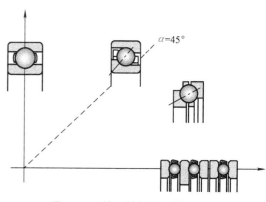

图 3-17　按照接触角的轴承分类

接触角为 90° 的，为推力轴承，根据滚动体不同形式分为推力球轴承和推力滚子轴承（同样根据径长比有推力滚针轴承）。

对于圆锥滚子轴承，由于其两个滚道之间并非平行，因此可以针对某一个滚道法线与垂直方向夹角来计入接触角。

需要说明的是，深沟球轴承由于其内部滚道为一个圆形沟槽，因此当轴承承受轴向负荷的时候，滚动体在两个滚道上的接触点会相应地出现偏移。宏观上，深沟球轴承具有一定的轴向承载能力；微观上，此时深沟球轴承接触点连线已经与垂直方向出现夹角，处于角接触球轴承的工作状态。此时已经不是作为一个纯向心轴承承载。这就是深沟球轴承作为向心轴承却能够承载轴向负荷的原因。

（二）轴承承载负荷大小

轴承的承载是通过滚动体和滚道之间的接触实现的，在相同压强下，承载面积越大，其整体承载的负荷就会越大。

影响滚动轴承接触面积的因素包括轴承接触形式、轴承大小、轴承宽度系列等。

从轴承接触形式角度看，对于球轴承而言，滚动体和滚道之间的接触是点接触（宏观观点）；对于圆柱滚子轴承而言，滚动体和滚道之间的接触是线接触（宏观观点）；对于调心滚子轴承而言，每次都是一对滚子和滚道接触，不仅仅是线接触，并且线接触的总长度大于单列轴承。

因此一般而言，相同直径的轴承中，球轴承的承载能力低于滚子轴承；单列轴承的承载能力低于双列轴承。仅就轴承类型不同而承载能力不同的对比可以参照图 3-18 的示意图（此图仅为对某一内径尺寸的轴承负荷能力的对比示意）。

另一方面，相同类型的轴承，轴承越大，内部滚道、滚动体的尺寸就越大，相应的接触面积也越大，因此轴承负荷承载能力也越强。

相同内径尺寸的轴承，其宽度系列越大，内部的滚动体与滚道的接触面积就越大，因此轴承的负荷承载能力也越强。

（三）轴承的额定负荷

一般的轴承型录上都会对轴承承受负荷的能力做出额定值的标定。通常都会标定出额定动负荷、额定静负荷。同时前面阐述的轴承负荷能力强弱的趋势可以参考轴承型录中的产品数据表格。

1. **额定动负荷**

轴承的额定动负荷适用于描述轴承动态承载能力的额定值，其依据是 DIN

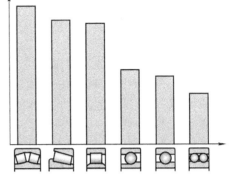

图 3-18　不同类型轴承的承载能力示意图

ISO 281：2010 相应的规定。额定动负荷的概念是指在大小相同、方向恒定的负荷状态下，一大批轴承运行所能够达到的基本额定寿命为 100 万转。

换言之，在额定动负荷状态下可以概略地理解为所选择轴承的基本额定寿命可以达到 100 万转。

需要注意的是，轴承的寿命与转速、载荷、第一次出现失效的统计概率相关。关于这些概念的详细阐述将在本书轴承寿命校核的相关部分详细介绍。

另一个十分关键的地方是轴承额定动负荷的前提条件是"负荷大小和方向恒定"。事实上，实际工况中轴承承受的负荷很少是恒定的，因此用轴承实际承受的某一个负荷与轴承额定动负荷做比较从而得出负荷能力是否足够的判断是不准确的。

真正判断轴承动态负荷能力是否满足工况的方法是进行轴承基本疲劳寿命的计算，这个计算的本质含义是将实际负荷等效成一个"大小和方向恒定"的当量负荷，然后与额定动负荷进行比较。相应的概念在本书寿命计算部分详细阐述。

2. **额定静负荷**

滚动轴承在冲击载荷以及很高的静负荷作用下有可能在滚道和滚动体表面产生塑性变形，从而影响轴承的噪声水平、寿命，以及运行性能。

当轴承运行在极低转速下，或者静止不旋转的时候，这个塑性变形的程度取决于基本额定静负荷 C_0。根据 DIN ISO 76：2018 规定：对于径向轴承就是一个径向的载荷 C_{0r}；对于推力轴承就是一个轴向载荷 C_{0a}。

基本额定静负荷的定义是当在滚动体和滚道之间的最高赫兹应力使接触点处产生滚动体直径 1/10000 的永久变形时的负荷：

1）对于滚子轴承，为 4000N/mm²；

2）对于球轴承，为 4200 N/mm²；

3）对于调心球轴承，为 4600 N/mm²。

额定静负荷是在对轴承静态承载以及振动情况下选型计算的一个基准。后续轴承寿命校核计算中将详细阐述。

四、轴承的保持架

(一) 保持架的概念

保持架是滚动轴承重要的组成部分，其主要作用是分隔和引导滚动体运动。保持架在滚动体之间防止了滚动体的相互接触和摩擦发热，同时为润滑提供了空间。在分离式轴承中，保持架也起到了固定作用，使得轴承的安装和拆卸变得方便；同时滚动体在滚道内的运行轨迹也依靠滚动体和保持架之间的相互碰撞实现修正。

齿轮箱中也会用到一些没有保持架的轴承，例如满滚子轴承。与具有保持架的轴承相比，满滚子轴承在内外圈有限的空间内可以安置更多的滚动体，其承载能力相对更大。但是另一方面，满滚子轴承运行的时候，滚动体之间的相对运动引起摩擦发热较大，滚子修正运动轨迹的碰撞也会发生在滚子之间，因此这类轴承不适合用于高转速场合。同时由于这个原因，这类轴承的润滑选择也需要进行特殊考虑。

1. 保持架的材质

轴承常用的保持架材质主要有三种：钢、尼龙和铜。

钢保持架具有强度高、使用温度范围宽、重量相对较轻的特点，是最常用的轴承保持架材质。由于钢保持架的这些特点，钢保持架可以运行于宽泛的温度范围和宽广的速度范围。

尼龙保持架具有重量轻、弹性强、润滑性能良好的特点。尼龙保持架的强度在所有保持架材质中是最弱的，因此在振动场合，频繁起停的工况下容易出现保持架断裂。但是尼龙保持架是所有常用保持架材质中最轻的，因此尼龙保持架经常被用于高速场合，是速度能力最强的保持架材质。尼龙保持架的应用有温度限制，通常的尼龙保持架温度范围是 $-40 \sim 120 ℃$。

黄铜保持架具有强度高、防振抗加速性能优良、油润滑下转速能力卓越的特点。通常黄铜保持架应用于振动场合、频繁起停场合、油润滑场合以发挥其特性。但是钢保持架相对价格高，同时不能在有氨的环境下工作，有时候还会和一些油脂发生化学反应。因此在选用的时候要考虑这些因素。

2. 保持架的加工、组装方式

保持架的加工方式有冲压、机削等。具体每种轴承保持架的加工方式是不同厂家自己设计的选择，此处不一一展开。可以咨询轴承工程师了解细节。

保持架也有不同的组装方式，以深沟球轴承为例，其中包括冲压钢搭扣式保持架、冲压钢铆钉式保持架、尼龙铸模保持架、黄铜铆钉式保持架等。以深沟球轴承为例，如图 3-19 所示。

3. 保持架的不同引导方式

轴承运转的时候，保持架的运动轨迹受到滚动体运动和自身重力的影响，其运动轨迹会被不断修正以实现绕轴心的旋转。这种运动轨迹的修正就是通过保持架和滚动体，或者轴承圈的碰撞完成的。通常依照引导方式的不同分为滚动体引导、外圈引导和内圈引导，如图 3-20 所示。

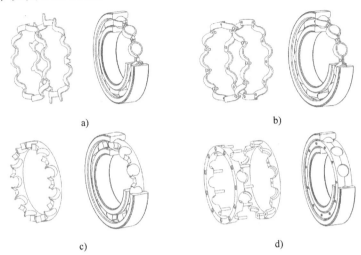

图 3-19　深沟球轴承不同保持架类型

a）冲压钢搭扣式保持架　b）冲压钢铆钉式保持架　c）尼龙铸模保持架　d）黄铜铆钉式保持架

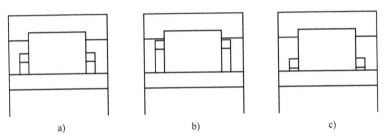

图 3-20　圆柱滚子轴承保持架不同引导方式

a）滚动体引导　b）外圈引导　c）内圈引导

图 3-20 为圆柱滚子轴承不同引导方式的示意图。从图中可以看到，内圈、外圈的引导方式保持架距离内圈或者外圈比较近，靠和这个圈的碰撞修正运行轨迹。保持架和轴承圈之间的狭缝非常不利于脂润滑；而对于油润滑，由于虹吸作用非常容易保持润滑油。因此在使用脂润滑且 ndm 值大于 250000 的时候，不建议使用内圈或者外圈引导的轴承。

表 3-20 中也给出了采用不同引导方式保持架的轴承在转速条件下的折算系数。

常见的轴承磨铜粉现象就是由于使用了外圈或者内圈引导的轴承工作于过高的转速，保持架和套圈之间无法良好润滑而产生的。有的时候如果无法更换轴承，而又无法改变成油润滑，那么使用黏度低的油脂会有一些帮助，但仍然不能解决根本问题。

另一方面，当轴承处于高转速的时候，对内圈或者外圈引导的轴承保持架运动轨迹的修正更多地依赖于轴承圈，因此更加适用。

当轴承运行于振动工况的时候，内圈或者外圈引导保持架的轴承相对于滚动体引导保持架的轴承更加适用。

（二）齿轮箱轴承的保持架选择

一般而言，轴承的保持架与轴承本身的设计、加工工艺等相关。对于某一型号的轴承而言，并非所有的保持架形式都可以获得。因此，齿轮箱工程师在进行轴承选型的过程中只能在轴承厂商可以提供的保持架类型中进行选择，不过总体而言，保持架选择有一定的规律可以参考。

1）保持架自身质量越轻，高速下离心力越小，因此保持架可以工作的转速就越高；

2）保持架自身强度越高，在离心力作用下其崩溃的可能性就越小，可以适应的转速就越高；

3）保持架组装时的连接处，往往是强度弱点。一体式保持架相对分体式保持架而言，强度有优势；

4）尼龙保持架有其运行温度限制，选型时需要注意；

5）轴承选型时需要注意保持架的引导方式，以及齿轮箱的转速与润滑方式之间的匹配。

五、轴承的游隙

（一）游隙的概念

轴承的游隙是指轴承内部一个圈固定，另一个圈相对于固定圈的最大移动距离。如果这个移动是径向的，则是径向游隙；如果这个移动是轴向的，则是轴向游隙。

轴承游隙实际上是轴承完成组装之后的剩余空间，虽然不是轴承的一个实体零部件，但是对于轴承运行的性能至关重要。

根据 ISO 5753：1991《滚动轴承　径向游隙》，DIN 620-4—2004《滚动轴承.滚动轴承公差.第4部分：径向内间隙》，轴承内部径向游隙的分组见表3-21。

表3-21　轴承内部径向游隙

轴承径向游隙组别	说明	标准	应用
CN	普通径向游隙，轴承代号中省略	ISO 5753：1991；DIN 620-4—2004	一般轴和轴承座公差的工作状态
C2	< CN		带有摆动的交变重载
C3	> CN		内外圈温差较大，轴承套圈有紧配合
C4	> C3		
C5	> C4	ISO 5753	

一般而言，对于径向轴承（深沟球轴承、圆柱滚子轴承、球面滚子轴承等）而言，各个厂家轴承型录里使用的游隙值都是径向游隙；对于轴向轴承（角接触球轴承、圆锥滚子轴承、推力轴承）而言，各个厂家轴承型录里使用的都是轴向游隙。

上述标准中所列出的都是轴承的初始游隙，当轴承被安装到轴上并且运行于稳定工况下的时候，轴承内部游隙会发生变动，此时的游隙就是轴承的工作游隙。

（二）工作游隙及其计算

一般而言，轴承圈和轴以及轴承室之间有一定的公差配合。通常一个圈相对较紧，另一个圈过渡配合。轴承安装之后，由于紧配合的原因，轴承圈会出现一些变形，从而尺寸发生变化，引起游隙的减少；另一方面，当齿轮箱从冷态运行到稳定工况的时候，齿轮箱轴承内外圈的温度将发生变化。此时温度的变化会带来轴承内圈、外圈的径向膨胀。当轴承内外圈存在温度差的时候，此时热膨胀量的差别将带来轴承内部游隙的变化，如图 3-21 所示。上述的变化通常带来的游隙变化都是游隙量的减少。

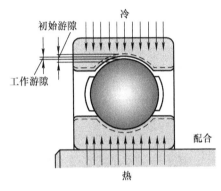

图 3-21 轴承游隙的变化

轴承在未经过安装和使用的时候，其内部游隙叫作轴承的初始游隙；轴承经过安装，并且处于工作状态下的内部游隙叫作轴承的工作游隙。

显然，轴承的工作游隙是由初始游隙减去由于公差配合带来的游隙减少量，再减去由于温度变化带来的游隙减小量而得到的。

$$C_{工作} = C_{初始} - \Delta C_{配合} - \Delta C_{温度} \tag{3-10}$$

式中　$C_{工作}$——工作游隙（μm）；

　　　$C_{初始}$——初始游隙，参照 ISO 5753：1991（μm）；

　　　$\Delta C_{配合}$——由配合引起的游隙减小量（μm），见式（3-11）；

　　　$\Delta C_{温度}$——由温度差带来的游隙减小量（μm），见式（3-14）。

对于径向轴承由配合引起的径向游隙减小量：

$$\Delta C_{配合} = \Delta d + \Delta D \tag{3-11}$$

式中　Δd——由配合引起的轴承内圈膨胀量（μm），见式（3-12）；

　　　ΔD——由配合引起的轴承外圈压缩量（μm），见式（3-13）。

配合引起的轴承内圈膨胀量：

$$\Delta d \approx 0.9 U d / F \approx 0.8 U \tag{3-12}$$

式中 d——轴承内径（mm）;

F——轴承内圈滚道直径（mm）;

U——紧配合面的理论过盈量（μm）。

通常，考虑装配时接触面间相互挤压的影响，紧配合面理论过盈量等于配合面最大实体偏差减去公差带的三分之一之后所得的差值。

此计算不适用于薄壁轴承和轻金属轴承座，这些情况下的配合影响应通过实测获得。

配合引起的轴承外圈压缩量：

$$\Delta D \approx 0.8UE/D \approx 0.7U \qquad (3\text{-}13)$$

式中 E——外圈滚道直径（mm）;

D——轴承外径（mm）。

由于温度引起的径向游隙减小量：

$$\Delta C_{温度} = 1000\alpha d_m(\theta_i - \theta_o) \qquad (3\text{-}14)$$

式中 α——钢的热膨胀系数，通常为 0.000011K^{-1};

d_m——轴承平均直径 $(d+D)/2$（mm）;

θ_i——轴承内圈温度（℃）;

θ_o——轴承外圈温度（℃）。

对于轴向游隙计算，式（3-11）与式（3-14）需要将计算结果乘以 $\cot\alpha$（α 为接触角）。其他计算公式不变。

（三）游隙选择的一般原则

轴承工作性能与其工作游隙有一定的关系，选择合适的工作游隙是保证轴承正常运行的重要因素。轴承的工作游隙与轴承工作性能之间的关系如图 3-22 所示。

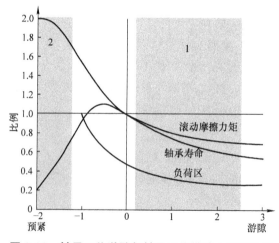

图 3-22 轴承工作游隙与轴承工作性能之间的关系

图中展示了轴承滚动摩擦力矩、轴承寿命以及轴承负荷区与轴承游隙之间的关系。其中游隙如果为负值，则表示轴承内外圈压紧，轴承内部存在预紧。

当轴承承受径向负荷的时候，在负荷方向同侧的滚动体和滚道承受负荷；在径向负荷相反的方向上则不承受这个负荷。我们把轴承内部承受径向负荷的区域称为负荷区，其余部分称为非负荷区，如图3-23所示。

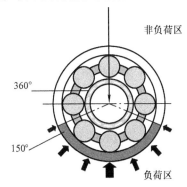

图3-23 轴承负荷区分布

从图3-22中的负荷区曲线可以看到，在径向负荷作用下，随着工作游隙的减小，轴承负荷区比例逐步增加，到达一定值之后，负荷区分布到整个轴承圈上。

从图3-22轴承滚动摩擦力矩曲线可以看到，随着轴承游隙的增大，轴承的滚动摩擦力矩减小；反之增大。实际运行中，在2号区域内，轴承预紧（负游隙）达到一定值的时候，轴承滚动摩擦力矩将出现不稳定的情况。

从图3-22中轴承寿命曲线中可以看到，轴承寿命将在游隙为一个小的负游隙下达到最优。当游隙在这个值基础上进一步增大或者减小的时候，轴承的寿命表现均将出现减小，但是减小的速度不同。当游隙增大的时候，轴承寿命减小但是减小的速度较慢，反之减小的速度较快。当轴承内部工作游隙小于最佳游隙到图中2号区域的时候，轴承运行状态出现不稳定。实际工况中经常出现的轴承卡死往往就是运行的轴承内部游隙过小所致。因此，为安全起见，通常都会建议轴承工作在一个正的小游隙范畴内。这样一旦外界因素影响使游隙进一步减小以及增大都会保证轴承可以不至于出现极端的状态突变。

基于上述考虑，一般轴承工作时应使工作游隙处于1号区域内。此时轴承寿命可靠，而摩擦力矩也较小。不难发现，此时轴承内部的负荷区应该在整个轴承圈的三分之一左右。由此，很多资料推荐轴承工作时的负荷区应该在负荷方向的120°~150°。

（四）齿轮箱轴承游隙/预负荷的选择

对于齿轮箱轴承而言，如果使用的是径向轴承（深沟球轴承、圆柱滚子轴承等），其工作游隙和预负荷选择可以按照上述原则通过计算的方式使工作游隙处于推荐区域之内。

需要指出的是，当使用轴向负荷的轴承（角接触球轴承、圆锥滚子轴承等）的时候，一般这类轴承不允许在正游隙的条件下运行，需要对轴承施加预紧。从图3-21中不难看出，此时对轴承进行的不是游隙的选择而是预负荷的选择和计算。而轴承的预负荷直接影响着轴承的寿命以及轴承的滚动摩擦力矩。

关于角接触球轴承以及圆锥滚子轴承的轴向预负荷的计算将在本书相关的校核计算部分详细阐述。

第三节　齿轮箱常用轴承介绍

前面章节中介绍了轴承的通用性能，这些性能特征对于滚动轴承而言是具有共性的，是作为机械工程师对轴承性能了解的基础，同时也是进行齿轮箱设计时对轴承通用考虑的重要因素。

在轴承的分类中我们介绍的每一种不同类型的轴承都具有不同设计，同时也具不同的个性特征。对于齿轮箱设计而言，有些轴承是经常使用的类型，因此对这些轴承特性的了解也十分重要。本节就针对齿轮箱常用的轴承类型的个性特征进行介绍。同时也列举出几大国际知名品牌在这些类型的轴承中的一些特性的设计以及代号，帮助机械工程师在进行齿轮箱轴承选择的时候进行参考。

一、深沟球轴承

深沟球轴承是所有轴承中最古老、最传统也最成熟的产品类型，是所有轴承中使用最广泛的一类。如图 3-24 所示，深沟球轴承的滚动体是球形，工作的时候滚动体在滚道内进行周向旋转，同时有一定的自转。深沟球轴承滚道的曲率半径和球的半径不同。通常我们把滚道弧长大于三分之一滚珠球大圆周长的径向滚动轴承叫作深沟球轴承。

深沟球轴承有单列、双列等多种设计，其中单列深沟球轴承使用最为广泛。

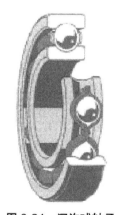

图 3-24　深沟球轴承

深沟球轴承是一体式轴承，其内圈、外圈滚动体和保持架组装之后就成为一个一体的组件，在使用的时候不可分离。也正是因为这个原因，深沟球轴承具有使用简单、安装方便的特点。

深沟球轴承主要用于必须对轴进行轴向定位且轴向负荷较小的场合。在齿轮箱中主要包括：

1）圆柱齿轮传动（驱动轴以及空心输出轴）；

2）多级齿轮传动；

3）齿轮电机；

4）蜗杆传动中的蜗轮；

5）行星齿轮传动中的驱动轴、行星架；

6）联轴器轴。

（一）深沟球轴承负荷能力

深沟球轴承运转的时候，其内部滚动体和滚道之间的接触是点接触[一]。相比其他接触形式而言，深沟球轴承的承载能力不是很强。

从深沟球轴承的结构可以看出，深沟球轴承主要承受径向负荷。由于其滚道具有一定深度，因此滚动体可以在轴向相对偏离的位置承载，从而具备一定的轴向负荷承载能力。所以深沟球轴承可以承受径向负荷、轻轴向负荷以及相应的复合负荷。

深沟球轴承能够承受轻度的偏心负荷。其偏心角度应该小于10弧分[二]。

（二）深沟球轴承的转速能力

深沟球轴承内部滚动体与滚道的接触是点接触，轴承滚动时候所产生的滚动摩擦相对线接触等方式较小，由此而带来的发热也相对较小。

同时，深沟球轴承滚动体质量比圆柱形或者圆锥形滚子轻，因此在高转速下轴承滚动体离心力较小。所有这些因素使得深沟球轴承具有较高的转速能力。

（三）深沟球轴承的密封形式

深沟球轴承结构相对简单，在一定尺寸以下的深沟球轴承可以安装防尘盖、密封件，同时内部预填装润滑脂。

深沟球轴承常见的防护方式有防尘盖、轻（非）接触式密封，以及接触式密封三大类。同时不同品牌厂家的密封设计有所不同。

1. 带防尘盖的深沟球轴承

带防尘盖的深沟球轴承，通常也被称为带铁盖的深沟球轴承。其结构就是在轴承滚动体两侧加装了一个金属的防护盖。而这个防护盖被叫作防尘盖，因为这个防尘盖和轴承内圈并无接触，仅仅缩小了灰尘进入的入口空间，从而对轴承内部起到了一定的保护作用，因此，这类轴承不具备任何的液体防护能力，仅在轻污染的场合可以保护轴承。带防尘盖的深沟球轴承一般情况在出厂之前其内部都预先填装了适当的润滑脂，有些厂家轴承内的润滑脂量可以有不同的选择，以适应不同工况。

各个品牌的设计具体结构不同，其防护能力也略有差异。图3-25为一些带防尘盖的深沟球轴承结构示意图。

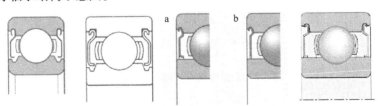

图3-25 带防尘盖的深沟球轴承

[一] 从微观角度看，考虑金属弹性这些接触都是面接触。
[二] 弧分，又称为角分，符号为′，1′（角分）=（1/60）°（度）。

2. 带轻（非）接触式密封的深沟球轴承

一般密封轴承采用的都是骨架式密封，密封件内部有一个钢制骨架，外部涂覆着橡胶材料，密封件的唇口是橡胶材料构成的。密封件唇口和轴承内圈不接触的设计就是非接触式密封，接触力较小的就是轻接触式密封。国际主要品牌的带轻（非）接触式密封的深沟球轴承结构如图 3-26 所示。

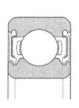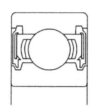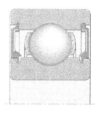

图 3-26　带轻（非）接触式密封的深沟球轴承

由于此类轴承密封效果较带防尘盖的轴承好，同时轴承密封件骨架外层有一层橡胶材料，且其主要密封作用的密封唇口也是橡胶材料，因此这种密封根据橡胶材料的不同，有不同的使用温度限值。请参考本章前面的介绍。

此类轴承仍然不能使用于重污染的场合，同时对液体污染的防护能力也不强。由于其接触力较小，因此在需要一定密封性能，但是转速又较高的场合经常得以使用。

3. 接触式密封

接触式密封的密封件和非接触式的密封件相类似，差别是密封件的唇口和轴承内圈相接触，因此叫作接触式密封。国际主要品牌的带轻接触式密封的深沟球轴承结构如图 3-27 所示。

带接触式密封的深沟球轴承其密封能力相对较好，可以具备防尘和一定程度的液体污染防护能力。和非接触式密封相同，由于密封件材料的原因，其运行条件也有一定的限制，比如温度。具体数值请参考本章相关内容。

图 3-27　带轻接触式密封的深沟球轴承

密封能力和唇口接触力之间是一个矛盾，越大的接触力，密封性能越好，但是唇口和内圈之间的摩擦就越大，轴承转动的阻转矩就越大，从而发热和磨损也越大，轴承转速能力就受到限制。因此带接触式密封的轴承密封件的设计要在轴承转速能力、运转灵活性和轴承密封性能之间取得平衡。

对于一些污染场合,使用接触式密封的时候会出现唇口摩擦偏大,轴承发热的情况,此时需要更换接触力相对较小的带轻接触式密封的轴承。但是此时牺牲了轴承密封的防护能力。此类故障需要根据具体工况进行平衡选择。

对于不同密封方式的轴承性能对比可以参考表 3-22。

表 3-22 不同密封方式的轴承性能对比

性能	带防尘盖的深沟球轴承	带非接触式密封的深沟球轴承	带接触式密封的深沟球轴承
转速性能	高	较高	一般
发热	低	低	高
阻转矩	低	中	高
防尘能力	好	较好	很好
防水能力	差	较差	好

(四)深沟球轴承常见后缀

不同常见生产的深沟球轴承在设计上的差异一般会用一些后缀标识清楚。为了便于机械工程师参考,现摘录部分品牌的常见后缀。

深沟球轴承常见后缀密封与防护方式见表 3-23。

表 3-23 深沟球轴承常见后缀——密封与防护方式

	后缀	密封与防护方式
SKF	Z	单侧带防尘盖
	2Z	双侧带防尘盖
	2RZ	双侧低摩擦密封
	2RSL	双侧低摩擦密封(轻接触)
	2RSH	双侧接触式密封
FAG	Z	单侧唇式密封
	2Z	两侧间隙密封
	2RSR	两侧唇式密封
	RSR	单侧唇式密封
	BSR	迷宫式密封
NTN	ZZ	非接触式防尘盖
	LLB	非接触式密封
	LLU	接触式密封
	LLH	低摩擦力矩式密封
NSK	ZZ	双侧防尘盖
	ZZS	双侧防尘盖
	DD	轻接触式密封
	VV	接触式密封

常见游隙一般都按照 ISO 5753：1991 标注后缀见表 3-24。

表 3-24　深沟球轴承常见后缀——游隙

后缀	游隙
CN	普通游隙组
C2	小于普通游隙组的游隙
C3	大于普通游隙组的游隙
C4	大于 C3 组的游隙

通常很多品牌缺省后缀的保持架默认为钢保持架，但是保持架安装方式（铆接、搭扣）等根据各自工艺和设计各有不同。

FAG 和 SKF 常见的深沟球轴承保持架后缀见表 3-25。

表 3-25　深沟球轴承常见保持架后缀

	后缀	保持架
SKF	J	冲压钢保持架
	M	机削黄铜保持架
	MA	外圈引导机削黄铜保持架
	MB	内圈引导机削黄铜保持架
	TN9	注塑玻璃纤维增强尼龙 66 保持架
FAG	TVH	玻璃纤维增强尼龙实体保持架
	M	滚动体引导实体黄铜保持架
	Y	冲压黄铜板保持架

二、圆柱滚子轴承

圆柱滚子轴承是齿轮箱中常用的另一类滚动轴承类型。圆柱滚子轴承内部的滚动体是圆柱形，运行时滚动体在滚道上滚动，而其间的接触是线接触，因此圆柱滚子轴承具有承载能力好，运转平稳可靠，形式多样等特点，因此可以用在很多场合。同时圆柱滚子轴承多为分体式结构，可以分开安装。

圆柱滚子轴承类型丰富，有带保持架的，也有不带保持架的；有单列的，也有双列的，或者多列的等形式。

在齿轮箱中圆柱滚子主要使用于如下场合：

1) 用作轴系统的非定位端轴承（浮动型圆柱滚子轴承）；
2) 用作轴系统单向定位轴承（半定位圆柱滚子轴承）；
3) 圆柱齿轮的中间轴；
4) 轴向负荷被两个齿轮啮合相互抵消的其他类型齿轮箱中间轴。

（一）圆柱滚子轴承的不同结构

一般，圆柱滚子轴承由内圈、外圈和滚动体组成，其滚动体为圆柱形。依照圆柱滚子轴承轴向定位能力不同，可以分为浮动型圆柱滚子轴承、半定位圆柱滚子轴承、定位圆柱滚子轴承，以及带挡圈的圆柱滚子轴承。图 3-28 所示为带保持架的单列圆柱滚子轴承。

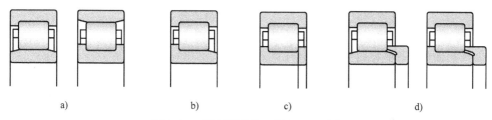

图 3-28 单列圆柱滚子轴承不同结构

a）浮动型圆柱滚子轴承　b）半定位圆柱滚子轴承　c）定位圆柱滚子轴承　d）带挡圈的圆柱滚子轴承

对于不带保持架的单列满装圆柱滚子轴承如图 3-29 所示。

（二）圆柱滚子轴承的负荷能力

从圆柱滚子的结构可以看出，轴承内部滚动体与滚道之间的接触是线接触。与球轴承相比，圆柱滚子轴承滚动接触面积更大，因此轴承径向承载力更大。

对于浮动型圆柱滚子轴承，在一侧的轴承圈上，其内部轴向是自由放开状态，在轴承运转的时候滚动体可以在轴向上自由移动。此类圆柱滚子轴承没有轴向负荷承载能力。也正是由于这个特性，浮动型圆柱滚子轴承是良好的浮动端轴承。

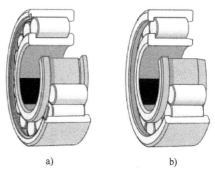

图 3-29 单列满装圆柱滚子轴承

a）NCF 型　b）NJG 型

对于半定位圆柱滚子轴承，轴承外圈有两侧挡边，而轴承内圈在一侧有挡边。轴承在单侧挡边方向可以承受轴向负荷，而在另一个方向自由移动。因此半定位圆柱滚子轴承可以做单向定位轴承，承受一定的单向轴向负荷。轴承承受单向负荷的能力是通过滚动体与滚道挡边的滑动摩擦实现的，与滚动摩擦相比，这个摩擦发热较大，因此其承受轴向负荷的能力有限。

对于定位圆柱滚子轴承，其轴承外圈具有两个挡边，轴承内圈具有一个挡边加一个平挡圈。轴承除了较大的径向负荷承载能力以外，在双向可以承受一定的轴向负荷。定位圆柱滚子轴承可以作为定位轴承使用，同时其轴向承载能力是依赖于滚动体与挡边之间的滑动摩擦产生的，因此其轴向承载能力有限。

对于带挡圈的圆柱滚子轴承，其轴承外圈两侧具有挡边，轴承内圈单侧带挡边，同时具有一个挡圈。这类轴承与定位圆柱滚子轴承一样可以承受较大的径向负荷，并进行轴向定位，且轴向承载能力有限。

对于满装的圆柱滚子轴承而言，其内部没有保持架，因此可以布置更多的滚动体。与带保持架的圆柱滚子轴承相比，其径向负荷承载能力更强。

另外圆柱滚子轴承内部的接触形式决定了这类轴承对负荷偏心的敏感性。因此圆柱滚子轴承不能承受偏心负荷，其最大偏心负荷角度为2~4弧分。

总体上，圆柱滚子轴承的负荷承载能力具有如下特点：

1）具有较好的径向承载能力；

2）摩擦小，带保持架的圆柱滚子轴承是所有滚子轴承中摩擦力最小的一类；

3）带保持架的圆柱滚子轴承由于保持架可以正确地引导滚子运动，同时又具有较好的强度和滑动摩擦特性，因此可以运行的速度范围宽广。

4）定位圆柱滚子轴承可以承受中等程度的轴向负荷，但是由于此时会增大滚动体与挡边之间的摩擦，因此需要加强轴承润滑和散热。

5）轴承运行的时候容易出现侧面位移；

6）是理想的浮动端非定位轴承；

7）对偏心负荷敏感。

（三）圆柱滚子轴承的转速能力

圆柱滚子轴承内部的滚动体和滚道之间的线接触在承受负荷的时候，其发热比球轴承的点接触形式大，同时轴承滚动体的质量比相同内径的球轴承的也重，因此高速运转的时候其离心力也大。因此与球轴承相比，圆柱滚子轴承的转速能力会低一些。

但是对于带保持架的圆柱滚子轴承，保持架的强度较好，以及保持架可以为润滑提供良好的空间，并且其自身也有一定的滑动摩擦特性，因此这类轴承仍然可以运行在较好的转速情况下。

另一方面，对于带保持架的圆柱滚子轴承而言，不同的保持架设计以及润滑方式影响其转速能力。请参照本章前面的介绍并根据表3-20进行修正。

对于满装的圆柱滚子轴承，其内部没有保持架分隔滚动体，因此运转的时候滚动体的运行轨迹只能靠轴承圈以及滚动体之间的碰撞来修正。这类轴承不适用于高转速的场合。

（四）圆柱滚子轴承常见后缀

圆柱滚子轴承除基本代号以外，不同厂家也会根据自己的设计做一些后缀标识。

圆柱滚子轴承的游隙负荷按照ISO 5753：1991的规定，因此其后缀形式可以参考表3-26和表3-27。需要提醒机械工程师注意的是，即便是相同的游隙组别，不同类型的轴承游隙值也不相同。例如深沟球轴承C3组游隙值并不等于圆柱滚子轴承C3组游隙值。

关于轴承材质的后缀见表3-26。

表 3-26　圆柱滚子轴承常见后缀——材质

	后缀	含义
SKF	HA3	表面硬化内圈
	HB1	贝氏体硬化内圈和外圈
	HN1	表面经过特殊热处理的内外圈
FAG	J30P	褐色氧化涂层

关于轴承保持架见表 3-27。

表 3-27　圆柱滚子轴承常见后缀——保持架

	后缀	含义
SKF	M	组合式机削黄铜保持架，滚动体引导
	MA	组合式机削黄铜保持架，外圈引导
	MB	组合式机削黄铜保持架，内圈引导
	ML	窗式黄铜保持架，一体式车削加工，内圈或者外圈引导
	MP	窗式黄铜保持架，一体式开口加工，内圈或者外圈引导
	MR	窗式黄铜保持架，一体式车削加工，滚动体引导
	P	注塑玻璃纤维增强尼龙 66 保持架，滚动体引导
	PH	注塑聚醚醚酮保持架，滚动体引导
	PHA	注塑聚醚醚酮保持架，外圈引导
FAG	MP1A	实体黄铜保持架，单片，外圈引导
	MP1B	实体黄铜保持架，单片，内圈引导
	M1A	实体黄铜保持架，双片，外圈引导
	M1B	实体黄铜保持架，双片，内圈引导
	JP3	窗式冲压钢保持架，单片，滚动体引导
	TVP2	玻璃纤维增强尼龙 66 实体窗式保持架

三、角接触球轴承

角接触球轴承是另一类齿轮箱中常用的轴承。如图 3-30 所示，从其结构可以看出，轴承内部滚动体与滚道之间的接触是点接触，并且其接触点连线与法线存在一个角度，就是我们所说的接触角。

角接触球轴承有如下的设计：

1) 单列、单向角接触球轴承；

2) 双列、双向角接触球轴承；

3) 四点接触球轴承，及单列双向角接触球轴承。

在齿轮箱中，角接触球轴承经常用于蜗杆的定位端；在高速圆柱齿轮传动中，四点接触球轴承主要作为推力轴承使用。这种情况下，

图 3-30　单列角接触球轴承

其径向需要放开。

(一)角接触球轴承的负荷能力

在角接触球轴承中,由于接触角的存在,使之可以承受比较大的轴向负荷(相对于深沟球轴承而言),以及相应的径向负荷,其受力路径如图3-31所示。

对于单列角接触球轴承而言,只能承受单向轴向负荷。如果需要承受双向轴向负荷,则需要与其他轴承配合使用,或者两个角接触球轴承配对使用。

双列角接触球轴承可以承受双向轴向负荷。其受力类似于两个单列角接触球轴承的配对使用。

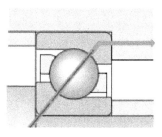

图3-31 角接触球轴承受力

一般的,在没有特别指定的情况下,角接触球轴承的接触角默认为40°。除此之外,根据不同工况需求,也有其他接触角度的角接触球轴承。接触角度越大,其承受轴向负荷的能力就越强。

四点接触球轴承只能承受双向的轴向负荷,不能承受径向负荷,因此在安装的时候应避免造成运行时的径向受力。

(二)角接触球轴承的配对使用

当两个角接触球轴承配对使用的时候,这个组合就可以承受双向的轴向负荷或者某个单向的更大的负荷。但是并非任意两个角接触球轴承并列布置就可以变成配对的角接触球轴承使用。一般情况下两个轴承的端面需要进行特殊的加工,从而保证两个轴承并排夹紧后的轴承内部留有合适的预负荷。因此,通常如果需要使用两个角接触球轴承配对使用,则需要和轴承厂家说明,以提供可以配对使用的轴承,同时在使用的时候轴承配对表面必须相对,不可装反。

也有一些厂家提供通用配对的角接触球轴承。这类轴承两个端面都经过特殊加工,因此可以任意组合形成配对。

角接触球轴承配对使用的方式有:面对面、背对背、串联等方式,如图3-32所示:

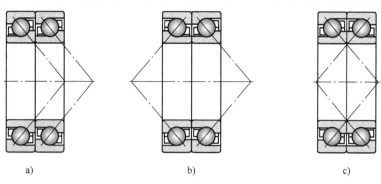

图3-32 角接触球轴承的配对方式

a)串联 b)背对背 c)面对面

不同厂家通用配对的角接触球轴承加工情况不同，因此如果需要知道两个通用配对角接触球轴承配对后的内部预负荷（预游隙），必须参考相应的轴承型录或者咨询厂家。

从图 3-32 中可以看出，串联的角接触球轴承，其单向承载能力提升，但是这个组合依然不可以承受相反方向的轴向负荷。

背对背配对安装的角接触球轴承可以承受两个方向的轴向力，以及径向力。此时，两个轴承受力线相交于轴线距离较远的两个位置，因此整个支撑点的抗倾覆力矩比较大，支撑的刚性更好。

面对面配对安装的角接触球轴承可以承受两个方向的轴向力，以及相应的径向力。此时，两个轴承受力线相交于轴线距离较近的两个位置，因此整个支点的抗倾覆力矩较小。

对于双列角接触球轴承，其内部受力相当于两个背对背安装的单列角接触球轴承。因此可以承受双向的轴向负荷以及相应的径向负荷，并且其支撑刚性较好，抗倾覆力矩较大。如图 3-33 所示。

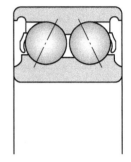

图 3-33 双列角接触球轴承

（三）角接触球轴承的速度性能

角接触球轴承的内部滚动接触和深沟球轴承类似，因此具有较好的转速性能。又由于角接触球轴承运行的时候所有滚动体都承受负荷，系统刚性更好。角接触球轴承的转速性能甚至可以优于深沟球轴承。这是因为在有些高转速场合，我们有时候使用施加过预紧的角接触球轴承替代深沟球轴承，来获得更优的转速性能。

对于配对使用的角接触球轴承，配对之后其总体速度性能下降为单个角接触球轴承的 80% 左右。不同的品牌可能给出不同的推荐值，可以咨询厂家获得准确值。

（四）角接触球轴承常见后缀

与接触角相关的常见后缀见表 3-28。

表 3-28 角接触球轴承常见后缀——接触角

	后缀	含义
SKF	A	30° 接触角
	AC	25° 接触角
	B	40° 接触角
NTN	C	15° 接触角
	A	30° 接触角
	B	40° 接触角
NSK	C	15° 接触角
	A	30° 接触角
	B	40° 接触角
	A5	A15° 接触角

与配对相关的常见后缀见表 3-29。

表 3-29　角接触球轴承常见后缀——配对相关

	后缀	含义
SKF	DB	背对背配对
	DF	面对面配对
	DT	串联配对
	CA、CB、CC	通用配对轴承，配对后预游隙可以从型录中查取
	GA、GB、GC	通用配对轴承，配对后预负荷可以从型录中查取
FAG	DB	背对背配对
	DF	面对面配对
	DT	串联配对
	UA	通用配对轴承，配对后轴承组具有很小的轴向游隙（参照型录）
	UL	通用配对轴承，配对后轴承组具有很小的预负荷（参照型录）
	UO	通用配对轴承，配对后轴承组具有 0 游隙
NTN、NSK	DB	背对背配对
	DF	面对面配对
	DT	串联配对

与保持架相关的常见后缀见表 3-30。

表 3-30　角接触球轴承常见后缀——保持架

	后缀	含义
SKF	F	机削钢保持架
	M	冲压钢保持架
	J	冲压钢保持架，滚动体引导
	P	注塑玻璃纤维增强型尼龙 66 保持架，滚动体引导
	Y	窗式冲压黄铜保持架，滚动体引导
FAG	JP	冲压钢板保持架
	MP	黄铜实体保持架
	TVH、TVP	玻璃纤维增强尼龙实体保持架

注：角接触球轴承如果有不同的精度等级的时候会在后缀中标注，例如 P5、P6 等。

四、圆锥滚子轴承

圆锥滚子轴承的滚动体是圆锥形状，是齿轮箱中常用的一种轴承，如图 3-34 所示。这种轴承滚道的圆锥面使其特别适用于由轴向负荷和径向负荷构成的复合负荷工况。由于可以选择接触角，因此对于特殊的复合负荷可以找到合适的圆锥滚子轴承承担。

圆锥滚子轴承有单列、双列以及多列等不同的设计。

一般使用中，圆锥滚子轴承会通过两个轴承彼此调整使用，这样可以控制和调整分布到滚子上的负荷，从而使齿轮轴的刚度以及引导得到优化，同时提高寿命。这种配合使用类似于角接触球轴承的配对使用，只不过很多时候圆锥滚子轴承不一定并列放在一起应用。

圆锥滚子轴承通常在齿轮箱中用于以下场合：

1）斜齿圆柱齿轮箱；

2）圆锥及圆锥/圆柱齿轮箱；

图 3-34　圆锥滚子轴承

3）蜗轮蜗杆齿轮箱。

（一）圆锥滚子轴承的负荷能力

圆锥滚子轴承内部滚动体的分布与径向平面成一定夹角，同时轴承内部的滚动体也是圆锥形状，其结构如图 3-35 所示。

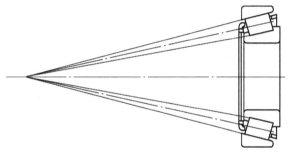

图 3-35　圆锥滚子轴承结构

圆锥滚子轴承外圈滚道母线与水平线的夹角（或者其法线与垂直线的夹角）为其接触角，如图 3-36 所示。图中 α 为圆锥滚子轴承的接触角，接触角越大，圆锥滚子轴承承受轴向负荷的能力就越强。

从圆锥滚子轴承的结构上不难看出，其滚动体与滚道之间是线接触，其接触面积与球轴承相比更大，因此可以承受更大的负荷。得益于其非常强的负荷承载能力，在使用深沟球轴承、角接触球轴承承受复合负荷能力不足的情况下，通常会使用圆锥滚子轴承。

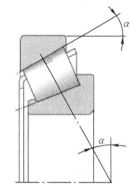

图 3-36　圆锥滚子轴承接触角

当圆锥滚子轴承承受径向负荷的时候，由于其内部结构的原因，就会产生一个轴向负荷，这个轴向负荷必须由另一个轴承承担。当两个圆锥滚子轴承配合使用的时候，就会出现类似于角接触球轴承一样的面对面安装和背对背安装。如图 3-37 所示为背对背安装的圆锥滚子轴承轴系。

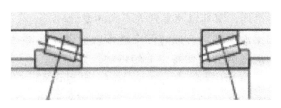

图 3-37 背对背安装的圆锥滚子轴承轴系

图 3-38 为面对面安装的圆锥滚子轴承轴系。

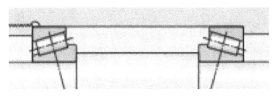

图 3-38 面对面安装的圆锥滚子轴承轴系

图 3-38 中可以看出，背对背使用的圆锥滚子轴承，其接触线与轴线之间的两个交点间距较远，因此整个轴系统具有很好的抗倾覆力矩性能和刚性。

圆锥滚子轴承也有配对使用的情况。在齿轮箱的应用中，对于大齿轮副（轴径大于 90mm）及性能要求很高的场合，齿轮箱壁如果刚度不足，此时应使用配对的圆锥滚子轴承。轴承内部的轴向力可以在配对轴承之间相互抵消，以适应工况需求。

对使用的单列圆锥滚子轴承面对面配置的时候，通常用于可以使用预置轴向游隙及安装时避免调整的情况。

圆锥滚子轴承对偏心负荷十分敏感。其内圈、外圈之间的允许角度误差仅为几弧分。

（二）圆锥滚子轴承常见后缀

SKF 圆锥滚子轴承常见后缀见表 3-31。

表 3-31　SKF 圆锥滚子轴承常见后缀

后缀	含义
A	接触角大于标准设计
CLN	缩小套圈宽度和总宽度的公差带，符合 ISO 公差等级 6
CL0	精度符合 ABMA 公差等级 0，用于英制轴承
CL3	精度符合 ABMA 公差等级 3，用于英制轴承
CL7A	用于小齿轮轴承设计
CL7C	用于小齿轮轴承设计
HA1	表面硬化的内圈和外圈
HA3	表面硬化的内圈
HN1	表面经过特殊热处理的内圈和外圈
HN3	表面经过特殊热处理的内圈

（续）

后缀	含义
J	窗式冲压钢是保持架（后续数字代表不同设计）
P6	尺寸精度和旋转精度符合 ISO 等级 6
Q	优化几何接触和表面处理
R	带凸缘外圈
TN9	窗式玻璃纤维增强尼龙 66 保持架
X	基本尺寸依据 ISO 标准
W	轴承套圈宽度公差带改为 +0.05/0mm

FAG 圆锥滚子轴承常见后缀见表 3-32。

表 3-32　FAG 圆锥滚子轴承常见后缀

后缀	含义
A	改进的内部设计
N11CA.A...	外圈之间有隔圈的两个面对面布置圆锥滚子轴承，轴向游隙（μm）
B	放大的接触角
X	外部尺寸依据 ISO 标准
P5	更高的精度

五、调心滚子轴承

调心滚子轴承又叫球面滚子轴承。其结构如图 3-39 所示。调心滚子轴承内部有两列鼓状滚动体，其外圈为球面滚道，因此保证了这个轴承具有自调心能力。调心滚子轴承在轴弯曲变形及轴与轴承室（箱体）之间存在对冲误差时的应用中很有优势。

调心滚子轴承在圆柱、圆锥、行星齿轮箱中应用广泛。

调心滚子也有一些不同的内部设计：有锥度内孔的调心滚子轴承，为了便于润滑，有的设计在调心滚子轴承外圈两列滚子之间开放了补充润滑孔，同时部分品牌的部分调心滚子轴承也提供带密封的轴承设计。

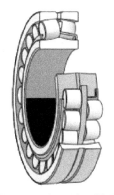

图 3-39　调心滚子轴承

（一）调心滚子轴承负荷能力

调心滚子轴承内部是两列可以调心的滚子运行在球面滚道之上。调心滚子轴承具备较大的径向负荷承载能力，同时具备双向的轴向负荷承载能力。

由于调心滚子轴承是两列滚子承载，所以相交于单列的圆柱滚子轴承而言，其径向负荷承载能力更强。相应的，其滚动体滚动发热更大，散热更不利，内部润滑更困难,高速下滚子离心力更大,因此其转速能力相对圆柱滚子轴承更低。

调心滚子轴承,由于其内部的滚动体和滚道的形状,导致其具有良好的调心性能,可以适应一定程度的负载不对中。

(二)调心滚子轴承的常见后缀

与游隙相关的后缀与 ISO 5753:1991 要求一致,可参考前面的表格。

调心滚子轴承常见后缀见表 3-33。

表 3-33 调心滚子轴承常见后缀

	后缀	含义
SKF	C(J), CC	两个窗式冲压钢保持架,内圈无挡边,带一个内圈引导的导环
	EC(J), ECC(J)	两个窗式冲压钢保持架,内圈无挡边,带一个内圈引导的导环和增强型滚子组
	CA, CAC	叉型机削黄铜保持架,内圈两侧有挡边,带一个内圈引导的导环
	CAF	与 CA 型相同,材质为机削钢
	ECA, ECAC	叉型机削黄铜保持架,内圈两侧有挡边,带一个内圈引导的导环和增强型滚子组
	ECAF	与 ECAC 相同,材质为机削钢
	E	内径小于 65mm 的为两个窗式冲压钢保持架,内圈无挡边,带一个内圈引导的导环; 内径大于 65mm 的为两个窗式冲压钢保持架,内圈无挡边,带一个内圈引导的导环
	CAFA	由外圈引导的叉型机削钢保持架,内圈两侧带挡边和一个内圈引导的导环
	CAMA	与 CAFA 相同,材质为机削黄铜
FAG	MB	黄铜实体保持架
	TVP	玻璃纤维增强型尼龙保持架

带锥孔内圈的调心滚子轴承后缀一般为 K,SKF 的后缀 K 代表锥度为 1:12;K30 代表锥度为 1:30。

SKF 调心滚子轴承后缀为 W+数字,代表具有注油孔的调心滚子轴承。

第二篇　齿轮箱轴承选型技术

齿轮箱轴承的选型工作主要是指针对齿轮箱的设计形式要求和负载要求等，选择出合适的轴承，以正确的配置方式布置在轴系统中。选择合适的轴承就需要合适的轴承类型和轴承能力。因此就需要对轴承的各项相应性能进行校核计算。与此同时，齿轮箱工程师还需要对轴承在整个齿轮箱系统中的公差配合和相应的润滑进行设计，这样才能保证正确的轴承选型得以正确的被使用。如此才算基本完成了齿轮箱轴承选型的基本工作。

本篇首先介绍了不同形式齿轮箱不同轴系的轴承配置形式，同时介绍了齿轮箱轴承的校核计算；然后对齿轮箱轴承在轴系统中与相应零部件的公差配合进行了介绍；最后介绍了齿轮箱轴承相应的润滑技术。

第四章 齿轮箱轴承配置

第一节 齿轮箱轴承配置概述

一、齿轮箱设计中的轴承配置

一般而言，齿轮箱是多轴系统，齿轮箱内部不同的轴所承受的负荷和转速等不尽相同。要满足这些不同负荷、转速的要求，齿轮箱内部可能会用到不同类型的轴承。

机械工程师在进行齿轮箱设计的时候，需要根据齿轮箱内部各个轴的受力和支撑要求在众多类型的轴承中选择可以满足要求的轴承，并将它们合理地分配到齿轮箱的各个轴上。这个工作就是我们所说的齿轮箱轴承布置。

在这个工作中，机械工程师已经通过齿轮箱前期的基本设计大致确定了齿轮箱的级数，因此也就确定了轴的数量；确定了传动比、输入输出轴的转速，也就确定了每根轴的转速；确定了传动功率，由此可以大致知道每根轴上的轴向、径向负荷。这些负载、转速等的要求也就是轴承设计选型的初步边界条件。

机械工程师在熟悉各类轴承性能的基础上，根据前期设计才可以选择出满足应用要求的轴承。大致确定齿轮箱内部所需要轴承的类型是齿轮箱轴承选型的一个部分，后续通过齿轮箱轴承的一些校核计算对轴承另外一些条件进行核对，有可能根据校核结果进行调整。同时，齿轮箱轴承类型的大致确定也是齿轮箱轴承布置的第一步。在齿轮箱轴承布置这个步骤中，还需要在图样上将轴承安置在齿轮箱每一根轴上，并且对相应的结构进行设计。这个工作是齿轮箱结构设计的一个重要环节，直接影响着齿轮箱的性能和运行表现。

本书第三章中主要介绍了齿轮箱常用轴承的基本性能，本章就是在轴承基本性能的基础之上，对典型的齿轮箱轴承配置进行介绍，方便机械工程师进行参考。

本章的介绍按照常见的齿轮箱类型展开，同时在每一类齿轮箱不同的轴上给出常见的轴承类型以及轴系统配置方式的介绍。

需要说明的是，本章列举的轴承基本配置结构是齿轮箱中经常用到的配置结构，但是无法覆盖所有的齿轮箱结构配置方式。但是不论齿轮箱结构如何变化，其轴承基本配置均可以在这些基本配置基础之上，根据工况要求和轴承特性进行衍生和变化。

二、轴系统支撑、定位的基本概念

（一）轴系统的支撑以及对轴承的要求

一根轴在空间上被布置在一个机械中，需要对整个轴的空间位置进行固定；同时对轴位置固定的固定点也需要对轴上的负荷进行支撑承载的作用。

对于齿轮箱轴而言，是典型的双支撑轴系统。这样的轴系统中两个支撑点位置通过轴承对轴系统进行支撑和定位，因此对轴承的基本要求包括：

1）良好的支撑精度，保证齿轮轴的位置，为齿轮啮合提供足够的精度保证；
2）对轴系统提供承载，承受轴系统传递来的轴向、径向负荷；
3）具有足够长的寿命，可以满足齿轮箱的总体要求；
4）运转平稳，振动小；
5）摩擦小，发热小；
6）对外界零部件要求尽量低，避免复杂的加工要求；
7）体积小，结构紧凑；
8）安装、使用简单；
9）润滑相对简单；
10）良好的可维护性。

齿轮箱中最常用的轴承就是滚动轴承，也是本书的讨论对象。滚动轴承因以下优点，非常适合齿轮箱的应用：

1）可以以最小的轴向、径向间隙实现良好的定位，从而使齿轮啮合达到最优状态；
2）承载能力强，同时摩擦小；
3）体积小，结构简单，通常对箱体以及轴承座无额外精度要求；
4）得益于完善的理论和实践知识基础，可以根据准确的承载能力值进行计算；
5）便于使用，设计工作简单；
6）不受负荷方向以及旋转方向的影响；
7）起动力矩低；
8）润滑相对简单；
9）产品标准化程度高，经济性和供货性更好；
10）易于维护。

（二）轴系统的定位方式

双支撑轴系统中，对轴系统的支撑点是两个。作为双支撑齿轮箱轴系统亦是如此。齿轮箱轴的相对空间位置和排布很大程度上是由齿轮箱箱体和轴承室决定的。在这两个因素确定的位置上，齿轮箱轴的空间位置通过轴承室内安放的轴承对轴进行固定。

第四章 齿轮箱轴承配置

滚动轴承固定了轴的径向（水平、垂直）位置。与此同时滚动轴承构成的双支撑也需要轴向固定。

对于双支撑轴系统大致有如图 4-1 所示的三类情形。

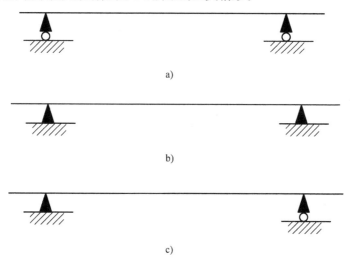

图 4-1 双支撑轴系统定位

a）无定位 b）双定位 c）单定位

图 4-1 的轴系统中，轴向上不可位移的一端是定位端；轴向上可以位移的一端是非定位端，也叫浮动端。相应的轴承就是定位端轴承和非定位端轴承（浮动端轴承）。

图 4-1a 是无定位的方式，虽然轴通过轴承进行了径向固定（水平和垂直方向），但是整个轴系统在底座上并无轴向定位，因此轴是可以沿着轴向移动的。这种方式在一般的齿轮箱轴系统中较少被采用。

图 4-1b 是双定位的方式，这种定位方式在径向上依然通过轴承对轴进行位置固定，同时两个轴承分别进行了轴向定位，因此整个轴也在轴向上完成了定位。这种定位方式的两个轴承如果分别在相对的方向进行了定位，就是齿轮箱轴中常用的交叉定位方式。当齿轮箱运转的时候，在轴温度升高的情况下，由于热膨胀，轴会出现一个轴向尺寸增加，而两端的定位设置使得轴无法实现轴向移动，因此会产生一个施加在两个轴承上的轴向力，这个轴向力影响了两个轴承的内部游隙（预负荷），需要对此进行相应的校核计算，以确保这个轴向负荷不至于影响轴承寿命。但是另一方面，适当的轴向负荷，对于一些轴承的噪声性能改善也可能起到积极的作用。本书后续相关部分将会对此进行介绍。

图 4-1c 是单定位方式，这种定位方式的径向通过两个轴承进行固定，同时在两个支撑点中有一个是定位端，另一个是浮动端。定位端对整个轴系统进行轴向定位，保证轴系统在轴向上的位置固定，同时承受轴系统的轴向力。非定位端在轴向上放开，

允许轴在轴向上产生移动。当齿轮箱运行的时候，如果轴温度升高，那么由于热膨胀而带来的轴向尺寸增加会使非定位端得以移动，因此轴系统中不会出现由于热膨胀而带来的轴向负荷。这种定位方式在齿轮箱轴中也经常被采用。

（三）齿轮箱轴系统定位方式的实现

齿轮箱轴系统的定位方式是通过选用合适的轴承并对轴承在轴系统中进行相应的定位与非定位设置来实现的。

1. 定位端与非定位端轴承的选择

这里说的定位端与非定位端都是指的轴向定位与否，由此不难发现定位端轴承与非定位端轴承的选择也是根据轴承本身是否可以允许内部的轴向移动而言的。

对于定位端轴承，这个轴承需要固定轴系统的轴向移动，因此当轴系统受到轴向负荷的时候，这个轴承需要具有相应的负荷承载能力。因此定位端轴承必须选择具有轴向负荷承载能力的轴承。对于需要实现双向轴向定位的定位端轴承，需要选择具备双向轴向负荷承载能力的轴承；对于需要实现单向轴向定位的定位端轴承，需要选择至少具备单向轴向负荷承载能力的轴承（具备双向轴向负荷承载能力的轴承亦可）。

适合做双向定位的轴承包括：

1）深沟球轴承；

2）定位型圆柱滚子轴承；

3）双列角接触球轴承；

4）背对背（DB）、面对面（DF）配对的角接触球轴承（配对于一端使用）；

5）双列圆锥滚子轴承；

6）背对背（DB）、面对面（DF）配对的圆锥滚子轴承（配对于一端使用）；

7）调心滚子轴承；

8）其他具有双向轴向负荷承载能力的轴承。

具备双向轴承承载能力的轴承同时也可以用作单向定位轴承。因此，上述轴承也可以用作单向定位轴承。同时一些轴承仅具备单向轴向承载能力，适合用作单向定位轴承：

1）半定位型圆柱滚子轴承；

2）单列角接触球轴承；

3）单列圆锥滚子轴承；

4）调心滚子推力轴承。

这些轴承只能在一个方向对轴系统进行轴向定位，当轴系统承受相反方向的轴向力时，这些轴承会出现脱开、发热等问题。

对于另一些轴承，由于无法承受轴向负荷，因此也无法在轴向上对轴系统进行定位，因此可以用作非定位轴承，主要承受径向负荷以及对轴系统进行径向定位。其中，一个典型的例子就是 NU 系列或者 N 系列的圆柱滚子轴承。从轴承介绍的相关章节我们可以了解到，这类轴承有一个轴承圈没有轴向挡边，因此滚子可以在轴向上实现滑动。在具备润滑的条件下，轴承运转的时候，滚动体实现轴向滚动，此时微小的轴向移动可以在油膜的保护下几乎无摩擦的实现。因此，这类轴承是良好的非固定端轴承。

当然，上述具备轴向负荷承载能力的轴承自身内部无法实现轴向的相对位置移动，但是如果通过调整公差配合的手段，使这种移动发生在轴承与轴承室或者轴之间，那么这些轴承依然可以用作非定位端轴承。事实上这样的应用十分广泛。

2. 轴承定位与非定位的实现

在轴系统布置上，对轴承的轴向定位就是指将轴承内圈和外圈的轴向卡住，防止其沿着轴向出现移动的可能，如图 4-2 所示。在轴承室上是通过轴承室的设计，或者轴承端盖的设计实现轴向固定；在轴上是通过轴肩、弹性卡圈、锁紧螺母等一些装置进行轴向固定。

对于具备轴向负荷承载能力的轴承，在轴系中轴承的轴向非定位，或者说是浮动，通常是在轴承非转动圈部分实现的。一般对于轴承外圈固定，内圈随转轴旋转的轴承而言，是将轴承内圈进行固定，而在轴承外圈部分通过选择适当的公差配合允许轴承有轴向移动，如图 4-3 所示。此时轴承外圈轴向位置应该预留出一定的间隙，保证轴承外圈可以移动的空间，而不应顶死。NU 型圆柱滚子轴承轴向浮动如图 4-4 所示。

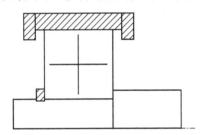

图 4-2 具备轴向承载能力的轴承的轴向浮动

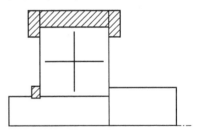

图 4-3 轴承的轴向定位

对于不具有轴向负荷承载能力的轴承而言，例如 NU 系列或者 N 系列的圆柱滚子轴承，轴承内圈和外圈可以在轴承内部实现轴向移动。因此，将轴承的内圈和外圈轴向都进行固定即可，当轴出现轴向移动的时候，通过轴承内部即可实现。此时，轴承内圈的固定是通过轴肩、挡圈、锁紧螺母等装置实现的固定，轴承外圈通过轴承室、轴承端盖等设计进行固定。

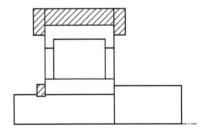

图 4-4 NU 型圆柱滚子轴承轴向浮动

3. 交叉定位方式

前面提及，齿轮箱轴系有时候采用一种双定位的定位方式——交叉定位。交叉定位是指双支点轴系中，通过两端轴承各自对某一个方向进行轴向定位来实现轴系统双向轴向定位的结构布置方式，如图 4-5 所示。

图 4-5 中，每一个轴承都在一个方向上对轴系进行固定；轴承外圈和轴承室之间通过配合的选择可以实现单向轴向移动；轴承内圈通过轴肩进行单向轴向定位。轴系统油路自上而下，通过轴承实现润滑。

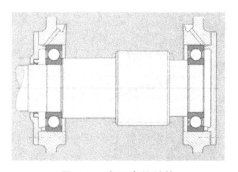

图 4-5 是深沟球轴承实现的交叉定位布置，当两个轴承的轴向存在轴向预紧力的时候，深沟球轴承滚动体和滚道之间的接触点位置发生偏移，工作状态类似于背对背配置的角接触球轴承。

图 4-5 交叉定位结构

对于角接触球轴承和圆锥滚子轴承也可以做上述的交叉定位布置。此时轴系统中通过预负荷的调整，使两个轴承有一定的轴向负荷。而轴向预负荷需要进行相应的计算方可确定。请参照本书相应章节。

当单列角接触球轴承或者单列圆锥滚子轴承通过轴系进行交叉定位的时候，有两种配置方式，面对面配置和背对背配置，如图 4-6 所示。

我们用角接触球轴承为例说明面对面配置与背对背配置的特点。

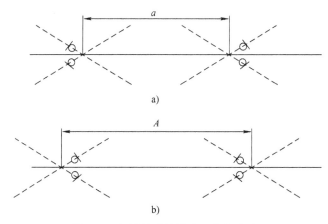

图 4-6 角接触球轴承交叉定位方式

a）面对面 b）背对背

图 4-6a 为面对面配置的受力图；图 4-6b 为背对背配置的受力图。当角接触球轴承承受轴向力和径向力组成的复合负荷的时候，其接触点连线就是其受力方向。由于接触角的存在，其一整圈受力的方向在轴线上汇聚为一个点，这个点是两个受力支点——压力中心。图 4-6 中可见，面对面配置的轴系统中压力中心间距为 a，a 小于两

个轴承间距；背对背配置的轴系统中压力中心间距为 A，A 大于两个轴承间距。对于相同轴承间距的系统，面对面配置的方式比背对背配置的方式具有更小的压力中心间距。因此，背对背配置的交叉定位系统具有更好的抗倾覆力矩的特点。系统刚性也与其他因素相关（轴的粗细、材料等），因此机械工程师在决定配置方式的时候，要根据实际需求进行考虑。

后续章节中的典型齿轮箱轴系统轴承配置都是通过选择不同类型的轴承，然后根据轴系统的要求从本节阐述的定位、非定位方式中进行重新组合而成。这也是对轴承特性知识、定位与非定位知识的综合实践应用。

第二节　圆柱齿轮箱中的轴承配置

圆柱齿轮箱是齿轮箱中最常用、最传统的类型之一。圆柱齿轮箱内部齿轮为圆柱形，通过直齿齿轮以及斜齿齿轮进行传动。

圆柱齿轮箱中不同的轴由于轴上齿轮的齿数不同，轴的转速也就不同。但是总体而言有一个功率输入轴、一个功率输出轴，简称输入轴与输出轴；在输入轴和输出轴之间的中间传动轴称为中间轴。

用作减速的齿轮箱，其结构中输入轴转速高；输出轴转速低；中间轴居中。用作增速的齿轮箱则相反。

为阐述方便避免误会，本节用高速轴、中间轴和低速轴进行称呼，对于增速齿轮箱和减速齿轮箱对应的输入轴、输出轴关系，工程师可以自行对比。

圆柱齿轮箱在安装方式上有几种类型：静态安装——安装在机座上的齿轮箱；支架安装——安装在从动机的驱动轴上；法兰安装——用法兰安装在原动机以及从动机的箱体上。

同时齿轮箱的外界输入、输出有一定的相关机构。对于减速齿轮箱而言，原动机通过联轴器或者带轮传入齿轮箱的输入轴；同时齿轮箱的输出轴可以通过联轴器、主轴连接，或者齿轮输出功率。

一、圆柱齿轮箱高速轴轴承配置

（一）高速轴轴系统承载特点

高速轴指的是齿轮箱轴系统中转速最高的轴。稳定工作的状态下，在一定功率的传动时，转速最高的轴，其转矩最小。因此由齿轮啮合而产生的啮合力也最小。与其他轴相比，相应由此产生的轴向、径向负荷也是最小的。因此高速轴轴系统中的轴承所承受的负荷与其他轴上的轴承相比是最小的。

同时，高速轴与外界设备相连接，外界设备的振动、不平衡力等会传递到高速轴系统中，影响轴承。

因此，对于高速轴而言，其轴系内轴承系统的承载特点主要就是转速高、负荷小。

这种转速高、负荷小的承载状况会对轴系中的轴承造成一些影响，在设计选型的时候必须加以注意：

在齿轮箱稳态运行的时候，比如空载满速运行的时候，由于轴承内部很高的角加速度，会引起滚动体在滚道之间出现滑动摩擦，我们称之为打滑。

当齿轮箱空载起动的时候，高速轴转速迅速提升至较高转速，而轴承承受的负荷相对较小，此时轴承内部也容易出现滚动体和滚道之间的打滑。

在齿轮箱高速空载运行时，如果突然施加负载，这种打滑现象也会出现。

高速轴上由于速度而产生的功率损失较大，这样的功率损失以发热的形式散失，因此高速轴发热较大；另一方面，高速轴齿轮质量小、表面积小，散热相对较差。发热大、散热差的特点导致了高速轴在运行的时候具有较高的温度；轴系统的轴向、径向热膨胀相对较大；轴上的温度分布不均。

高速轴上轴承之间的间距由箱体尺寸以及低转矩等因素决定，通常是细长轴。在承载的时候，高速轴的轴弯曲变形相对较严重，这就会对轴系统中的轴承产生一定的偏心负荷。

齿轮箱高速轴系统的承载和工作特点可以概括为：转速高、负荷轻、温度高且分布不均、轴挠性相对较大。因此在对高速轴进行轴承选型和轴系统布置的时候需要给予相应的考虑。

（二）高速轴轴承典型配置

1. 深沟球轴承交叉定位配置结构

对于一些中小型齿轮箱，其承载和传动功率相对较小。这就导致其高速轴系统轴负荷也相对较小，再加上高速轴转速较高的特点，这就要求轴系统中的轴承应具备负荷轻、转速高的性能。

由前面的介绍不难发现，深沟球轴承的特点很好地满足了这种需求，因此在很多中小型齿轮箱高速轴中都会使用两个深沟球轴承交叉定位的配置结构。

图4-7为高速轴深沟球轴承交叉定位结构的典型布置。

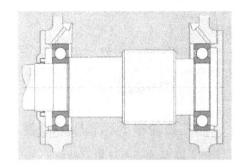

图4-7 高速轴深沟球轴承交叉定位结构

图4-7中可以看到，轴系统由两个深沟球轴承交叉定位构成。深沟球轴承在被预紧的情况下处于类似角接触球轴承的工作状态，此时图中的轴承配置属于面对面的配置方式。

深沟球轴承适用于高转速场合，轴承内部摩擦较小，因此需要的润滑量也相对较少。一般通过齿轮飞溅的方式甩入油槽中的润滑油就足以满足其润滑要求了。图4-7

中可见两个轴承上端分别有一个油路入口，用来为轴承提供润滑。

交叉定位的深沟球轴承结构的轴系中，当齿轮发热而使轴系轴向尺寸膨胀的时候，会对两个轴承产生一定的轴向负荷。为避免轴承由于过度轴向预负荷而出现的卡死现象，可以在轴承盖和轴承之间留一个小的间隙，也可以使用波形弹簧等对轴系施加一定的预负荷，并可以吸收一定的热膨胀。

如果采用弹簧对轴承施加预负荷，那么预负荷和轴承端盖与轴承间距的选择可以按照如下方法计算：

首先，轴承预负荷的大小为

$$F = kd \qquad (4-1)$$

式中　F——预负荷值（N）；

　　　k——系数，取 5～10；

　　　d——轴承内径（mm）。

轴承与轴承端盖之间的间隙 L_1，如图 4-8 所示。

图中

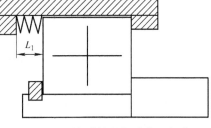

$$L_1 = L - \Delta L \qquad (4-2)$$

式中　L_1——弹簧变形后长度（mm），也就是轴承与端盖之间的间隙；

　　　ΔL——弹簧变形量 (mm)，见式（4-3）；

　　　L——弹簧初始长度（mm），从弹簧产品数据中查取。

图 4-8　深沟球轴承与端盖预负荷

$$\Delta L = \frac{F}{K} \qquad (4-3)$$

式中　K——弹簧的弹性系数，可以参照弹簧产品数据；

　　　F——轴承预负荷，见式（4-1）。

2. 圆锥滚子轴承交叉定位配置结构

对于直径达到 90mm 的高速轴，有可能使用两个面对面配置的圆锥滚子轴承交叉定位结构，如图 4-9 所示。

图 4-9 中两个圆锥滚子轴承面对面布置，提高了支点内部轴的刚性。

这个高速轴中两个圆锥滚子轴承通过端盖调整轴承外圈的位置，从而实现轴向游隙的彼此调节。调节的目标是根据轴承工作游隙的需求确定的。

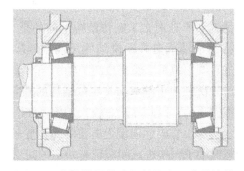

图 4-9　高速轴圆锥滚子轴承交叉定位结构

前已述及，轴承的初始游隙和工作游隙之间存在一定的差异。轴承工作游隙可以通过对发热游隙的预计和安装后冷态游隙的控制达成。

通过对圆锥滚子轴承外圈位置的调节，可以得到轴承安装后的冷态游隙。安装后冷态游隙是轴承稳定运行所需要的游隙值加上由于温度变化带来的游隙值的结果。而后两者是可以通过计算获得的（方法见本书后面章节内容）。由此就为安装后冷态游隙的调整给出了目标。

这种调节可以达成轴承工作游隙的一些需求：

1）使圆锥滚子轴承在正常工作温度的时候工作于0游隙状态；

2）出于对轴系统刚性的考虑，希望两个圆锥滚子轴承在工作状态下有一定的预负荷（负游隙）。

另一方面，上述游隙控制方法中圆锥滚子轴承轴向游隙的调整也需要考虑齿轮轴和齿轮箱体的温度差异，以及箱体的变形。

其中，箱体的变形对于游隙的控制影响较大。对于一些较大的齿轮箱，在轴系统轴向力（齿间力或者是轴承内部产生的轴向力）较大的时候，往往刚性不足。当箱体出现变形的时候，此时轴承冷态安装游隙的调整就会变得比较困难。而箱体的变形也会导致轴承引导准确度的下降。因此，圆锥滚子轴承交叉定位的布置方式经常受到箱体结构的影响。

3. 双圆柱滚子轴承交叉定位结构

较大的齿轮箱中，高速轴有时候也会使用半引导型圆柱滚子轴承做交叉定位布置，如图4-10所示。

图4-10的结构中使用了两个内圈带一侧挡边的半定位型圆柱滚子轴承做交叉定位结构，对整个轴系统进行轴向定位。圆柱滚子轴承具有很高的径向刚度。与圆锥滚子轴承交叉定位结构不同的是，圆柱滚子轴承交叉定位结构不需要对轴承进行调整就可以实现很高的轴引导准确度。

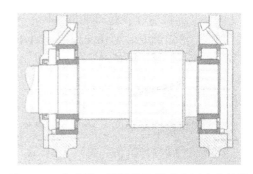

图4-10 高速轴双圆柱滚子轴承交叉定位结构

双圆柱滚子轴承交叉定位结构的轴向定位是通过轴承内部滚子和挡边之间的滑动摩擦实现的，因此其发热较大，需要在润滑和冷却的时候予以一定的考虑。

齿轮工作时的温度上升会导致齿轮轴轴向膨胀，为避免由此引起的轴承卡死，在冷态时轴承与挡边之间应留有一定的间隙。

4. 调心滚子轴承加圆柱滚子轴承结构

在高速轴的轴承配置中除了交叉定位的方式以外，也有一些定位端加非定位端的布置方式。从设计角度，定位端加非定位端的轴承布置方式比交叉定位更加复杂，设计的时候需要对定位轴承在内圈、外圈两侧进行轴向固定。

另一方面,相比于交叉定位结构,定位端加非定位端的布置结构更有利于确定轴承尺寸。这是因为轴系统中不论轴向负荷的方向如何,在定位端加非定位端的轴系中总是由定位端来承受这个负荷,因此更容易确定和校核轴承尺寸。

调心滚子轴承加圆柱滚子轴承的结构是一种典型的定位端加非定位端结构方式,如图 4-11 所示。

图 4-11 中,调心滚子轴承作为定位端轴承承受轴系上两个方向的轴向力,同时对轴系进行轴向定位;圆柱滚子轴承作为浮动端轴承不承受轴向力,在轴发热膨胀的时候,可以在内部实现良好的轴向移动。

与双圆柱滚子轴承交叉定位结构相比,这种结构的轴向定位是通过调心滚子轴承的轴向承载能力实现的,而非滑动摩擦。

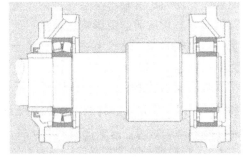

图 4-11　高速轴调心滚子轴承加圆柱滚子轴承结构

调心滚子轴承加圆柱滚子轴承的结构中,两个轴承都是滚子轴承,因此这个结构具有较大的径向承载能力;同时作为定位端的调心滚子轴承具有相对较大的轴向承载能力。这个结构适用于负荷较大的中大型圆柱齿轮箱结构中。与球轴承相比,调心滚子轴承与圆柱滚子轴承实现纯滚动所需要的最小负荷相对也较大,因此需要避免空载或者负荷较小时的滚动体在滚道表面内的打滑现象。

5. 两柱一球结构

两柱一球结构是指两个圆柱滚子轴承加一个四点接触球轴承(或者深沟球轴承)的轴系统布置方式,如图 4-12 所示。

图 4-12 中,两个圆柱滚子轴承用于承担轴系统中的径向负荷,而位于一侧的四点接触球轴承用于承担双向轴向负荷,对整个轴系实现双向的轴向定位。当轴系统中轴向力不是很大的时候可以用深沟球轴承进行替代。

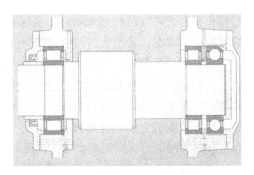

图 4-12　高速轴两柱一球结构

这种结构具备了双圆柱滚子轴承交叉定位结构中良好的径向承载能力和刚度,同时通过一个专门承担轴向负荷的球轴承来实现轴向定位,避免了双圆柱滚子轴承交叉定位结构中滚子端面和挡边的滑动摩擦。

在两柱一球结构中,作为定位轴承的四点接触球轴承或者深沟球轴承是不能承受径向负荷的。而这个定位轴承又是和圆柱滚子轴承并列布置在轴系统中的,因此需要在轴承室设计的时候做一个特殊处理，如图 4-13 所示。图中圆柱滚子轴承和球轴承的轴承室尺寸是不同的，同时轴承轴向夹紧，为避免球轴承跑圈，在球轴承的轴承室上加入了 O 形环设计（深沟球轴承中可能会使用这种设计）。这样的设计中当轴系统中有径向负荷的时候，此结构中的轴承室会将径向负荷传递给圆柱滚子轴承从而避免影响球轴承；而当轴向负荷出现的时候，轴承室的轴向夹紧会使轴向力施加在定位球轴承上。

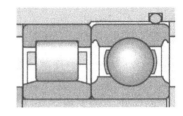

图 4-13　两柱一球结构的定位端设计

在高速轴应用中，这个结构除了具有很强的径向承载能力以外，通过一定的选型和设计可以达到很高的转速（根据经验 ndm 值可高达 1000000）。

达到这个转速，需要注意如下几点：

1）圆柱滚子轴承需要使用外圈引导的机削铜保持架形式；

2）使用较大游隙的轴承：对于圆柱滚子轴承建议使用 C3 游隙、对于四点接触球轴承建议使用 C4 游隙；

3）提高轴承座的形位准确度（IT4/2）；

4）在高转速的时候，轴承的运转将会影响润滑油的供给，因此必须确保润滑油可以以较高转速（大约 15m/s）注入保持架与轴承圈之间的间隙。这就需要使用专门的润滑注入系统在轴承处进行润滑。

（三）高速轴轴系轴承选型注意事项

对高速轴轴系轴承进行配置是高速轴轴承选型的基本步骤，这里除了对轴承的类型和布置方式进行综合考虑以外，也需要针对其特定的运行条件在轴承类型具体选择的时候加以考虑。高速轴轴系统运行条件以及相应的轴承选型要求大致如下：

1. 高速轴转速高、摩擦大、运行温度高

平行轴圆柱齿轮高速轴在整个齿轮箱中转速最高，其内部各部分的摩擦也最大，由此产生发热，因此运行温度也高。针对这个特点必须选择低摩擦的轴承，同时在轴承选型的时候避免选择过大的尺寸；另一方面，在润滑上必须保证在冷态起动的时候有足够的润滑供给，同时提供良好的冷却。

2. 高速轴在起动阶段与其他零部件相比温度梯度大

高速轴本身体积小、热容小，因此在一定的发热状态下温度升高迅速。相应地，齿轮箱箱体体积大、热容大，相比高速轴而言升温慢。因此需要在轴承选型的时候注意轴承内部需要有足够的内部游隙，必要的话需要选择 C3 组的游隙；同时保证非定位端轴承轴向具有可以移动的空间，避免迅速升温带来的轴承卡死。

3. 高速轴会受到外界振动、不平衡力的影响

高速轴通常与外界设备相连接，因此会受到外界传递来的振动以及不平衡力的影响,而这些也一样会对轴承造成影响。这种工况下就需要选择一些结构更加稳固的轴承类型,例如,选择更稳定的保持架,比如冲压钢窗式保持架的圆柱滚子轴承;外圈引导的机削黄铜保持架的圆柱滚子轴承,以及窗式钢保持架的调心滚子轴承等。

4. 负荷小

轴承的负荷很小,就有可能面临最小负荷不足而引起的轴承内部无法形成良好滚动的情况。因此在轴承校核计算的时候(见本书后面轴承校核计算部分)就需要对轴承的最小负荷进行校核,避免轴承选型过大。在可能的时候选择滚动体质量轻的滚动轴承。有时候也会考虑选择一些对磨损敏感性较低的轴承,例如圆锥滚子轴承或者调心滚子轴承等。

二、圆柱齿轮箱中间轴轴承配置

(一)中间轴轴系承载特点

顾名思义,中间轴在齿轮箱中的转速居中,其位置位于高速轴和低速轴的中间。一般而言,中间轴上会有两组齿轮啮合,因此中间轴上会承受很大的径向负荷。

中间轴上的齿轮如果是直齿齿轮,则中间轴轴系中没有轴向力。

中间轴上的齿轮如果是斜齿齿轮,通常而言同一根轴上的两个齿轮螺旋角方向一致,因此齿轮啮合力的轴向分量方向相反,相互抵消。

另外,高速轴和低速轴有可能会从外界传递振动以及其他额外负荷,从而影响中间轴的轴系承载。

一般地,齿轮箱外界负荷不会连接中间轴,中间轴往往需要选择尺寸大(负荷能力较大)的轴承以承受很大的径向负荷。中间轴上轴承尺寸的选择会受到高速轴和低速轴间距的限制。

综上所述,平行轴圆柱齿轮箱中间轴的承载特点是径向负荷很大,转速中等。

(二)中间轴轴承典型配置

由于中间轴承载的特点,要求中间轴上的轴承具有较强的承载能力,因此在轴承选择上往往以线接触的滚子轴承为主。

1. 圆锥滚子轴承交叉定位结构

圆锥滚子轴承交叉定位结构可以被用于平行轴圆柱齿轮箱中间轴上,如图4-14所示。

图4-14中两个圆锥滚子轴承面对面配置交叉定位。这个结构在安装的时候可以通过对轴承外圈位置的调整来控制安装后冷态游隙(预负荷),从而控制轴承工作游隙。

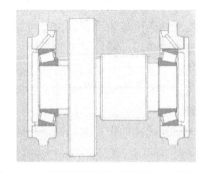

图4-14 中间轴圆锥滚子轴承交叉定位结构

由于圆锥滚子轴承自身结构的特点，在这种交叉定位结构中，即便轴系统承受的负荷为纯径向负荷，在轴承之间依然会产生相对的轴向负荷分量。这样的轴向负荷分量将会使齿轮箱箱体发生变形；另一方面，中间轴位于高速轴和低速轴的中间，与其他轴相比是齿轮箱箱体刚性较弱的位置。因此轴承内部产生的轴向力引发的箱体变形也更加显著。

当齿轮箱箱体发生变形的时候，整个中间轴在轴系统中的位置将发生变化，从而影响齿轮啮合，并且有可能造成轴承的偏心负荷。

经验上，当轴径小于 90mm 的时候，上述的变形及其对齿轮啮合和轴系统中轴承负荷的影响尚在可接受范围之内。但是对于轴径超过这个尺寸的齿轮箱系统中间轴，则建议采用其他类型的轴承配置方式。

因此，圆锥滚子轴承交叉定位结构作为中间轴的应用多数出现在小尺寸平行轴圆柱齿轮箱中。

2. 双圆柱滚子轴承交叉定位结构

双圆柱滚子轴承交叉定位结构通常使用两个半定位型圆柱滚子轴承组成，如图 4-15 所示。

图 4-15 中，两个半定位型圆柱滚子轴承位于轴系两个支点，分别在一个方向上对轴系统进行轴向定位，承受相应方向的轴向负荷。

双圆柱滚子轴承交叉定位结构中的轴向定位和轴向负荷承载是通过圆柱滚子轴承滚子端面和轴承挡边之间的滑动摩擦实现的。这个摩擦力的大小与轴系统轴向负荷的大小相关。

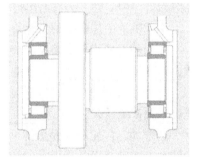

图 4-15　中间轴双圆柱滚子轴承交叉定位结构

对于使用直齿圆柱齿轮的中间轴而言，齿轮的啮合不产生轴向负荷，因此负荷状态对轴系统不会产生由于齿轮啮合带来的轴向力。整个轴系统轴向力很小，所以圆柱滚子轴承滚子端面与挡边之间的滑动摩擦也很小，轴系统由此产生的发热也不大。

对于使用斜齿圆柱齿轮的中间轴而言，齿轮的啮合会产生轴向负荷。对于同一根中间轴上的两个齿轮而言，由于齿轮螺旋角方向一样，两个齿轮与其他轴啮合产生的轴向力方向相反，所以整个轴系统中的轴向力可以被完全或者部分抵消。两个半定位型圆柱滚子轴承所承受的轴向力也不大，所以因此而产生的发热也相对较小。

另一方面，与高速轴相比，中间轴的转速相对较低，这也使得由于轴系统轴向负荷带来滑动摩擦的损失也相对较小。

中间轴的径向负荷来自两个齿轮啮合的径向分量，因此中间轴所需要承受的径向负荷较大。而圆柱滚子轴承较大的径向承载能力在这种工况要求下非常适合。

在圆柱滚子轴承交叉定位的中间轴结构中，有时候采用带保持架的圆柱滚子轴承，有时候也会采用满装滚子的圆柱滚子轴承。对这种轴承的选择，需要根据具体的负荷、转速、润滑、摩擦、成本等条件进行综合评估。

3. 双调心滚子轴承交叉定位结构

在平行轴圆柱齿轮箱中，与高速轴相比，中间轴与箱体的温度差比较小，这样的特点有利于使用交叉定位结构（如果温度差较大，热膨胀带来的轴向负荷相对较大，有轴承卡死的风险）。

因此双调心滚子轴承交叉定位的结构可以用在平行轴圆柱齿轮箱中间轴轴系上。如图4-16所示。

图4-16中两个调心滚子轴承处于轴系两端支撑位置，两个轴承分别在一个方向上对整个轴系统进行定位，并承受相应的轴向负荷。

与单列滚子轴承（圆柱滚子轴承、圆锥滚子轴承）相比，调心滚子轴承内部具有两列滚子，因此具有更强的径向承载能力，非常适合载荷很大的中间轴工况。

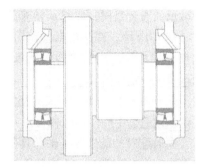

图4-16 中间轴双调心滚子轴承交叉定位结构

中间轴空间受到高速轴和低速轴之间间距的影响，其轴承尺寸选择也因此受到制约。在较小的空间内，调心滚子轴承由两列滚子承载，使之在既定空间内具有承受更大负荷的可能性。

另一方面，调心滚子轴承具有一定的轴向负荷承载能力。与半定位型圆柱滚子轴承依赖轴承内部的滑动摩擦承受轴向负荷不同，调心滚子轴承承受轴向负荷的时候，其内部依然以滚动摩擦为主，所以由此而导致的发热也相对较小。同时，前面已经经过分析，中间轴的轴向负荷并不大，因此更有利于调心滚子轴承的应用。

4. 调心滚子轴承加圆环滚子轴承结构

图4-17是中间轴调心滚子轴承加圆环滚子轴承的结构。

圆环滚子轴承具有很强的径向负荷承载能力，较小的空间体积，但是不具备轴向负荷承载能力。因此在这个结构中利用调心滚子轴承作为定位端轴承，圆环滚子轴承作为浮动端轴承。

对于一些齿轮箱结构而言，高速轴和低速轴之间空间很小，无法放入更宽的轴承来承担较大的径向负荷，此时就需要使用圆环滚子轴承。并非所有轴承厂家都可以生产圆环滚子轴承，因此做这种配置选择的时候需要先确定供应商产品范围。

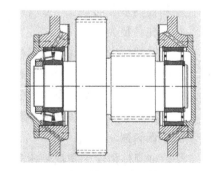

图4-17 中间轴调心滚子轴承加圆环滚子轴承结构

5. 配对圆锥滚子轴承加圆柱滚子轴承结构

对于一些重载的平行轴圆柱齿轮箱而言，有时候中间轴会承载非常大的径向负荷和轴向负荷（即使中间轴上的齿轮轴向力相互抵消一部分之后，依然有较大轴向力的情况）。此时就需要选择配对圆锥滚子轴承加圆柱滚子轴承的布置结构，如图4-18所示。

图4-18中，两个面对面配对的圆锥滚子轴承合并在一起作为定位端轴承；圆柱滚子轴承作为非定位端轴承。

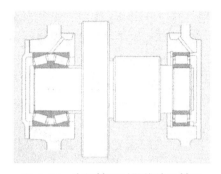

图4-18 中间轴配对圆锥滚子轴承加圆柱滚子轴承结构

两端轴承都具备比较大的径向承载能力，这点非常适合中间轴承载较大径向负荷的工况需求。

同时配对的圆锥滚子轴承具备较大的双向轴向负荷承载能力，负责对轴系进行轴向定位，同时承载较大的轴向负荷。

这个结构中定位端使用的配对圆锥滚子轴承在承受径向负荷的时候，由于轴承结构的原因会产生相互作用的轴向负荷。这个轴向负荷发生在轴承与轴承室结构之内，不会影响整个齿轮箱箱体，因此不会产生两个圆锥滚子轴承交叉定位结构中，由于轴承相互之间轴向负荷而引起的箱体变形。

配对圆锥滚子轴承在中间轴中作为定位端轴承时，其内部的预负荷（预游隙）可以通过隔圈和端盖止口进行调整。

轴承工作于稳定工况，轴和箱体间温度差在20℃以内的时候，应该通过调整保证两个圆锥滚子轴承内达到一个最小的游隙。

同时，在拧紧轴承端盖的时候，为避免使轴承外圈发生变形，应控制止口深入轴承室内的深度，通常为0.01mm以内，由此而带来的轴承预负荷不应过大。

（三）中间轴轴系轴承选型注意事项

中间轴轴系中轴承选择可以针对上述典型配置以及中间轴运行条件加以考虑：

1. 径向负荷大

平行轴圆柱齿轮中间轴上承受很大的径向负荷以及相对较小的轴向负荷。因此在轴承选择的时候需要选用较强承载能力的轴承。由轴承特性可知，一般线接触的承载能力大于点接触，因此中间轴较少使用球轴承。根据径向负荷的大小可以在单列滚子轴承、满装滚子轴承，以及双列滚子轴承中进行选择。

2. 中低转速

平行轴圆柱齿轮中间轴转速多为中低转速，因此在轴承选型设计的时候需要考虑润滑。需要对工作状态下的润滑膜形成进行校核。在必要的情况下需要提高润滑剂的黏度，同时考虑使用抗磨损添加剂（参照本书润滑部分相关内容）。

三、圆柱齿轮箱低速轴轴承配置

(一)低速轴轴系承载、运行特点

平行轴圆柱齿轮箱中的低速轴是齿轮箱中转速最低的轴,相应的功率下其转矩也就最大,要传递这个较大的转矩,低速轴的轴径也是最大的。因此低速轴的轴承内径相对也较大,轴承的承载能力也相应较强。

这种大轴承,低速运行的情况不利于形成滚动体与滚道之间的液动润滑。因此滚动体和滚道之间的完全分隔变得困难(关于润滑膜的基本原理请参考本书润滑相关章节的内容)。轴承滚动体与滚道处于混合润滑状态或者边界润滑状态,在运行的时候会产生金属和金属之间的直接接触,从而带来金属表面的磨损,降低轴承寿命。

除了速度因素以外,运行温度对润滑油黏度的影响是液动润滑油膜形成最关键的因素。

综上,要满足低速轴系统轴承的润滑要求,需要提升润滑油黏度。但是如果润滑油黏度过高则会使高速轴产生发热。因此,高速轴的润滑黏度需求是低速轴润滑黏度考虑的上极限。

通常在低速轴上采用良好的冷却,可以有效降低低速轴部分的温度,从而使此处的润滑黏度适度升高,有利于润滑,也有效地延长了此处的轴承寿命。有时候也可以在润滑油中使用适当的抗磨添加剂以减少磨损,提高轴承寿命。

低速轴轴承配置选择的时候还需要注意如下事项:

1)静态安装的齿轮箱中,与低速轴连接的传动装置带来的负荷需要在选型的时候纳入考虑。例如联轴器的力;叶轮传递的负荷;直接驱动设备小齿轮传递的负荷等。

2)筒式齿轮箱的轴承会受到外界转矩反作用力的影响。此时齿轮箱箱体的变形也会对轴承造成一定的负荷。

3)如果齿轮箱的法兰直接紧固在驱动设备上,此时轴系的连接是刚性连接。轴系统的支撑由原来的双支点支撑变成了多支点支撑。此时齿轮箱连接的对中误差将会导致轴承承受额外负荷,从而缩短寿命,因此需要格外注意对中准确度。

(二)低速轴轴承典型配置

1. 低速轴调心滚子轴承交叉定位结构

低速轴经常使用调心滚子轴承交叉定位布置的结构方式,如图 4-19 所示。

调心滚子轴承负荷承载能力强,能够承受轴向、径向负荷;可以耐受一定的偏心负荷。而低速轴通常会由于驱动设备等的原因造成不确定的外界附加负荷,有时候会有冲击负荷以及非对中负荷等。因此调心滚子轴承非常适合低速轴的应用。

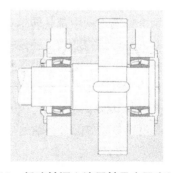

图 4-19 低速轴调心滚子轴承交叉定位结构

图4-19是一个交叉定位的调心滚子轴承配置结构,两个轴承从一个方向上对轴系进行定位,同时承受这个方向的轴向负荷。同时两个轴承一起承受较大的径向负荷。

2. 低速空心轴的轴承配置

在一些齿轮箱结构中,空心轴直径较大,没有足够的空间留给轴承,因此需要使用较短的具有更小面积的轴承。

对于较大负荷的情况,会使用满装圆柱滚子轴承,如图4-20所示。

图4-20中的结构是一个实践中经常使用的轴承配置,所用的轴承是满装圆柱滚子轴承。

对于相同的大直径空心轴,较小负荷的情况下,可以使用619系列的深沟球轴承交叉定位的布置方式;对于相同的大直径空心轴,若径向负荷更大,则可以使用调心滚子轴承交叉定位结构的布置方式。

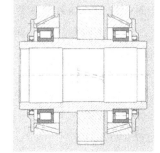

图4-20 使用满装圆柱滚子轴承的低速轴

深沟球轴承和调心滚子轴承都是具有保持架的轴承,因此在轴承润滑不充分的时候,这些轴承比满装滚子轴承更不易磨损。

(三)低速轴系轴承选型注意事项

低速轴具有负荷重、转速低的特点。因此在轴承选择的时候需要考虑使用负荷承载能力较强的轴承进行配置。

对于振动的工况需要考虑使用更耐振动的轴承类型。

由于转速很低,因此低速轴轴承内部润滑十分困难,同时由于需要兼顾高速轴的润滑考虑,低速轴上的润滑黏度比$k^{\ominus}$往往不能达到要求。出于润滑考虑,对中轴承有如下要求:

1)$k<1$时,需要使用带有极压添加剂的润滑;

2)$k<0.5$时,不适合选用满滚子轴承(所选轴承必须具有保持架);

3)$k<0.1$时,降低轴承载荷,尽量使$S_0>10$。

四、轴承内置式齿轮与换档齿轮轴承配置

前面介绍的结构中都是转轴和齿轮一同旋转,轴承位于转轴和箱体之间。除此之外,还有另一种结构形式,就是转轴固定不转,轴承位于齿轮与转轴之间,我们称之为轴承内置式齿轮。这种结构所占空间最小,因此最适合中间齿轮的应用。

轴承内置式齿轮的特点是轴和轴承内圈不转,而齿轮和轴承外圈一同旋转。轴承的旋转方式与其他形式不同,因此轴承与轴、轴承与齿轮之间的配合方式也不同。一般轴承与齿轮是过盈配合,轴承与轴是过渡配合(详见本书公差配合相关内容)。

⊖ 润滑黏度比k是指所选润滑油的实际黏度与所需黏度的比,详见本书润滑相关部分。

这种配置情况需要注意轴承室（与轴承外圈配合的齿轮）加工精度，以确保轴承的旋转精度。如果轴承旋转精度因此受到影响将导致轴承内部摩擦增加，同时产生滚动体与保持架之间的附加负荷。

中间轴两个齿轮啮合产生较大的径向负荷，因此要求轴承径向负荷承载能力足够强。而此时两个齿轮啮合产生的轴向负荷部分相互抵消，因此整个轴系统的轴向负荷不大。但是对于轴承内置式齿轮的每一个齿轮而言，这个轴向力会作用在内置的轴承上，同时会产生一定的倾覆力矩，并由此引起一定的轴承不对中。内置轴承的间距、轴承的形式等都会影响到轴承承受这个不对中负荷的程度，在配置选型的时候需要加以注意。

1. 内置圆柱滚子轴承的中间齿轮结构

图 4-21 是一个内置圆柱滚子轴承的中间齿轮结构。

图 4-21 中齿轮内置两个半定位型圆柱滚子轴承对整个轴系统进行轴向定位。这种结构配置方式最为简单，两个半定位型圆柱滚子轴承分别在一个方向上对轴系统进行定位。但是圆柱滚子轴承对不对中负荷十分敏感，因此轴承和齿轮安装后要检查不对中的情况，如果不对中超过允许范畴，则对轴承寿命影响较大。

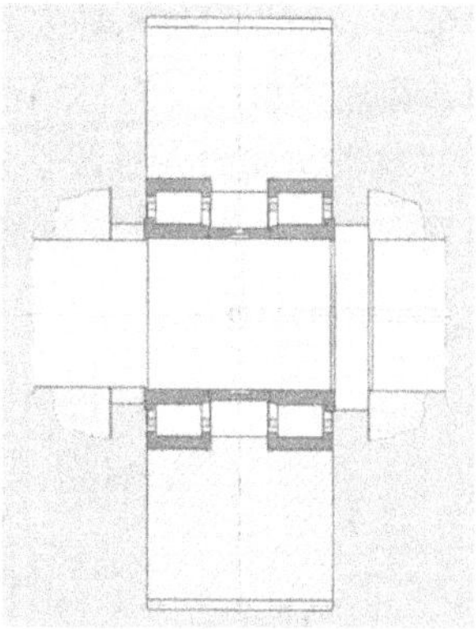

如果这个结构中齿轮为斜齿齿轮，那么在啮合的时候就会产生轴向负荷，由这个轴向负荷带来的倾覆力矩将会引起不对中负荷。而当这个不对中达到一定程度的时候，内置圆柱滚子轴承的结构往往不太适合，可以参考其他的配置方式。

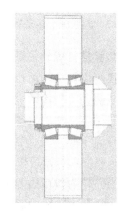

图 4-21　内置圆柱滚子轴承的中间齿轮结构

2. 内置圆锥滚子轴承（角接触球轴承）的中间齿轮结构

对于斜齿的中间齿轮，工作状态下齿轮啮合产生的轴向力将会产生倾覆力矩，因此需要采取适当的轴承布置抵御倾覆力矩及其影响。一般情况下可以使用背对背安装的圆锥滚子轴承结构，如图 4-22 所示。

图 4-22 中使用两个背对背安装的圆锥滚子轴承布置结构。背对背配置的两个圆锥滚子轴承压力中心（受力线与轴线的交点）间距大于轴承间距，因此整个轴系统具有更好的抗倾覆力矩能力。

如果在允许的范围内增加两个轴承的间距，则可以进一步增加两个轴承压力中心间距，这样可以进一步提升抗倾覆力矩能力。

对于圆锥滚子轴承，安装时也可以通过调整轴承内

图 4-22　内置圆锥滚子轴承的中间齿轮结构

部的预负荷（预游隙）进一步增加整个系统的刚性，提高抗倾覆力矩能力。

对于啮合力较小的齿轮，也可以通过使用背对背安装的角接触球轴承作为内置轴承。其使用方法与圆锥滚子轴承一致，此处不再赘述。

3. 内置调心滚子轴承的中间齿轮

对于直齿齿轮的中间齿轮而言，齿轮啮合的时候不会产生轴向负荷，仅仅是比较大的径向负荷。因此除了使用圆柱滚子轴承以外，调心滚子轴承是一个很好的选择。如图 4-23 所示。

图 4-23 中使用一个调心滚子轴承作为中间齿轮的内置轴承。此时中间齿轮是直齿齿轮，齿轮啮合的时候不会产生倾覆力矩，因此轴承不会受到额外的不对中负荷。这点与使用圆柱滚子轴承时候的特点一致。所不同的是，调心滚子轴承具有一定的调心能力，因此对齿轮轴安装的对中要求不高；同时在齿轮啮合的时候调心滚子轴承可以给齿轮提供一个自行调整的余地，可以达到更好的啮合效果。

这种结构中在对调心滚子轴承进行一侧供油润滑时，为了避免轴承运转时油脂的过度散失，供油测密封间隙不应该大于 1mm。局部如图 4-24 所示。

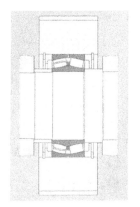 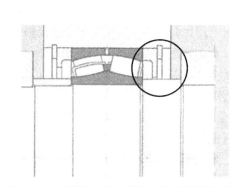

图 4-23　内置调心滚子轴承的中间齿轮结构　　图 4-24　内置调心滚子轴承中间齿轮油路结构

4. 换档齿轮轴承配置

换档齿轮中轴承内、外圈同时旋转，其相对速度几乎为零，而滚动体在内外圈之间不滚动。但是整体上轴承承受一定的负荷，滚动体和滚道之间存在接触力。当设备运行的时候，轴承滚动体在滚道上承受负荷的同时会发生微小的移动，久而久之会出现伪布氏压痕（关于伪布氏压痕请参考本书轴承失效分析部分相关内容）。通过润滑中的抗磨损添加剂可以缓解伪布氏压痕的发生。

当齿轮为斜齿齿轮的时候，啮合时产生的轴向力会让齿轮产生旋转倾斜移动的趋势，从而造成轴承内部滚动体和滚道之间的轴向移动，由此可能造成轴承的磨损。通过控制轴承游隙有利于降低这种磨损发生的概率。

对于支撑换档齿轮，经常使用深沟球轴承的配置方式，如图 4-25 所示。

这种配置中通常使用 C3 游隙的轴承，并且通过调整使两个深沟球轴承分别承受一定的轴向负荷，呈现背对背预紧的负荷状态。这样的设置有利于增加压力中心间距，降低轴承承受旋转负荷时内部的相对移动，减少了磨损的风险。此外，0 游隙的背对背配置也提高了对齿轮啮合的引导准确度。

对于换档齿轮而言，两侧都会有轴、齿轮、轴承在旋转，因此两侧施加润滑都比较困难。比较好的方法是通过轴内部设置油路，提供润滑。

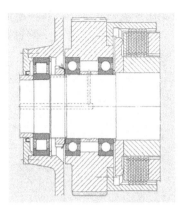

图 4-25　换档齿轮轴承配置结构

第三节　圆锥齿轮箱中的轴承配置

圆锥齿轮箱内的齿轮为圆柱齿轮，或者称作伞齿轮。圆锥齿轮箱通常用作减速，其高速输入轴被称作小齿轮轴；低速的输出轴通常带有一个大的圆锥齿轮。

一般应用中，圆锥齿轮箱的输入小齿轮轴与驱动电机连接，其连接方式可能是联轴器连接、直齿齿轮连接、带轮连接等。圆锥齿轮箱的输出轴通过联轴器、直齿齿轮或者斜齿齿轮的齿轮轴向外界输出功率。

现代圆锥齿轮箱的结构通常对齿轮表面进行硬化处理并且对齿面进行研磨，这样使得齿轮箱可以传递更大的功率，同时内部摩擦和噪声更小。相应地，要得到高性能的齿轮箱，轴承的选择也至关重要。通常对于齿轮箱的高性能要求而言，对应于轴承的性能应该包括：

1）较强的承载能力：优化滚动体数量和形状，例如对数轮廓线滚子母线设计等；恰当的滚动体、滚道表面粗糙度仅确保最有利于油膜的形成。

2）较高的刚性：通过优化轴承内部齿轮设计，滚动体数量和形状的设计优化提升轴承刚性。

3）较高的尺寸准确度：特别是轴承内圈滚道的准确度，应该是 P6 或者更高。

4）较小的摩擦：通过优化轴承内部滚道、滚动体设计，以及轴承内部接触表面粗糙度以实现较小的摩擦。

5）较小的噪声：提升轴承所有零部件精度以提升轴承噪声表现。

一、小齿轮轴轴承配置

（一）小齿轮轴轴系统承载特点

在圆锥齿轮箱中小齿轮轴是高速轴，其输入转速在整个齿轮箱中是最高的；相应地，在一定的功率下，其转矩也就较小，整个轴系受力最小。

小齿轮轴上带有一个圆锥齿轮，齿轮在工作状态啮合的时候会对整个轴系产生一定的径向负荷和轴向负荷。

一般而言，圆锥齿轮箱的小齿轮轴都采用悬臂式结构，如图 4-26 所示。

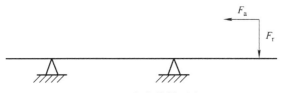

图 4-26　小齿轮轴受力

在这个悬臂结构中，小齿轮轴啮合时候产生的轴向负荷会以及径向负荷对双支点的结构产生了倾覆力矩。对于悬臂结构，如果轴系统刚性不足，这个倾覆力矩会导致齿轮啮合不良等情况。因此需要在轴系轴承配置选型的时候加以考虑。

有些小齿轮轴将齿轮设置于两个轴承之间，这样有助于缓解上述倾覆力矩的影响，但是其设计具有一定难度，因此不多见。

（二）小齿轮轴典型配置

1. 圆锥滚子轴承交叉定位布置结构

考虑到圆锥齿轮齿轮箱小齿轮轴的负载特点，在轴承配置的时候会选用刚度较大，或者是抗倾覆力矩能力较强的配置方式。圆锥滚子轴承交叉定位结构就是其中一种，如图 4-27 所示。

图 4-27 中是两个背对背配置的圆锥滚子轴承交叉定位结构。背对背配置的交叉定位结构中两个轴承的压力中心间距大于轴承间距，整个轴系统对于支点以外的受力具有更好的抗倾覆力矩能力和刚性。

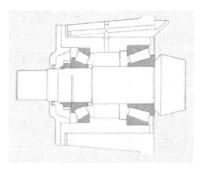

图 4-27　小齿轮轴圆锥滚子轴承
　　　　　交叉定位结构

这种结构中两个轴承在工作热态的时候轴承内部应该有 0 游隙（预负荷），有时候考虑适当提高轴系刚性也会使轴承内部在工作状态下处于轻预负荷状态。这个轴系中，一般使用锁紧螺母在轴系的输入侧（外侧）对轴承进行轴向固定，并且通过锁紧螺母对两个圆锥滚子轴承的轴向预负荷进行调整。

通过锁紧螺母对两个圆锥滚子轴承进行预负荷调整的时候也需要考虑箱体和轴的变形问题。一般而言，当轴径大于 90mm 的时候，这些变形的影响会较大，因此圆锥滚子轴承交叉定位结构的布置方式一般适用于轴径较小的小齿轮轴结构。

这种轴承布置方式中另一个值得注意的地方就是润滑油路的设计。齿轮箱壁上的油路应该从两个轴承中间给轴承供给润滑油。同时，为避免润滑油从外侧密封部分流出，在外侧轴承下面应该流出排油油路，使多余的润滑油反流入齿轮箱。

从悬臂结构的受力分析可以看出，小齿轮轴内侧轴承承受较大的径向负荷；而对于背对背配置交叉定位圆锥滚子轴承而言，齿轮啮合带来的轴向力对内侧轴承影响也较大。因此一般这个配置的内侧轴承相对较大，轴承外圈尺寸也较大，这样当润滑油从中间流入的时候，更容易流向内侧轴承。为避免外侧轴承润滑油不足，可以在内侧轴承处设置一个挡油盘，以确保外侧轴承的润滑油位（请参考图4-28）。

2. 带隔圈配对圆锥滚子轴承作为定位端轴承配置结构

对于更大尺寸的轴而言，其轴系承受更大的负荷，因此需要选择具有更大承载能力的轴承进行配置。比较常见的就是带隔圈配对圆锥滚子轴承作为定位端的结构，如图4-28所示。

图4-28中，两个圆锥滚子轴承面对面配对作为定位端，对整个轴系进行双向轴向定位，承受轴系统的轴向负荷；调心滚子轴承作为非定位端和定位端轴承一起承受径向负荷，并且在轴向上放开。

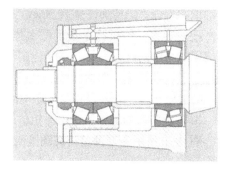

图4-28 带隔圈配对圆锥滚子轴承作为定位端轴承配置结构

面对面配对的圆锥滚子轴承通过中间隔环保证在轴承热态运行的时候（通常轴与箱体温度差为20℃以内的时候），轴承内部有最小的轴向游隙。当轴承热态运行并且轴与箱体之间的温度差超过20℃时，则需要配对的圆锥滚子轴承在冷态运行时有更大的内部轴向游隙。

两个轴承通过中间隔环夹紧的时候，如果夹紧力过大则会导致隔环变形。为避免这种情况的发生，轴承盖止口插入部分的套筒长度应该有大约0.01mm的轴向尺寸公差（对于轴承而言是预负荷）。

这个结构中，配对圆锥滚子轴承作为定位端轴承使用，当轴系统承受一个方向的轴向负荷的时候，该方向的圆锥滚子轴承受载；另一个方向的轴承轴向负荷会减少。经验表明，在有轻微振动的场合下，这种运行并无大碍。

图4-29所示轴系中，非定位轴承使用的是调心滚子轴承，也可以是圆柱滚子轴承或者圆环滚子轴承。其中圆柱滚子轴承对不对中负荷敏感，因此在齿轮啮合产生不对中负荷时应予以注意。

对于一体式箱体结构，调心滚子轴承安装

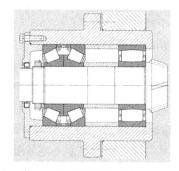

图4-29 配对圆锥滚子轴承加圆环滚子轴承结构

时对于对中的要求不高，同时对于由负荷变动带来的磨损并不敏感，因此具有一定的优点。

当使用圆柱滚子轴承的时候，轴承的轴向移动可以在轴承内部实现，因此轴承的外圈和轴承室之间可以是干涉配合，这样对提升径向引导性能有好处。

与圆柱滚子轴承类似，圆环滚子轴承也可以在轴承内部实现轴向位移，因此其外圈也可以使用干涉配合，因而可以提高径向定位精度。并且，圆环滚子轴承不仅可以承受轴向位移，也可以承受一定程度的偏心负荷。因此小齿轮啮合偏差并不会影响这个轴承的寿命，结构如图 4-29 所示。

一般而言，圆锥滚子轴承配对作为定位端的结构中，润滑应该从两个配对的圆锥滚子轴承中间进行供给。根据应用经验，对于中小型齿轮（直径大约 150mm 以下）而言，定位端轴承流出的润滑油已经可以满足非定位端轴承润滑的需求。但是对于大尺寸的齿轮而言，有时也需要考虑两端轴承分别润滑，以确保润滑性能。

3. 带预负荷的圆锥滚子作为定位端轴承布置结构

图 4-30 所示是带预负荷的圆锥滚子轴承作为定位端轴承的布置结构。

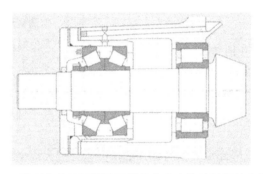

图 4-30　带预负荷的圆锥滚子轴承作为定位端轴承的布置结构

图 4-30 中，两个圆锥滚子轴承面对面配对作为定位端轴承，在配对安装轴承的外侧使用柱弹簧对定位轴承施加一个轴向预负荷；另一端轴承作为定位端轴承，图中是一个圆柱滚子轴承。

当轴系受到从齿轮传递来的径向负荷和轴向负荷的时候（图中为右侧至左侧方向），两个配对的圆锥滚子轴承中，与受力方向相对的一侧（图中为两个圆锥滚子轴承中靠外侧的轴承）承受轴向负荷；同时两个轴承与非定位端轴承一起承受径向负荷。当轴向负荷方向为从轴伸端到齿轮端（图中为自左向右方向）的时候，这个负荷由对应侧的轴承承担（图中为两个圆锥滚子轴承中靠近内侧的轴承）。此时另一个圆锥滚子轴承与圆柱滚子轴承一起承受径向负荷，同时承受一个较小的由柱弹簧施加的轴向负荷。

这种结构中弹簧的预负荷使得配对安装的圆锥滚子轴承不论外界负荷怎样变化，

都会至少承受一个较小的轴向负荷，因此两个轴承会一直处于夹紧状态。这个配置与图 4-29 配置的不同之处在于有这样一个弹簧预负荷，整个轴系统具有更好的刚性，从而对于振动的敏感性降低了。

这样的布置结构也给安装带来了一定的难度。由于没有中间隔环，因此轴承之间的预负荷并不是由隔环给定，而是由弹簧施加的，因此在安装的时候需要进行相应的调整。另一方面，由于需要在受到轴向力的时候轴承外圈可以进行轴向移动，因此圆锥滚子轴承的外圈相对配合较松，为防止跑圈，需要使用 O 形环结构。

这种结构也可以根据轴向负荷的大小进行一定的变化，比如可以使用一个圆锥滚子轴承加一个调心滚子推力轴承配合的方式，以承担更大的轴向负荷。

使用带预负荷的圆锥滚子轴承作为定位端轴承的结构对润滑结构的要求与带隔环的圆锥滚子轴承作为定位端轴承的结构一样，请参考前面相关内容。

（三）小齿轮轴轴承选型注意事项

小齿轮轴同时承受较大的轴向、径向负荷，因此不论对于定位端轴承还是非定位端轴承都需要选择具有较强承载能力的轴承类型。

同时小齿轮轴转速高的特点也要求轴承运转时具有较低的摩擦、较少的发热。

从以往的轴承失效经验看，小齿轮轴轴承的失效很少是由于疲劳原因所致，更多的是其他原因。针对这些失效的注意事项如下：

1）起动时润滑不足：确保齿轮箱冷态起动的时候轴承的润滑；

2）预负荷过大导致的轴承失效：轴承选型的时候，需要对轴、箱体温度差进行检查，这里经常选用的轴承游隙是 C3；

3）高温润滑不良：由于温度升高导致润滑油膜形成不良的轴承失效。使用低摩擦的轴承，避免轴承选型过大，同时需要改善冷却条件；

4）由于滑动造成轴承滚道、滚动体的表面擦伤：避免轴承过选型（选型过大）；单纯为了减少轴承尺寸而选用满装滚子轴承；

5）污染导致的轴承磨损：避免生产、安装、使用过程中对轴承和齿轮箱带来的污染。

二、输出轴轴承配置

此处需要说明的是，这里的"输出轴"是指圆锥齿轮啮合的输出轴，这个输出轴不一定是整个齿轮箱的输出轴。在整个齿轮箱中，这个轴可能是一个中间轴，也可能是一个输出轴，要根据具体设计来确定。为方便描述，后面使用"输出轴"代替"圆锥齿轮啮合的输出轴"。

（一）输出轴轴系统承载特点

圆锥齿轮啮合输出轴与小齿轮轴不同，这个轴有可能是整个齿轮箱的输出轴，但更多时候是齿轮箱的中间轴位置。因此齿轮啮合主要是在两个支撑轴承之间。

我们用一个简单的结构举例输出轴轴系统承载情况，见图 4-31。

图 4-31 中两个齿轮位于两个支撑轴承之间，两个齿轮啮合的径向负荷构成轴系统需要承受的径向负荷。由此可见，这个轴系统中径向负荷较大。同时，圆锥齿轮啮合的时候产生的轴向力是这个轴系中的轴向负荷。这个承载特点与圆柱齿轮中间轴承载有些类似。

图 4-31 中圆锥齿轮啮合的轴向力也给整个轴系统带来了一个倾覆力矩。

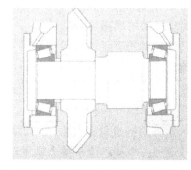

图 4-31 双圆锥滚子轴承交叉定位结构

（二）输出轴典型轴承配置

1. 圆锥滚子轴承交叉定位结构

图 4-31 是圆锥滚子轴承交叉定位结构的轴系配置结构。图 4-31 中两个圆柱滚子轴承分别位于轴系的两个支点位置，分别在一个方向上对轴系进行定位，并承受这个方向的轴向负荷。

这个结构中两个齿轮啮合时产生的径向负荷分量构成轴系统主要承载的径向负荷，由两个轴承承担；轴向负荷有时候会因为两个轴承的螺旋角和结构的原因抵消一部分，但是总体上会由相应侧定位的圆锥滚子轴承承担。

图 4-31 中两个圆锥滚子轴承采用面对面配置的方式，这种配置的两个轴承压力中心靠近两个轴承之间的位置。而这个轴系统主要的承载也是在两个轴承之间，这样的布置有利于整个系统承载的刚度和抗倾覆力矩能力。

为保证轴承运行良好，有时候需要在轴系统安装的时候对两个圆锥滚子轴承施加一定的轴向预负荷，以确保轴承工作状态下工作游隙为 0。对轴承预负荷的调整通过轴承端盖止口深入部分的尺寸进行控制。对于轴径小于 90mm 的轴而言，这样的调整可以达到预期效果；但是当轴径大于 90mm 的时候，受到箱体挠性变形的影响，这种调整十分困难。因此这种圆锥滚子轴承交叉定位结构对于大型的齿轮箱并不适用。

在交叉定位圆锥滚子轴承布置结构中，对两个轴承与复核的调整是通过调整垫片实现的。而调整垫片对两个轴承位置的调整也会影响到齿轮自身的位置，从而影响齿轮的啮合位置。

对圆锥滚子轴承交叉定位结构的润滑油路设计，一般会将油路进口设置在靠近轴承盖一侧，油路通过轴承流回齿轮箱。为保证两个轴承运行的时候能够有充足的润滑，需要在轴承内侧安装挡油盘，以确保润滑油量足够。

2. 配对（双列）角接触球轴承加圆柱滚子轴承结构

图 4-32 为一个双列角接触球轴承加圆柱滚子轴承的配置结构。

图 4-32 中，双列角接触球轴承作为定位端轴承，圆柱滚子轴承作为非定位端轴承。两个轴承共同承受轴系统的径向负荷，同时定位端双列角接触球轴承承受轴系统

的双向轴向负荷，对整个轴系统进行轴向定位。

图 4-32 中的双列角接触球轴承也可以使用两个单列角接触球轴承配对的方式实现。两个单独的角接触球轴承配对使用的时候，其承载能力相应更强，但是所占空间（轴向尺寸）也更大。请注意，此时应该选用已经配对的单列角接触球轴承或者通用配对的单列角接触球轴承进行配对使用。

这样的结构中，不需要对轴系统进行预负荷调整。轴承的预负荷是通过轴承公差配合与内外圈温度差的不同，在轴承选型计算的时候进行校核，然后选择固定预负荷的配对轴承。只需安装到位，便可实现轴承内部的预紧。

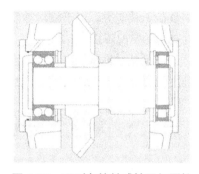

图 4-32 双列角接触球轴承加圆柱滚子轴承结构

在这个结构中，如果需要调整齿轮位置，则需要在定位端轴承与固定环之间加入垫片进行调整。由于圆柱滚子轴承可以在轴向进行移动，因此这种调整也可以在安装轴承后进行。

3. 配对圆锥滚子轴承加圆柱滚子轴承结构

如果上述结构中，轴系统的轴向、径向负荷很大，已经超出了角接触球轴承能够承受的范围，则可以使用圆锥滚子轴承配对作为定位端轴承的配置方式，见图 4-33。

图 4-33 中两个单列圆锥滚子轴承面对面配对作为定位端轴承，与圆柱滚子轴承作为非定位端轴承一起承受径向负荷，并对整个轴系统进行轴向定位，承受轴向负荷。与 4-32 所示的机构相比，这个结构具有更强的轴向、径向负荷承载能力。

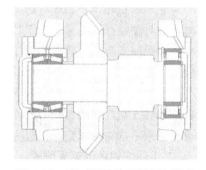

图 4-33 配对圆锥滚子轴承加圆柱滚子轴承结构

圆锥滚子轴承进行配对时需要考虑在轴承运行时的工作游隙，因此在安装时需要对轴承进行预紧。这个结构采用了带隔圈的方式对两个轴承进行预紧。两个轴承在隔圈上压紧之后可以得到设计所选择的预紧力（计算可以参看本书后面相应的章节）。

对两个轴承圈进行压紧的时候，如果压紧力过大则会导致轴承套圈或者轴承圈的变形。因此建议对轴承施加 0.01mm 的预紧即可。

为保证两个定位的圆锥滚子轴承的润滑充分，建议润滑进油口位于两个轴承之间。同时在轴承盖一侧应该留有排油孔，使多余的润滑油流回箱体。

三、输出轴轴承选择注意事项

输出轴主要承受径向负荷，因此对定位端轴承和非定位端轴承都要求有较强的径向负荷承载能力。对于输出轴而言,其速度低,负荷适中,因此与小齿轮轴相比,过度选型的情况不多。

输出轴对轴承轴向、径向刚度的要求,以及其对轴承轴向游隙调整和其对轴承准确度的要求与小齿轮轴类似,因此可以参考前面的相关介绍。

第四节　蜗轮蜗杆齿轮箱中的轴承配置

一、蜗杆轴轴承配置

蜗轮蜗杆齿轮箱通常用于减速。驱动侧通过联轴器、带轮等方式与齿轮箱的输入轴连接;输出轴通常通过联轴器或者空心轴连接,输出功率。

(一) 蜗杆轴轴系统承载特点

蜗杆轴与输入轴连接,具有较高的转速,同时在工作时承受很大的轴向负荷。

如果功率输入设备与蜗杆轴是通过带轮连接的,那么由此而带来的径向负荷也会成为蜗杆轴轴系统的径向负荷。

蜗轮蜗杆齿轮箱中的蜗杆通常是一个细长轴,蜗轮蜗杆啮合的时候产生较大的轴向力。同时摩擦产生热量,由于热膨胀的原因,蜗轮与蜗杆的轴向、径向尺寸将发生变化。而蜗杆本身由于表面积较小,因此其散热面也小,蜗杆与箱体之间的温度差将会较大。在轴承选型和调整的时候应该对这样的温度变化和差异予以考虑。

蜗轮蜗杆齿轮啮合一般是在两个支撑轴承之间发生的,对于蜗杆而言,是一个发生在细长轴支点之间的负荷,工作状态下很容易产生轴的弯曲;另一方面,这样的负荷也会带来一定的箱体变形,这些因素在轴承选型调整时也应该纳入考虑。

(二) 蜗杆轴典型轴承配置

1. 角接触球轴承交叉定位结构

前已述及,蜗轮蜗杆齿轮箱运转时,蜗杆上承受轴向力和径向力,对于小型蜗轮蜗杆齿轮箱而言,两个单列交叉接触球轴承交叉定位的结构可以适应这种工况要求,见图 4-34。

图 4-34 中,两个角接触球轴承交叉定位布置,共同承担蜗杆上的径向负荷,同时分别在某一个方向上对轴系统进行轴向定位,承担单个方向的轴向负荷。

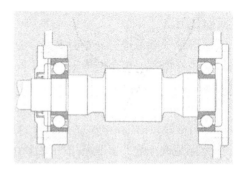

图 4-34　蜗轮蜗杆齿轮箱角接触球轴承交叉定位结构

单列角接触球轴承交叉定位结构具有摩擦小,噪声小的特点,特别适用于小型蜗轮蜗杆齿轮箱(蜗杆轴轴承轴径小于

50mm）。同时这个配置中所使用的角接触球轴承具有较高的转速，同时由于接触角的存在，比较适合承担一定的轴向负荷（与深沟球轴承相比）。

角接触球轴承在工作的时候不应处于无负荷的脱开状态，否则将会在轴承内部无法形成滚动而出现噪声和发热等现象，因此在工作状态下必须对其施加一定的轴向负荷。而交叉定位的结构形式，通过对轴承端盖的调整以确保轴承在工作热态下有一定的轴向预负荷。

在通过端盖对轴承进行安装冷态预负荷调整的时候必须考虑工作状态下轴承系统温度的升高以及受载状态下箱体、轴的变形。对于小型的蜗轮蜗杆齿轮箱而言，这些影响尚可接受，对于大型的齿轮箱或者是轴向、径向负荷的工况而言，这些因素的影响将会相对较大，这即是这种配置适用于小型齿轮箱的原因之一（另一个原因是角接触球轴承本身的承载能力限制）。

2. 圆锥滚子轴承交叉定位结构

圆锥滚子轴承具备比角接触球轴承更强的负荷承载能力，因此对于轴向、径向负荷较大的蜗轮蜗杆齿轮箱，可以采用两个圆锥滚子轴承交叉定位的结构形式，如图4-35所示。

圆锥滚子轴承内部是线接触，因此其承载能力比点接触的角接触球轴承更加有优势，在相同轴径下使用圆锥滚子轴承的轴系统可以承受更大的轴向、径向负荷。使用圆锥滚子轴承交叉定位结构的轴系可以适用于承载更大的（中型）蜗轮蜗杆齿轮箱。

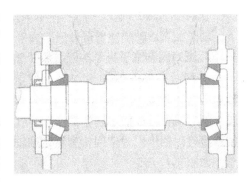

图4-35　蜗轮蜗杆齿轮箱圆锥滚子轴承交叉定位结构

圆锥滚子轴承对预负荷相对更加敏感，在预负荷调整的时候需要考虑保证轴承工作热态下轴承内部处于0游隙。在齿轮箱起动的时候，此时蜗杆已经发热，并出现热膨胀，而箱体温度偏低，此时轴承内部会产生一定的预负荷。经验表明，这些轻微的预负荷不会对轴承造成严重的伤害。而当齿轮进入稳定工况，箱体温度上升之后，这个预负荷会变小或者消失。

3. 配对角接触球轴承加圆柱滚子轴承结构

当蜗轮蜗杆齿轮箱采用定位端加非定位端结构的时候，可以使用两个配对的角接触球轴承作为定位端使用，如图4-36所示。

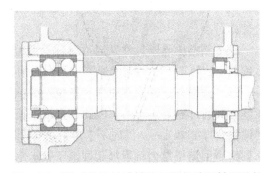

图4-36　配对角接触球轴承加圆柱滚子轴承结构

图 4-36 中使用两个面对面的角接触球轴承作为定位端轴承，使用一个圆柱滚子轴承作为非定位端轴承。

与双轴承结构相比，这种结构使用了三个轴承，因此会有一定的成本上升，但是也有一些优点。

配对角接触球轴承与单列轴承相比具有更高的承载能力，同时与圆柱滚子轴承配合使用，因此这个结构可以承受更大的径向负荷（比如带轮连接的场合）。

两个角接触球轴承配对使用，在安装调整的时候，不需要对每一个轴承的预负荷进行单独调整。请注意必须选用配对的角接触球轴承，或者通用配对角接触球轴承。同时在选择的时候对轴承游隙进行校核。这样的方式确保了生产中的简便性和产品的一致性，使得设计意图得到更好的实施。

这种定位端加非定位端结构中，轴由于热膨胀等因素需要在轴向上产生移动从而释放热膨胀尺寸的时候，可以通过使用圆柱滚子轴承的非定位端实现。

在润滑油路方面，两个配对的角接触球轴承配对使用的时候，应确保油路通过轴承。同时在靠近轴承端盖部分应给为外侧轴承留有润滑出油油路。

4. 配对圆锥滚子轴承加圆柱滚子轴承结构

与配对角接触球轴承作为定位端轴承的结构相似，当轴系统的轴向负荷较大的时候，可以使用圆锥滚子轴承代替角接触球轴承配对使用作为定位端轴承，如图 4-37 所示。

图 4-37 中使用两个面对面配置的圆锥滚子轴承作为定位端轴承，承受较大的轴向负荷，并且与圆柱滚子轴承一起承担蜗杆上的径向负荷。

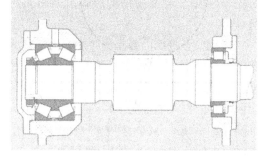

图 4-37 配对圆锥滚子轴承加圆柱滚子轴承结构

两个配对的圆锥滚子轴承通过中间的隔圈调整预负荷，以确保轴承安装后工作热态下（通常指轴与箱体温度差 20℃ 以内的情形）的 0 游隙。过大的预负荷会导致圆锥滚子轴承间的隔圈发生变形，因此一般通过轴承端盖对轴承施加 0.01mm 的预负荷即可。

这个结构中隔圈尺寸是通过对轴承安装冷态和安装热态时游隙变化的计算，同时要确保工作热态下 0 游隙的原则进行选择的，本书后续相应部分会展开介绍。

这种圆锥滚子轴承配对作为定位端的轴承布置中，两个轴承的预负荷调整是在轴承室内部通过隔圈实现的，因此不会带来箱体的较大变形。这个特点使得轴承预负荷的调整变得简单可行，同时不会影响由于调整导致变形对齿轮啮合的影响。

5. 调心滚子推力轴承加圆锥滚子轴承定位结构

当蜗杆承受的轴向负荷主要来自于一个方向并且这个负荷很大的时候，可以使用调心滚子推力轴承加圆锥滚子轴承配合使用作为定位端轴承的结构，如图4-38所示。

图4-38中圆锥滚子轴承与调心滚子推力轴承一起用作定位端，对整个轴系统进行轴向定位，同时承受相应方向的轴向力。其中调心滚子推力轴承承受较大的单向轴向负荷（图中为自右至左方向），不能承受径向负荷，因此径向上要对轴承进行放开；圆锥滚子承受单个方向的轴向负荷（图中为自左至右方向），同时与圆柱滚子轴承一起承受蜗杆上的径向负荷。

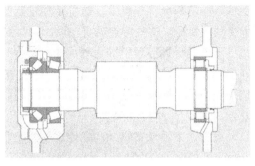

图4-38 调心滚子推力轴承加圆锥滚子轴承定位结构

调心滚子推力轴承与圆锥滚子轴承都不能在正游隙下工作，因此这个系统中使用柱弹簧对调心滚子推力轴承施加预负荷，确保工作状态下三个轴承都处于负荷状态。在确定预负荷的时候，也需要将箱体与轴之间的温度差对游隙（预负荷）的影响纳入考虑。

这个轴系统的非定位端是一个圆柱滚子轴承，具有较强的径向负荷承载能力，同时轴向上放开。

调心滚子推力轴承加圆锥滚子轴承作为定位端，圆柱滚子轴承作为非定位端的结构中，所有的轴承都是滚子轴承，整个轴系具有很强的轴向、径向负荷承载能力。同时对于单向轴向负荷很大的场合十分适用。轴系中三个轴承在工作状态下均处于负荷状态，因此整个系统的噪声表现很好，同时，整个系统的刚性较好，对于振动所带来的影响不敏感。

6. 双调心滚子推力轴承加调心滚子轴承结构

有些蜗轮蜗杆齿轮箱需要承担非常大的双向轴向负荷以及很大的径向负荷，此时可以采用两个调心滚子推力轴承作为定位端轴承加两个调心滚子结构，如图4-39所示。

图4-39中两个调心滚子推力轴承配合作为整个轴系统的定位端轴承，承受双向的巨大轴向负荷；两个调心滚子轴承作为非定位端轴承，承受蜗杆上的径向负荷。

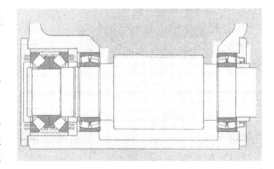

图4-39 双调心滚子推力轴承加调心滚子轴承结构

与前面的轴承配置不同，这种结构是一个四轴承支撑结构，作为定位端轴承的两个调心滚子推力轴承不能承受径向负荷，因此将一个调心滚子轴承布置在定位轴承旁边,在径向上与另一个调心滚子轴承形成双支撑结构。也就是两个非定位端轴承分布于轴系中的两个支撑点上。这个结构中定位端轴承不承受径向负荷,非定位端轴承不承受轴向负荷。这些特点需要在设计的时候得以实现。

图中两个调心滚子推力轴承通过端盖夹紧,同时通过柱弹簧施加一个预负荷,以确保轴承在非工作状态下不脱开,同时在工作状态下能够达到所需的工作游隙。整个轴系的轴承在工作时都处于负荷状态,因此系统刚性较好,对振动的敏感性较低。

由于这个轴承布置结构中使用了四个承载能力很强的滚子轴承,因此这个结构具有很强的轴向、径向负荷承载能力[一]。这个结构会被使用在齿轮箱负荷巨大,同时可能存在振动的场合。例如钢厂轧机的某些场合。

(三) 蜗杆轴系轴承选择注意事项

蜗杆轴系中轴承的承载运行条件具有一定的特点,因此需要针对这些特点在轴承选型的时候加以注意。

蜗杆轴通常都承担较重的轴向负荷,要承担这个轴向负荷就需要选择具有一定接触角的轴承,其中包括角接触球轴承、圆锥滚子轴承、调心滚子推力轴承等类型。

蜗杆轴系要求轴承运行时噪声小,同时轴承内部不应有剩余的工作游隙。因此一般在为蜗杆轴系选择轴承的时候需要让轴承在工作温度下内部具有一个轻的预负荷。同时在对轴承游隙进行选择的时候,以及安装过程中对游隙进行调整的时候,需要考虑轴承工作时内外圈温度差所带来的影响。

蜗杆轴系统通常运行温度较高,在较高温度下,润滑油内部的添加剂会加速塑料材质的老化,因此对于蜗杆轴系轴承选择的时候需要注意:当运行温度超过80℃的时候,如果轴承寿命要求较高(大于20000h)的时候,应尽量选取金属保持架的轴承。

二、蜗轮轴轴承配置

(一) 蜗轮轴轴系统承载特点

蜗轮轴工作的时候蜗轮上会传递较大的转矩,因此就需要蜗轮轴相应的具有较大的轴径,相应的轴承内径也会较大;另一方面,蜗轮轴具有较低的转速,所以对于较大内径的滚动轴承,通常轻系列的轴承就可以满足应用需求。

蜗轮轴上蜗轮的重量,蜗轮蜗杆啮合的径向力都是蜗轮轴系上承受的径向负荷。同时蜗轮蜗杆啮合产生的轴向负荷是蜗轮轴系统承载的轴向负荷。蜗轮齿上的轴向负荷同时对蜗轮轴系而言构成一个倾覆力矩,因此在轴承配置的时候需要加以考虑。

由于蜗轮轴工作时候转速较低,因此通常的淋溅润滑不能满足需求,因此需要采取一些相应的措施保证润滑的供给。比如在蜗轮上设计相应的刮油结构或者对轴承使

[一] 指在滚动轴承布置结构中最大。

用单独的脂润滑方式等都可以取得良好的效果。

多数情况下，蜗轮的表面齿廓为球面，要达到良好的啮合需要精确的轴向引导。即便是当啮合的轴向位置发生改变的时候，这一点也需要尽量得到保证。

（二）蜗轮轴典型轴承配置

1. 双深沟球轴承交叉定位结构

两个深沟球轴承交叉定位的布置方式适用于某些负荷不大的蜗轮轴轴系统中。如图 4-40 所示。

图 4-40 中两个深沟球轴承为交叉定位结构布置，分别对轴系的某个方向进行轴向定位，承担相应方向的轴向负荷；另外两个轴承共同承担轴系中的径向负荷。

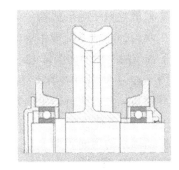

图 4-40　双深沟球轴承交叉定位结构

双深沟球轴承交叉定位结构的轴系统中，蜗轮的啮合和两个轴承的预负荷是通过轴承端盖进行调整的。一般地，当一个轴承端盖位置确定以后，可以根据这个定位蜗轮的啮合位置，然后再通过另一侧端盖位置调整对轴系中两个轴承预负荷的大小进行调整。

通常，蜗轮的温度不高，因此轴承应该通过上述调整保证其工作时处于 0 游隙的状态。

同时，为了在油液位较低的时候保证蜗轮蜗杆齿轮箱中轴承的润滑，通常轴承使用脂润滑，并且在轴承内侧施加密封以减少油脂的流失。

2. 双圆锥滚子轴承结构

当蜗轮上的负荷较重，两个深沟球轴承不能够承受的时候，可以考虑使用两个圆锥滚子轴承交叉定位结构，如图 4-41 所示。

双圆锥滚子轴承交叉定位结构的受力状态与双深沟球轴承交叉定位结构比较相似，但是由于圆锥滚子轴承内部是线接触，其轴向、径向负荷承载能力均大于深沟球轴承，因此这个轴承配置结构的轴系统可以承受较大的负荷。

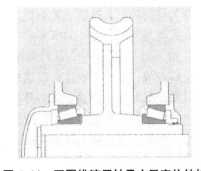

图 4-41　双圆锥滚子轴承交叉定位结构

图中使用了两个圆锥滚子轴承面对面的交叉定位结构。两个轴承共同承担轴系中的径向负荷，同时分别承担某一个方向的轴向负荷。

双圆锥滚子轴承的交叉定位结构在轴承安装的时候也需要对两个轴承的预负荷进行调整，以确保两个轴承在工作状态下处于最优的工作游隙之中。

对于圆锥滚子轴承轴向游隙（预负荷）的调整也是通过调整轴承端盖的方式实现的。由于圆锥滚子轴承负荷能力较强，如果其预负荷过大，则可能引起齿轮箱箱体的变形。因此使用这种结构的蜗轮蜗杆齿轮箱箱体必须有足够的强度，以确保可以实现轴承内部游隙的调整。否则轴承工作游隙不能得到保证，会影响轴承寿命，同时蜗轮与蜗杆的啮合位置也会受到影响。

3. 双圆柱滚子轴承结构

在蜗轮轴的轴承配置中有时候也会使用两个圆柱滚子轴承的结构，如图4-42所示。

图4-42中使用两个半定位型圆柱滚子轴承分别对轴系的某一个方向进行轴向定位，同时共同承担轴系上的径向负荷。

根据轴系的径向负荷大小，有时候这种结构也会采用满装滚子的圆柱滚子轴承。

这种结构中，蜗轮的径向引导不会受到轴系统轴向调整的影响，因此对啮合的调整变得简单。

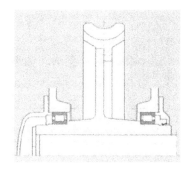

图4-42 双圆柱滚子轴承结构

另一个半定位型圆柱滚子轴承是通过滚子端面与挡边之间的接触实现轴向定位的，因此在轴向负荷下更容易出现磨损。因此对于这种情况需要保证润滑油在轴承工作时的黏度达到一定水平（$k>0.5$，关于k值的计算请参照本书润滑相关部分的内容），并且轴承负荷不应太高（$S_0>10$）。

4. 双列角接触球轴承加圆柱滚子轴承结构

蜗轮轴轴系中也可以根据工况采用定位端加非定位端的轴承布置结构。使用双列角接触球轴承作为定位端，圆柱滚子轴承作为非定位端的结构方式就是其中一种，如图4-43所示。

图4-43中使用一个双列角接触球轴承作为定位端轴承，这个轴承也可以通过两个单列角接触球轴承配对使用的方式进行替换。这个结构中定位端轴承对蜗轮进行轴向定位，并且定位端轴承在工作状态下实现0游隙（通过轴承选型得以实现）。

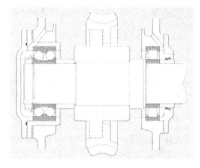

图4-43 双列角接触球轴承加圆柱滚子轴承结构

整个轴系的轴向膨胀在非定位端轴承通过圆柱滚子轴承得以释放。

（三）蜗轮轴轴承选择注意事项

蜗轮轴轴系的轴承配置根据其自身特定的运行条件，对轴承的选择也有相应的注意事项：

首先，蜗轮轴轴系需要对蜗轮的位置进行精确的轴向引导，因此就需要对两个指定点轴承的轴向预负荷（游隙）进行相应的调整，以确保工作时轴向游隙为 0。

另外，蜗轮轴轴系统运转速度很低，因此对轴承内部润滑油膜的形成不利。因此需要选择合适的润滑油黏度以确保其润滑性能。另外，当润滑油 $k<1$ 的时候，则需要使用极压添加剂以减少轴承磨损；当 $k<0.5$ 的时候应避免使用满装滚子轴承；当 $k<0.1$ 的时候，应该减少轴承负荷，尽量使 $S_0>10$。

第五节　行星齿轮箱中的轴承配置

行星齿轮箱几乎很少安装在底座上，其结构多数是圆筒形，或者法兰式安装。驱动设备通过联轴器与输入轴连接，这样的方式才可以保证输入太阳轮在行星轮间有很好的对中。行星齿轮的功率输出可以通过联轴器与外界设备连接。对于圆筒形行星齿轮箱，功率输出也可能通过中空轴连接外界设备输出功率。

行星齿轮箱中主要需要对轴承进行布置的轴系部件有太阳轮轴系、行星轮轴系、行星架。

一、太阳轮轴承配置

（一）太阳轮轴系承载特点

在行星齿轮箱中，太阳轮和几个行星轮啮合，同时将功率分散给行星轮。太阳轮结构通常是对称的，并且多数为直齿齿形，因此，理论上，在啮合传动的时候不同行星轮传递来的啮合力往往在圆周上相互抵消。

这种理论的受力状态和实际工况有一定的差异。因为太阳轮对行星轮功率的平均分配受到很多因素的影响，例如，从设计角度看，太阳轮的对中情况将影响功率分配；零部件制造精度也会影响功率分配；外界特定负荷也会对功率分配造成影响。

当齿轮箱负荷很重的时候，相关零部件将发生一定的变形，而这种变形使得功率分配不均程度变小；另一方面，随着现代加工制造水平的提高，太阳轮径向对中情况越来越得到保证。因此，由于负荷分布不均带来的支撑轴承受力变得很小，在轴承选型的时候甚至可以忽略不计。

由此可以看出，太阳轮轴系轴承的一个特点就是负荷轻。太阳轮轴系轴承承受很轻的负荷，如果转速较高的时候，容易出现最小负荷不足的情况。对于深沟球轴承的结构，往往对轴承施加一个轴向预负荷，以确保轴承在运转的时候达到滚动所需的最小负荷，避免由此带来的发热以及轴承损坏。轴承预负荷的添加，也有助于轴承实现更平稳的运行，降低噪声。

（二）太阳轮轴系典型轴承配置

1. 双深沟球轴承交叉定位结构

从太阳轮轴系统受力的特点可以知道，太阳轮轴承承受较小的负荷，因此选用深沟球轴承支撑往往可以满足负荷需要，同时深沟球轴承运转所需要的最小负荷相对较小，有利于避免最小负荷不足产生的问题。

双深沟球轴承交叉定位结构是太阳轮轴系统轴承布置中常用的一种结构，如图 4-44 所示。

图 4-44 中是一个输入轴轴承配置结构。其中，两个深沟球轴承交叉定位，对整个轴系统分别在一个方向上进行轴向定位，使其共同承受轴系中的径向负荷。

这个系统中，转矩通过齿式联轴器从输入轴传递到太阳轮。这种结构使得太阳轮可以通过一定的调整，保证负荷均匀的分布。

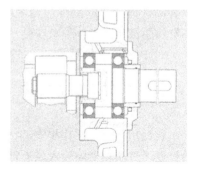

图 4-44　太阳轮双深沟球轴承交叉定位结构

在这个结构中，两个深沟球轴承交叉定位时可以通过轴承端盖的调整，实现两个轴承的轻度预负荷，从而减少了轴承最小负荷的问题，使轴承运行更加平稳，噪声更小。

2. 双深沟球轴承定位端加非定位端结构

在太阳轮中使用深沟球轴承进行布置的时候也可以采用定位端加非定位端的方式，如图 4-45 所示。

图 4-45 中使用两个深沟球轴承进行轴系支撑，一端轴承（左边）用作定位端布置，将轴承内圈和外圈在系统中进行固定，对轴系进行轴向固定，承受轴系统的轴向负荷，并且与另一端轴承一同

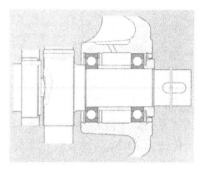

图 4-45　太阳轮双深沟球轴承定位端加非定位端结构

承担轴系统的径向负荷；另一端（右端）轴承内圈固定，外圈放开，用作非定位端轴承，与定位端轴承一起承受轴系统的径向负荷，不承担轴系统的轴向负荷。

同样为保证整个轴系统的轴承有足够的最小负荷以实现良好的滚动，在轴系统非固定端施加一个弹簧预负荷。这个预负荷使得两端轴承承载一个较小的轴向负荷，同时使轴承运行更平稳，同时在高速或者振动的工况下具有更好的运行表现。

（三）太阳轮轴系统轴承选择注意事项

太阳轮轴系统中轴承的受力和工作状态在轴承选型的时候需要被纳入考虑。

首先，太阳轮轴系统中轴承受力很小，因此不需要选择负荷承载能力很强的轴承，在选型的时候需要避免过度选型。这个结构中经常使用的轴承是深沟球轴承。

太阳轮轴系要求轴承运行时候噪声小，因此轴承内部工作游隙应该调整至 0。这个调整是通过施加轴向预负荷的方式实现的。通常使用弹簧对轴系统的轴承施加轴向负荷。预负荷大小的选择可以参照本书前面相关章节的介绍。

太阳轮一般较薄,受热的时候温度升高较快,而箱体具有更好的散热,因此在起动的时候轴承内外圈会有较大温度差,因此在选择深沟球轴承进行布置的时候,应该选择 C3 游隙的轴承。

二、行星轮轴承配置

(一)行星轮轴系承载特点

行星轮在运行的时候两边齿啮合产生相同方向的负荷,两个负荷的叠加是行星轮轴上的径向负荷;另一方面,行星轮运行的时候其离心力(零部件质量在径向加速度上的力)也会成为行星轮轴上的径向负荷。

由此可见,行星轮运行时轴系上负荷的最大特点是径向负荷特别大。因此在进行行星轮轴系轴承配置的时候需要选择径向负荷承载能力很强的轴承。

在行星轮轴系中,可以采用内置轴承式的布置方式,这种布置方式可以节省空间。内置式轴承布置中轴承外圈承受旋转负荷,轴承内圈承受固定方向负荷。因此轴承外圈通常采用干涉配合;轴承座必须具有足够的加工精度,以确保轴承的运转精度。轴承的运转精度直接影响着轴承内部的发热以及轴承保持架的受力,进而影响了轴承的运行表现及寿命。

行星轮轴系中轴承外圈旋转,同时承受很大的径向负荷,并且承受很大的离心力,这些因素使得轴承摩擦加剧,发热严重。因此在进行轴承布置和轴系设计的时候需要对润滑和冷却进行相应的设置,以降低摩擦和发热。

(二)行星轮轴系典型配置

1. 滚针轴承布置结构

滚针轴承具有细长的滚动体,可以在较小的轴径尺寸下承受较大的径向负荷,因此在行星轮中使用滚针轴承是一个非常节省空间的布置方式,如图 4-46 所示。

这种轴承布置结构具有空间小、成本低的优点,非常适用于小型行星齿轮箱中(轴间距小于 50mm)负荷轻、短时运行的工况,例如一些小的提升齿轮箱中。

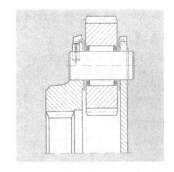

图 4-46 行星轮滚针轴承布置结构

图 4-46 中,行星齿轮轴和行星轮内孔表面被用作轴承滚道。因此,这些部分需要有足够的硬度和相应的精度要求(请参照本书公差配合部分内容)。

这个结构的行星轮通过安装在行星架上的垫片进行轴向定位,避免行星轮的翻转。

2. 双圆柱滚子轴承结构

圆柱滚子轴承是一种径向负荷承载能力很强的滚动轴承,因此也可以用在行星轮轴系统轴承中。图4-47是一个双圆柱滚子轴承在行星轮中的布置方式。

图4-47中是使用两个半定位型圆柱滚子轴承的配置方式，圆柱滚子轴承具有很强的径向负荷承载能力和精度，承担行星轮上较大的径向负荷。如果采用窗式保持架的圆柱滚子轴承，保持架具有很高的强度和抗挠曲能力，有利于轴承的运行。

这个结构中，两个轴承之间使用隔圈进行轴向固定；行星齿轮的轴向通过圆柱滚子轴承的挡边进行定位和引导。为避免轴承轴向卡死，两个轴承内圈隔圈的厚度应该比外圈隔圈的厚度多1mm。

使用两个单列圆柱滚子轴承的行星轮轴结构中，尽管两个轴承实际上是彼此直接相邻安装的，但是并不需要使用特殊的配对轴承或者配对加工。现代的加工方法可以保证标准轴承横断面尺寸（内孔、外圆直径以及内部游隙）之间的差异很小。当行星轮使用这些轴承的时候，这些很小的差异最多引起一个非常轻微的角度不对中量。这个很小的不对中量相对于其他零部件的变形量而言微不足道。因此，它对齿轮啮合以及轴承承载能力的影响也可以忽略不计。

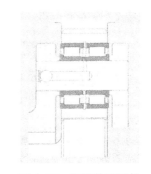

图4-47 行星轮双圆柱滚子轴承结构

3. 无外圈圆柱滚子轴承结构

行星齿轮中使用两个圆柱滚子轴承的结构中，在空间有限的情况下，则可以采用无外圈的圆柱滚子轴承结构，如图4-48所示。

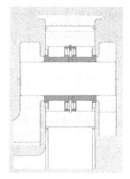

图4-48 行星轮无外圈圆柱滚子轴承结构

这个结构中两个圆柱滚子轴承省去了外圈，由行星轮孔内壁直接加工成轴承的内圈。因此行星轮孔内壁的加工尺寸应该符合轴承其他组件生产方的要求，具有一定的精度和硬度要求。本书公差配合部分也会给出一些建议。

使用无外圈圆柱滚子轴承的行星轮的轴向固定和引导是通过轴承内圈和外圈的挡环实现的。

4. 满装圆柱滚子轴承结构

满装圆柱滚子轴承比具有保持架的圆柱滚子轴承具有更强的径向负荷承载能力，因此行星齿轮中可以使用满装圆柱滚子轴承提高其径向负荷承载能力，如图4-49所示。

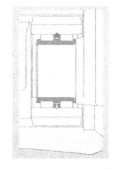

图4-49 行星齿轮双列满装圆柱滚子轴承结构

图4-49中所示是一个双列满装圆柱滚子轴承应用在行星轮中的结构。这个结构可以在有限的空间内，具有极强的径向负荷承载能力。

当然，由于使用了满装圆柱滚子轴承，轴承的发热将会较大，同时更容易被磨损。因此这个结构不适合用于具有很高加速度的场合。

使用满装圆柱滚子轴承的行星齿轮结构通常更适合被用在短时工作的情况下，并且非常适用于重载、振动负载的要求，其典型的应用就是车辆齿轮箱。

5. 调心滚子轴承结构

在行星轮中使用调心滚子轴承有助于齿轮运行时候的啮合调整，如图4-50所示。

这个结构中的调心滚子轴承的应用使得运行时行星轮可以对啮合进行调整。当行星轮支架受载变形的时候，悬臂行星轮轴会出现不对中，因此将会影响齿轮啮合。与刚性的轴承配置相比，调心滚子轴承允许行星轮在此时做出一定的调整，适应不对中，改善啮合。

这种结构的不对中调整特点在高速工况下十分有益，此时由于齿间接触变形小，相应的齿应力也较小，齿轮啮合状态将会得到改善。

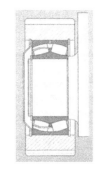

图4-50　行星轮调心滚子轴承结构

对于行星齿轮宽度较大，行星轮轴长度较长的设计而言，更容易出现受力时候的不对中，此时也适合采用调心滚子轴承结构。

与刚性结构布置中使用两个或者更多轴承的结构相比，单列调心滚子轴承的承载能力不占优势，但另一方面，调心滚子轴承在负荷状态下，其内部可以对负荷在两列滚子上做均匀分布，这个特性优于两个单列刚性支撑的轴承。

（三）行星轮轴承选择注意事项

行星轮轴承承受很重的径向负荷，因此通常在行星轮轴承选择的时候使用滚子轴承的类型。

1）当使用滚子轴承的时候，如果润滑油黏度不能满足润滑需求的时候（$k<1$），则需要在润滑油中添加极压添加剂；

2）当润滑剂 $k<0.5$ 的时候，应选用带保持架的轴承，避免使用满装滚子轴承；

3）当润滑剂 $k<0.1$ 的时候，应该减小轴承负荷，尽量使 $S_0>10$。

行星轮运转时候的径向加速度使得其在太阳轮旋转方向的径向上存在移动趋势。因此在轴承选型的时候需要注意轴承保持架在离心力作用下的强度。同时在计算轴承寿命的时候，也需要将保持架的强度纳入考虑。

行星轮运行的时候，轴承外圈旋转，外圈的精度以及离心力的作用会增大轴承的摩擦，因此需要改善轴承的润滑以及冷却。通常可以使用热稳定性好的润滑油。

同时，当齿轮箱需要连续或者高频率的运行在高温条件下（>80℃），且要求轴承寿命大于20000h的时候，应该选用金属保持架的轴承。

行星齿轮啮合的时候两侧齿的啮合会带来行星轮的变形。对于薄壁行星轮（壁厚

<3倍模数）而言，这个变形需要被纳入考虑。使用有限元的方法可以对轴承内部负载区张紧部分的情况进行估计。

三、行星架布置及轴承选用

（一）行星架的作用及承载特点

行星架的作用是将行星轮分隔在太阳轮周围。从结构和作用上可以将其类比为轴承的保持架结构。通过行星架的引导，行星轮分布在太阳轮相应的位置，帮助太阳轮将负荷均匀地分布到行星轮上，同时行星架自身的对中是通过由它引导的几个行星轮的啮合实现的。

在一些情况下，行星架有可能不需要轴承进行支撑：

1）行星架不需要对输出轴提供支撑，因此不承担负荷的情形；

2）行星架的重量与负荷相比可以忽略不计。

（二）行星架结构配置

1. 无轴承支撑的行星架

图4-51中所示的行星齿轮箱结构中，高速轴的行星架没有依靠轴承进行支撑和定位，是一个无支撑的行星架结构。

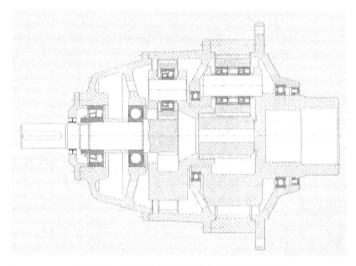

图4-51　行星齿轮箱轴承布置结构示意1

这个结构中，高速端的行星架通过高速端的行星轮以及用以支撑太阳轮的空心轴空间进行自对中。这种对中需要在制造过程中有足够的加工精度。

2. 深沟球轴承支撑的行星架

在图4-52中，低速端的行星架是通过两个深沟球轴承进行支撑的。两个深沟球轴承通过交叉定位的方式布置在行星架上。两个轴承承受支撑转矩带来的反力以及齿轮箱的重力。这些负荷一般而言不会很大，因此深沟球轴承可以承担。

3. 圆柱滚子轴承支撑的行星架

图 4-52 的行星齿轮箱结构中，使用两个满装圆柱滚子轴承在低速行星齿轮架上进行支撑。

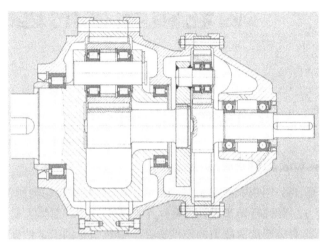

图 4-52　行星齿轮箱轴承布置结构示意 2

满装圆柱滚子轴承具有很强的径向负荷承载能力，但是其转速不高，因此将这个轴承布置在低速输出轴行星架上使得这个齿轮箱可以承受较大的径向负荷。

（三）行星架轴系配置注意事项

行星架在输出轴上如果通过轴承进行支撑，那么这个轴承就需要承担由外界传递来的附加负荷。同时行星架齿轮的转速很低，因此必须注意保证轴承润滑。针对不同 k 值下的注意事项与前面其他轴承配置时的原则一致。

第五章
齿轮箱轴承的选型计算

第一节　齿轮箱轴承选型计算的目的、方法和流程

一、齿轮箱轴承选型计算的主要目的

第4章齿轮箱设计中的齿轮箱轴系统轴承配置工作是对齿轮箱所使用的轴承类型、轴系中的布置方法等进行初步设计。在这个初步设计中，总体上是对齿轮箱轴承进行定性的选择，其中包括负荷能力的定性选择、发热情况的定性估计、轴承游隙与预负荷的估计等内容。

当完成齿轮箱轴承系统布置的定性设计之后，进一步工作的就是对定性的选择进行定量的校核、计算和判断。通过这些定量的分析，才可以确定前面定性的设计是否正确可行。如果存在问题，则需要重返轴承系统布置的设计工作，进行调整。最终得到一个定量可靠的轴承选型结果。因此，齿轮箱轴承选型计算的目的是针对齿轮箱轴承的选型进行定量设计，从而更确切的保证总体设计选型的正确性。

齿轮箱轴承的校核计算是在理论计算的基础上验证前期设计的正确性。在完成这部分设计工作之后，并纳入对公差配合的选择考虑之后，可以认为齿轮箱轴承的书面设计选型工作基本完成。但是这并不意味着齿轮箱轴承的设计工作全部完成，因为后续还有安装、实验验证工作，这些工作是对整个设计的验证，日常工作中也往往存在许多修正。

对齿轮箱轴承的校核计算是对选型的定量分析，这些定量分析工作除了在齿轮箱设计阶段校核设计以外，在齿轮箱应用以及故障分析工作中还起到选型校核和应用工况校核的作用。这是因为：首先，齿轮箱的使用者已从用户那里知道齿轮箱应用工况，根据这些工况信息对齿轮箱进行选型。当实际工况发生变化的时候，这些工况有可能影响到轴承的承载和寿命。工程师首先针对齿轮箱使用工况等校核齿轮箱本身的选型是否恰当。但是如果深入到对轴承的分析，就需要知道轴承在这种工况下的受载以及运行情况。此时就需要用到齿轮箱轴承的校核计算知识；另一方面，对于既定的齿轮箱设计，其内部的轴承选型已经确定。将齿轮箱轴承选型计算方法进行反向的应用，可以从对轴承的寿命要求出发推知齿轮箱的极限承载限值。根据这个工况限值与实际

工况受载进行对比，便可以对齿轮箱承载工况条件进行校核。

总而言之，齿轮箱轴承选型校核计算的作用和目的包括：

1）在设计阶段，通过定量计算对轴承的选型进行校核，并确定轴承型号；

2）在应用阶段，通过实际工况下轴承的校核计算，确定轴承选型是否恰当；同时可以根据既定齿轮箱设计对其使用工况条件进行反向校核计算，以确定齿轮箱应该承受的工作条件边界。

二、齿轮箱轴承选型计算的主要内容

齿轮箱轴承选型计算作为齿轮箱设计工作中对轴承的定量计算环节，首先是要确定轴承的大小。轴承大小的选择首先受到齿轮箱系统的空间限制，轴承尺寸的选择需要在这个限值范围内进行。这些限值是从齿轮箱设计中得出来的，对于轴承选型而言是一个给定的边界条件，本书不做讨论。

在前面章节中，我们由相关的介绍可以知道如果轴系中轴承选择过小，轴承不能承受给定负荷并达到预期寿命；如果轴系中轴承选择过大，轴承在承受负荷的时候也许不能达到形成内部滚动的最小负荷，从而发生滑动摩擦、发热等现象，严重影响轴承的使用和寿命。

上面提及的"过大"或者"过小"指的是轴承的负荷承载能力，由于轴承的负荷承载能力往往与轴承的尺寸密切相关，有时候我们也会大致理解成轴承尺寸选择。因此，事实上关于轴承尺寸校核的过程中需要考虑轴承尺寸选择的最大值和最小值，是轴承负荷承载能力的上限选择和下限选择。

轴承大小选择的下限值是指轴承要达到预期寿命所必须具备的最小负荷承载能力。针对所需要最小负荷承载能力的校核计算，在一般的旋转条件中是通过轴承额定寿命计算进行的。在工程实际中往往对轴承寿命计算存在一些误解，把这个计算当作"算命"计算，事实上这是不恰当的，准确的理解应该是对工况所需轴承最小承载能力的校核。具体的分析请参考本书轴承寿命校核计算相关内容。

轴承负荷承载能力下限的计算对于振动负荷、低速负荷的工况下，一般是通过轴承安全系数校核计算来进行的。

轴承的负荷承载能力上限值是指轴承能够达成稳定运转所需要的最小负荷是否超过给定工况的负荷条件。换言之，如果轴承负荷承载能力过强，其达成稳定运行所需要的最小负荷超出了工况负荷条件，那么轴承将出现问题。所以轴承负荷承载能力的选择不能过强，这也就构成了轴承负荷承载能力选择的上限。本书主要针对滚动轴承进行阐述，对滚动轴承最小负荷的计算是对轴承负荷承载能力上限校核的方法。其原则是所选轴承的最小负荷不应大于实际工况可以给出的负荷。

通过轴承负荷承载能力上限和下限的选择，可以对完成对轴承负荷承载能力大小的选择校核。

在轴承选型过程中，除了考虑轴承类型、大小的选择，还需要对轴承的游隙进行选择。在轴承游隙选择的部分，我们介绍了轴承的工作游隙是轴承初始游隙减去由于温度变化带来的游隙减小量，再减去由于安装配合原因带来的游隙减小量所得的值。轴承的游隙选择就是确保所选择轴承的工作游隙落入最合理的范围之内（参照前面游隙相关内容）。

要对轴承游隙进行校核计算就需要对轴承内外圈温度进行考虑。这里就必须对轴承的摩擦和冷却进行相应的计算才能得到相应的数据。

因此对轴承选型校核计算的过程中，另一个重要的方面就是轴承摩擦发热、冷却的计算，以及轴承游隙的计算。

对于轴向承载的轴承，齿轮箱在装配的时候往往会对轴承进行预负荷的调整。预负荷就是负游隙。预负荷的调整是为了达成轴承最好工作游隙的前提条件，因此，轴承预负荷的计算也应该是轴承选型计算中的一个重要组成部分。

由此我们知道，轴承选型计算主要包含以下几方面内容，这也是本章介绍的顺序：

1）齿轮箱轴承的额定寿命计算；
2）齿轮箱轴承的安全系数校核计算；
3）齿轮箱轴承的最小负荷计算；
4）齿轮箱轴承的摩擦及冷却计算；
5）齿轮箱轴承的游隙计算；
6）齿轮箱中轴承的预负荷计算。

三、齿轮箱轴承选型计算的方法和流程

对齿轮箱轴承选型进行校核计算主要是校核齿轮箱在承受一定负荷的状态下轴承的各个参数。对应于每一个具体的轴承而言，就是计算每一个轴承在这个工况下是怎样的运行预期（计算结果）。齿轮箱轴承校核计算的大致方法和流程如图5-1所示。

要对每一个轴承进行负荷状态下的校核计算首先要确定每一个轴承的受力状态。因此对轴承选型计算的第一步是确定轴承的受力。轴承是安装在齿轮箱轴系统中，因此对轴承的受力就需要通过轴系受力进行分析和计算，这也是图中的第一个步骤。本章第二节展开相应的介绍。

完成外部受力计算之后，根据前面进行的轴承布置结构，对每一个轴承的受力进行计算。同时根据前面布置时候的轴承类型选择，同时参照齿轮箱的空间限制，对轴承型号进行初步选定。

针对初选的轴承而言，当清楚每一个轴承在既定工况下的受力状态时，才可以对轴承负载能力的上限和下限进行计算。具体就是寿命计算和最小负荷计算。

轴承的寿命计算是一个额定动负荷与当量负荷的比较计算。要进行这个计算必须先进行当量负荷的核算。第三节将具体阐述。

第五章 齿轮箱轴承的选型计算

得到轴承的当量负荷就可以展开轴承的寿命计算，从而对轴承负荷承载能力的下限进行校核。实际工况中，可以通过一些修正系数，使得调整寿命计算的结果贴近实际轴承运行寿命。这些内容在本章第四节展开介绍。

同样，在得到轴承具体受力状态下，针对初选的轴承，可以对轴承的摩擦发热、冷却以及游隙进行校核；对轴承的预负荷进行校核计算。同时对于一些齿轮箱类型还需要一些单独的校核计算，比如对行星齿轮箱轴承需用平均加速度的计算等。这些计算和轴承负荷承载能力校核是可以平行进行的。

另一方面，虽然不同方面的轴承校核计算有可能平行进行，但是最终对轴承选型计算的判定中应该使所有计算都能满足要求，否则所校核的轴承将无法达成预期运行效果。因此，图 5-1 中最终选型计算完成步骤之前几个校核结果之间应该是"与"的关系，而非"或"的关系。

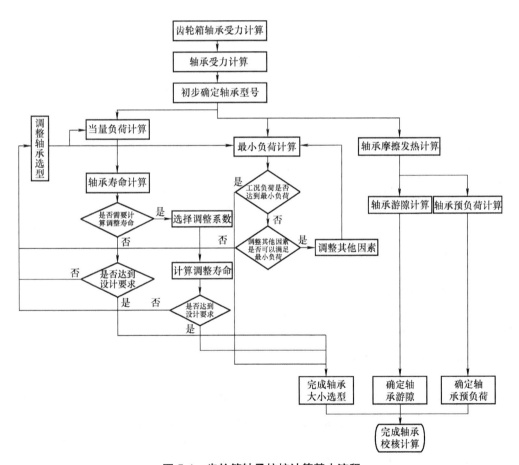

图 5-1　齿轮箱轴承校核计算基本流程

第二节　齿轮箱轴承受力计算

一、轴系统受力计算

对齿轮箱轴承校核计算之前必须明确得知轴承在轴系统中工作的时候所承受的负荷大小。在轴系统中，轴承受力来自于轴系统本身承受的负荷，也就是轴承系统的受力。

一般对齿轮箱轴系统而言，主要的外力来自于如下几个方面：
1）齿轮啮合力带来的轴系统负荷；
2）行星齿轮箱中的离心力；
3）联轴器或者叶轮带来的外界负荷；
4）带轮带来的外界负荷；
5）轴、齿轮的重力。

一般工程实际中对轴系统受力的计算可以采用相对简单的方法进行手工计算。这种计算方法几乎不考虑轴系统的挠性变形、齿轮的变形、轴承的变形、轴承室的变形、轴承内部的负荷分布等因素。对于一般的工程设计、选型、应用计算而言，这种计算的准确度足以满足要求，并且计算简单，是工程实际中应用最广泛的方法。本书着重介绍相应的手工计算方法。

除了手工计算的方法之外，工程师还可以使用有限元计算的方法进行仿真，将手工计算没有纳入考虑的因素加入计算之中。这种仿真计算的方法对于一些工程要求高的场景比较适用。但是一方面，由于计算复杂，边界条件要求多，计算中需要进行一定的假设，使得计算变得相对复杂，通常只能通过计算机完成；另一方面，对边界条件的设定，以及一些参数的假设对计算结果有较大的影响，对于不熟练的工程师而言，往往很难得到准确的仿真计算结果。这种复杂的高级计算方法本书中不做详细阐述。

（一）齿轮啮合力

齿轮箱在运行的时候是通过齿轮啮合传递功率的，齿轮的啮合力直接受到所需要传递功率的影响。由于齿轮的啮合力是后续很多计算的基础，因此对于齿轮啮合力的计算应该尽量做到准确，有时候除了计算以外还需要通过实验或者经验等方式进行确定。

当齿轮箱投入运行之后，外界负载有可能传递来一些振动，这也将影响齿轮的啮合；另一方面，由于生产制造的误差，齿轮啮合不可能做到完美。因此由于啮合偏差带来的额外负荷也需要进行考虑。为简化起见，在对轴承进行校核计算的时候将这些因素纳入安全系数的考虑。或者在校核计算的时候，除了对正常工况进行校核计算以外，也对最严酷工况进行校核计算。

对于一般的圆柱齿轮、圆锥齿轮以及新型齿轮而言，一般在计算的时候忽略齿间摩擦力。通常只对于蜗轮蜗杆啮合、双曲面齿轮啮合的计算中考虑齿间摩擦力，因为这些齿轮啮合的时候齿间摩擦力占有较大的比例。

本书为描述方便起见，后续的叙述中将输入端用下角标 1 标识；对输出端用下角标 2 标识。

圆柱齿轮、圆锥齿轮以及行星齿轮简单的啮合力如图 5-2 所示。

图 5-2 中，K 为齿轮啮合力；K_t 为啮合力相对于齿轮平面的切向分量；K_r 为啮合里的径向分量；K_a 为啮合力的轴向分量；r 为齿轮节圆半径。

齿轮啮合的切向力与传动的转矩有关，可以通过下式（5-1）进行计算：

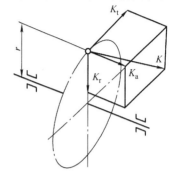

图 5-2 齿轮啮合力示意图

$$K_t = \frac{T}{r} \tag{5-1}$$

式中　T——转矩（N·mm）；
　　　r——齿轮节圆半径（mm）；
　　　K_t——切向力（N）。

而转矩与功率有如下关系：

$$T = 95500 \times 10^6 \frac{P}{n} \tag{5-2}$$

式中　P——齿轮传动功率（kW）；
　　　n——齿轮转速（r/min）。

圆柱齿轮、圆锥齿轮的传动比：

$$\frac{n_1}{n_2} = \frac{r_2}{r_1} = \frac{Z_2}{Z_1} \tag{5-3}$$

式中　Z——齿轮齿数。

数字下角标如前面约定所述。

一般通过齿轮啮合切向力，根据相应的几何关系可以得到齿轮啮合时的径向力和轴向力。我们根据不同的齿轮类型分类介绍

1. 圆柱齿轮

对于直齿圆柱齿轮而言，其啮合受力如图 5-3 所示。

其中由啮合力产生的轴向分量为 0，因此其轴

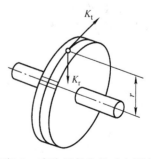

图 5-3 直齿圆柱齿轮啮合受力

向力为零；其轴向力、径向力如下式可得：

$$K_a = 0 \quad (5\text{-}4)$$

$$K_r = K_t \tan\alpha \quad (5\text{-}5)$$

式中　α——啮合角（°）。

螺旋齿圆柱齿轮啮合受力如图5-4所示。

螺旋齿圆柱齿轮啮合而产生的轴向力、径向力如下式可得：

$$K_a = K_t \tan\beta \quad (5\text{-}6)$$

$$K_r = K_t \frac{\tan\alpha}{\cos\beta} \quad (5\text{-}7)$$

式中　β——螺旋角（°）。

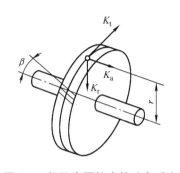

图5-4　螺旋齿圆柱齿轮啮合受力

2. 圆锥齿轮

直齿圆锥齿轮啮合受力如图5-5所示。

对于主动齿轮：

$$K_{a_1} = K_t \tan\alpha \sin\delta_1 \quad (5\text{-}8)$$

$$K_{r_1} = K_t \tan\alpha \cos\delta_1 \quad (5\text{-}9)$$

式中　δ——分锥角（°）。

对于从动齿轮：

$$K_{a_1} = K_t \tan\alpha \sin\delta_2 \quad (5\text{-}10)$$

$$K_{r_1} = K_t \tan\alpha \cos\delta_2 \quad (5\text{-}11)$$

螺旋齿、圆弧线圆锥齿轮内核受力如图5-6所示。

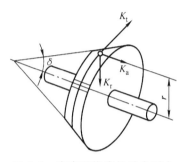

图5-5　直齿圆锥齿轮啮合受力

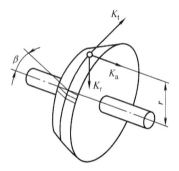

图5-6　螺旋齿、圆弧线圆锥齿轮啮合受力

对于主动齿轮：

齿轮旋向与转动方向相反的时候，如图5-7所示。

图5-7　主动齿轮选线关于转动方向相反的情况

此时轴上轴向力和径向力：

$$K_{a_1} = \frac{K_t}{\cos\beta}(-\sin\beta\cos\delta_1 + \tan\alpha\sin\delta_1) \quad (5-12)$$

$$K_{r_1} = \frac{K_t}{\cos\beta}(\sin\beta\sin\delta_1 + \tan\alpha\cos\delta_1) \quad (5-13)$$

齿轮旋向与转向相同的时候，如图 5-8 所示。

图 5-8　主动齿轮旋向与转向相同的情况

此时轴上轴向力和径向力：

$$K_{a_1} = \frac{K_t}{\cos\beta}(\sin\beta\cos\delta_1 + \tan\alpha\sin\delta_1) \quad (5-14)$$

$$K_{r_1} = \frac{K_t}{\cos\beta}(-\sin\beta\sin\delta_1 + \tan\alpha\cos\delta_1) \quad (5-15)$$

对于从动齿轮：

齿轮旋向与转向相反的时候，如图 5-9 所示。

图 5-9　从动齿轮旋向与转向相反的情况

此时轴上轴向力和径向力：

$$K_{a_2} = \frac{K_t}{\cos\beta}(\sin\beta\cos\delta_2 + \tan\alpha\sin\delta_2) \quad (5-16)$$

$$K_{r_2} = \frac{K_t}{\cos\beta}(-\sin\beta\sin\delta_2 + \tan\alpha\cos\delta_2) \quad (5-17)$$

齿轮旋向与转向相同的时候，如图 5-10 所示。

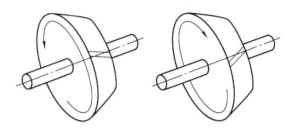

图 5-10　从动齿轮旋向与转向相同的情况

此时轴上轴向力和径向力：

$$K_{a_2} = \frac{K_t}{\cos\beta}(-\sin\beta\cos\delta_2 + \tan\alpha\sin\delta_2) \quad (5\text{-}18)$$

$$K_{r_2} = \frac{K_t}{\cos\beta}(\sin\beta\sin\delta_2 + \tan\alpha\cos\delta_2) \quad (5\text{-}19)$$

当两个齿轮轴线成直角的时候：

$$K_{a_2} = K_{r_1} \quad (5\text{-}20)$$

$$K_{r_2} = K_{a_1} \quad (5\text{-}21)$$

对于直齿圆锥齿轮，径向力 K_r 与轴向力 K_a 的作用方向与图 5-5 相同；对于螺旋齿圆锥齿轮，径向负荷 K_r 与轴向负荷 K_a 的方向根据啮合角、螺旋角、分锥角的不同，有可能出现相反方向的情况，此时轴向、径向负荷为负值。

3. 准双曲面齿轮（偏散齿齿轮）

准双曲面齿轮如图 5-11 所示。

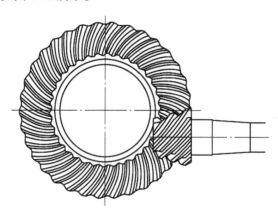

图 5-11　准双曲面齿轮（偏散齿齿轮）

图 5-11 中可见，这种齿轮结构中两个齿轮轴线并不在同一个平面上。此时，主齿轮的倾斜角度 β_1 与从齿轮的倾斜角 β_2 不相等。与圆柱齿轮以及圆锥齿轮不同的是，此时两个齿轮的切向力方向并不一致。

对于双曲面齿轮而言，其传动比为

$$\frac{n_1}{n_2} = \frac{r_2}{r_1} \times \frac{\cos\beta_2}{\cos\beta_1} = \frac{Z_2}{Z_1} \qquad (5\text{-}22)$$

当 $\cos\beta_2/\cos\beta_1 > 1$ 时，如果传动比和大齿轮给定的情况下，小齿轮的节圆半径要大于相同情况下圆锥齿轮的情形。

作用在小齿轮上的切向力为

$$K_{t_1} = \frac{T_1}{r_1} \qquad (5\text{-}23)$$

齿轮齿廓方向上的啮合力为

$$K = \frac{K_{t_1}}{\cos\alpha\cos\beta_1 + \mu\sin\beta_1} \qquad (5\text{-}24)$$

式中　μ——双曲面齿轮齿廓摩擦系数。

大齿轮切向力为

$$K_{t_1} = K(\cos\alpha\cos\beta_2 + \mu\sin\beta_2) \qquad (5\text{-}25)$$

齿轮的径向力和轴向力可以按如下方法计算：

对于主动齿轮：

齿轮旋向与转向相反的时候，如图 5-7 所示。此时轴上轴向力和径向力：

$$K_{a_1} = K(-\cos\alpha\sin\beta_1\cos\delta_1 + \sin\alpha\sin\delta_1 + \mu\cos\beta_1\cos\delta_1) \qquad (5\text{-}26)$$

$$K_{r_1} = K(\cos\alpha\sin\beta_1\sin\delta_1 + \sin\alpha\cos\delta_1 - \mu\cos\beta_1\sin\delta_1) \qquad (5\text{-}27)$$

齿轮旋向与转向相同的时候，如图 5-8 所示。此时轴上轴向力和径向力：

$$K_{a_1} = K(\cos\alpha\sin\beta_1\cos\delta_1 + \sin\alpha\sin\delta_1 - \mu\cos\beta_1\cos\delta_1) \qquad (5\text{-}28)$$

$$K_{r_1} = K(-\cos\alpha\sin\beta_1\sin\delta_1 + \sin\alpha\cos\delta_1 + \mu\cos\beta_1\sin\delta_1) \qquad (5\text{-}29)$$

对于从动齿轮：

齿轮旋向与转向相反的时候，如图 5-9 所示。此时轴上轴向力和径向力：

$$K_{a_2} = K(\cos\alpha\sin\beta_2\cos\delta_2 + \sin\alpha\sin\delta_2 - \mu\cos\beta_2\cos\delta_2) \qquad (5\text{-}30)$$

$$K_{r_2} = K(-\cos\alpha\sin\beta_2\sin\delta_2 + \sin\alpha\cos\delta_2 + \mu\cos\beta_2\sin\delta_2) \qquad (5\text{-}31)$$

齿轮旋向与转向相同的时候,如图 5-10 所示。此时轴上轴向力和径向力:

$$K_{a_2} = K\left(-\cos\alpha\sin\beta_2\cos\delta_2 + \sin\alpha\sin\delta_2 + \mu\cos\beta_2\cos\delta_2\right) \quad (5\text{-}32)$$

$$K_{r_2} = K\left(\cos\alpha\sin\beta_2\sin\delta_2 + \sin\alpha\cos\delta_2 - \mu\cos\beta_2\sin\delta_2\right) \quad (5\text{-}33)$$

4. 蜗轮蜗杆传动

在计算蜗轮蜗杆传动的时候,一般使用节圆角 γ(又叫升角)来代替螺旋角 β。节圆角可以计算如下:

$$\gamma = 90° - \beta \quad (5\text{-}34)$$

式中 γ——导程角(°);
　　β——螺旋角(°)。

升角也可以计算如下:

$$\gamma = \arctan\frac{h}{2\pi r_1} \quad (5\text{-}35)$$

式中 h——导程(mm);
　　r_1——蜗杆节圆半径(mm)。

为叙述方便,后面用角标 1 代表蜗杆;用角标 2 代表蜗轮。蜗轮蜗杆啮合传动受力见图 5-12。

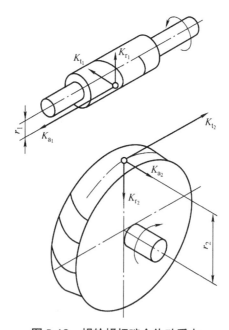

图 5-12 蜗轮蜗杆啮合传动受力

蜗杆切向力：

$$K_{t_1} = \frac{T_1}{r_1} \tag{5-36}$$

蜗杆轴向力：

$$K_{a_1} = K_{t_1} \frac{\cos\alpha\cos\gamma - \mu\sin\gamma}{\cos\alpha\sin\gamma + \mu\cos\gamma}$$

$$= K_{t_1}\eta\cot\gamma \tag{5-37}$$

式中　η——齿轮啮合效率。

蜗杆径向力：

$$K_{r_1} = K_{t_1} \frac{\sin\alpha}{\cos\alpha\sin\gamma + \mu\cos\gamma}$$

$$= \frac{\tan\alpha}{\sin\gamma}\left[\sin^2\gamma(1-\eta) + \eta\right] \tag{5-38}$$

对于蜗轮蜗杆啮合而言，蜗轮受力取决于蜗杆受力，因此蜗轮的切向力、轴向力、径向力可以由下式计算：

$$K_{t_2} = K_{a_1} \tag{5-39}$$

$$K_{a_2} = K_{t_1} \tag{5-40}$$

$$K_{r_2} = K_{r_1} \tag{5-41}$$

蜗轮蜗杆的减速比：

$$\frac{n_1}{n_2} = \frac{Z_2}{Z_1} \tag{5-42}$$

式中　Z_1——蜗杆头数；

Z_2——蜗轮齿数。

5. 行星齿轮传动

对于平行轴啮合行星齿轮传动，这里给出啮合受力计算的一般方法。行星齿轮传动如图 5-13 所示。

首先计算基本传动比 u（对于简单单元啮合而言）。u 指的是空心轮和行星轮啮合节圆半径 R 与太阳轮和行星轮啮合节圆半径 r 之比。半径 s 有时候不等于 R 与 r 的算术平均值。

如图 5-13 所示，其中类型 1~3 与简单单元的传动是等效的。后面给出的方法可以适用于图中所有类型的行星齿轮传动。

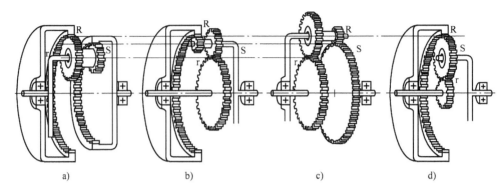

图 5-13 行星齿轮构造示意

a) 类型 1　b) 类型 2　c) 类型 3　d) 简单单元

应该值得注意的是，计算中为求得 u，将 R、s、r 代入公式中的值是与作用在假设的双轴行星齿轮的三部分轴相对应的。实际齿轮箱中，R 不总是空心轴半径；s 不总是行星轮半径；r 不总是太阳轮半径。

行星齿轮的传动比：

$$u = \frac{R(s-r)}{(R-s)r} \tag{5-43}$$

式中　R——空心轮与行星轮啮合节圆半径；

　　　r——太阳轮与行星轮啮合节圆半径；

　　　s——行星轮公转半径（简单单元）。

对于简单单元啮合而言有：

$$s - r = R - s \tag{5-44}$$

因此有：

$$u = \frac{R}{r} \tag{5-45}$$

三个轮的转速关系：

$$n_r = (u+1)n_s - un_R \tag{5-46}$$

$$n_R = \frac{(u+1)n_s - n_r}{u} \tag{5-47}$$

$$n_s = \frac{n_r + un_R}{u+1} \tag{5-48}$$

行星轮自转速度：
1）对于简单单元而言。

$$n_{pl} = (n_r - n_s)\frac{R}{R-s} \quad (5\text{-}49)$$

$$= (n_s - n_r)\frac{r}{s-r} \quad (5\text{-}50)$$

$$= (n_R - n_s)\frac{1}{\dfrac{s-r}{r}+\dfrac{R-s}{R}} \quad (5\text{-}51)$$

式中 n_{pl}——行星轮自转转速。
2）对于双行星传动。
类型1：

$$n_{pl} = (n_R - n_r)\frac{R}{R-r} \quad (5\text{-}52)$$

$$= (n_s - n_r)\frac{s}{s-r} \quad (5\text{-}53)$$

类型2：

$$n_{pl} = (n_R - n_s)\frac{R}{R-s} \quad (5\text{-}54)$$

$$= (n_s - n_r)\frac{r}{r-s} \quad (5\text{-}55)$$

类型3：

$$n_{pl} = (n_R - n_r)\frac{r}{R-r} \quad (5\text{-}56)$$

$$= (n_s - n_r)\frac{s}{R-s} \quad (5\text{-}57)$$

转矩：

$$T_s = T_r + T_R \quad (5\text{-}58)$$

$$= (u+1)T_r \quad (5\text{-}59)$$

$$= \left(\frac{1}{u}+1\right)T_R \quad (5\text{-}60)$$

式中 T_s——行星轮转矩（N·mm）；
T_r——太阳轮转矩（N·mm）；
T_R——空心轮转矩（N·mm）。

$$T_r = \frac{1}{u}T_R = \frac{1}{u+1}T_s \quad (5\text{-}61)$$

$$T_R = uT_r = \frac{u}{u+1}T_s \quad (5\text{-}62)$$

由此，齿轮上的轴向力：

$$K_t = \frac{T_r}{rZ_{pl}} \quad (5\text{-}63)$$

式中 Z_{pl}——行星轮的个数。

对于直齿齿轮而言：

$$K_a = 0 \quad (5\text{-}64)$$

$$K_r = K_t \tan\alpha \quad (5\text{-}65)$$

对于螺旋齿齿轮而言：

$$K_a = \tan\beta \quad (5\text{-}66)$$

$$K_r = K_t \frac{\tan\alpha}{\cos\beta} \quad (5\text{-}67)$$

（二）离心力

在行星齿轮箱中，当行星轮公转的时候，会产生相应的离心力。随着转速的增加，这个离心力也会变大。因此，在高转速的时候，这个离心力在计算轴承受力的时候必须纳入考虑。

对于行星轮而言，其离心力可以由下式求得：

$$F = mr_s\omega^2 \quad (5\text{-}68)$$

式中 F——离心力（N）；
m——行星轮质量（kg）；
r_s——行星轮公转半径（m）；
ω——行星架角速度（rad/s）。

（三）联轴器及叶轮传动轴受力

当使用联轴器连接齿轮箱与外界设备的时候，理想状态下，联轴器除了自身重力以外，不会对两端轴产生额外的负荷。但是现实工况中，受到加工误差、对中安装误差、轴的挠曲变形等因素的影响，联轴器连接的轴之间会产生一定的受力。但是一般情况在工程实际的对中保障下，这个力与齿轮轴上的啮合力以及其他负荷相比就可以忽略不计。但是此时联轴器的重量应该计入径向负荷。

对于叶轮传动轴连接而言，在工作状态下传递扭矩的时就会产生相应的负荷，而这种负荷随着轴的旋转周期性出现。如图 5-14 所示。

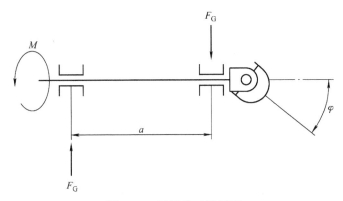

图 5-14　叶轮传动轴示意

图 5-14 中两个轴承支撑的轴系中，周期性出现的最大径向负荷可由下式计算：

$$F_{Gmax} = \frac{T}{a}\tan\varphi \quad (5\text{-}69)$$

式中　F_{Gmax}——周期性负荷最大值（N）；
　　　T——转矩（N·mm）；
　　　a——两轴承间距（mm）；
　　　φ——两轴连接处夹角（°）。

由于这是一个周期性出现的交变力，计算中如果假设两个轴承仅承受轴连接产生的力，则可以用如下公式估计平均受力值：

$$F_m = 0.75 F_{Gmax} \quad (5\text{-}70)$$

式中　F_m——平均受力（N）。

如果两端轴承还承受其他力的时候，可以用如下公式估计轴上的平均力：

$$F_m = \frac{1}{3}F_{min} + \frac{2}{3}F_{max} \quad (5\text{-}71)$$

式中　F_{min}——负荷最小值，即除轴连接力以外，其他作用在轴上的力（N）；
　　　F_{max}——负荷最大值，即包括轴连接力在内，所有作用在轴上的力（N）。

这样的轴连接中由于两轴之间连接角度的变化，会对叶轮轴的长度产生影响，因

此会产生一个轴向力,可由下式求得:

$$F_a = \frac{T}{r_m} \mu \cos\varphi \tag{5-72}$$

式中　T——传递的转矩（N·mm）；

　　　r_m——相对滑动表面平均半径（mm）；

　　　μ——相对滑动表面摩擦系数；

　　　φ——两轴连接的夹角（°）。

这个轴向力当夹角变化的时候阶段性出现。在计算轴承寿命的时候,应该考虑这个力出现的时间。

当轴不旋转的时候,如果这个夹角发生变化,则应该在计算轴承静态安全系数 S0 的时候加以考虑。

（四）皮带拉力

大型齿轮箱结构又会通过皮带与其他设备进行连接。当使用皮带连接的时候,皮带张力作为径向负荷作用在轴上,其受力如图 5-15 所示。

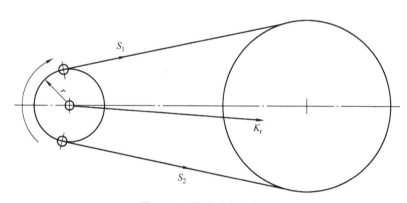

图 5-15　带轮受力示意图

图 5-15 中,S_1、S_2 为皮带张力,K_r 为小带轮径向负荷。

带轮径向负荷可以用带轮两个张紧力中的较大值的 1.3 倍进行估算,也可以通过带轮张紧力系数与切向负荷之间进行计算。

$$K_r = fK_t = f\frac{T}{r} \tag{5-73}$$

式中　f——张紧力系数,见表 5-1；

　　　r——带轮半径（mm）。

表 5-1 带轮张紧力系数

皮带类型	不同速度下的张紧力系数		
	<5m/s	5～20m/s	>20m/s
平型带	3～4	2.5～3.5	2～3
V型带	1.5～2.5	1.5～2.5	1.5～2.5
齿型带	1～1.3	1～1.3	1～1.3

（五）轴及系统零部件重力

齿轮箱轴系统中，除了上述各种外加的负荷以外，轴系统各个零部件也是通过轴承进行支撑的，因此齿轮、轴等的重力也应该计入轴承的负荷。对于一些小型齿轮箱，这些零部件的重量与齿轮啮合力相比可以忽略不计。对于一些大型的齿轮箱而言，轴与齿轮的重量较大，不应被忽略。

二、轴承受力计算

（一）轴承压力中心

对齿轮箱轴系统各种外力计算的目的是进行齿轮箱轴系中轴承的受力计算。必须在完成轴系受力的计算之后，才可以根据齿轮箱轴系统的受力情况进行分析，从而计算轴承上的负荷。对于一般齿轮箱轴系统受力如图 5-16 所示。

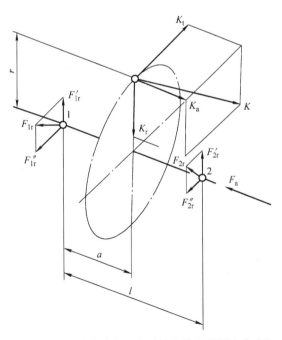

图 5-16 轴系统受力示意（外力作用于压力中心）

轴承支撑的轴系中,轴承承受径向力的作用力线与轴线之间的交点就是轴承受力在轴上的压力中心。对于双支撑轴系统而言,两个压力中心构成了对轴的受力支点,可以看作轴承径向力在轴上的作用点。

对于深沟球轴承、圆柱滚子轴承、调心滚子轴承而言,轴承受力的压力中心与轴承在轴上的几何位置中心点相重合;对于单列角接触球轴承、圆锥滚子轴承而言,由于接触角的存在,其压力中心位于滚道受力点连线与轴线的交点处,一般不与轴承的几何位置中心重合。

对于使用配对角接触球轴承、双列角接触球轴承、配对圆锥滚子轴承的轴系而言,这些配对的轴承经常被用作定位端轴承,与另一个轴承一起支撑、固定轴系统。一般,配对轴承之间的间距较小,在两个轴承受力一样的时候,可以将两个轴承中间位置当作压力中心处理。但是,轴系统承受外界的轴向力和径向力会影响配对轴承中两列滚动体的负荷分布,进而使等效的压力中心位置产生偏移,如图5-17所示。

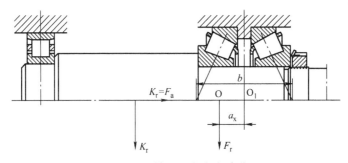

图 5-17 轴承压力中心偏移

此时,轴承压力中心 O 与轴承几何位置中心 O_1 之间的偏移量 a_x 与轴系统轴向力、径向力大小的相对关系有关,同时也受到轴承接触角的影响。对于球轴承和滚子轴承受到轴向负荷、径向负荷时压力中心的偏移量可以从图5-18中查取。

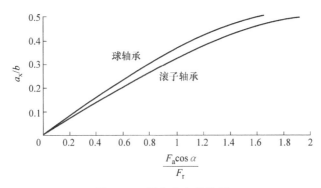

图 5-18 压力中心偏移量

以上方法是一个简单的宏观计算,如果考虑轴、轴承的挠性等因素的影响,则需要使用更先进的有限元计算等方法得到更准确的值。

（二）外力作用于轴承压力中心之间时轴承受力计算

当齿轮箱轴系受到的外力作用点位于两个轴承压力中心之间的时候,其受力如图 5-16 所示。此时轴系外力 K 的径向分量为 K_r、轴向分量为 K_a,以及切向分量为 K_t。图中分别用 1、2 代表两端轴承。

在径向垂直平面上,整个轴系与外力在这个平面上的分量相平衡的轴承支反力为 F'_{1r} 和 F'_{2r},可以由下式计算：

$$F'_{1r} = \frac{I-a}{I}K_r - \frac{r}{I}K_a \tag{5-74}$$

$$F'_{2r} = \frac{a}{I}K_r + \frac{r}{I}K_a \tag{5-75}$$

式中　F'_{1r}——1 号轴承径向垂直平面径向力（N）；
　　　F'_{2r}——2 号轴承径向垂直平面径向力（N）；
　　　K_r——轴系外力 K 的径向分量（N）；
　　　K_a——轴系外力 K 的轴向分量（N）；
　　　I——两端轴承压力中心间距（mm）；
　　　a——轴系外力 K 与 1 号轴承压力中心间距（mm）；
　　　r——轴系外力作用点在径向垂直平面与轴的间距（mm）。

在径向水平平面上,整个轴系与外力 K 在这个平面上的分量相平衡的轴承支反力为 F''_{1r} 和 F''_{2r},可以由下式求得：

$$F''_{1r} = \frac{I-a}{I}K_t \tag{5-76}$$

$$F''_{2r} = \frac{a}{I}K_t \tag{5-77}$$

式中　F''_{1r}——1 号轴承径向水平平面径向力（N）；
　　　F''_{2r}——2 号轴承径向水平平面径向力（N）；
　　　K_t——轴系外力 K 的切向分量（N）。

两端轴承的径向负荷可以由这两个轴承径向负荷的水平分量和垂直分量合成求得：

$$F_{1r} = \sqrt{F'^2_{1r} + F''^2_{1r}} \tag{5-78}$$

$$F_{2r} = \sqrt{F'^2_{2r} + F''^2_{2r}} \tag{5-79}$$

式中　F_{1r}——1 号轴承径向力（N）；
　　　F_{2r}——2 号轴承径向力（N）。

至此轴系统中轴承承受的径向负荷分别被算出。

轴系统中的轴向负荷 F_a 是由轴系统中的定位轴承承担。因此将这个轴向负荷计入定位端轴承的轴向负荷即可。如果定位端轴承加入了轴向预负荷的情况,需要针对轴承预负荷与外界轴向负荷之间进行综合考虑,可以参照本书预负荷计算和调整相关内容。

(三)外力作用于轴承压力中心之外时轴承受力计算

当轴系受到外力的作用点位于两个轴承压力中心以外的时候,其受力如图 5-19 所示。图中分别用 1、2 代表两端轴承。外力 K 分别有轴向分量 K_a、径向分量 K_r,以及切向分量 K_t。

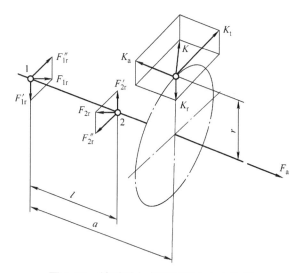

图 5-19 轴系受力点位于压力中心外侧

在径向垂直平面上,整个轴系与外力在这个平面上的分量相平衡的轴承支反力为 F'_{1r} 和 F'_{2r},可以由下式计算:

$$F'_{1r} = \frac{a-l}{l}K_r - \frac{r}{l}K_a \tag{5-80}$$

$$F'_{2r} = \frac{a}{l}K_r - \frac{r}{l}K_a \tag{5-81}$$

式中 F'_{1r}——1 号轴承径向垂直平面径向力(N);
　　　F'_{2r}——2 号轴承径向垂直平面径向力(N);
　　　K_r——轴系外力 K 的径向分量(N);
　　　K_a——轴系外力 K 的轴向分量(N);

I——两端轴承压力中心间距（mm）；
a——轴系外力 K 与 1 号轴承压力中心间距（mm）；
r——轴系外力作用点在径向垂直平面与轴的间距（mm）。

在径向水平平面上，整个轴系与外力 K 在这个平面上的分量相平衡的轴承支反力为 F''_{1r} 和 F''_{2r}，可以由下式求得：

$$F''_{1r} = \frac{a-I}{I} K_t \tag{5-82}$$

$$F''_{2r} = \frac{a}{I} K_t \tag{5-83}$$

式中　F''_{1r}——1 号轴承径向水平平面径向力（N）；
　　　F''_{2r}——2 号轴承径向水平平面径向力（N）；
　　　K_t——轴系外力 K 的切向分量（N）。

两端轴承的径向负荷可以由这两个轴承径向负荷的水平和垂直分量合成求得：

$$F_{1r} = \sqrt{F'^2_{1r} + F''^2_{1r}} \tag{5-84}$$

$$F_{2r} = \sqrt{F'^2_{2r} + F''^2_{2r}} \tag{5-85}$$

式中　F_{1r}——1 号轴承径向力（N）；
　　　F_{2r}——2 号轴承径向力（N）。

至此轴系统中轴承承受的径向负荷分别被算出。

轴系统中的轴向负荷 F_a 是由轴系统中的定位轴承承担的。因此将这个轴向负荷计入定位端轴承的轴向负荷即可。如果定位端轴承加入了轴向预负荷的情况，需要针对轴承预负荷与外界轴向负荷之间进行综合考虑，可以参照本书预负荷计算和调整相关内容。

（四）手工简化计算方法的限制

前面介绍的齿轮箱轴系统中轴承的受力计算是在大量的简化假设条件下进行的，这样做的目的是为了便于工程师进行手工的计算。这种简化手工计算方法忽略了轴承、轴以及箱体的变形。工程实际中，基于这些简化的计算，对于一些计算准确度要求较高的场合而言存在着一定的偏差，此时则需要借助一些工程有限元计算工具进行更准确的计算。

对于三支撑结构，或者具有更多支撑轴承的轴系统的计算而言，上述的变形情况对计算结果影响很大，此时常规手工简化的计算方法就不再适用。

手工简化计算方法中，没有考虑轴承内部负荷分布，同时也没有考虑轴承或者齿轮的不对中情况。这种手工计算的方法在进行轴承寿命计算、评估轴承尺寸选型大小的时候方便使用。但是当需要对轴承内部滚动体负荷分布，以及接触应力进行进一步计算的时候，则必须选用进一步的高级计算方法。

第三节　齿轮箱轴承当量负荷计算

一、当量负荷的概念

对轴承进行寿命计算之前，必须对轴承的当量负荷进行计算。这是因为寿命计算的实质是将轴承承受的负荷与某一个参考值（即基本额定负荷）进行比较，而其中的轴承承受的负荷必须与那个参考值具有相同的属性，也就是必须具有恒定的大小和方向。从受力的方向上看，对于向心轴承而言，这个负荷应该是径向负荷；对于推力轴承而言，这个负荷方向应该是轴向负荷；从负荷的变化角度而言，这个负荷必须是恒定的。

但是现实工况中，轴承承受的负荷性质不一定满足上述要求，因此必须将轴承承受的实际负荷折算成负荷要求的等效负荷才能进行计算。这个等效负荷就是当量负荷的概念。

将轴承实际承受的负荷折算成当量负荷主要包括两个方面的工作：第一，将实际负荷折算成与基本额定负荷方向一致的等效负荷；第二，将轴承实际承受的变动负荷折算成一个恒定负荷。

二、不同方向的轴承负荷折算成当量负荷

我们知道轴承工作的时候会承受轴向负荷和径向负荷，如图 5-20 所示。

轴承本身作为减少轴系统旋转时候产生的周向阻力的零部件，在出现周向负荷的时候就产生旋转，仅仅有轴承内部的摩擦阻力构成周向负荷的反力。而这个力十分小，在对轴承进行负荷计算的时候几乎可以忽略。轴承不承受外界的周向负荷。需要注意的是，这里说的周向负荷指的是对于轴承的周向。对于整个轴系统而言，在齿轮箱里，由于齿轮啮合产生的周向力在其平面上对于轴系统而言是一个径向负荷，因此对于轴承而言产生的是一个径向负荷，而非周向负荷。

轴承本身主要承受轴系统传递来的轴向负荷和径向负荷，这个轴指的是轴承中心线的轴，如图 5-20 所示。在当量负荷计算的时候，需要把这个由轴向、径向负荷构成的复合负荷折算成一个与基本额定负荷方向相同的负荷。对于径向轴承而

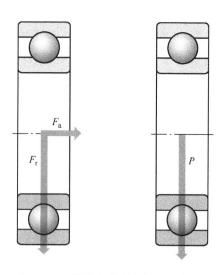

图 5-20　轴承负荷方向与当量负荷

言，就是折算成径向负荷；对于推力轴承而言，就是折算成一个轴向负荷。

当量负荷的折算包括当量动负荷的折算和当量静负荷的折算。

当量动负荷的计算主要用于后续对轴承寿命计算；而轴承当量静负荷的计算主要用于对轴承静承载能力进行计算。对于齿轮箱而言，在低速运行、振动、冲击负荷的工况下就需要考核轴承的静承载能力，此时则需要对轴承当量静负荷以及安全系数进行相应的校核。

（一）当量动负荷的折算

将复合负荷折算成当量动负荷时可以使用下列通用公式：

$$P = XF_r + YF_a \tag{5-86}$$

式中　P——当量动负荷（N）；
　　　F_r——实际径向负荷（N）；
　　　F_a——实际轴向负荷（N）；
　　　X——径向负荷系数；
　　　Y——轴向负荷系数。

一般而言，当轴承的轴向负荷与径向负荷的比值大于某一个值 e 的时候，轴承的当量动负荷才会受到这个轴向负荷的影响。反之，直接使用轴承的实际径向负荷作为轴承的当量负荷，即此时 $Y=0$，$X=1$。但是对于双列轴承而言，轴向负荷对轴承的影响相对较大。

需要注意的是，这种计算方法不能适用于向心滚针轴承、推力滚子轴承和推力圆柱滚子轴承，因为这些轴承不能承受复合负荷。

1. 深沟球轴承当量动负荷计算系数

式（5-86）中轴承负荷系数如表 5-2 所示。

表 5-2　单列深沟球轴承当量动负荷计算系数

f_0F_a/C_0	普通游隙			C3 游隙			C4 游隙		
	e	X	Y	e	X	Y	e	X	Y
0.172	0.19	0.56	2.30	0.29	0.46	1.88	0.38	0.44	1.47
0.345	0.22	0.56	1.99	0.32	0.46	1.71	0.40	0.44	1.40
0.689	0.26	0.56	1.71	0.36	0.46	1.52	0.43	0.44	1.30
1.03	0.28	0.56	1.55	0.38	0.46	1.41	0.46	0.44	1.23
1.38	0.30	0.56	1.45	0.4	0.46	1.34	0.47	0.44	1.19
2.07	0.34	0.56	1.31	0.44	0.46	1.23	0.50	0.44	1.12
3.45	0.38	0.56	1.15	0.49	0.46	1.10	0.55	0.44	1.02
5.17	0.42	0.56	1.04	0.54	0.46	1.01	0.56	0.44	1.00
6.89	0.44	0.56	1.00	0.54	0.46	1.00	0.56	0.44	1.00

上述表格中，F_a 为实际轴向负荷；C_0 为额定静负荷；f_0 为系数，需要在相应的轴承型录中对应的型号处查找。

查询的时候计算 $f_0 F_a/C_0$，之后计算 F_a/F_r，并与 e 值进行比较。当 $F_a/F_r \leq e$ 的时候，$X=1$，$Y=0$。

当 $F_a/F_r > e$ 的时候，从表格中查取 X、Y 值。

另外在实际计算的时候，如果实际值位于表中数值之间的时候，可以采用插值法进行相应的选取。

2. 角接触球轴承当量动负荷计算系数

角接触球轴承当量动负荷计算系数与轴承的使用方式（单列或者是配对）以及轴承轴向负荷与径向负荷之比相关。使用式（5-86）进行计算，其相应的计算系数如表 5-3 所示。

表 5-3　角接触球轴承当量动负荷计算系数

角接触球轴承	e	F_a/F_r	X	Y
单个使用或者串联配对	1.14	$\leq e$	1	0
		$> e$	0.35	0.57
面对面或者背对背配对		$\leq e$	1	0.55
		$> e$	0.57	0.93

3. 单列圆柱滚子轴承当量动负荷计算系数

单列圆柱滚子轴承当量动负荷计算系数与轴承结构、轴承系列等因素有关。使用式（5-86）进行当量动负荷计算的时候，其相应的计算系数可如表 5-4 所示。

表 5-4　单列圆柱滚子轴承当量动负荷计算系数

单列圆柱滚子轴承	系列	e	F_a/F_r	X	Y
不带挡边	—	—	—	1	0
带挡边	10、2、3、4 系列	0.2	$\leq e$	1	0
			$> e$	0.92	0.6
	其他	0.3	$\leq e$	1	0
			$> e$	0.92	0.4

对于单列圆柱滚子轴承，e 值不可大于 0.5。

4. 满装圆柱滚子轴承当量动负荷计算系数

满装圆柱滚子轴承当量动负荷计算系数与轴承结构、轴承系列、应用等因素有关。使用式（5-86）进行当量动负荷计算的时候，其相应的计算系数可如表 5-5 所示。

表 5-5 满装圆柱滚子轴承当量动负荷计算系数

结构	条件	系列	e	F_a/F_r	X	Y
单列满装圆柱滚子轴承	用作浮动端	—	—	—	1	0
	用作单向轴向定位	18 系列	0.2	≤ e	1	0
				> e	0.92	0.6
		22、23、28、29、30 系列	0.3	≤ e	1	0
				> e	0.92	0.4
双列满装圆柱滚子轴承	用作浮动端	—	—	—	1	0
	用作定位端	—	0.15	≤ e	1	0
				> e	0.92	0.4

对于满装圆柱滚子轴承，e 不可大于 0.5。

5. 圆锥滚子轴承当量动负荷计算系数

使用式（5-86）计算圆锥滚子轴承当量动负荷时，其计算系数可以从表 5-6 中查询。圆锥滚子轴承的计算系数中有些需要从轴承厂家的轴承型录中根据轴承型号进行查取。本书无法列举，请参考相应轴承型录。

表 5-6 圆锥滚子轴承当量动负荷计算系数

结构	条件	e	F_a/F_r	X	Y
单列圆锥滚子轴承	—	参照轴承型录具体型号的标定值	≤ e	1	0
			> e	0.4	参照轴承型录具体型号的标定值
配对圆锥滚子轴承	串联配对	参照轴承型录具体型号的标定值	≤ e	1	0
			> e	0.67	参照轴承型录具体型号的标定值
	面对面、背对背配对		≤ e	1	0
			> e	0.4	参照轴承型录具体型号的标定值

6. 调心滚子轴承当量动负荷计算系数

使用式（5-86）对调心滚子轴承进行当量动负荷计算的时候，其计算系数可以从表 5-7 中查取。

表 5-7 调心滚子轴承当量动负荷计算系数

e	F_a/F_r	X	Y
参照轴承型录具体型号的标定值	≤ e	1	参照轴承型录具体型号的标定值
	> e	0.67	参照轴承型录具体型号的标定值

(二)当量静负荷的计算

轴承当量静负荷的计算与当量动负荷的方法类似,可以使用如下通用公式进行计算:

$$P_0 = X_0 F_r + Y_0 F_a \tag{5-87}$$

式中 P_0——当量静负荷(N);
F_r——实际径向负荷(N);
F_a——实际轴向负荷(N);
X_0——径向负荷系数;
Y_0——轴向负荷系数。

轴承工作的时候,实际承受的轴向、径向负荷可能是变动的。在对静负荷进行校核的时候,应该取实际变动负荷中的最大值进行校验,从而校核安全系数。

在式(5-87)中,轴承的负荷系数与轴承类型、结构、使用等相关,可以参照表 5-8 进行选取。

表 5-8 轴承当量静负荷计算系数

轴承类型	条件	X_0	Y_0
深沟球轴承[①]		0.6	0.5
角接触球轴承[②]	单个或者串联	0.5	0.26
	背对背或者面对面	1	0.52
圆柱滚子轴承		1	0
满装圆柱滚子轴承		1	0
圆锥滚子轴承	单列	0.5	参照轴承型录具体型号的标定值
	串联	0.5	
	面对面或者背对背	1	
调心滚子轴承		1	

① 如果计算所得 P_0 小于 F_r,则取 $P_0 = F_r$;
② 计算的 F_r 与 F_a 应该为作用在配对轴承上的负荷。

三、变动负荷折算成当量负荷计算(载荷谱折算)

上面介绍了如何将轴承承受的复合负荷折算成与额定负荷方向一致的计算方法。在前面的介绍中可以知道,除了将轴承受力的方向进行转化以外,轴承的寿命计算要求把轴承实际负荷也要折算成一个大小恒定的负荷,这样通过与轴承额定负荷进行对比,才可以进行寿命估计。

现实工况中,轴承的受力往往是变动的,而轴承受力的变动就是我们常说的载荷谱。针对变动负荷的轴承寿命校核计算,通常使用两种方法:

1）先将轴承承受的实际变动负荷根据载荷谱转化折算成一个恒定的当量负荷，然后进行寿命计算。

2）先将轴承载荷谱中每一个载荷进行寿命计算，然后再将各个阶段的轴承寿命计算结果折算成一个负荷载荷谱的最终轴承寿命。

这里我们首先介绍第一种方法，将轴承在变动负荷下的当量负荷折算成一个等效的恒定负荷。第二种方法我们将在轴承寿命计算调整中进行介绍。

需要注意的是，两种方法理论上是等效的，实际工作中选取其中一个即可，不必重复使用。

另一方面，轴承运行的时候，在不同工况下，除了载荷存在一个载荷谱以外，其润滑条件也有可能在每一个阶段出现不同。如果进行更详细的计算，则需要在每一阶段寿命调整的时候加以考虑。

轴承运行的载荷谱中最主要的两个因素就是负荷和转速。为后续计算方便，我们将转速与负荷的变化一同介绍。

首先轴承运行的时候，其转速和负荷可能是连续变化的，也可能是阶梯式变化的。对于连续变化的转速和当量负荷可以通过下式进行计算：

$$n = \frac{1}{T}\int_0^T n(t)\,dt \tag{5-88}$$

$$P = \sqrt[p]{\frac{\int_0^T \frac{1}{a(t)}n(t)F^p(t)dt}{\int_0^T n(t)dt}} \tag{5-89}$$

对于转速和负荷呈阶梯状变化的情况，可以通过下式进行计算：

$$n = \frac{q_1 n_1 + q_2 n_2 + \cdots + q_z n_z}{100} \tag{5-90}$$

$$P = \sqrt[p]{\frac{\frac{1}{a_i}q_i n_i F_i^p + \cdots + \frac{1}{a_z}q_z n_z F_z^p}{q_i n_i + \cdots + q_z n_z}} \tag{5-91}$$

式中　　n——平均转速（r/min）；

　　　　T——时间段（min）；

　　　　P——轴承当量负荷（N）；

　　　　p——轴承系数，球轴承取 3，滚子轴承取 10/3；

a_i，$a(t)$——当前工况下的寿命修正系数 a_{ISO}；

n_i，$n(t)$——当前转速（r/min）；

q_i——当前转速占比,$q_i=100\times(\Delta t/T)$;
F_i,$F(t)$——当前工况下轴承的负荷(N);

当轴承转速恒定而负荷呈现变化的时候,其负荷的等效计算如下:

对于连续的负荷变化:

$$P=\sqrt[p]{\frac{1}{T}\int_0^T \frac{1}{a(t)}F^p(t)\mathrm{d}t} \qquad (5\text{-}92)$$

对于阶梯状的负荷变化:

$$P=\sqrt[p]{\frac{\frac{1}{a_i}q_i F_i^p+\cdots+\frac{1}{a_z}q_z F_z^p}{100}} \qquad (5\text{-}93)$$

当轴承负荷恒定而转速变化的时候,其转速的等效结算如下:

对于连续变化的转速:

$$n=\frac{1}{T}\int_0^T \frac{1}{a(t)}n(t)\mathrm{d}t \qquad (5\text{-}94)$$

对于阶梯变化的转速:

$$n=\frac{\frac{1}{a_i}q_i n_i+\cdots+\frac{1}{a_z}q_z n_z}{100} \qquad (5\text{-}95)$$

第四节　齿轮箱轴承额定寿命计算

一、齿轮箱轴承寿命计算的概念和意义

轴承的寿命计算是在前面对齿轮箱轴系受力以及轴承受力计算之后,再折算成当量负荷之后的校核计算。轴承的寿命计算已经在工程实际中广泛得以应用,但是由于一些原因,轴承寿命计算经常被误用,或者被错误地理解。在工程实际中,经常遇到这样的问题:

1)为什么寿命计算与实际寿命不符?

2)轴承寿命计算既然无法针对某一个轴承算准其寿命,那么为什么需要进行计算?

3)使用什么方法可以算准一个轴承的寿命?

上述这些问题实际上都来自于对轴承寿命计算本身的概念和意义理解的偏差。

在各个厂家的轴承综合型录中所介绍的轴承寿命实际上指的是轴承的基本额定

寿命。"基本额定寿命"这个名字本身就会给工程师带来一些误解。因为这名字叫做"寿命"所以这个计算也就是用于计算"寿命"的"算命"方法，也就是计算这个轴承能够运行多长时间的计算方法。事实上，这种理解是错误的。

我们先从轴承疲劳寿命的基本概念开始介绍。

（一）轴承的疲劳寿命

轴承受负荷运行的时候，负荷从一个轴承圈通过滚动体传到另一个轴承圈。在金属材料内部会出现相应的应力分布，大致的示意如图 5-21 所示。

图 5-21 中，P_0 为接触应力；z 为表面下深度；a 为接触宽度；σ 为剪应力。从图中可以看到，在滚动体与滚道接触表面金属材料之下的某一个深度 z_0 处出现最大的剪切应力 σ_{max}。通常这个最大深度会为 0.1~0.5mm 左右。每次滚动体滚过滚道，这个剪切应力就会反复出现。当出现次数达到一定数量的时候，金属便会出现疲劳，由此开始失效。

不论材质如何，这种剪切应力的往复总会出现。只不过出现的时间与滚动体滚过的次数，以及正压力成正相关的关系（后面的寿命计算公式中反映了这个关系）。当初始疲劳点出现之

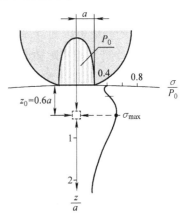

图 5-21 轴承滚道内剪应力分布示意

后，疲劳会沿着一定的方向向金属表面蔓延，最终出现轴承金属的表面剥落。这就是轴承失效模式中非常典型的一种——表面下疲劳剥落（次表面疲劳）。

上述的轴承失效过程描述的就是轴承的疲劳失效。而在给定的工况下（见 ISO 281：2007《滚动轴承 额定动载荷和额定寿命》/Amd2：2000），轴承疲劳失效的时间（转动圈数）就是我们所说的疲劳寿命。

事实上，每个轴承都有其疲劳极限。但即便在相同的工况下，由于轴承内部金属材料的均匀性等原因，对于一大批轴承也不可能具有完全一样的疲劳寿命。因此我们引入可靠性系数的概念。

（二）L_{10} 寿命

L_{10} 寿命全称是可靠性为 90% 的轴承疲劳寿命。滚动轴承的疲劳失效服从一定的离散分布。而在这样的离散中可以拟合出一定的规律，这就是经常说到的韦氏分布。

通常由于轴承的寿命存在离散性，因此人们在概率曲线上选取一个或两个点来描述轴承的耐久性，这两点就是：

1）L_{10} 寿命，一批轴承中 90% 可以达到的疲劳寿命；

2）L_{50} 平均寿命，即一批轴承中 50% 可达到的疲劳寿命。

在一般的机械行业中我们通常使用 L_{10} 寿命作为一个衡量的标准。它的可靠性是

90%。也就是对于大批量轴承，在这个数值达到的时候，有90%的轴承没有出现疲劳失效。这是一个概率结果。

ISO 281：2007/Amd2：2000中的L_{10}寿命是在规定的润滑等环境下进行的试验及计算。由于现代轴承质量的提高，在某些应用中，轴承的实际工作寿命可能远远高于其基本的额定寿命。同时，在轴承的具体运行中受到润滑、污染程度、偏心负荷、安装不当等因素的影响。为此，ISO 281：2007/Amd2：2000中加入了一些寿命修正公式以补充基本额定寿命的不足。

（三）轴承寿命计算的意义和方法

从前面的介绍可以知道，根据ISO 281：2007，常用的轴承基本额定寿命计算是L_{10}寿命，这个计算与实际轴承寿命往往不一样的原因有：

1）轴承基本额定寿命是大批量轴承经过给定工况的寿命试验后，至少有90%的轴承在这个寿命值下不出现疲劳失效的时候的寿命值。这个计算有一个可靠性前提，其中L_{10}就是指可靠性为90%，10%是在这个工况运行下的最大失效比例。而90%是幸存概率。这个实验是一个统计概念，对于大量轴承，在给定工况下是适用的，但是对于个体而言，往往存在着误差。

2）轴承基本额定寿命计算只是针对轴承的"疲劳寿命"进行的计算和统计。这个计算并不包含轴承除了"疲劳"以外的其他失效情况，也不包含轴承除了滚动体和滚道之外的其他零部件的失效情况。

实际中轴承任何零部件一旦出现失效，轴承都宣告寿命终结。同时，轴承出现了包括疲劳在内的任何失效，也同样宣告轴承寿命终结。因此轴承的实际寿命应该是轴承各个组成部分中寿命的最小值，也应该是任何其他失效模式中的最小值。

$$L_{轴承} = \mathrm{Min}\left(L_{滚道}、L_{滚动体}、L_{保持架}、L_{润滑剂}、L_{密封件}\right)$$

从上面分析不难看出，轴承基本额定寿命计算不能涵盖轴承寿命的方方面面，这也就实际解答了为什么轴承基本额定寿命与轴承实际寿命不符的原因。工程实际中为了使这个寿命接近真实寿命，有一些修正计算。但这些修正也有一定限制，在轴承寿命修正部分做详细展开。

既然轴承寿命不能"预知"轴承的实际寿命，那么轴承的寿命计算的实际意义是什么呢？

通常进行的轴承基本额定寿命计算实际上是一个校核计算，其主要目的是校核。既然校核就是将计算值与一个参考值进行比较，从而判断设计选型是否恰当的过程。对于齿轮箱轴承选型而言就是比较所选择轴承的计算寿命与类似设计，或者设计需求中所要求的寿命是否匹配，或者是否达到标准的过程。如果所选择的轴承寿命计算结果不能达到设计要求，则表明所选择轴承的负荷承载能力不足，通常而言可能就是轴承选小了。需要对轴承进行放大选型，从而满足设计需求。

不难发现在上述过程中实际进行的是一个比较工作，比较的标准是类似工况设计的要求，这个设计要求用基本额定寿命的方式给出。

同时，通过与参考值的比较，其校核的实际目标是发现轴承的最小负荷承载能力。通过这个计算选择的轴承最小负荷承载能力应该满足工况所需。这也是设计、选型过程中需要确保的。这种对设计的对比和校核，也是轴承基本额定寿命实际操作的应用方法。

对于通用设备对轴承寿命的要求见表 5-9。

表 5-9 机械设备轴承寿命参考值

机械类型	寿命参考值 /h
家用电器、农业机械、仪器、医疗设备	300 ~ 2000
短时间或间歇使用的机械：电动工具、车间起重设备、建筑机械	3000 ~ 8000
短时间或间歇使用的机械，但要求较高的运行可靠性：电梯、用于包装货物的起重机、吊索鼓轮等	8000 ~ 12000
每天工作 8h，但并非全部时间运行的机械：一般的齿轮传动结构、工业用电机、转式碎石机	10000 ~ 25000
每天工作 8h，且全部时间运行的机械：机床、木工机械、连续生产机械、重型起重机、通风设备、输送带、印刷设备、分离机、离心机	20000 ~ 30000
24h 运行的机械：轧钢厂用齿轮箱、中型电机、压缩机、采矿用起重机、泵、纺织机械	40000 ~ 50000
风电设备：主轴、摆动结构、齿轮箱、发电机轴承	30000 ~ 100000
自来水厂用机械、转炉、电缆绞股机、远洋轮的推进机械	60000 ~ 100000
大型电机、发电厂设备、矿井水泵、矿场用通风设备、远洋轮主轴轴承	>100000

对于通用设备的齿轮箱而言，可以参照表 5-10。

表 5-10 齿轮箱轴承寿命参考值

齿轮箱应用场合	寿命参考值 /h	
	球轴承	滚子轴承
通用齿轮箱	4000 ~ 14000	5000 ~ 20000
齿轮电机	4000 ~ 14000	5000 ~ 20000
大型固定齿轮箱	14000 ~ 46000	20000 ~ 75000

机械工程师在选择参考基准的时候需要考虑齿轮箱轴承本身的参考值，同时也要考虑到齿轮箱所应用设备的参考值，在两者之间进行权衡比较，选择合理的设计目标。

二、齿轮箱轴承基本额定寿命计算与调整

（一）齿轮箱轴承基本额定寿命计算

轴承基本额定寿命就是使用当量负荷与轴承的额定动负荷进行比较得出的结论。这样的对比与轴承基本额定动负荷的定义有关。根据 ISO 281：2007 的定义，轴承

的基本额定动负荷是指轴承达到1000000转时轴承的负荷。用这个能达到轴承寿命1000000转的负荷作为比较基准，通过对比得到实际当量负荷下轴承能够达到的寿命数值，这种方法就是轴承基本额定寿命计算的方法。

依据ISO 281：2007/Amd2：2000标准，轴承的基本额定寿命计算公式如下：

$$L_{10} = \left(\frac{C}{P}\right)^p \tag{5-96}$$

式中　L_{10}——可靠性为90%的基本额定寿命（百万转）；

　　　C——额定动负荷（N）；

　　　P——当量动负荷（N）；

　　　p——寿命计算指数，对于球轴承取3，对于滚子轴承取$\frac{10}{3}$。

轴承基本额定寿命的单位是百万转，其含义是轴承转动时滚动体滚过的次数。因为金属的疲劳是在金属内部剪切应力处经过往复运行而出现的，当负荷一定的时候，滚动体滚过的次数就用来表示金属内产生疲劳的度量，也就是疲劳寿命。对于齿轮箱轴承而言就是轴承的基本额定寿命。

工程实际中，经常使用时间单位来计量轴承的疲劳寿命，因此将轴承的基本额定寿命折算成时间单位，可以如下式进行：

$$L_{10h} = \frac{10^6}{60n}L_{10} \tag{5-97}$$

式中　L_{10h}——可靠性为90%的基本额定寿命（h）；

　　　n——转速（r/min）。

这个折算中，折算的结果与轴承的转速有很大关系。换言之，相同基本额定寿命的轴承，转速越高，其时间单位的寿命值就越小。因此当使用时间单位作为寿命计算参考的时候，需要注意转速的影响。

（二）轴承基本额定寿命调整

前已述及，轴承基本疲劳寿命的校核是一种校核对比工具，在计算过程中很多因素都没有纳入考虑，因此这个计算值和齿轮箱轴承实际寿命之间存在着差异。随着轴承技术的发展，一些更贴近轴承实际运行寿命的寿命计算方法已经相对成熟，并纳入国际标准。2007年以来，修正额定寿命L_{nm}的计算在DIN ISO 281：2007附录1中已经标准化。对应于DIN ISO 281：2007附录4的计算机辅助计算，2008年以来在ISO/TS 16 281中也有了说明。这些寿命计算方法给予基本轴承疲劳寿命计算，同时加入了对轴承载荷、润滑条件（润滑剂的类型、转速、轴承尺寸、添加剂等）、材料疲劳极限、轴承类型、材料残余应力、环境条件，以及润滑剂中的污染状况等的考虑。因此机械工程师也可以根据这些计算方法估计轴承的实际运行寿命。

根据 ISO 281：2007：

$$L_{nm} = a_1 a_{ISO} L_{10} \qquad (5\text{-}98)$$

式中 L_{nm}——扩展的修正额定寿命，ISO 281（百万转）；

a_1——寿命修正系数，根据可靠性要求调整，见表 5-11；

a_{ISO}——考虑工况的修正系数；

L_{10}——基本额定寿命（百万转）。

在 ISO 281：2007 中，对 a_1 进行了修正，见表 5-11。

表 5-11　寿命修正系数

可靠性（%）	额定寿命 L_{nm}	寿命修正系数 a_1
90	L_{10m}	1
95	L_{5m}	0.64
96	L_{4m}	0.55
97	L_{3m}	0.47
98	L_{2m}	0.37
99	L_{1m}	0.25

公式中的 a_{ISO} 可以从图 5-22、图 5-23 中查取。

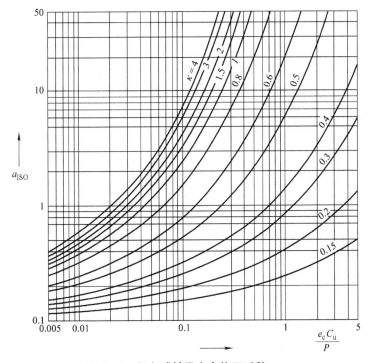

图 5-22　径向球轴承寿命修正系数 a_{ISO}

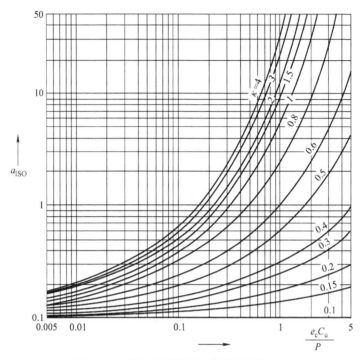

图 5-23 径向滚子轴承寿命修正系数 a_{ISO}

图 5-22、图 5-23 中 κ 为黏度比，在本书润滑部分将展开阐述。

当 $\kappa>4$ 的时候，取 4；当 $\kappa<0.1$ 的时候，这种计算方法不适用。

若 $\kappa<1$，且污染系数 $e_c \geqslant 0.2$ 的时候，使用含有极压添加剂是有效的，此时可以取 $\kappa=1$。其他情况需要根据 DIN 51819-1 的规定进行试验，若印证有效则 κ 取 1。

图 5-22、图 5-23 中 C_u 是疲劳符合极限。可以在轴承型录中查取。

图中的 e_c 为污染系数，一个比较简单的方法是可以通过表 5-12 查取。

表 5-12 污染系数

工况	污染系数 e_c[①]	
	$d_m<100mm$	$d_m \geqslant 100mm$
极度清洁：颗粒尺寸和油膜厚度相当于实验室条件	1	1
非常清洁：润滑油经过极细的过滤器，带密封圈轴承的一般情况（终身润滑）	0.6~0.8	0.8~0.9
一般清洁：润滑油经过较细的过滤器，带防尘盖轴承的一般情况（终身润滑）	0.5~0.6	0.6~0.8

（续）

工况	污染系数 e_c [①]	
	d_m<100mm	$d_m \geq$ 100mm
轻度污染：微量污染物在润滑剂内	0.3~0.5	0.4~0.6
常见污染：不带任何密封件的轴承一般情况，润滑油只经过一般过滤，可能有磨损颗粒从周边进入	0.1~0.3	0.2~0.4
严重污染：轴承环境高度污染，密封不良的轴承配置	0~0.1	0~0.1
极严重污染，污染系数已经超过计算范围的程度远大于寿命计算公式的预测	0	0

① 以上表格参考值仅适用于一般固体污染物。液体或者水对轴承造成的污染不涵盖其中。

通过上述表格的查取通常得到的是一个近似的估值。但是对于具备润滑系统的齿轮箱而言，可以使用更加量化的标准方法进行污染系数的计算。

根据 ISO 4406：2017，通常使用显微镜计数法对润滑剂的污染程度进行标定。这种方法是通过观察，对尺寸大于等于 5μm 以及大于等于 15μm 的颗粒进行分级，从而标定污染程度。对于具有过滤装置的润滑系统而言，经过过滤后和过滤之前单位体积污染颗粒数量的比值就是过滤比 β_x：

$$\beta_x = \frac{n_1}{n_2} \tag{5-99}$$

式中　β_x——对指定尺寸 x 的过滤比；

　　　x——污染颗粒尺寸（μm）；

　　　n_1——过滤器上游每单位体积（100ml）大于 xμm 的污染颗粒数量；

　　　n_2——过滤器下游每单位体积（100ml）大于 xμm 的污染颗粒数量。

对于循环油润滑，根据 ISO 4406：2017 固体污染程度 -/15/12，当过滤比 β_{12}=200 时，可以从图 5-24 查找污染系数 e_c。图中 κ 为黏度比；d_m 为轴承内外径的算术平均数。

对于循环油润滑，根据 ISO 4406：2017 固体污染程度 -/17/14，当过滤比 β_{25}=75 时，可以从图 5-25 查找污染系数 e_c。图中 κ 为黏度比；d_m 为轴承内外径的算术平均数。

脂润滑的污染系数在极度清洁的情况下，可以参照图 5-26 查找。图中 κ 为黏度比；d_m 为轴承内外径的算术平均数。

脂润滑的污染系数在一般清洁情况下，可以参照图 5-27 查找，其中 κ 为黏度比；d_m 为轴承内外径的算术平均数。

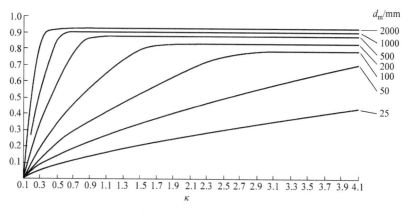

图 5-24 污染系数（1）

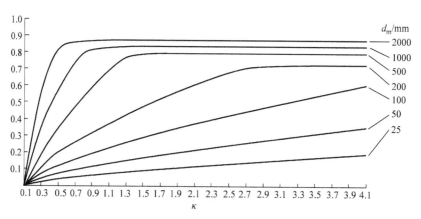

图 5-25 污染系数（2）

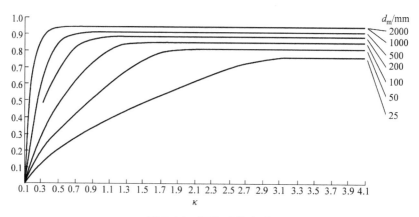

图 5-26 污染系数（3）

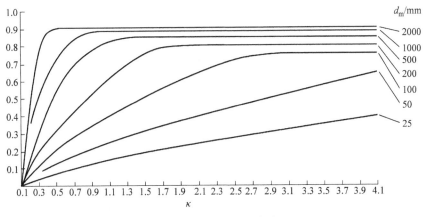

图 5-27 污染系数（4）

（三）变化工作条件下的寿命计算

在负荷变动的情况下对轴承进行寿命计算可以通过将不同负荷状态下的当量负荷进行折算，从而得到统一的当量负荷之后再进行寿命计算的方法。这种方法在当量负荷计算的部分已经阐述过了。

另一种方法是针对每一个工况条件进行寿命计算，然后将各个工况寿命计算的结果折算成总结果。

首先，将轴承的不同工况的负荷按照百分比等效成若干持续负荷的情况。然后在这个分段的持续工况中进行轴承寿命计算，从而得到一系列轴承的调整寿命 L_{10m1}，L_{10m2}，…，L_{10mn}，然后通过下面公式进行折算：

$$L_{10m} = \frac{1}{\dfrac{U_1}{L_{10m1}} + \dfrac{U_2}{L_{10m2}} + \cdots + \dfrac{U_n}{L_{10mn}}} \quad (5\text{-}100)$$

式中　　　　　L_{10m}——额定寿命（百万转）；

L_{10m1}，L_{10m2}，…，L_{10mn}——分段工况 1，2，…，n 下的额定寿命；

U_1，U_2，…，U_n——分段工况占比。$U_1 + U_2 + \cdots + U_n = 1$。

第五节　齿轮箱轴承静态安全系数计算

基本额定寿命的计算帮助工程师对轴承选型大小进行列校核，同时根据修正系数考虑了更多的因素使计算结果更加接近于实际工况。但是在一些场合下，轴承的基本额定寿命及其修正计算对轴承实际的运行校核还不足够，这些工况主要包括：

1）当轴承内外圈相对速度为 0 的时候，例如换挡齿轮的轴承配置中；

2）当轴承运转时可能承受除了正常负荷以外的冲击负荷的情况，例如轧机驱动部分；

3）当轴承低速运行于持续负荷情况的时候；

4）轴承静止，且承受持续负荷或者冲击（短期）负荷的情况。例如汽车齿轮箱。

这些情况下，如果仅通过轴承基本额定寿命计算的时候，会发现其计算结果很长。但是另一方面，这些情况下轴承运行的时候往往润滑油膜的形成十分困难，运行表现及其寿命会出现问题。此时则需要考虑引入静态安全系数的校核。

轴承选型校核的时候，润滑可以根据润滑黏度比的情况，决定采用基本额定寿命计算校核还是静态安全系数校核，或者是两者均需要考虑，可参照表 5-13。

表 5-13　基本额定寿命计算校核与静态安全系数校核的选择

黏度比 κ	使用基本额定寿命计算校核			静态安全系数校核
	L_{10h}	L_{10ah}	L_{10aah}	
$\kappa \leqslant 0.1$	不合适	不合适	不合适	推荐
$0.1 < \kappa \leqslant 0.5$	不合适	可以	推荐	推荐
$0.5 < \kappa \leqslant 1$	推荐	推荐	推荐	可以
$1 < \kappa$	推荐	推荐	推荐	可以

与轴承的寿命计算相似，轴承的静态安全系数校核也是一个当量负荷与额定负荷的对比。因此在进行轴承静态安全系数校核之前先要计算轴承的当量静负荷。可参照本书前面的介绍进行相应的计算。

轴承的静态安全系数可以从式（5-101）计算：

$$S_0 = \frac{C_0}{P_0} \quad (5\text{-}101)$$

式中　S_0——静态安全系数；

　　　C_0——轴承额定静负荷（N）；

　　　P_0——轴承的当量静负荷（N）。

与轴承基本额定寿命计算的方法相似，轴承静态安全系数计算完之后与相应的参考值进行比较，从而校核选型是否得当。如果计算结果不能满足相应的参考值，则需要调整轴承或者润滑。

轴承静态安全系数的参考值见表 5-14。

表 5-14　轴承静态安全系数参考值

轴承类型	轴承运行条件				
	静态负荷旋转	冲击负荷旋转	低速承载 $\kappa < 0.1$	低速承载 $0.1 \leqslant \kappa \leqslant 0.5$	静止
球轴承	2	2	10	5	0.5
滚子轴承	3.5	3	10	5	1
满装圆柱滚子轴承	—	3	20	10	1

第六节　齿轮箱轴承最小负荷计算

一、齿轮箱轴承最小负荷计算的概念和意义

滚动轴承的运转是靠滚动体在滚道之间的滚动实现的，而轴承实现滚动则需要有一定的负荷。如果轴承所承受的负荷小于形成滚动所需要的最小负荷，则轴承内部会出现滑动摩擦等不良状态，进而出现发热等问题，会严重影响轴承运行和寿命。这个最小的负荷就是轴承运行所需要的最小负荷。

在寿命计算的介绍中，我们知道，寿命计算是校核计算选择的轴承的负荷能力是否满足工况需求，也就是所选择轴承要达到寿命要求的时候，其负荷能力不得小于某个值，也就是在这个工况下的轴承负荷能力下限（轴承负荷能力不能再小了）。否则就是"轴承选小"了，不能达到寿命要求，也就是所选择轴承的负荷能力低于寿命要求的下限了。

相类似，轴承的最小负荷要求实际上是要求所选择的负荷在这个工况条件下可以形成滚动，也就是说这个轴承形成滚动所需要的最小负荷应该小于工况能提供的最小负荷。一般地，轴承负荷能力越强，其形成滚动所需要的最小负荷就越大，因此，此时是要求所选择轴承负荷能力不应该大于工况能给出的负荷条件。这是一个所选择轴承负荷能力的上限要求（轴承不能再大了）。一旦出现最小负荷不足，轴承内会出现滑动摩擦、发热，或者磨损。此时就是"轴承选大"了，不能形成纯滚动。也就是轴承的负荷能力以及所需的最小负荷大于实际工况负荷所能提供的上限了。

从上面介绍我们知道了轴承最小负荷计算和轴承寿命计算界定了轴承选型的上下限，因此在进行校核的时候都需要有所顾忌。

二、齿轮箱轴承最小负荷计算方法

滚动轴承形成滚动所需要的最小负荷可以由下面公式进行计算：
对于球轴承：

$$P = 0.01C \quad (5\text{-}102)$$

对于滚子轴承：

$$P = 0.02C \quad (5\text{-}103)$$

对于满装圆柱滚子轴承：

$$P = 0.04C \quad (5\text{-}104)$$

式中　P——当量负荷（计算方法见轴承寿命计算部分）(N)；
　　　C——轴承额定动负荷 (N)。

有些厂家也给出了更详细的轴承最小负荷计算方法：

对于深沟球轴承：

$$F_\mathrm{m} = k_\mathrm{r}\left(\frac{\nu n}{1000}\right)^{\frac{2}{3}}\left(\frac{d_\mathrm{m}}{100}\right)^2 \quad (5\text{-}105)$$

式中 F_m——轴承的最小负荷（kN）；

k_r——最小负荷系数（轴承型录可查）；

ν——润滑在工作温度下的黏度（mm²/s）；

n——转速（r/min）；

d_m——轴承平均直径等于 $0.5(d+D)$（mm）。

对于圆柱滚子轴承：

$$F_\mathrm{m} = k_\mathrm{r}\left(6 + \frac{4n}{n_\mathrm{r}}\right)\left(\frac{d_\mathrm{m}}{100}\right)^2 \quad (5\text{-}106)$$

式中 F_m——轴承的最小负荷，（kN）；

k_r——最小负荷系数（轴承型录可查）；

n——转速（r/min）；

n_r——参考转速（轴承型录可查）（r/min）；

d_m——轴承平均直径等于 $0.5(d+D)$（mm）。

从上面轴承运行所需最小负荷的计算公式可以看出，轴承的最小负荷与如下因素有关：

1）轴承的额定动负荷；

2）轴承的类型；

3）轴承的转速；

4）轴承的大小；

5）润滑的黏度。

综合上面诸多因素可以看出，轴承的负荷能力越强，所需的最小负荷也越大；轴承的内外径越大，所需的最小负荷越大；轴承滚动体与滚道的接触越大，所需最小负荷越大。

因此，当对轴承进行选型校核计算的时候，如果发现最小负荷不足的情况，可以考虑进行如下调整：

1）在满足寿命要求的前提下，选择滚动体与滚道接触少一些的轴承，比如：用球轴承替代滚子轴承；用单列轴承替代双列轴承；用带保持架的轴承替代满装滚子轴承等。

2）在满足寿命要求的前提下，选择尺寸小一点的轴承，比如：用窄系列代替宽系列的轴承；相同内径下选择外径较小的轴承；在允许的条件下减少内径等。

3）选择较小工作游隙的轴承，或者对轴承施加预负荷以满足最小负荷要求；

4）选择合适的润滑，保证轴承滚动体和滚道可以被润滑剂良好地分隔开；

5）使用特殊热处理的轴承，比如表面氧化发黑的轴承。这种轴承具有更好的抗磨损性能；

6）使用高精度轴承，保证相关零部件的良好形状和位置精度；

7）尽量避免振动；

8）尽量避免最小负荷不足的负荷占比。

在齿轮箱的实际载荷谱中，最小负荷不足的时间占比很难降低为 0，这种情况对于大型的圆柱滚子轴承（内径大于 150mm）而言会造成一定的伤害。有时候轴承在测试运行的时候就已经因为负荷不足或者空负荷运行而出现问题。机械工程师应该进行相应的负荷控制以及润滑调整以尽量避免这种伤害。如果这种负荷工况在载荷谱中有一定的占比，甚至可以考虑使用更加抗磨损的轴承，比如特殊热处理的轴承等。

第七节　行星齿轮箱轴承平均加速度以及保持架承载能力计算

行星齿轮箱中的行星轮轴承在运行的时候有一个自转的运动状态和一个公转的运动状态。与那些静态安装齿轮箱中的轴承相比，这些运动中保持架的引导作用以及相应的科氏加速度将会在行星齿轮轴承上产生一个附加的惯性力。在这样的运动中，行星轮、轴承圈、滚动体自身的质量在相应的加速度下会产生附加负荷，这些负荷将会影响到轴承保持架以及轴承自身。

受到这些附加负荷的影响，轴承的保持架与滚动体之间会发生更加严重的摩擦与磨损，同时保持架本身在承受这些负荷的时候有可能发生断裂。此时，轴承最终运行的失效有可能不是由于疲劳原因，而是由于保持架的断裂。

对于满装滚子轴承而言，滚动体之间直接相互接触。在这种运动和负荷状态下，滚动体之间的接触也会增加，润滑油膜有可能无法有效隔离接触表面，因此接触表面的磨损情况将变得更加严重。

因此，在行星齿轮箱的行星轮轴承校核和计算的时候，需要考虑所允许的平均加速度的校核计算。其计算公式如下：

$$a_n = k_a \frac{d_m^{0.8}}{C_0} g \times 10^3 \tag{5-107}$$

式中　a_n——许用平均即时速度（m/s²）；

k_a——计算因数，参考表 5-15；

d_m——轴承平均直径，内外径的算术平均数（mm）；

C_0——轴承的基本额定静负荷（N）。

表 5-15 许用平均加速度计算因数

轴承类型	保持架类型	计算因数 k_a	
		良好冷却条件下的循环油润滑	无特殊冷却的油润滑
圆柱滚子轴承	ECP	120	40
	ECJ	170	50
	ECM	150	50
	ECMR	400	150
	ECMA	700	250
	ECMP	1400	500
	ECML	1800	600
调心滚子轴承	E	250	100
	CC	600	200
	CC/VA405	1400	500

第八节　齿轮箱轴承的摩擦及冷却计算

齿轮箱轴承在运转的时候会产生摩擦，因而产生热量。轴承内部的摩擦取决于以下几个因素：

1）负荷；

2）转速；

3）轴承类型；

4）润滑剂工作黏度；

5）润滑剂的量。

在本书第三章齿轮箱轴承基础知识介绍中，我们介绍了轴承内部的摩擦主要来自于 4 个部分：

1）轴承内部的滚动摩擦：由于滚动体与滚道之间的滚动动而产生的摩擦；

2）轴承内部的滑动摩擦：滚动体与挡边、滚动体与保持架、滚动体与滚道之间发生相对滑动而产生的摩擦；

3）润滑剂中的摩擦：轴承运行时对润滑剂的搅拌、润滑剂内部的摩擦；

4）密封件的摩擦：密封件唇口等部分发生的滑动摩擦。

轴承运转的这些摩擦产生热量，从而影响着轴承的温度；另外，设备中其他零部件的发热也会影响轴承的温度，比如在齿轮箱中，齿轮啮合也会产生热量，通常由此产生的摩擦力比轴承产生的摩擦力更大，因此发热也更大。由于这些摩擦热源的存在，齿轮箱在运行的时候自身也会发热，因此往往需要在进行齿轮箱设计的时候采用一些冷却和润滑设计，同时对齿轮箱进行冷却的时候需要考虑齿轮箱内部所有的摩擦发热情况。

在第三章中我们介绍了轴承工作的许用温度，因此在进行齿轮箱轴承选择的时候需要考虑轴承的许用温度是否满足要求。对轴承而言，发热带来的润滑性能的变化对轴承运行表现影响最大。

随着温度的升高，润滑油膜形成能力下降；润滑的老化速度加快；由轴承金属组织变化产生的滚道、滚动体尺寸变化更大；预置的预负荷或者预游隙变化更大，这些因素都对齿轮箱轴承的运行有一定的负面影响。

一般的，齿轮箱内部的工作温度最好不宜超过100℃，即便在极限情况下，齿轮箱内部的工作温度也不应该超过150℃。

在对轴承部分进行散热设计的时候，需要先计算轴承运转所产生的热量，请参照本书第三章，第二节中式（3-2）进行轴承功率损失Q的计算。

发热是通过传导、对流、辐射等方式将这些热量散发出去。除了轴承本身的传导、对流和辐射以外，在采用循环油润滑的系统中，循环油也会带走相当部分的热量。根据经验，一般轴承发热的三分之一是通过润滑油带走，三分之二是通过热传导、对流及辐射的方式带走。

在循环油润滑系统中，对于进油口和出油口温度差进行一个设定，那么通过这样的方式散热所需要的润滑油量可由式（5-108）求得：

$$F = 0.039 \frac{Q}{T_o - T_i} \tag{5-108}$$

式中　F——所需要的润滑油量（l/min）；

　　　Q——发热功率（W）；

　　　T_o——出油口温度（℃）；

　　　T_i——进油口温度（℃）。

一般而言，通常设定进油口和出油口的温度差为10℃左右。

另外一个对润滑油量的估计方法如式（5-109）所示：

$$F = fDB \tag{5-109}$$

式中　F——所需要的润滑油量（l/min）；

　　　D——轴承外径（mm）；

　　　B——轴承宽度（mm）；

　　　f——系数，见表5-16。

表 5-16 散热油量系数

轴承	散热油量系数 f
径向球轴承及中等工况径向滚子轴承	0.00003
普通径向滚子轴承	0.00005
推力轴承、外圈旋转的径向滚子轴承、行星轮轴承	0.00001

一般而言，上述润滑油量都会在安全值之上。对于小型轴承，散热所需油量很小，通常油槽里的油就已经足够了。

使用强制润滑的系统中，为防止油路堵塞，建议对每一个轴承的流速至少为 0.25l/min，或者使用更粗的油管。

第九节　齿轮箱轴承的工作游隙计算

在第三章中的轴承游隙相关的章节中我们介绍了轴承游隙的基本概念，对于齿轮箱轴承选型而言，正确的工作游隙是轴承获得满意运行效果的关键。

对于齿轮箱中的径向滚子轴承而言，由于这些轴承具有较高的径向刚度，因此较小的径向游隙有利于轴承的运行。但是轴承的径向预负荷、轴承的外形变形、轴承内外圈的温度差等因素可能会使轴承径向游隙进一步减小，造成轴承过负荷的风险。

对于单列圆锥滚子轴承而言，轴承具有较高的径向刚度，但是轴承在承受预负荷的时候，齿轮箱箱体的变形会引起轴承轴向预负荷（负预游隙）的变化。

对于球轴承而言，能运行于接近 0 游隙是最好的状态。与径向刚度更大的滚子轴承相比，球轴承轻微的预负荷是可以接受的状态。

轴承工作游隙的计算可以参照本书第三章，第二节轴承游隙计算中式（3-10）~式（3-14）进行。为便于工程师使用，本书给出如下计算程序表 5-17，仅供参考。

表 5-17 轴承工作游隙计算程序

序号	参数	计算公式	最大值 （上偏差）	最小值 （下偏差）
1	轴承初始游隙 $C_{初始}$（μm）	查取		
2	轴径偏差 $\Delta d1$（μm）	查取		
3	轴承内孔偏差 $\Delta d2$（μm）	查取		
4	理论配合 U（μm）[①]	$\Delta d1_{max} - \Delta d2_{min}$ $\Delta d1_{min} - \Delta d2_{max}$		
5	内圈滚道直径 F（mm）	查取		
6	配合引起的内圈膨胀量 Δd（μm）	$\Delta d \approx 0.9Ud/F$		
7	轴承室偏差 $\Delta D1$（μm）	查取		

(续)

序号	参数	计算公式	最大值（上偏差）	最小值（下偏差）
8	轴承外径偏差 $\Delta D2$（μm）	查取		
9	理论配合 U（μm）[②]	$\Delta D1_{max} - \Delta D2_{min}$ $\Delta D1_{min} - \Delta D2_{max}$		
10	外圈滚道直径 E（mm）	查取		
11	配合引起的内圈膨胀量 ΔD（μm）	$\Delta D \approx 0.8UE/D$		
12	配合引起的径向游隙减小量 $\Delta C_{配合}$（μm）	$\Delta C_{配合} = \Delta d + \Delta D$		
12a	配合引起的轴向游隙减小量 $\Delta C_{配合}$（μm）	$\Delta C_{配合} = (\Delta d + \Delta D)\cot\alpha$		
13	轴承热膨胀系数	$0.000011 K^{-1}$	—	—
14	轴承平均直径 d_m（mm）	$(d+D)/2$		
15	轴承内圈温度 θ_i（℃）	测得，或者取值		
16	轴承外圈温度 θ_o（℃）	测得，或者取值		
17	温度引起的径向游隙减小量 $\Delta C_{温度}$（μm）	$\Delta C_{温度} = 1000\alpha\, d_m(\theta_i - \theta_o)$		
17a	温度引起的径向游隙减小量 $\Delta C_{温度}$（μm）	$\Delta C_{温度} = [1000\alpha\, d_m(\theta_i - \theta_o)]\cot\alpha$		
18	轴承工作游隙 $C_{工作}$（μm）	$C_{工作} = C_{初始} - \Delta C_{配合} - \Delta C_{温度}$		

①② 此处未考虑表面粗糙度的影响，如果需要考虑的时候，扣除即可。

第六章
齿轮箱轴承系统公差与配合

齿轮箱设计过程中在对轴承进行选型、配置,以及相应的计算之后需要对轴承相关零部件(轴、轴承室)的公差进行选择。轴和轴承室共同形成了轴承的运行硬环境,它们为轴承的运行提供支撑。对轴、轴承室的公差选择就是对轴承相关零部件的制造精度提出的要求,通过合理的选择使轴承可以得到更加坚实、准确的支撑。

当轴承安装在轴、轴承室上之后,轴承与相关零部件的尺寸形成了配合,在轴承游隙计算中我们知道轴承与相关零部件的配合影响轴承的工作游隙,由此也对轴承的寿命和运行表现产生重大的影响。这就是在齿轮箱轴承系统公差、配合选择的时候对于尺寸公差的考量。

除了尺寸公差以外,轴、轴承室的几何公差也会对轴承内部的负荷分布、润滑等产生影响,从而影响轴承的运行表现。因此也需要对轴、轴承室的几何公差进行合理的要求。

上述的公差、配合的选择中包含两个因素:一个是程度选择;一个是精度选择。程度选择主要是指公差绝对值的大或者小,配合得松或者紧;精度选择是指公差带的宽或者窄;众多零部件配合松紧程度的一致性。前者影响批量零部件的平均尺寸,后者影响批量零部件尺寸的离散度。当然理论上讲,精度越高越有利,但是实际上过高的精度要求也会影响零部件以及设备的经济性。工程师都是在经济性和适用性上取得良好的平衡。

第一节 齿轮箱轴承公差配合选择的机理分析

齿轮箱轴、轴承室公差选择时有很多手册和资料中提出了具体的参考参数,在介绍这些推荐值之前,有必要介绍公差配合对轴承运行影响的机理。这样机械工程师在对公差配合进行选择的时候,便可以做到知其然,亦知其所以然。

为便于说明,我们用一般的轴旋转式应用工况进行说明。这种工况下轴承内圈旋转,外圈固定不动。当齿轮箱运行的时候,轴受到负荷发生旋转,此致轴承内圈通过配合与轴连接从而发生旋转。此时轴承内圈在轴承内部"捻动"滚动体沿着滚道发生滚动。此时轴承内圈与轴之间不应发生相对移动。如果发生了相对的移动就是常说的内圈跑圈现象。

此时，安置在轴承室内的外圈在滚道上承受滚动体的滚动摩擦，同时在外表面承受通过自身与轴承室的配合产生的滑动摩擦，宏观而言，与轴承室不发生相对运动。如果轴承外圈与轴承室发生了相对运动，就是常说的轴承外圈跑圈现象。

一、轴承内圈配合选择分析

对于轴承内圈而言，在运转过程中相对轴来说是被动旋转，同时轴承内圈还需要捻动滚动体滚动使之受到滚动体的阻转矩。轴的主动"拉动"是通过轴与轴承内圈之间的摩擦力实现的，这个摩擦力受到摩擦系数与正压力的影响。由于轴、轴承材质确定，因此摩擦系数已定，那么正压力就是由轴承内圈与轴之间的配合，以及轴承承受的径向负荷带来的。由于轴需要主动拉动轴承内圈，因此此处的配合多数选用紧配合（过盈配合）。如果轴与轴承内圈之间的摩擦力突破最大静摩擦力范围，则轴承内圈和轴之间就发生相对滑动，此时发生轴承内圈跑圈现象。由此，选择轴承内圈配合时，至少要使轴承内圈与轴的配合摩擦阻力足够大，大到不至于使轴承内圈跑圈的程度。

考虑到轴承所承受的负荷状态，在轴承的径向负荷方向，轴承内圈和轴承的配合力以及径向负荷一同构成了轴与轴承内圈之间的正压力，此处静摩擦力很大；相反的，在径向负荷反向，此时轴承内圈和轴之间的配合力与径向负荷方向相反，此处正压力变小，最大静摩擦力最小。为避免轴承内圈跑圈，必须增加配合带来的正压力（加紧配合），使之不产生相对滑动。对于越大的径向负荷，这种在径向负荷同向与反向之间的差异就会越明显。因此在推荐轴与轴承内圈配合时，负荷越大，推荐的配合就会越紧。

更深入地，如果考虑径向负荷同向与反向的正压力差异，也就会了解轴的正压力在径向负荷同向和反向两个方向上存在差值，此差值会带来静摩擦力的不同。试想，如果轴承内圈径向负荷反向的正压力无法产生阻止轴承内圈跑圈的最大静摩擦力，那么此时这部分轴承内圈就会产生沿运动方向的滑动趋势。如果此时正压力同向并未发生轴承内圈跑圈趋势（正压力足以产生阻碍相对运动的摩擦力），那么考虑挠性，作为一个整体的轴承内圈，会产生内部的推拉张力，此张力的累积，就会使轴承内圈发生蠕动。以此类推，读者可以深入思考轴承内圈在轴上蠕动时的工作状态。

对于严重的配合不足（过松）的情况，即便是径向负荷同向上，其摩擦力依然不足。此时，轴承内圈和轴之间便会直接发生相对滑动，从而对轴和轴承造成磨损。

在齿轮箱轴承内圈跑圈的时候，常见的现象是轻则"蠕动腐蚀"，重则"滑动磨损"。通过前面的分析，工程师可以知道出现这两种状态的原因。

另外，当齿轮箱运行出现变速状态（起动、停机、改变转动方向）的时候，轴与轴承内圈之间的摩擦力拖动轴承内圈与轴同步旋转、变速，因此需要更大的正压力以实现更大的静摩擦力，这需要更紧的配合，以保证轴承内圈和轴之间不出现相对滑动

（跑圈）。另外，对于振动较大的场合，轴承内圈与轴之间的径向负荷处于不稳定状态，同样需要更紧的配合，以避免配合力与负荷方向反向时轴承内圈跑圈。因此，在对轴与轴承进行配合选择的时候，在振动、频繁变速、变转向的工况下所需要的配合应该更紧。

二、轴承外圈配合选择分析

对于轴承外圈而言，滚动体在滚道上的滚动使轴承外圈受到一个沿着转动方向的滚动摩擦力；同时轴承外圈和轴承室之间的摩擦力提供阻力，使轴承外圈静止在轴承室内不旋转。由于滚动摩擦力很小，因此轴承外圈和轴承室之间需要能够保持不发生相对滑动的最大静摩擦力，与轴承内圈和轴之间相对静止所需的静摩擦力相比而言是一个较小值。所以，通常而言，轴承外圈和轴承室的配合选择相比于轴承内圈与轴配合松一些的配合。

轴承承载时，轴承滚动体仅在负荷区的轴承外圈上滚动。负荷区轴承外圈与轴承室之间的正压力来源于径向负荷以及配合所产生的径向力。轴承外圈外表面的滑动摩擦抵抗轴承外圈滚道上的滚动摩擦所需要的正压力不会很大，一般而言，径向负荷的正压力已经足以提供这个静摩擦力；另一方面，非负荷区轴承滚动体和轴承滚道之间并不会产生负载，也不会产生沿滚动方向的滚动摩擦力，所以轴承外圈也不需要与轴承室发生静摩擦（配合）阻碍轴承外圈跑圈。而在这种情况下，负荷越大，负荷区就越大，负荷区正压力也越大，负荷区轴承外圈提供的静摩擦力也越大。这样，径向负荷本身就自动地调节了防止轴承外圈跑圈的阻力。因此不需要调整轴承外圈和轴承室之间的配合来保证轴承外圈不跑圈。换言之，负荷的大小不应该成为影响轴承外圈配合选择的主要因素。这一点从一般推荐的轴承公差配合表中可以看到。

更深入地考虑，当轴承外圈和轴承室之间的摩擦力足以阻碍轴承外圈跑圈时，如果加入对轴承刚性的思考，情况会有微妙的变化。在轴承滚动体和轴承滚道接触的地方，轴承滚道受到的向前的滚动摩擦大，在不接触的地方没有力。微观地看轴承外圈，其受到了局部的向前推动的滚动摩擦。而组成外圈本身在这些力的影响下发生微观的压缩和伸张。在这些力的影响下，轴承外圈和轴承室之间会出现微观的蠕动（像蠕虫一样伸张、收缩着前行）。这也是我们见到运行良好的轴承有时其外圈依然有颜色变深和小幅度蠕动腐蚀趋势的原因。

（一）振动冲击负荷下的外圈配合

在振动冲击负荷下，轴承外圈和轴承室的接触不是一个恒定的接触。其接触力也不是一个相对接触表面稳定的正压力。因此不能依赖径向负荷本身为轴承外圈提供足够正压力来产生防止轴承外圈跑圈所需的最大静摩擦力。在这种情况下，就需要加紧配合，从而通过配合的正压力防止轴承外圈跑圈。所以在选择轴承外圈配合时，如果负荷振动，那么所需要的配合就会越紧。

（二）不同轴承类型轴承的外圈配合

对于球轴承而言，使轴承外圈产生沿着滚动方向运动趋势的滚动摩擦是由点接触滚动实现的；对于圆柱滚子轴承而言，这个圆柱滚动摩擦是通过线接触实现的。显然，圆柱滚子轴承的滚动摩擦力比球轴承更大，同时使轴承外圈产生滑动的力也更大。因此，通常圆柱滚子轴承的外圈配合比球轴承更紧。

（三）对于铝制机座

小型齿轮箱中会使用到铝制机座。这种齿轮箱中通常使用的是深沟球轴承或者角接触球轴承。当齿轮箱运行于稳定温度时，铝壳轴承室内径的热膨胀比轴承外圈直径的热膨胀大 1 倍。此时防止轴承外圈跑圈的静摩擦力多半都由径向负荷带来的正压力产生。往往这种齿轮上的径向负荷又很小，因此经常会出现轴承外圈跑圈现象。齿轮箱厂家有时会选紧一级的配合，但是，这样又给安装带来了不便。因此，这里建议使用 O 形圈。

（四）立式轴系统

前已述及，轴承外圈和轴承室之间的摩擦是阻碍轴承外圈跑圈的重要因素。但是对于立式轴系统而言，齿轮轴上的重力不再是轴承上的径向负荷，因此轴承更容易跑圈。通常在公差配合选择的时候选更紧一级或者使用 O 形圈的方式防止轴承外圈跑圈。

第二节 齿轮箱轴承系统公差配合选择的原则

在前面齿轮箱轴承公差配合选择机理部分，以内圈旋转轴承为例介绍了配合选择的机理和原因。但是实际工况中，在齿轮箱不同位置的轴承，其运转和承载是不同的。机械工程师可以根据相同的机理思考方式类推原因。

事实上，机械工程师在进行配合选择的时候不需要每一次都进行上述类推。轴承配合选择的原则可以参考表 6-1。

表 6-1 齿轮箱轴承配合选择原则

图例	工况	负载性质	配合选择
负荷静止	轴承内圈旋转、外圈静止	负荷相对于轴承内圈旋转	内圈：过盈配合
		负荷相对于轴承外圈静止	外圈：间隙配合

(续)

图例	工况	负载性质	配合选择
负荷旋转	轴承内圈静止，外圈旋转	负荷相对于轴承内圈旋转	内圈：过盈配合
		负荷相对于轴承外圈静止	外圈：间隙配合
负荷静止	轴承内圈静止，外圈旋转	负荷相对于轴承内圈静止	内圈：间隙配合
		负荷相对于轴承外圈旋转	外圈：过盈配合
负荷旋转	轴承内圈旋转，外圈静止	负荷相对于轴承内圈静止	内圈：间隙配合
		负荷相对于轴承外圈旋转	外圈：过盈配合

　　表 6-1 中的"旋转"与"静止"是相对于大地而言的。上述的原则是绝大多数轴承厂家推荐的总体原则。

　　如果将参照系统变成轴承圈而言，则可以得到进一步的简化。具体而言就是，如果负荷相对于所选择的轴承圈是旋转的，则相应的配合选择紧配合；如果负荷相对于所选择的轴承圈是固定的，则相应的配合选择间隙配合。

第三节　齿轮箱轴承公差配合推荐

轴承的公差配合尺寸如图 6-1 所示。图中 Δ_{Dmp} 为轴承外径公差；Δ_{dmp} 为轴承内径公差。

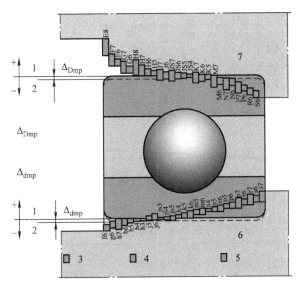

图 6-1　轴承公差配合尺寸

1—基准　2—公称尺寸　3—间隙配合　4—过渡配合　5—过盈配合　6—轴　7—轴承室

一、一般齿轮箱中轴、轴承室公差配合推荐

一般，齿轮箱中最常见的情况是轴承安装在齿轮轴上，轴承外圈安装在箱体上，齿轮轴随着齿轮旋转，同时内圈随着齿轮旋转；轴承外圈与箱体轴承座一起保持静止。这种情况下，轴承负荷相对于轴承内圈是旋转的，相对于轴承外圈是静止的。

对于齿轮箱实心轴，负荷相对于轴承内圈旋转时，齿轮轴公差配合可以参照表 6-2 选取。

表 6-2　齿轮轴公差

轴承类型	轴径 /mm							
	≤18	>18~40	>40~100	>100~140	>140~200	>200~280	>280~500	>500
深沟球轴承轻负荷（$P \leq 0.06C$）	j5	k5	k5	k6	k6	m6	m6	m6
单列角接触球轴承	j6	k6	k6	m6	m6	n6	p6	p6
双列，配对单列角接触球轴承（32，33，70BG，72BG，73BG）	j5	k5	k5	m5	m5	m5	—	—

（续）

轴承类型	轴径 /mm							
	≤18	>18~40	>40~100	>100~140	>140~200	>200~280	>280~500	>500
双列角接触球轴承（33D 系列）	k5	k5	m5	m5	—	—	—	—
四点接触球轴承	k5	k5	m5	m5	n6	—	—	—
圆柱滚子轴承	k5	k5	m5	m5	n6	p6	p6	r6
调心滚子轴承	k5	k5	m5	m5	n6	p6	p6	r6
单列圆锥滚子轴承	k6	k6	m6	m6	n6	p6	p6	—
双列圆锥滚子轴承，单列配对圆锥滚子轴承	k5	k5	m5	m5	n6	p6	p6	r6
推力球轴承	h6	h6	h6	h6	h6	g6	g6	g6
调心滚子推力轴承	j6							

对于钢、球墨铸铁、灰口铸铁箱体，负荷相对于轴承外圈静止时，轴承室一般公差配合可以参照表 6-3 选取。

表 6-3 轴承室公差

轴承类型	轴承位置	轴承室内径 /mm		
		≤ 300	> 300~500	> 500
深沟球轴承轻载（$P ≤ 0.06C$）	定位端	J6	J6	H7
	非定位端	G6	G7	G7
单列角接触球轴承	交叉定位	J6	J6	H7
双列，配对单列角接触球轴承（32，33，70BG，72BG，73BG）	定位端	J6	J6	H7
双列角接触球轴承（33D 系列）	定位端	J6	J6	H7
四点接触球轴承	推力轴承	大约 1mm 径向游隙（固定以防止转动）		
圆柱滚子轴承	—	J6	J6	H7
调心滚子轴承	定位端	J6	J6	H7
	非定位端	G6	G7	G7
单列圆锥滚子轴承	交叉定位	J6	J6	H7
双列圆锥滚子轴承，单列配对圆锥滚子轴承	定位端	J6	J6	H7
推力球轴承	推力轴承	G7	G7	F7
调心滚子推力轴承	推力轴承	大约 1mm 径向游隙		

在齿轮箱的轴承配合选择的时候，可以根据其工况要求基于通用建议进行一些调整，对于一些特殊工况的公差建议，可以参照表 6-4。同时在这些工况下轴的公差选择依然可以参照表 6-2 进行选择。

表 6-4 特殊工况下轴承室公差

工 况	轴承室直径 /mm		
	< 300	> 300~500	> 500
深沟球轴承及调心滚子轴承作为非定位端轴承，内圈旋转负荷，外圈静止负荷，且外圈与箱体的温度差 > 10℃。例如：通过轴进行加热；高速运转；箱体较大且刚性大；环境温度很低等工况	G7	F7	E8
深沟球轴承及调心滚子轴承用于交叉定位布置结构，内圈旋转负荷，外圈固定负荷的时候，如果要求外圈可以在轴承室内进行轴向位移。例如：轴发生热膨胀，而箱体轴向固定的时候	G6	G7	F7
深沟球轴承及调心滚子轴承用于交叉定位布置结构，内圈旋转负荷，外圈固定负荷的时候，如果没有要求外圈可以在轴承室内进行轴向位移。例如：轴发生热膨胀，而此时的箱体热膨胀或者弹性变形可以对轴的热膨胀进行补偿，而不会是轴承室受额外负荷的时候	J6	J6	H7
半定位型圆柱滚子轴承，内圈旋转负荷，外圈静止负荷，用作定位端	G6	G7	F7
半定位型圆柱滚子轴承，内圈旋转负荷，外圈静止负荷，用作非定位端	J6	J6	H7
定位端轴承及非定位端轴承承受往复摆动的外圈负荷，例如：重力以及齿应力作用方向不同，此时安装箱体时必须采取特殊措施（加热轴承室）	JS6	JS6	JS7

二、轴承安装于齿轮轮毂内的轴、轴承室公差配合推荐

当轴承被用于齿轮轮毂内的情况下，最常见的情况是齿轮内圈安装在齿轮轴上，轴承外圈与轴承室（齿轮轮毂内侧）安装在一起。当齿轮运转的时候，齿轮轴固定，因此轴承内圈也相对固定，轴承外圈随着齿轮轮毂旋转。此时轴承的负荷相对于内圈是静止负荷，相对于外圈是旋转的。

对于行星齿轮而言，在公转的时候安装在齿轮轮毂里的轴承负荷相对于轴承和外圈都是旋转的。

在行星齿轮中，有时候使用无外圈或者无内圈结构的轴承，此时轴承室或者轴表面就充当轴承的外圈或者内圈，因此对轴以及轴承室除了尺寸要求还有更严格的几何公差要求，以及表面硬度要求。

对于安装在齿轮轮毂里的轴承，由于负荷方向相对于轴承圈的关系与表 6-2、表 6-3、表 6-4 的情况不同，因此不能使用这些推荐，表 6-5 给出了相应的推荐值。

表 6-5 齿轮轮毂内轴承的公差、配合推荐

轴承类型	轴承配置（负荷情况）	轴公差 /mm			轴承室直径 /mm		
		≤ 120	>120~250	>250~315	<120	>120~250	> 250
深沟球轴承	换挡齿轮（内圈、外圈以相同速度旋转）	j5	js6	k6	M6[①]	M6[①]	N6[①]
	行星齿轮，中间齿轮（外圈旋转，内圈静止）	h5	h6	h6	M6[①]	M6[①]	M6[①]

（续）

轴承类型	轴承配置（负荷情况）	轴公差/mm			轴承室直径/mm		
		≤120	>120~250	>250~315	<120	>120~250	>250
调心滚子轴承 圆柱滚子轴承	行星齿轮，中间齿轮 （外圈旋转，内圈静止）	h5	h6	h6	N6	P6[①]	R6[①]
圆柱滚子轴承	行星齿轮，中间齿轮 （内圈、外圈旋转负荷）	参照表6-2			R6[①]	P6[①]	R6[①]
无外圈的圆柱 滚子轴承	行星齿轮，中间齿轮 （行星齿轮旋转，内圈 静止）	h5	h6	h6	G6[①]	F6[②]	F6[②]
无内圈的圆柱 滚子轴承	行星齿轮，中间齿轮 （外圈旋转）	f6[②]	e6[②]	e6[②]	N6	P6	R6
滚针及保持架 组件	行星齿轮，中间齿轮	g5[②]	g5[②]	—	G6[②]	G6[②]	—

① 要求轴承选择C3游隙。
② 对于行星轮销上以及齿轮轮毂内的滚道要求，其圆度误差小于实际直径公差的25%；圆柱度公差小于实际直径的50%；表面粗糙度$R_a \leq 0.2\mu m$，及$R_z \leq 1\mu m$；硬度为58~64HRC；并且精加工时，表面渗碳深度因为$E_{ht}=0.5D_w^{0.5}-0.5 \geq 0.3mm$，其中$D_w$为滚动体直径（mm）。

三、齿轮箱轴、轴承室的几何公差和表面粗糙度推荐

齿转箱轴、轴承室的几何公差对于轴承的运行表现十分重要，通常比较主要的几何公差就是圆柱度、垂直度以及表面粗糙度。对于轴、轴承室的尺寸公差的选择影响了轴承内部的游隙以及轴、轴承室与轴承接触部分的相对状态。如果轴、轴承室的几何公差不良，则会导致轴、轴承室与轴承接触状态不良，影响轴承内部尺寸以及外部接触。

对于齿轮箱轴、轴承室与轴承相关部分的几何公差，以及表面粗糙度推荐可以参照表6-6所示进行选择。

表6-6　形位公差以及表面粗糙度

	轴径/mm								轴承室内径/mm		
	≤18	>18~40	>40~100	>100~140	>140~200	>200~280	>280~500	>500	≤300	>300~500	>500
圆柱度	IT5/2										
垂直度	IT5										
表面粗糙度/μm	4	4	4	6.3	6.3	6.3	6.3	10	8	10	16

第七章 齿轮箱轴承润滑技术

第一节 齿轮箱轴承润滑基本知识

一、齿轮箱轴承润滑设计概述

对于机械结构而言，控制系统是大脑，传感器是神经，机械装置是骨骼肌肉，轴承是心脏，而润滑是血液。执行机构执行各种动作，轴承从物理角度减少摩擦，那么润滑剂就是从化学角度减少摩擦。

（一）齿轮箱轴承润滑设计的基本步骤

一台齿轮箱会经历从设计、生产制造、运输、存储、使用维护和维修等各个过程，它们共同组成了齿轮箱的整个生命周期。对齿轮箱轴承的润滑考量会贯穿于整个生命周期。

1）齿轮箱设计和生产制造阶段：齿轮箱设计人员需要根据齿轮箱轴承的工况选择合适的润滑，有时候还需要对齿轮箱轴承润滑的寿命进行计算；齿轮箱设计人员需要计算初次润滑的注入量，齿轮箱生产制造人员需要按照规定的量采用正确的方法将润滑剂加入齿轮箱或者轴承之中。

2）在齿轮箱的使用维护阶段：齿轮箱使用和维护人员需要正确地选择补充润滑，他们需要了解补充润滑的剂量，同时还需要采用正确的方法将润滑剂补充到轴承内部。

总结起来，两个阶段的润滑工作都会面临"用什么？""怎么用？""用多少？"等几个问题，如图7-1所示。

图7-1 齿轮箱轴承润滑设计的基本问题

在讨论这几个具体步骤之前，先简单地介绍一些润滑的基本知识，包括：①润滑剂及润滑基本原理；②润滑剂（润滑脂、润滑油）的性能指标。

齿轮箱中通常使用的润滑介质主要是润滑油和润滑脂。当然，个别领域也有使用固体润滑的，由于实际使用不多，本书不予介绍。

（二）润滑油和润滑脂简介

润滑油是复杂碳氢化合物的混合物，通常的润滑油由基础油和添加剂两个部分组成，其中起润滑作用的主要是基础油。

润滑脂（也被称作油脂）是半固体状润滑介质，通常由基础油、增稠剂和添加剂组成。基础油主要承担润滑作用，增稠剂除了保持基础油的黏度以外也起到一定的润滑作用。

润滑油和润滑脂中的添加剂（抗氧化润滑剂和极压添加剂等）会使两种润滑介质具有更好的性能。

关于润滑脂和润滑油的特性对比如下：

1）润滑脂：具有良好的附着性能，油路设计简单，便于安装维护；附着在轴承上，防止轴承受到污染；立式安装使用方便；由于黏度原因有一定的发热，因此在某些高速领域无法胜任。

2）润滑油：具有很好的流动性；需要专门的油路设计，以及相应的附属设备；由于黏度较低，在高速场合可以使用；可以用于油气润滑，以达到超高转速的润滑；使用循环润滑可以起到冷却作用；发热少。

一般小型齿轮箱中经常使用的是润滑脂。齿轮箱中，如果使用润滑油，那么相应的润滑油路、密封、过滤、油站等设计就不可或缺。

二、润滑脂的主要性能指标和检测方法

（一）主要性能指标

了解润滑的一些主要性能指标及其含义，有助于后续对润滑的选择。

对于润滑脂而言，主要的性能指标有色别（外观）、黏度（或称为稠度、锥入度，锥入度曾用名为"针入度"、基础油黏度等）、耐热性能（滴点、蒸发量、高温锥入度、钢网分油、漏失量）、耐水性能、机械安定性、耐压性能、氧化安定性、机械杂质、防蚀防锈性、分油、寿命、硬化、水分等多项，其中主要的质量指标有滴点、锥入度、机械杂质、机械安定性、氧化安定性、防蚀防锈性等。

对于润滑油而言，主要的性能指标包括黏度（动力黏度、运动黏度、相对黏度等）、油性（润滑油的吸附能力）、极压性、闪点、燃点、凝固点等指标。同时还应该关注润滑油的抗腐蚀性、抗老化性能，以及在有气泡时的抗起泡性能。

下面着重介绍其中的黏度和滴点。

1. 黏度

黏度是一种测量流体不同层之间摩擦力大小的度量。

润滑脂以及润滑油中所含有的基础油的黏度就是指基础油不同层之间的摩擦力大

小，这是一个润滑选择重要的指标。通常用厘泊（cSt）表示，单位用 m^2/s。基础油的黏度是一个随温度变化而变化的值。一般地，随着温度的升高，基础油的黏度将变小。在计量时，一般都用40℃作为一个温度基准。因此一般润滑油和润滑脂都会提供40℃时的基础油黏度值。

2. 黏度指数

润滑剂的黏度随着温度变化而变化的大小程度，用黏度指数表示。有的润滑剂厂商给出黏度指数的指标，有的则给出两个温度值（40℃和100℃）时的基础油黏度，用以标识基础油黏度随温度变化而变化的程度。

3. 锥入度

对于润滑脂而言，其黏度通常用锥入度试验进行计量。润滑脂的黏度在很大程度上取决于使用增稠剂的种类和浓度。锥入度的单位是 mm/10。

4. NLGI 黏度代码

根据润滑脂不同的针入度，将润滑脂的黏度进行编码，称为 NLGI 黏度代码，具体内容如表 7-1 所示。

表 7-1 润滑脂的 NLGI 黏度

NLGI 值	锥入度 /（mm/10）	外观
000	445～475	流动性极强
00	400～430	流体
0	355～385	半流体
1	310～340	极软
2	265～295	软
3	220～250	中等硬度
4	175～205	硬
5	130～160	很硬
6	85～115	极硬

我们经常所说润滑脂中最常用的 2 号脂和 3 号脂，指的就是所用润滑脂的 NLGI 数值为 2 或 3。从表 7-1 中可以看到，2 号脂的锥入度大于 3 号脂，也就是说 2 号脂润滑比 3 号润滑脂"软"，或者叫"稀"。

低黏度（高针入度）具有更好的泵送性；高黏度（低针入度）的润滑脂更容易保持在轴承位置。低温下可以使用较软的润滑脂，0 或者 1 号脂，但是此时必须采用相应的油脂供应系统。而对于有震动或者沿着竖直轴放置的齿轮箱，优先使用具有更高黏度的 3 号油脂。

当油脂用于小齿轮箱的时候，可以选用 0 号或者 00 号润滑脂。

5. 润滑脂的滴点

滴点是在规定条件下达到一定流动性的最低温度，通常用摄氏度（℃）表示。对润滑脂而言，就是对润滑脂进行加热，润滑脂将随着温度上升而变得越来越软，待润滑脂在容器中滴第一滴，或者柱状触及试管底部时的温度，就是润滑脂由半固态变为液态的温度，基本可以称为该润滑脂的滴点。它标志着润滑脂保持半固态的能力。滴点温度并不是润滑脂可以工作的最高温度。润滑脂工作的最高温度最终还要看基础油黏度等其他指标。把滴点作为润滑脂最高温度的衡量方法实不可取。

也有经验之谈，认为润滑脂滴点温度降低 3~5℃ 即可认为是润滑脂的最高工作温度。这个经验之谈的结论有一定依据，但是依然要校核此温度下的基础油黏度方可定论。

（二）润滑脂的滴点、锥入度和机械杂质含量的简单定义和检测方法

1. 简单定义、说明和正规的检测方法

润滑脂的滴点、锥入度、机械杂质含量3个主要指标的简单定义、说明和检测方法见表7-2。

表7-2 润滑脂主要质量指标滴点、锥入度、机械杂质含量的简单定义、说明和检测方法

指标名称	定 义	说 明	检测方法
滴点	润滑脂从不流动向流动转变时的温度值	本指标是衡量润滑脂耐温程度的参考指标。一般润滑脂的最高使用温度应比其滴点低 20~30℃，以保证其不流失	将润滑脂放入滴点仪中，在规定的条件下加热，润滑脂滴下第一点时的温度即为滴点温度
锥入度	表明润滑脂稀稠程度的鉴定指标	锥入度较小时，润滑脂的塑性大，滚动性差；锥入度较大时结果相反。此外，润滑脂经剪切后稠度会改变，测定润滑脂经剪切前后的锥入度差值，可知其机械稳定性	用重150g的标准锥形针放入25℃的润滑脂试样中，测量5s后进入的深度。按1/10mm计算其数值
机械杂质含量	润滑脂中不溶于乙醇-苯混合液及热蒸馏水中物质的含量	润滑脂中混有机械杂质会使滚动体及沟道产生不正常的磨损，产生噪声，使轴承过早的损坏	可用酸分解法进行试验。将试样用酸分解后过滤，计算剩余物质的重量。现场可使用简易的方法测量

2. 简易鉴别方法

（1）皂基的鉴别。把润滑脂涂抹在铜片上，然后放入热水中，如果润滑脂和水不起作用，水不变色，说明是钙基脂、锂基脂或钡基脂；若润滑脂很快溶于水，变成牛奶状半透明的乳白色溶液，则是钠基脂；润滑脂虽然能溶于水，但溶解速度很缓慢，说明是钙钠基脂。

（2）纤维网络结构破坏性的鉴别。把涂有润滑脂的铜片放入装有水的试管中并不断转动，若没有油质分离出来，表明润滑脂的组织结构正常，如果有油珠浮上水面，说明该润滑脂的纤维网络结构已破坏，失去了附着性，不能继续使用。究其原因主要是保管不善、经受振动、存放过久等。

（3）机械杂质的检查。用手指取少量润滑脂进行捻压，通过感觉判断有无杂质；把润滑脂涂在透明的玻璃板上，涂层厚度约为 0.5mm，在光亮处观察有无机械杂质。

第二节　润滑的基本原理

一、润滑的基本状态与油膜的形成机理

轴承的润滑剂分布在滚动体和滚道之间，将两者分隔开来，避免金属之间的直接接触，同时减少摩擦。通常而言，润滑大致有边界润滑、混合边界油膜润滑和流体动力润滑 3 种基本状态，如图 7-2 所示。

1）在边界润滑状态，油膜厚度约为分子级大小，因此，此时的润滑几乎是金属之间的直接接触。

2）在混合油膜润滑状态，运动表面分离，油膜达到厚膜状态，但存在部分金属直接接触。

3）在流体动力润滑状态，较厚的油膜受负荷呈现弹性流体特性，金属被油膜分隔。

使用润滑剂的目的就是为了避免金属和金属之间的直接接触而减小摩擦，因此在实际润滑过程中期望达到不出现边界润滑的状态。

1902 年，德国人斯特里贝克（Stribeck）通过研究揭示了润滑剂黏度、速度、负荷与摩擦系数之间的关系，成为奠定润滑研究的最重要理论。这就是如图 7-3 所示的著名的斯特里贝克曲线。

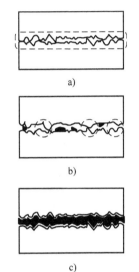

图 7-2　润滑基本状态
a）边界润滑　b）混合油膜润滑
c）流体动力润滑

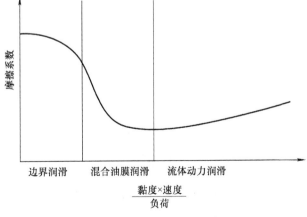

图 7-3　斯特里贝克曲线

这个曲线清楚地揭示了黏度、速度、负荷和摩擦的关系。这里所说的摩擦副（面）是指广泛意义的摩擦表面，关于具体理论分析可以参阅相关资料，在此不做过多介绍。

对于轴承这种特殊的摩擦副，我们不妨用划水运动员这样的一个很简单的例子来说明其润滑基本原理以及相关因素。

图 7-4 展示的是滑水运动的场景，在这个场景中，我们对滑水运动员的运动状态进行分析（滑水运动员的受力状态参见图 7-5）。

图 7-4　滑水运动

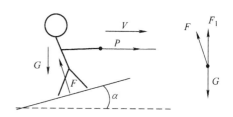

图 7-5　滑水运动员受力状态

滑水运动员受到重力 G、绳子拉力 P 和浮力 F，同时滑水板和水平面有夹角 α。其中水面对滑板浮力向上的分量 $F_1 = F\cos\alpha$。当 $F_1 = G$ 时，人就可以在水面上浮起来。从式 $F_1 = F\cos\alpha$ 可以看出，要使浮力向上的分量达到人体重力时，必须要有倾斜角 α 以及足够的浮力 F。

这个例子可以直接类比为润滑状态。人浮在水面上，可以类比成轴承滚动体浮在油膜上。因此，要形成润滑就必须有一个仰角 α。这就是通常所说的润滑形成的一个必要条件——就是要有一个楔形空间。

对于一套轴承，给定了滚动体和滚道的形状，当滚动体和滚道接触时，其接触面楔形空间的楔形角就已经固定。

当轴承在某给定工况运行时，其负荷已定，也就相当于滑水运动员的重力已确定。

由此可见，确定"浮力"的 3 个因素：重力（轴承的负荷）、楔形角（滚道和滚动体尺寸）和浮力，其中前两个因素已经确定。因此，我们想"浮起"滚动体，只能在"浮力"上想办法。

下面，让我们来看看影响"浮力"的几个因素。

二、润滑剂工作条件与油膜形成的关系

我们知道润滑剂的黏度受到温度的影响，随着温度的上升润滑剂的黏度下降。因此润滑及工作环境的温度与黏度直接相关，影响着润滑油膜的形成。因此温度指标是润滑剂工作条件的一个重要指标。轴承润滑剂的工作温度、轴承的转速、以及轴承所

承受的负荷是影响润滑油膜形成的重要指标,它们共同构成了齿轮箱轴承润滑选择的主要考虑因素。

(一) 温度与油膜形成的关系

试想,两个场景:①人在水面使用相同速度的快艇拉着滑行;②人在一池蜂蜜上使用相同速度的快艇拉着滑行。显然处在蜂蜜上的人,更容易浮出水面。但是相应的,拉在蜂蜜上滑行的人要比拉在水上滑行的人需要花更大的力气。两个场景最大的区别就在于蜂蜜和水的黏度不同。

相同的类比到轴承润滑场景。形成油膜相当于把人浮起来,黏度越大的润滑剂,就越容易实现这个目标。而相应的,在相同的速度下,黏度越大的润滑剂形成润滑所产生的阻力就越大。这些阻力在润滑里以发热的形式表现出来。

我们都知道,润滑剂基础油黏度随着温度上升而降低。因此温度越高,基础油黏度就越低,反之亦然。

由此可以得到结论:温度越高,越不容易形成油膜。因此,在温度高的情况下必须选择基础油黏度高的润滑剂,以保证在较高温度时有足够的黏度。

相应的,温度越低,约容易形成油膜,同时也会带来较多的发热。因此,温度越低时必须选择基础油黏度较低的润滑剂,以避免过多的发热。

(二) 转速和油膜形成的关系

小孩子经常会好奇,为什么滑水的人可以站在水面上,而我们平时无法站在水面上。如果仔细观察滑水运动员也会发现,在最开始时,运动员并不是站在水面上的,随着快艇速度的提高,运动员开始浮出水面。也就是说,即便滑水板楔形空间已定,若需要产生浮力,还是需要一定的相对速度。只有当速度足够快,人才能浮出水面,速度越快,滑水板受到向上的浮力就越大。当速度达到一定值时,滑水运动员甚至可飞离水面直至降速后落回。

类比到轴承润滑,在相同黏度、相同负荷时,转速高的容易形成油膜,反之亦然。

另一方面,转速越高,润滑发热就越多。因此在高转速的情况下,会选择基础油黏度低的润滑,以减少发热。

对于低转速的工况,形成油膜的因素不利,因此选择基础油稠度高的油脂进行补偿,以形成油膜。

对于极低转速,即使使用很高基础油稠度的油脂,依然不能形成油膜,因此需要考虑在油脂内部添加极压添加剂的方式来达成润滑效果。

二硫化钼是生产厂经常使用的一种极压添加剂,在极低转速时,二硫化钼通过分子间的特殊结构在滚动体和滚道之间形成一道润滑屏障。但是二硫化钼也有其应用限制,首先在温度高于80℃的场合,不适用二硫化钼添加剂;其次,在转速比较高的场合下,二硫化钼不仅无法发挥作用,反倒充当了磨料的作用,对滚动体和滚道造成表面损伤（表面疲劳）。

由上述论述可知，如果轴承转速因素或者油脂基础油黏度因素足够形成油膜，那么使用极压添加剂不但不会发挥其应有作用，还会造成材料的浪费，并有可能造成类似于二硫化钼磨损轴承的损伤。

（三）负荷和油膜形成的关系

还是用滑水运动员的例子来看，假设水池不变、快艇速度不变、滑水板倾角一样，一个体重大的人和一个体重小的人在滑行，很显然，体重小的更容易浮出水面。

类比于轴承润滑，在给定轴承转速和所用基础油黏度时，负荷轻的情况相较于负荷重的情况更容易形成油膜。

由此可知，在负荷较重的情况下，需要提高油脂的基础油黏度，以补偿负荷较重不利于形成油膜的因素来建立油膜。

在负荷较轻的情况下，可以采用基础油黏度低的油脂，这样既可以保证油膜的形成，也可降低由于基础油黏度过高而产生的发热问题。

三、轴承润滑与温度、转速、负荷的关系

通过上面的分析，我们可以知道温度、转速和负荷对润滑油膜造成影响的原因。齿轮箱工程师在各种轴承资料以及润滑资料里经常看到"高转速""高温"等描述，因此除了定性地了解这些因素之间与润滑油膜形成的影响以外，齿轮箱工程师也需要定量地了解通常在轴承领域所说的这些因素大小的划分。换言之就是对轴承的温度、转速、负荷的"高"或者"低"的定量划分。

前面我们提及的轴承温度、转速、负荷的高中低的定义如下。

（一）温度

对于轴承温度高低的定义见表 7-3。

表 7-3　轴承温度的高低划分

分档名称	低温	中温	高温	极高温
温度值 /℃	< 50	50 ~ 100	100 ~ 150	> 150

（二）转速

通常考量轴承转速用的指标是 nd_m 值，即轴承内外直径的平均值 $[(d+D)/2]$ 与轴承运行转速 n 的乘积，即

$$nd_m = n\left(\frac{d+D}{2}\right) \tag{7-1}$$

式中　n ——轴承转速（r/min）；

　　　d ——轴承内径（mm）；

　　　D ——轴承外径（mm）。

对轴承转速高中低的定义见表 7-4。

表 7-4 轴承应用转速的高低划分

分档名称	速度范围（nd_m 值）/（r/min）		
	球轴承	调心滚子轴承	圆柱滚子轴承
超低速	—	< 30000	< 30000
低速	< 100000	< 75000	< 75000
中速	< 300000	< 210000	< 270000
高速	< 500000	≥ 210000	≥ 270000
超高速	< 700000	—	—
极高速	≥ 700000	—	—

（三）负荷

衡量负荷轻重通常用负荷比 C/P 值（其中，C 代表额定动负荷，单位用 kN；P 代表当量负荷，单位用 kN）来区分。轻重的划分规定见表 7-5。

表 7-5 轴承负荷轻重划分

分档名称	轻负荷	中负荷	重负荷	极重负荷
负荷（C/P 值）	> 15	8~15	2~4	< 2

用上面的划分可以对工程实际中的工况做大致分类。在前面的分析中可以看出，温度、转速、负荷是轴承润滑建立的最关键因素。对于齿轮箱而言，轴承、负荷、转速、温度等诸多因素都是已经给定的，因此齿轮箱设计人员只能在选择油脂基础油黏度上动脑筋，以平衡各方面关系，在达成良好润滑的同时不至于过热。

综合诸多因素，我们可以归纳齿轮箱轴承润滑选择的基本原则如表 7-6 所示。

表 7-6 基础油黏度选择的参考因素

选择参考因素	温度		转速		负荷	
	高	低	高	低	重	轻
对基础油黏度的要求	低	高	低	高	高	低

在这个基础原则之上，我们需要平衡温度、转速、负荷三者之间的关系。所有的润滑选择都是一个平衡，甚至有时需要一部分的妥协。

这种妥协在齿轮箱行业尤为突出，设计工程师既要照顾高速轴的高速轻负荷，又需要估计低速轴的低速重负荷。两者之间本身就是相互矛盾的，而在齿轮箱中又都是使用同一个齿轮油进行润滑。这就要考验设计人员的平衡能力。

四、不同润滑脂的兼容性

原则上讲，不同成分的润滑脂是不许混用的。这一点在第一次对轴承注脂时是很容易做到的。但在机械运行过程中，补充或更换油脂时，则往往会因为一时找不到原用品种或其他客观和主观原因而使用另一品种的润滑脂，从而造成不同成分混用的结果。

不同成分混用后，有时没有出现异常，有时则会出现油脂稀释或板结、变色等现象，降低润滑作用，最终导致轴承损坏的严重后果。之所以出现上述不同的结果，涉及到不同成分的润滑脂之间的兼容性问题。混用后作用正常的，说明两者是兼容的，否则是不兼容的。

表 7-7 和表 7-8 分别给出了常用润滑脂基础油和增稠剂是否兼容的情况，供使用时参考。表中，"+"为兼容；"×"为不兼容；"？"为需要测试后根据情况决定。对表中所列不兼容的品种应格外加以注意。

表 7-7 常用润滑脂基础油兼容性

基础油\基础油	矿物油/PAO	酯	聚乙二醇	聚硅酮（甲烷基）	聚硅酮（苯基）	聚苯醚	PFPE
矿物油/PAO	+	+	×	×	+	?	×
酯	+	+	+	×	+	?	×
聚乙二醇	×	+	+	×	×	×	×
聚硅酮（甲烷基）	×	×	×	+	+	×	×
聚硅酮（苯基）	+	+	×	+	+	+	×
聚苯醚	?	?	×	×	+	+	×
PFPE	×	×	×	×	×	×	+

表 7-8 常用润滑脂增稠剂兼容性

增稠剂\增稠剂	锂基	钙基	钠基	锂复合基	钙复合基	钠复合基	钡复合基	铝复合基	粘土基	聚脲基	磺酸钙复合基
锂基	+	?	×	+	×	?	?	×	?	?	+
钙基	?	+	?	+	×	?	?	×	?	?	+
钠基	×	?	+	?	?	+	+	×	?	?	×
锂复合基	+	+	?	+	+	?	?	+	×	×	+
钙复合基	×	×	?	+	+	×	?	?	?	+	+
钠复合基	?	?	+	?	?	+	+	×	×	?	?
钡复合基	?	?	+	?	?	+	+	+	?	?	?
铝复合基	×	×	×	+	?	×	+	+	?	?	×
粘土基	?	?	?	×	?	?	?	?	+	?	?
聚脲基	?	?	?	×	+	?	?	?	?	+	?
磺酸钙复合基	+	+	×	+	+	?	?	×	?	?	+

第三节 齿轮箱轴承润滑的选择

一、齿轮箱轴承润滑脂的选择

润滑脂的特点使之更加适合应用于小型齿轮箱，尤其是齿轮发动机等情况。同时，润滑脂也可以用于一些齿轮的润滑。小齿轮的安装位置如果经常发生变化（水平、垂直、倾斜等位置）的时候，也适合使用润滑脂。

使用润滑脂进行轴承润滑的时候，相应的密封件设计比较简单。对于小型齿轮箱而言，通常对寿命是中等要求，如果这个寿命要求比润滑寿命短，则不需要补充润滑，也无需相应的润滑维护。

另外，对于立式轴中，位于上部的轴承很难通过飞溅获得足够的润滑，因此在这个位置部装相应的润滑脂，并采用阻挡板的方法对油脂进行保持。

当确定使用润滑脂的时候，就需要在众多型号的润滑脂中进行选择。润滑脂的选择主要是对增稠剂、基础油以及添加剂的选择。

增稠剂的黏度选择可以参照前面黏度介绍中的一些建议。

对于油脂基础油的选择方法与润滑油黏度选择一致，可参照后面相应的介绍。

一般而言，油脂供应商通常会提供油脂牌号及应用温度范围等数据。很多时候，设计人员会根据这些数据，即油脂的适用温度范围、轴承的预计工作温度以及一些经验进行油脂的选择。本章第一节所述的油脂相关知识可以给大家在这种定性选择时提供一定的参考依据。请注意，前面讲述的油脂相关内容（涉及选择油脂的部分）不是经验结论，而是基于一定的理论、实践以及计算得出的。

二、齿轮箱轴承润滑油黏度（润滑脂基础油黏度）的选择

前已述及，齿轮箱轴承润滑选择的关键是油脂基础油黏度的选择。通过油脂黏度的选择而使轴承在运行状态下避免工作于边界润滑状态（见本章第一节中的"润滑的基本状态与油膜的形成机理"）。通常，齿轮箱轴承在确定的转速、温度、负荷下运行达成润滑状态有一个所需要的最小基础油黏度 v_1；同时我们选择的油脂基础油在这个温度、转速、负荷下有一个实际黏度 v。则定义黏度比为

$$\kappa = \frac{v}{v_1} \tag{7-2}$$

式中 κ——黏度比（卡帕系数）；

v——所选择润滑在工况下的实际黏度（cst）；

v_1——相应工况下形成润滑所需要的最小基础油黏度（cst）。

给定工况下的基础油实际黏度可以从图 7-6 和图 7-7 中根据温度、所选油脂基础油黏度（通常供应商提供基于 40℃ 的油脂基础油黏度）查出 v。

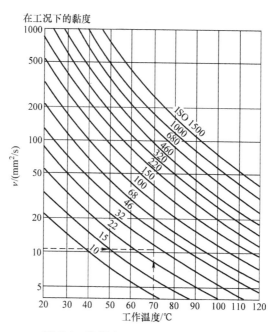

图 7-6 润滑在工况下的实际黏度 ν

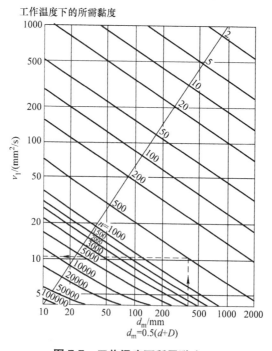

图 7-7 工作温度下所需黏度 ν_1

第七章 齿轮箱轴承润滑技术

给定工况下，所需的最小基础油黏度可以根据以上 nd_m 值、转速在图表中查出 ν_1；由实际黏度和最小所需黏度之比得到黏度比 κ。

黏度比 κ 与润滑状态的关系如图 7-8 所示。下面对图 7-8 中给出的各阶段进行分析。

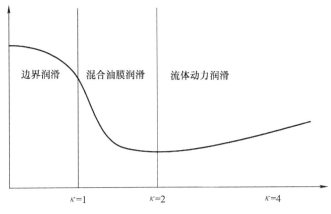

图 7-8　κ 与润滑状态的关系

1. 边界润滑阶段

当 $\kappa < 1$ 时，轴承滚动体和滚道之间无法有效分隔，不能形成良好的油膜。滚动体和滚道之间的负荷主要靠金属之间的直接接触来承担。此时需要使用极压添加剂以避免轴承润滑不良。当 $\kappa < 0.5$ 的时候，必须使用带保持架的轴承（不建议使用满装滚子轴承）；当 $\kappa < 0.1$ 时，在计算轴承寿命时该考虑额定静负荷，尽量使 $S_0 > 10$。

2. 混合油膜润滑阶段

当 $\kappa \geq 1$ 时，轴承滚动体和滚道之间形成油膜，此时处于混合油膜润滑状态。滚动体和滚道被分隔，但是偶尔会出现金属之间的接触。

3. 流体动力润滑阶段

当 $\kappa \geq 2$ 时，轴承滚动体和滚道之间形成良好的油膜，此时处于流体动力润滑状态，滚动体和滚道完全被分隔。

当 $\kappa \geq 4$ 时，轴承滚动体和滚道之间行成流体动力油膜，滚动体和滚道被完全分隔，轴承承载主要由油膜承担。但是过大的基础油黏度会造成轴承温度过高，尤其当转速较高时更为明显。

在斯特里贝克曲线中，我们如果固定转速和负荷，那么黏度就变成影响润滑的变量。因此上述状况可以通过曲线进行描述。

三、极压添加剂的使用

设计人员在进行齿轮箱润滑设计时经常会使用极压添加剂,或者抗磨损添加剂。但是也存在极压添加剂滥用的情况,也有可能带来相应的故障。

一般而言,通常在如下情况下使用轴承润滑极压添加剂:

1)润滑油膜难以形成的情况:此时 $\kappa<1$。这种情况下滚动体和滚道之间处于边界润滑状态,有很多的金属直接接触,需要添加极压添加剂以避免金属之间的磨损(表面疲劳)。

2)极低转速的情况:如果轴承的 $nd_m<10000$,那么此时轴承处于低速运行状态。如果需要形成油膜就需要很高的基础油黏度。此时推荐使用极压添加剂以辅助润滑。

3)极高转速的情况:轴承极高转速是指:①对于中径 $d_m \leqslant 200mm$ 的轴承,当 $nd_m>5\times10^5mm$ 时;②对于中径 $d_m>200mm$ 的轴承,当 $nd_m>4\times10^5mm$ 时。在轴承处于这个转速下的时候,形成油膜所需的润滑剂基础油黏度很低,在齿轮箱起动的时候,轴承转速不高,而此时较低的基础油黏度使润滑膜很难形成。因此在达到高转速时 κ 值合理,但是起动的时候就会润滑困难。此时建议使用极压添加剂避免转速未达到极高的时候出现干摩擦。

极压添加剂的使用也受到温度的影响,在温度低于80℃时,当 $\kappa<1$,使用极压添加剂可以延长轴承寿命;但当温度高于80℃时,有些极压添加剂可能会降低轴承寿命。比较常见的二硫化钼极压添加剂在温度高于80℃时就会出现影响轴承寿命的效果。

综上所述,建议在选用极压添加剂时,要根据实际工况的需求进行选用,不可滥用,更要注意极压添加剂的使用限制。

第四节 齿轮箱轴承润滑寿命及润滑方法

在完成轴承润滑选择之后,就需要使用相应的润滑剂对轴承施加润滑。本节就来介绍对齿轮箱轴承施加润滑的方法,以确保轴承可靠运行。

一、油脂润滑

油脂润滑的方法中,润滑脂寿命计算(再润滑时间间隔计算)是一个重要的考虑因素。当齿轮箱运行一段时间之后,原来填装的润滑脂随着时间的延长,其润滑作用逐渐减弱,此时需要补充添加新的润滑脂,或者更换润滑脂。这就是常说的再润滑工作。

进行再润滑的时机选择就涉及再润滑时间间隔的计算。当再润滑时间间隔大于轴承预期寿命的时候,通常一次填装油脂即可,此时无需进行再润滑。这种情况我们称之为终身润滑。一般而言,终身润滑只有在中小型尺寸的轴承轴中有可能实现(轴承外径小于240mm)的情况下。

(一)油脂寿命的基本概念

油脂本身有寿命期限。通常,油脂的寿命会受到外界氧化等化学因素的影响,因此即使是储藏而并未使用的油脂也有一定的寿命。不同油脂的储藏寿命需要咨询油脂生产厂家或查阅相关资料。

当油脂在轴承内运行时会承受负荷。增稠剂(皂基)的纤维会在负荷下不停地被剪切。当纤维长度被剪切到一定程度时,基础油在增稠剂里的析出和回析就会出现问题。宏观表现就是油脂的黏度降低。此时,油脂的润滑性能就无法满足工况需求。在润滑领域通常通过油脂剪切实验来测量油脂的稳定性。

由上面描述可知,油脂在运行一段时间之后其物理和化学性能都可能发生改变,而无法满足润滑要求,此时油脂就达到了它的寿命。

对于轴承而言,维护保养人员会要在油脂达到寿命之前进行再润滑。所以,我们会选择油脂的再润滑时间间隔。而油脂的再润滑时间间隔是 L_{01} 寿命,也就是可靠性为 99% 的油脂寿命。可靠性 99% 的意思是,在这个时间内至多允许 1% 的失效。而轴承疲劳寿命通常为 L_{10} 寿命,也就是可靠性为 90% 的轴承疲劳寿命。两者之间是 2.7 倍的关系。显然,再润滑时间间隔从寿命角度留下了十分大的可靠性空间,这也是每次再润滑不需要将老油脂全部更换的原因(油脂替换情况除外)。

(二)再润滑时间间隔(润滑脂寿命)的计算

润滑脂的预计寿命是受多种因素影响的。例如润滑脂的种类、轴承的转速和温度、工作环境中粉尘和腐蚀性气体的多少、密封装置的设计和实际作用发挥的情况等。

对于密封式或较小的轴承,轴承本身和其中的润滑脂两者之一都决定了一套轴承的寿命。无需也不可能在中途添加或更换润滑脂。

开启式轴承再润滑的时间间隔计算有如下两种方法,可参考采用。

1. 方法 1

根据经验,温度对补充油脂时间间隔的影响是:当温度(在轴承外环测得的温度)达到 40℃ 以上时,每增加 15℃,补充油脂时间间隔将缩短一半。

对于开启式轴承,补充润滑脂的间隔时间可参考图 7-9。

图 7-9 给出的是以含氧化剂的锂基脂为准,普通工作条件下的固定机械中水平轴的轴承内,润滑脂的补充时间间隔(其中纵坐标 Y 轴为补充时间间隔 t_f,单位为工作小时;横坐标 X 轴为运行转速 n,单位为 r/min;d 为轴承内径,单位为 mm)。其中 a 坐标为径向轴承;b 坐标为圆柱滚子和滚针轴承;c 坐标为球面滚子、圆锥滚子和止推滚珠轴承。若为满装圆柱滚子轴承,则间隔为 b 坐标对应值的 1/5;若为圆柱滚子止推轴承、滚针止推轴承、球面滚子止推轴承,则间隔为 c 坐标对应值的 1/2。

现举例如下:

某深沟球轴承,其内径 $d = 100$mm、运行转速 $n = 1000$r/min、工作温度范围为 60~70℃。请确定补充润滑脂的时间间隔为多长。

在图 7-9 的横轴上 $n = 1000\text{r/min}$ 处做一条平行于纵轴的直线,与内径 $d = 100\text{mm}$ 的曲线的交点所对应的纵轴 a 坐标(适用于径向轴承——深沟球轴承)的数值约为 1.2×10^4。则本例补充润滑脂的时间间隔为 12000 个工作小时。

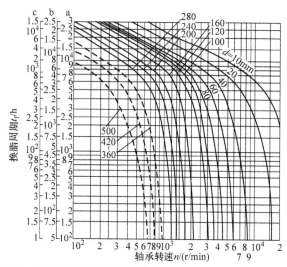

图 7-9 补充润滑脂时间间隔与轴承内径、运行转速的关系

2. 方法 2

图 7-10 是确定轴承运行温度为 70℃时补充润滑的时间间隔坐标图。

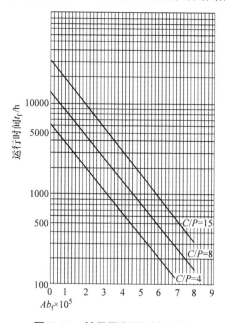

图 7-10 轴承再润滑时间间隔

图 7-10 中横坐标是轴承转速因数 A（即 nd_m 值）与轴承系数 b_f 的乘积。b_f 的数值与轴承的类型有关，可从表 7-9 中查取。

表 7-9 轴承系数 b_f

轴承类型	相关条件		轴承系数 b_f
深沟球轴承			1
角接触球轴承			1
圆柱滚子轴承	非定位端		1.5
	定位端，无外部轴向负荷或轻轴向变化负荷		2
	定位端，有恒定的轴向负荷		4
	无保持架，满装滚子轴承		4
自调心球轴承	$F_a/F_r < e$ 且 $d_m \leq 800\text{mm}$ 时	213，222，238，239 系列	2
		223，230，231，240，248，249 系列	2
		241 系列	2
	$F_a/F_r < e$ 且 $d_m > 800\text{mm}$ 时	238，239 系列	2
		230，231，232，240，249 系列	2
		241 系列	2
	$F_a/F_r > e$ 时	所有系列	6

注：表中 F_a 为径向负荷；F_r 为轴向负荷；d_m 为轴承平均直径；e 为轴承负荷系数。

查询方法：首先计算 A（nd_m）值，在表 7-9 中查到轴承系数 b_f，两者相乘找到图 7-10 中的横坐标点；然后计算轴承的 C/P 值，在图线参考的 3 条线之间取出计算的 C/P 值，然后查纵坐标得到再润滑时间间隔小时数。

（三）润滑脂再润滑注意事项

在进行再润滑油路设计的时候，应该保证润滑油路的进口和出口位于轴承两侧，这样可以使新补充的润滑脂进入轴承，起到补充的作用。

如果使用的是双列轴承，再润滑油路入口最好位于两列轴承之间，这样更有利于两列轴承得到良好的补偿用润滑。对于双列调心滚子轴承，可以选择具中间注油孔的类型；对于配对使用的角接触球轴承或者是圆锥滚子轴承，可以通过在隔圈上设置注油孔的方式来供应油脂。

再润滑时间间隔计算有一定的限制，在这些限制之内，还要根据实际工况进行调整，方可得到正确的计算结果。

补充润滑时间是一个估算值，上述计算方法是基于优质锂基增稠剂、矿物油的情况进行的。再润滑时间间隔还会随着油脂的不同有所调整。

上述计算方法（见图 7-10）是基于 70℃下油脂的情况进行估算的。在实际工况中温度每升高 15℃，油脂的再润滑时间间隔减半；实际工况中温度每降低 15℃，再润滑时间间隔加倍。

再润滑时间间隔是在油脂可工作范围内有效，若超出油脂工作温度范围，不能用这个方法进行估算。

对于立式轴和在振动较大的工况中使用的轴承，用图 7-10 查询的再润滑时间间隔应该减半。

对于外圈旋转的轴承，用图 7-10 查询的再润滑时间间隔也应该减半（另一个方法是计算 nd_m 时用轴承外径 D 代替轴承中径 d_m）。

对于污染严重的场合，应该根据实际情况缩短再润滑时间间隔。

对于圆柱滚子轴承，图 7-10 给出的值只适用于滚动体引导的尼龙保持架或者黄铜保持架的产品。对于滚动体引导的钢保持架（后缀为 J）以及内圈或者外圈引导的铜保持架圆柱滚子轴承，再润滑时间间隔减半。

上述再润滑时间间隔计算是针对需要进行再润滑的开启式轴承而言。对于封闭轴承（带密封盖或者防尘盖的轴承）而言，如果需要了解润滑寿命的话，只需要根据图 7-10 中的方法查询再润滑时间间隔，乘以 2.7 即可。这是因为，再润滑时间间隔是 L_{01} 的寿命，如果折算成和轴承寿命相同的可靠性，就应该转换成 L_{10}。这是一个概率换算的过程：$L_{10} = 2.7 L_{01}$。

当再润滑时间间隔在一周到六十个月之间的时候，如果要求润滑剂的量达到 500g，使用油脂润滑加油枪补充润滑的方式可以用于外部直径达到 420mm 的轴承。

对于大型轴承（外径大于 420mm）的时候，需要更多的润滑脂进行润滑，通常大于 500g。此时使用连续注油系统具有更好的经济性。同时如果需要进行补充润滑的轴承很多的时候，连续自动注油系统是一个很好的选择。

二、油润滑

当选择使用润滑油对齿轮箱轴承进行润滑的时候，设计齿轮箱箱体及其相关结构的时候就应该首先考虑润滑剂可以被可靠的供应给轴承。齿轮箱的轴承通常承受重负荷，齿轮箱内部如果供油不足就会导致轴承出现提早失效。因此使用油润滑的润滑方式时，除了对润滑油选择得当以外，对于机械工程师而言，油路的设计至关重要。

目前最常使用的油润滑方法包括油浴润滑、循环油润滑以及喷油润滑。

（一）油浴润滑

油浴润滑一般是在箱体内注入一定的润滑油，在齿轮箱工作的时候，依靠齿轮或者轴承自身的转动和搅拌将润滑油代入轴承。

通常情况下，油浴润滑适用于齿轮工作圆周转速小于 15m/s 的时候。此时要求润滑油油位至少可以达到滚动体中心位置的高度。当轴承运转的时候，由于轴承和齿轮的转动会带动润滑油淋溅分布。油位过浅则会导致淋溅油量不足；如果油位过深，那么齿轮以及轴承搅动润滑油所产生的损失会增大。

油浴润滑通常适用于小型及中型垂直放置的齿轮结构，这种结构中轴承可能被完全浸入润滑油中。

对于轴承未浸入润滑油或者部分浸入润滑油的情况,应该通过一定的油路设计确保润滑油可以进入并且流经轴承。良好的油路设计不仅可以为轴承提供恰到好处的润滑,同时也有助于通过润滑油的循环带走一定的热量。

在油路设计上,通常是在轴承上方设计油槽,收集齿轮箱箱体内壁上的润滑油,然后通过油路导入到轴承相应的部位。同时,在轴承室设计排油口以及排油油路,保证润滑油可以回流到齿轮箱中。需要注意的是,轴承室内部进油口和出油口应该位于轴承两侧,这样才可以保证润滑油经过轴承,起到润滑以及冷却的作用。如图7-11所示。

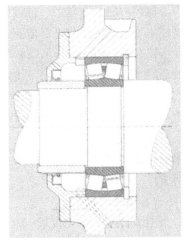

图7-11 油浴润滑的油路设计举例

在使用油浴润滑的时候,轴承靠近箱体内侧的一面有可能受到箱体内润滑油淋溅的影响得到一定的润滑。但是,轴承靠近箱体外侧的一面如果不通过油路设计的方式则很难得到淋溅的润滑(即便有从另一侧带入的润滑油,其量也不足够)。因此通常会将轴承室内油路进口设置在轴承靠近箱体外侧的一面,而将排油口设置在轴承靠近箱体内侧的一面。

另一方面,轴承室内排油口的位置应该适当升高,以保证轴承室内有足够的润滑油对轴承进行润滑。同时,如果排油口位置过高,过剩的润滑油可能会影响密封。因此机械工程师在排油口位置设置的时候需要进行权衡。

如果轴承室上方油槽通过自然淋溅收集的润滑油的油量不足以满足润滑的时候,可以通过导流板或者刮油器等装置增加润滑油的收集。

(二)循环油润滑

油浴润滑是在自然淋溅的情况下通过油路的设计对轴承提供润滑的方式,但是如果这种方式所收集的润滑油依然无法满足轴承润滑以及散热需求,则需要采取更主动的措施——循环油润滑。循环油润滑通常在以下情况下被采用:

1)齿轮本身的润滑采用的是循环油润滑方式;
2)设备自身发热大,需要通过循环油润滑的方式提升冷却性能;
3)设备转速高,润滑油老化速度快;
4)对于一些结构而言,油浴润滑无法满足润滑需求,比如竖直或者倾斜轴的应用;
5)由于齿轮箱体本身尺寸原因,使用油浴润滑需要的油量很大(实际润滑需求量不大,而由于箱体容积大,形成油浴所需要的油量大,增加设备重量,而润滑剂本身的使用率并不高的时候)。

6）需要通过过滤、离心泵等装置保持润滑油的新鲜和洁净。

使用循环油润滑的时候，需要对油路油管直径进行正确的选择，以提供足够的润滑油量。同时需要确保在齿轮箱起动的时候，轴承也是在具备足够润滑的条件下的起动，尤其是齿轮箱的第一次起动。

为避免油路油嘴堵塞，油嘴的开口直径应至少为 1.5mm。当油压高的时候，可以通过使用节流阀对油量进行限制。节流阀应该位于每一个轴承的前面，这样可以保证在油压较高时对轴承进行可靠和足够的供油。

当轴承运行于较高转速的时候，轴承的旋转引起的润滑油扰动会阻止其他润滑油的进入。此时，需要对给油侧的润滑油是否可以有效地进入轴承给予足够的关注。对于双列轴承而言（比如调心滚子轴承），如果轴承外圈在两列滚子中间存在注油孔，则更加有利于避免上述情况的发生。同样的，对于配对单列轴承的应用，将油路注油孔设置在两列轴承之间的位置，也将有利于润滑油进入两个配对轴承内部进行润滑。

（三）喷油润滑

当轴承转速很高（$nd_m > 10^6$）的时候，由于轴承的高速旋转会使润滑油难以进入轴承内部。此时，使用一般的淋溅以及循环油润滑的方式将无法满足轴承良好的润滑供给的需求。这种情况下需要使用喷油润滑的方式，将润滑油以一定速度（$v \approx 15\text{m/s}$）喷射在轴承内圈和保持架的间隙里，如图 7-12 所示。喷油润滑是一种将润滑油强制加入轴承的方式，确保在轴承高转速下依然可以有足够润滑。在油路设计上，除了对喷油部分进行考虑，也要设置相应的排油口，保证多余的润滑油可以顺畅地排出。这样一方面可以避免过量润滑油带来的搅拌发热，同时流出的润滑油也可以带走一定的热量，有利于轴承散热。

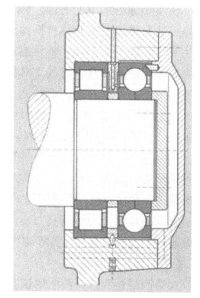

图 7-12　喷油润滑示意图

第五节　齿轮箱轴承的润滑维护

齿轮箱在出厂投入运行之后，润滑的维护是日常工作中一个重要的组成部分。齿轮箱轴承润滑的维护主要包括两个大的方面，一是润滑供给是否正常；二是润滑质量是否良好。

第七章 齿轮箱轴承润滑技术

一、齿轮箱润滑供给的检查

（一）脂润滑供给量

对于脂润滑而言，润滑的供给包括初次填装量以及补充润滑量的保证。

一般而言，对于润滑脂的初次填装量建议是：轴承内部剩余空间全部填满；轴承室内扣除轴承以外的空间填满 30%～50%，可参照表 7-10 进行选取。

表 7-10 不同转速下的润滑脂注脂量比例

转速 /（r/min）	< 1500	1500～3000	> 3000
润滑脂注入体积与轴承室容积比例 a	2/3	1/2	1/3

上面表格中轴承室内空腔的体积：

$$V_{轴承室空腔} = V_{轴承内空腔} + aV_{轴承外} \quad (7\text{-}3)$$

其中：

$$V_{轴承外} = V_{轴承室} - V_{轴承等效钢环} \quad (7\text{-}4)$$

$$V_{轴承内空腔} = \frac{G_{轴承等效钢环} - G_{轴承}}{\rho_{轴承钢}} \quad (7\text{-}5)$$

$$G_{轴承等效钢环} = \rho_{轴承钢} \pi \frac{D^2 - d^2}{4} B \quad (7\text{-}6)$$

式中　$V_{轴承室空腔}$——轴承室安装完轴承后内部的空腔体积（mm^3）；

$V_{轴承内空腔}$——轴承内空腔体积（mm^3）；

$V_{轴承外}$——轴承室内，扣除轴承等效钢环体积后的剩余空间体积（mm^3）；

$V_{轴承等效钢环}$——将轴承等效成一个实心钢环的体积（mm^3）；

$G_{轴承等效钢环}$——将轴承等效成一个实心轴承钢钢环的重量（g）；

D——轴承外径（mm）；

d——轴承内径（mm）；

B——轴承宽度（mm）；

$\rho_{轴承钢}$——轴承钢密度（g/mm^3）；

$G_{轴承}$——轴承重量（g）。

通过以上计算可以得到轴承内部在初次注入油脂时候的注脂量，如果现场计算体积不方便，还可以通过油脂密度折算成油脂的重量，便于现场的管理和检查。

进行再润滑时需要控制油脂的添加量，油脂添加过少，无法起到补充润滑的作用；油脂补充过多，会导致轴承室内油脂过量从而带来轴承发热等问题。对于普通不具有注油孔的轴承，正确的润滑量可以由式（7-7）计算：

$$G_p = 0.005DB \tag{7-7}$$

式中 G_p——再润滑填脂量(g);
     D——轴承外径(mm);
     B——轴承厚度(mm)。

有些调心滚子轴承在两列滚子之间有补充润滑孔的设计,这一类轴承的再润滑填脂量为

$$G_p = 0.002DB \tag{7-8}$$

(二)油润滑供给量

使用油润滑的时候,对于可以浸入润滑油的轴承而言,应保证润滑油液面到达轴承最下端滚子中心的高度。通常在维护的时候是通过检查润滑油液位计或者油标尺的方法进行检查的。

对于相对复杂的润滑系统,仅仅检查润滑油油位是不足以保证系统可靠性的。此时,要确保润滑油供应正常,就需要检查润滑油量是否正常,以及润滑油路是否通畅等几个方面。一般需要对每一个润滑位置的油压、流量、油温进行检查,必要的时候还需要设置一个报警系统。

对于监测位置的选取则需要考虑监测目标的关键性、故障频率以及故障危害性等因素。

二、运行中齿轮箱润滑剂质量劣化检查

这里所描述的齿轮箱润滑质量检查不是对润滑剂供应商的质量检查,而是对经过一段时间使用的润滑剂本身质量的劣化程度的检查,用以确定此时齿轮箱内的润滑剂是否还可以继续满足轴承的运行需求。

对于齿轮箱内润滑剂质量劣化的检查首先要提取润滑剂式样,然后对油液式样进行检查,并与新润滑剂的相应指标进行比对,从而估计劣化程度。一般可以用如下表 7-11 进行记录和检查。

表 7-11 齿轮箱润滑剂质量劣化检查记录单

齿轮箱润滑剂质量劣化检查记录单				
设备信息				
设备名称		润滑牌号		
设备类型		系统中油量		
设备编号		取样日期		
设备位置		取样人		
试验信息				
指标	试验方法(标准)	单位	式样数据	新润滑剂数据
颜色、外观	视觉检查	—		

(续)

齿轮箱润滑剂质量劣化检查记录单

试验信息

指标	试验方法（标准）	单位	式样数据	新润滑剂数据
气味	—	—		
15℃时密度	DIN 51757：2012	kg/m³		
运动黏度 @40℃	DIN 51562—1：1999	mm²/s		
运动黏度 @80℃	DIN 51562—1：1999	mm²/s		
运动黏度 @40℃	DIN 51562—1：1999	mm²/s		
酸值	DIN 51588（1）	mg KOH/g		
含水量	ISO 3733：2013	%wt/wt		
固体杂质（>3μm）	DIN 51451：2019	%wt/wt		
四球试验	DIN 51350：2015	N		
其他试验				
备注				

评价及措施

特性	差异（与新油）				
	一样	小	中	大	非常大
老化					
污染					
措施					
日期		地点		实验人	

第三篇　齿轮箱轴承的维护技术

齿轮箱完成设计之后投入安装、储运、使用维护，直至失效才完成整个产品的生命周期。在齿轮箱的使用过程中，对齿轮箱轴承的监测、维护保养、失效分析等工作组成了齿轮箱轴承维护技术的重要内容。同时，在齿轮箱投入运行之前，齿轮箱轴承的储运、安装等工作是实现齿轮箱轴承设计性能的重要环节，也是齿轮箱轴承后续维护工作的前序基础；另一方面，在日常设备维护工作中，有时候会对齿轮箱进行大修，此时也会面临轴承的失效分析、状态评估、安装拆卸等问题。

本篇齿轮箱轴承的维护技术包含了齿轮箱轴承的储运、安装、拆卸、状态监测与振动分析、轴承失效分析等方面内容。

随着大数据与 AI 技术的广泛应用，很多先进的状态监测与分析方法在实际工作中得以使用，因此本篇也将在齿轮箱轴承状态监测与维护部分对大数据与 AI 技术的应用进行介绍。

第八章
齿轮箱轴承的储运、安装与拆卸

齿轮箱厂家通常会在生产之前对轴承进行采购，采购来的轴承在投入使用之前先运抵仓库并进行相应的存储。正确的运输和存储轴承是保证轴承后续使用正常的前提。所以本章从轴承的存储与运输开始谈起。

同时，在完成齿轮箱设计过程中的各种校核计算和图纸绘制之后，当所有零部件完成加工，就进入到整体结构的装配过程。齿轮箱轴承的安装是整个齿轮箱装配过程中重要的一环。不恰当的轴承安装方法将对轴承造成伤害或者为轴承未来的运行表现埋下隐患。经验表明，轴承的提早失效中接近三分之一都与不恰当的装配有关。因此，齿轮箱轴承的安装是选型与校核技术中非常值得重视的环节。

相应地，当设备投入运行一段时间之后，在运行维护过程中有可能需要将轴承拆卸下来进行相应的维护或者更换。同时，如果发现轴承出现了失效，工程师需要根据轴承的情况进一步地分析根本原因，此时也需要将轴承拆卸下来。使用恰当的轴承拆卸方法会将拆卸过程中对轴承的影响降到最低。对于维护过程中的拆卸而言，良好的拆卸方法可以使很多轴承得到充分的再利用。而对于失效轴承的正确拆卸也可以尽量减小轴承的次生伤害，减少给后续分析带来的干扰，有助于提高后续分析的准确性。

第一节 轴承的存储和运输

一、轴承的存储

轴承入库之后通常不会全部马上被使用，因此需要进行妥当的存储。一般的，轴承从轴承厂出厂之前都会做处理和妥当的包装。但是这些处理和包装都有其一定的时间和条件限制。轴承的存储必须保持在一定的温度和湿度范围以内。

一些厂家给出的理想的轴承存储温度湿度条件是：

温度：理想存储温度为20℃，且48h内最大温度波动不超过3℃。可接受存储温度为35℃以下，48h以内温度波动不超过10℃。

湿度：60%以下。仓库中空气干净、干燥，不含有酸和腐蚀性气体及水蒸气。

除了保持一定的温度和湿度以外，轴承仓库也需要保持环境的清洁以避免造成轴承的污染。一般的，轴承应该置于专用的存储货架内，存储轴承的最底层托盘距离地面至少 20～30cm。不建议将轴承直接放置于地面上。同时不同大小轴承的堆高有自身限制，要根据包装上的注明严格遵守，以免产生危险。对于大型轴承，只能平放，不能竖立存放，且需要对轴承的全部端面提供有力支撑。

二、轴承的防锈

为了防止轴承生锈，在轴承出厂之前会被涂装防锈剂。防锈剂的防锈效果有其时间限制，未经使用的轴承原厂的防锈剂一般在 1～3 年内会有效（不同品牌具体的时间可以咨询厂家）。在这个时间内不需要对轴承进行额外的防锈处理。对于一般轴承，基本可以在这个时间内被使用，但是如果有些轴承需要长期存储，就需要采取特殊的方法，比如 NSK 的建议就是，将轴承浸在蜗轮机油内以达到防锈的目的。超过防锈保质期的轴承，很有可能在轴承某个表面出现生锈的现象，有的锈迹出现在肉眼可见的地方，有的锈迹很难被察觉，比较妥当的处理方式就是送去专门机构进行相应的检测，以检查轴承是否可以继续被使用，或者是需要经过某些处理后方可使用。

三、轴承的运输

一般轴承厂家都会对轴承进行包装以确保搬运过程中不至于对其造成损伤。即便如此，当轴承使用者对轴承进行搬运的时候依然要避免野蛮操作。轴承是精密机械部件，尤其是滚动体和滚道，其表面加工精度非常高（至少 μm 级别），因此不当的野蛮操作非常容易造成滚道或者滚动体表面的损伤。这样的损伤轻则使轴承运行的时候出现噪声，重则会从损伤点开始出现轴承的提早疲劳失效，所以在运输过程中要遵循轻拿轻放原则。

第二节　齿轮箱常用轴承的安装准备

一、齿轮箱轴承装配的环境要求

轴承是精密机械部件，其加工精度较高，因此在安装、使用过程中对环境的要求也较高。在安装轴承的时候，往往对环境的清洁度有较高的要求。这是因为，轴承在运行的时候，滚动体和滚道之间是通过润滑剂油膜分割的，而油膜的厚度远远小于外界尘埃等污染颗粒的直径。因此，一旦有污染物进入轴承内部，则有可能在轴承运行的时候造成相应的油膜刺穿等问题，从而带来发热、噪声的不良状况。

齿轮箱轴承安装时的环境要求包含环境硬件要求和一定的操作方法要求。

首先，轴承安装工位应该保持洁净，不应有粉尘、铁屑、液体等污染物。

第二，轴承安装工序部分的工具应当保持洁净。同时安装工具应尽量选用非硬质，不易掉屑的材质。例如，操作人员的手套不应有油污，不应使用棉质等容易有棉质纤维脱落的材质，油脂填装工具不应使用竹、木等容易掉屑的材质，同时保持洁净。

第三，在轴承安装过程中应尽量避免轴承过长时间的暴露于环境之中。在轴承安装之前，操作人员完成轴承的出库，此时应尽量避免大量地拆开轴承包装导致其长时间暴露在环境里。轴承应该在进行安装之前打开轴承包装，迅速的完成装配。如果条件不允许（比如一些很大的轴承不可能很快完成安装），则需要对轴承采取相应的遮蔽措施，比如使用一些干净的塑料布进行遮盖等，避免环境污染物的进入。

第四，在齿轮箱轴承安装工艺过程中需要注意保证润滑的清洁。如果使用润滑脂润滑的情况下，平时应该保持润滑脂容器密闭，在添加润滑脂的时候打开。待完成润滑工作，需要将润滑脂容器重新封闭盖紧，避免污染物进入。在使用自动注脂设备的时候应保证注油嘴的清洁。

当使用润滑油润滑的时候，在填装润滑油之前，需要对齿轮箱的箱体内部做好清理工作，保证润滑油的清洁。

二、装配前的检查

轴承在装配之前，首先要核对规格牌号（刻在轴承外圈端面或防尘盖上），应与要求的完全相符，再检查其生产日期，计算已存放的时间，该时间应在规定的期限之内（例如两年），超过规定期限的不应使用或经过必要的处理后再使用。

一般而言，轴承在入场之前应该已经完成入库检验。因此，齿轮箱轴承安装之前，操作人员可以做一些简单的检查。

完成轴承型号确认之后，操作人员可以对轴承逐个进行外观检查，不应有破损、锈蚀等现象；对内、外圈组合为一体的小型轴承（例如深沟向心球轴承，俗称"死套轴承"），可以检查其运转的灵活性。

如果必要，并且条件允许，则可以进行进一步的游隙检查、振动检查等。通常这些检查需要借助一定的设备和检查方法，在安装现场往往不做这方面的检查，或者仅仅做粗略的核查。

三、轴承的清洗

轴承在出厂时，为了防锈，会在轴承表面涂一层防锈油。通常轴承防锈油可以和大多数润滑剂兼容，此种情况下不建议对轴承进行清洗。但是在使用某些特殊润滑剂的时候，如果发现润滑剂和轴承防锈油不兼容，那么就需要进行清洗。

在对使用过的轴承全部更换新润滑脂时，需将原有残留的润滑脂清洗干净。

不论何种情况，轴承的清洗必须保证其清洁度。

（一）轴承清洗溶剂

清洗滚动轴承的材料有以汽油和煤油为主的石油系溶剂（较常用）、碱性水系溶剂以及氯化碳为主的有机溶剂。市场有销售的清洗剂成品，例如 TS-127 型。

（1）对汽油和煤油的要求。对清洗轴承所用的汽油和煤油为主的清洗溶剂的要求见表 8-1。其中的质量指标需要通过目测或相关标准规定的试验方法进行鉴定。

表 8-1 轴承清洗溶剂所用汽油和煤油的要求

序号	项目	质量指标	
		汽油	煤油
1	外观	无色透明	无色透明
2	气味	无刺激臭味	无刺激臭味
3	馏程	略	—
4	闪点（闭口）	—	≥ 60℃
5	腐蚀（铜片 50℃，3h）	合格	合格
6	含硫量	≤ 0.05%	≤ 0.05%
7	水溶性酸或碱	无	无
8	机械杂质	无	无
9	水分	无	无
10	清洗性能	不低于 120 号汽油	—
11	酸度	≤ 1 mgKOH/100mL	≤ 0.1 mgKOH/100mL
12	胶质	≤ 2 mgKOH/100mL	—

（2）碱性清洗液的配方。碱性清洗溶剂的配方见表 8-2。

表 8-2 轴承碱性清洗溶剂配方

成分名称	配方（任选一种）(%)			
	1	2	3	4
氢氧化钠（NaOH）	3~4	—	2	1
无水碳酸钠（Na_2CO_3）	5~10	10	5	2
磷酸钠（Na_2PO_4）	—	5	—	3
硅酸钠（Na_3SO_3）	—	0.2~0.3	10	0.2~0.3
水	余量			

（二）轴承清洗方法

对于大量使用的小型轴承，一般利用专用的清洗机（见图 8-1）进行清洗，其工艺过程应根据所用清洗剂、清洗设备和要清洗的轴承规格进行编制和实施。

第八章 齿轮箱轴承的储运、安装与拆卸

图 8-1 专用轴承清洗机

较少使用的轴承或者较大型的轴承，特别是对使用过的轴承，则一般采用人工清洗的办法，其步骤如图 8-2 所示。其中清洗轴承的清洗溶剂，有溶剂汽油（常用的有 120 号、160 号和 200 号）、三氯乙烯专用清洗溶剂（工业用，加入 0.1%~0.2% 稳定剂，如二乙胺、三乙胺、吡啶、四氢呋喃等）等。整个过程中应注意做好防火和防毒工作，为了防止溶剂对皮肤的损伤，应带胶皮手套或塑料手套进行操作。

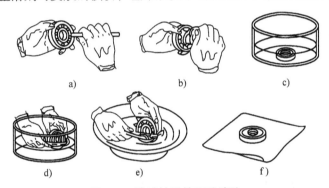

图 8-2 滚动轴承的手动清洗

a）用竹签或木签将轴承中的废油脂刮出 b）用洁净不脱毛的布巾将轴承中的防锈油擦干净
c）将轴承投入清洗溶剂中浸泡一定时间 d）用毛刷刷洗轴承
e）用干净的清洗溶剂再将轴承刷洗一到两次 f）用不脱毛的布巾将轴承擦干后晾干

第三节 齿轮箱常用轴承的安装方法

一、冷安装

对于外径小于 100mm 的轴承，可以使用冷安装的方法。就是将紧配合的轴承圈压入轴或轴承室内。一般冷安装可以使用锤子，或者压机。不论使用锤子或者压机，都需要使用专门的工具,以确保安装力施加在紧配合轴承圈的端面上,如图 8-3 所示,否则会造成轴承滚动体和滚道表面的压伤。

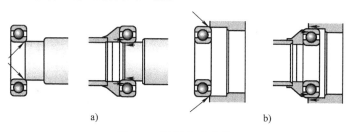

图 8-3 轴承的冷安装

a)内圈过盈配合轴承的安装 b)外圈过盈配合轴承的安装

对于内径小于 50mm 的轴承,通常使用锤子等安装工具进行冷安装。这种轴承通常用于配合不是很紧的小型齿轮箱。在使用的时候不能用锤子直接敲击轴承端面。在轴承和锤子之间必须使用相应的安装工具,以确保轴承端面不是局部受力,避免损伤轴承套圈。

对于内径大于 50mm 的轴承,通常使用压机对轴承进行冷安装。这种情况一般是配合较紧的位置。压机施力均匀,安装可靠,只需要注意施力于紧配合套圈的端面,就可以完成冷安装。

二、热安装

对于一些轴承配合太近或者需要的冷安装力太大,就可以使用加热的方式对轴承进行安装。轴承热安装需要注意以下几点:

1)不可以使用明火对轴承进行加热;

2)轴承加热至比轴高 80~90℃的时候即可以安装,加热温度不要超过 120℃;

3)带油脂的封闭轴承加热温度不得超过 80℃;

4)使用油浴加热的时候要注意保持油槽及加热油清洁;同时不可以将轴承直接置于容器底部,应该将轴承悬置于油槽中间。

通常加热过的轴承安装之后,随着温度的下降,轴承尺寸会出现回缩。为避免由此带来的轴承安装不到位,轴承热安装完毕之后需要推紧轴承,使之靠紧轴肩,直至形成配合。

市面上有一些轴承加热工具,是热安装经常用到的。这些工具各有利弊。

对于烘箱等轴承加热工具,烘箱易于获得,操作简便。但是,其加热温度难以控制,往往容易造成轴承温度过高的现象,尤其容易使轴承表面的防锈油碳化。碳化的防锈油会在轴承滚动体和滚道之间成为污染物,给轴承的运行带来潜在威胁。

对于感应加热器,加热可靠,无污染,加热速度快。相应地,由于感应加热器的加热原理是磁场感应加热，因此当加热完毕之后必须有去磁动作，否则轴承残留磁性，会吸引周遭杂质，影响轴承的运行。

对于轴承加热盘，通常用于批量加热的小型轴承。这种加热方式可以同时加热很多轴承，提高工作效率。但是加热盘上不同位置轴承的加热均匀性需要得到保证。并且，加热完不用的轴承会经历反复加热，会加速轴承内油脂及密封件的老化。

对于一些较大型的轴承，有时候需要采用油浴加热的方法对轴承进行加热。油浴加热就是将轴承浸入加热油（通常会是变压器油），如图8-4所示，然后对油进行加热，从而间接地加热轴承。油浴加热需要保证加热容器以及加热油的清洁度，以避免污染轴承。同时，在加热过程中，应该在加热容器内放置网架，使轴承位于油液当中，避

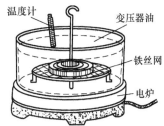

图 8-4　轴承的油浴加热

免轴承与加热容器的直接接触。然后通过控制加热油的温度，控制轴承的加热温度。如果轴承与加热容器直接接触，则可能导致轴承的过高温度。另外，在进行油浴加热的时候，应该尽量使轴承平放在容器内，因为油液内部由于对流的影响，上下层的温度出现差异，如果轴承竖直放入加热油中，加热后的轴承圆度受到温度差异的影响将会发生改变，不利于安装。

三、圆锥内孔轴承的安装

圆锥内孔轴承可以直接装在有相同锥度的轴颈上。

若安装在圆柱轴颈上，则需要通过一个内为圆柱孔外为圆锥面的紧定套，并通过锁紧螺帽和防松动垫圈将轴承锁定，上述部件如图8-5所示。

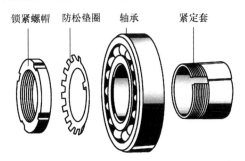

图 8-5　圆锥内孔轴承安装零件

其配合的松紧程度可用轴承径向游隙减小量来衡量，因此，安装前应测量轴承径向游隙，安装过程中应经常测量游隙直到其达到所需要的游隙减小量为止，安装时一般采用锁紧螺帽，也可采用加热安装的方法。

单列圆锥滚子轴承安装最后应进行游隙的调整。游隙值应根据不同的使用工况和配合的过盈量大小而具体确定。必要时，应进行试验确定。双列圆锥滚子轴承和配对圆锥滚子轴承在出厂时已调整好游隙，安装时不必再调整。

将圆锥内孔轴承安装于圆柱轴上的步骤如下：

1）一个紧靠轴肩安装的紧定套需要一个间隔套，其设计要使紧定套能在其内凹空间活动，以使轴承与间隔套有良好的接触。若使用无轴肩的平直轴，紧定套要安置在事先确定的位置（包括设计位置和拆卸前记录的位置），或测量以配合轴承在轴承室中的位置。

2）用清洁不脱毛的白布将待用的轴承和紧定套内外擦干净。之后在配合面上薄薄涂一层机油。如图 8-6a 和图 8-6b 所示。

3）将轴擦拭干净后，在其配合面上点少许机油，套上紧定套。用工具（例如一字口螺丝刀）将紧定套的开口微微撬开，则可使紧定套在轴上沿轴向移动，如图 8-6c 所示。

4）将轴承套在紧定套上后，放好防松动垫圈，再用锁紧螺帽将轴承锁定，如图 8-6d 和图 8-6e 所示。

5）用手转动轴承外圈，应转动灵活，如图 8-6f 所示。

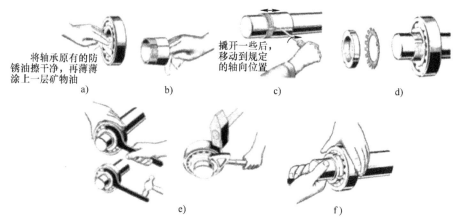

图 8-6 圆锥内孔轴承安装步骤

a）清洁轴承 b）清洁紧定套 c）安装紧定套 d）安装轴承、防松垫圈和锁紧螺帽
e）用钩形扳手旋紧锁紧螺帽 f）检查是否灵活

四、推力轴承的安装

安装推力轴承时，应检验轴圈和轴中心线的垂直度。方法是将千分表固定于箱壳端面，使表的测头顶在轴承轴圈滚道上边，转动轴承，观察千分表指针，若指针偏摆，说明轴圈和轴中心线不垂直。

推力轴承安装正确时，其座圈能自动适应滚动体的滚动，确保滚动体位于上下圈滚道。如果装反了，不仅轴承工作不正常，且各配合面会遭到严重磨损。由于轴圈与座圈的区别不很明显，装配中应格外小心，切勿搞错。此外，推力轴承的座圈与轴承座孔之间还应留有 0.2~0.5mm 的间隙，用以补偿零件加工、安装不精确造成的误差，当运转中轴承套圈中心偏移时，此间隙可确保其自动调整，避免碰触摩擦，使其正常运转。否则，将引起轴承剧烈损伤。

五、分体式径向轴承的安装与检查

齿轮箱里常用的分体式径向轴承就是圆柱滚子轴承。其中最常用的是 N 及 NU 系列。分体式轴承其内圈、外圈及滚动体组件是可以分离的，通常装配时也是分别安装。

以 NU 系列圆柱滚子轴承为例。此轴承是由一套轴承内圈和一套轴承外圈组件组成（滚动体、保持架和外圈的组合）。在装配时，先将轴承内圈安装到轴上（可以使用热安装或者冷安装）。通常会把外圈组件先置于轴承室内，然后将连带轴承外圈组件的端盖进行组装。

在端盖的组装过程中，轴承外圈组件上的滚动体通常会压在轴承内圈之上。通常此时会有如图 8-7 所示的接触状态。

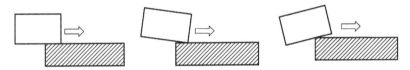

图 8-7 圆柱滚子轴承安装时滚动体与滚道的接触

此时，滚动体和滚道之间承载着端盖的重量。安装时，操作人员为了提高工作速度，快速向前推动端盖，会使滚动体在内圈上产生滑动，并在滚道或者滚动体上留下划痕，这些划痕会在齿轮箱运转时造成轴承发出噪声（参考后文轴承噪声部分的相关案例），或者在滚道表面造成疲劳失效。图 8-8 所示就是圆柱滚子轴承滚道安装时候划伤的照片。

图 8-8 圆柱滚子轴承滚道安装造成的损伤

为避免圆柱滚子轴承安装时对滚道表面造成划伤的情况，可以制作一个圆柱滚子轴承安装导入套。这个导入套是一个内径与轴承内径相同（松配合）、外径呈一定锥度的导入装置，导入套锥度高处和轴承内圈滚道齐平，如图 8-9 所示。

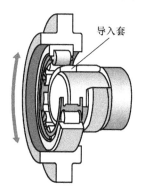

图 8-9　使用导入套安装圆柱滚子轴承

第四节　角接触球轴承及圆锥滚子轴承系统的预负荷（游隙）调整

齿轮箱中使用角接触球轴承或者圆锥滚子轴承系统的时候，为保障系统的刚性和轴承本身的运行性能，需要保证轴承在运行的时候具备一定的预负荷。因此，在对这些轴承进行安装的时候需要对预负荷值进行调整。正确的调整可以使轴承在承受负荷并且达到工作温度的时候，达到最佳运行状态；提高轴的引导精度；改善轴系统刚度；降低轴承运行噪声；同时提高轴承寿命。

一、角接触球轴承及圆锥滚子轴承系统预负荷调整的计算

对于角接触球轴承和圆锥滚子轴承，其进行预负荷调整的时候，此时轴承处于安装过程，轴承并非承受负荷的状态，并且轴承处于环境温度下。而调整的目标是使轴承在工作状态下（承受负荷，并且运行于工作温度时）轴承内部存在一个选定的预负荷。因此，在调整的时候必须考虑两种状态的差异。这种差异主要来自于两个方面，温度的差异以及变形的差异。

（一）温度对调整角接触球轴承及圆锥滚子轴承系统的影响

轴承处于非工作状态时，其内圈以及外圈都与环境温度相同。齿轮箱中一般的轴承处于工作状态的时候，多数轴承内圈温度高于外圈温度。在这种情况下，轴承内外圈温度不同带来的尺寸膨胀量不同，因此会减小轴承内部的剩余游隙，或者增加轴承

内部的预负荷。在由两个面对面或者背对背轴承构成的轴系统中，这种轴承剩余游隙以及预负荷的变化是由两个轴承共同承担的。

在配对安装的轴系统中（见图8-10），对于使用钢质或者相同材质的轴及箱体的齿轮箱轴承而言，温度差异对于两个轴承内部游隙（预负荷）的影响可以根据式（8-1）计算。

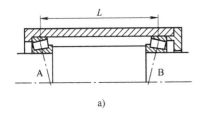
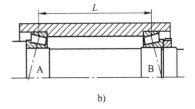

a) 　　　　　　　　　　　　　　b)

图8-10　预负荷调整的轴系统示意

a）面对面安装的轴系统　b）背对背安装的轴系统

$$\Delta_a = 11 \times 10^{-6} \left[0.5 \left(d_{mA} T_{\Delta A} \cot\alpha_A + d_{mB} T_{\Delta B} \cot\alpha_B \right) \pm T_{\Delta m} L \right] \quad (8-1)$$

式中　Δ_a——温度变化引起的轴系统中轴承游隙的减少量（预负荷的增加量）（mm）；

d_{mA}——A轴承平均直径，值为$0.5(d+D)$（mm）；

d_{mB}——B轴承平均直径，值为$0.5(d+D)$（mm）；

L——轴承平均间距，见图8-10（mm）；

$T_{\Delta A}$——A轴承的内外圈温度差（℃）；

$T_{\Delta B}$——B轴承的内外圈温度差（℃）；

α——轴承的接触角（°）；

$T_{\Delta m}$——轴与箱体的温差（℃）。

式（8-1）中，加号用于面对面结构，减号用于背对背结构。

在生产实践中，公式中的温度差是由经验值或者实测值作为依据的。如果没有经验值以及实测值，则可以根据下面原则进行估计：

1）对于低速轴或者低转速的齿轮箱，取5~10℃；

2）对于中间轴或者中转速的齿轮箱，取10~20℃；

3）对于高速轴、细长轴，取20~30℃；

4）对于高速输入轴，箱体冷却条件好的齿轮箱，取30~40℃。

（二）轴系统变形对角接触球轴承及圆锥滚子轴承的影响

当轴承承受负荷的时候，轴承自身以及轴、箱体等轴系统零部件的变形将影响整个轴系统的相对轴向位移，从而影响轴承内部的预游隙（预负荷）。对于整个轴系统而言，在承受负荷下的轴向负荷与轴向位移之间的关系就是轴承系统的负荷途径，如图8-11所示。

轴承安装在齿轮箱系统中，整个轴系统在承受轴向负荷时的负荷与轴向位移关系包含了系统中各个零部件的弹性等因素，因此获得某一系统预负荷/游隙途径的唯一方法就是实际测量。具体测量方法如图8-12所示。

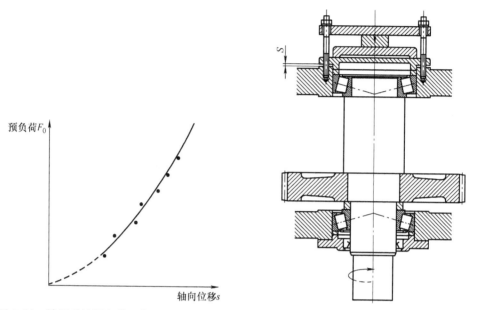

图8-11　轴承系统预负荷/游隙途径曲线（1）　图8-12　轴承系统预负荷/游隙途径测量示意图

测量的时候，将轴系统立式放置，将两个轴承安装调整至0游隙（参见后续面对面在轴承调整方法部分）。通过上面的加重装置调整系统轴向负荷，同时记录轴向负荷与轴向位移s之间的关系，从而得到轴系统的预负荷/游隙途径曲线。从图8-11中不难发现，曲线下半段接近零的位置为虚线。这是因为，在很小的轴向负荷下，系统的轴向负荷与轴向位移量受到测量误差的影响很大，难于准确测量。

在轴系统中获得预负荷/游隙途径曲线是对轴系统进行预负荷调整的第一步，基于途径曲线才可以对轴系统在轴向力下的变形进行计算，从而得到合理的预负荷值。图8-12是两个轴承在轴系统中的预负荷/游隙途径曲线。以此为例，对轴系统预负荷调整计算进行分析。

图8-12中横轴是轴向位移量，纵轴是轴向预负荷。图中虚线为轴承本身（不考虑其他零部件）轴向位移与轴向负荷之间的关系；实线为轴承安装在系统中轴向移动与轴向负荷之间的关系，此时系统所有零部件的刚性对这个关系产生了影响。图中可见，由于更多零部件的参与，整个系统在相同轴向负荷下的位移量比单个轴承的位移量大，换言之就是整个系统组装后的刚性比单个轴承的刚性小。不难看出，这个预负荷途径曲线越陡峭，则系统刚性越好（横坐标为轴向位移，纵坐标为预负荷的时候）。

图 8-13 中,两个轴承在轴承系统完成安装后,有一个轴向预紧力 F_{01},此时两个轴承预负荷相同。两个轴承从开始安装(此时内部没有预负荷),到形成 F_{01} 的预负荷的安装过程中,一个轴承相对于另一个轴承的轴向位移为 δ_1,此时两个预负荷途径曲线相交。预负荷调整结构如图 8-14 所示。

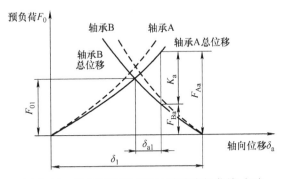

图 8-13 轴承系统预负荷/游隙途径曲线(2)

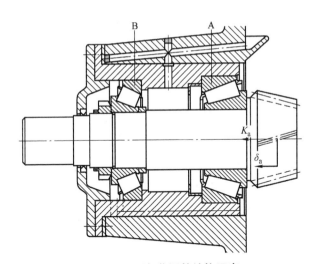

图 8-14 预负荷调整结构示意

当齿轮承受轴向负荷 K_a 的时候,轴承 A 的预负荷增大至 F_{Aa};轴承 B 的预负荷减小至 F_{Ba}。如图 8-14 中 K_a 所示,此时整个轴系统的轴向位移为 δ_{a1}。

当轴向负荷继续增大的时候,轴承 B 的预负荷 F_{Ba} 将继续减小。一旦 F_{Ba} 小于轴承 B 运转所需要的最小负荷的时候,轴承将出现滚动不良、发热等故障,严重时会造成烧毁。此时,如果增加预负荷 F_{01},则可以使轴承 B 的轴向负荷增大,同时整个系统的刚性会得到增强。

另一方面,这个系统中,当轴向负荷增大的时候,轴承 A 的负荷 F_{Aa} 会随着轴向负荷的增大而继续增大,此时轴承 A 的疲劳寿命将降低。因此上述的增加预负荷,提高系统刚性,避免轴承 B 负荷过轻的时候,也需要考虑这样的增加预负荷不应该很大程度地降低轴承 A 的寿命。

从上面分析可以看出,配对角接触球轴承以及圆锥滚子轴承的轴系统中,预负荷(游隙)调整中的边界条件是在工作负荷下,不应使轴系统中任何一个轴承的负荷小于最小负荷,同时不应使任何一个轴承的负荷达到影响寿命的程度。这就是角接触球轴承及圆锥滚子轴承配对结构调整时的基本计算要求。

二、安装时零游隙位置的确定以及安装游隙调整

对于角接触球轴承与圆锥滚子轴承的安装而言,零游隙位置的确定是首要条件,同时也是后续预负荷/游隙调整的起始点。

对于圆锥滚子轴承而言,在水平轴上的情况下,由于圆锥角、轴及齿轮重量的原因,轴承外圈会出现轴向移动,因此很难使所有滚子端面均匀的与挡边接触于零游隙状态。所以,一般采用竖直位置进行零游隙的调整。如图 8-15 所示。

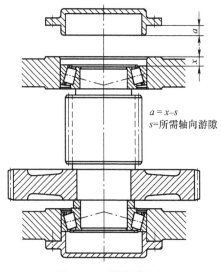

$a = x - s$
$s = $ 所需轴向游隙

图 8-15 零游隙调整

圆锥滚子轴承也能够零游隙调整步骤如下:

第一,将内圈安装到轴上,需要将轴承圈正确可靠地靠在轴肩上;
第二,推动外圈盖上滚子以及保持架组件;
第三,将应该水平放置的带有轴承的轴放置到齿轮箱里;
第四,安装顶部箱盖;
第五,在一侧拧紧箱盖,使轴处于垂直位置,并且由轴承支撑。

第六，用手旋转轴（如果需要的话可以通过转动输入或者输出轴实现）。此时观察轴承内部的滚动体。当所有的滚动体在公转的同时均出现均匀且速度一致的自转的时候，此时为零游隙位置。

对于面对面安装的角接触球轴承或者圆锥滚子轴承，此时，根据计算，通过调整端盖止口尺寸 a 与箱体止口尺寸 x 可以对轴承内部游隙进行调整。

计算所需的游隙 s 为端盖止口尺寸 a 与箱体止口尺寸 x 的差值。如果需要预游隙，则 $a < x$；如果需要预负荷，则 $a > x$。

在给定尺寸 a 和 x 的时候，可以通过在此处添加垫圈对轴承游隙进行调整。

三、面对面配置轴承隔圈尺寸的确定与安装

对于面对面配对的圆锥滚子轴承而言，可以通过使用一定尺寸隔圈的方法简化安装，从而省去安装过程中的调整环节，并且具有相当好的可靠性。

在实际的批量生产中，这种方法更加常用。具体实施的时候是由工程师计算出隔圈的厚度，然后根据一定的公差要求制作隔圈。现场的安装人员只需将隔圈安装到两个轴承之间保证轴承内部的预游隙/负荷达到工程师的计算要求。

两个面对面配对的圆锥滚子轴承如图 8-16 所示。隔圈厚度 C 值可以由下面方法获得。

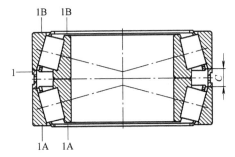

图 8-16　面对面配对的圆锥滚子轴承

首先需要对两个轴承的内、外圈进行标记，便于后续使用；将轴承 A 水平放置在三个块规上，如图 8-17 所示。

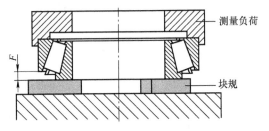

图 8-17　面对面配对轴承隔圈测量

对于轴承外径 ≤ 240mm 的轴承测量负荷取 300N；对于轴承外径 > 240N 的轴承测量负荷取 500N。

用手转动轴承外圈，使滚动体紧靠在 1A 圈的挡边上。

用块规测量三个位置的 F_{A1}、F_{A2}、F_{A3}；取三个位置的平均值 F_A 为

$$F_A = \frac{F_{A1} + F_{A2} + F_{A3}}{3} \tag{8-2}$$

重复上面步骤，得到 F_B；隔圈尺寸 C 可以由式（8-3）计算：

$$C = F_A + F_B + \Delta_a \tag{8-3}$$

式中 C——隔圈厚度（mm）；

F_A、F_B——测量值（mm）；

Δ_a——配对圆锥滚子安装前最大轴向游隙，见表 8-3。

表 8-3 配对圆锥滚子轴承安装前最大轴向游隙

轴承内径 /mm		轴公差	安装前最大轴向游隙 A/mm							
			轴承系列							
$d >$	$\leq$		329	320X	330	331	302,322	332	303, 323	313(X)
—	30	k5	—	0.120	—	—	0.140	0.150	0.170	0.100
30	40	k5	0.200	0.140	—	0.160	0.160	0.170	0.180	0.110
40	50	m5	0.220	0.160	0.220	0.180	0.180	0.170	0.200	0.120
50	65	m5	0.250	0.180	0.240	0.200	0.200	0.190	0.220	0.140
65	80	m5	0.270	0.200	0.290	0.240	0.220	0.220	0.260	0.170
80	100	m5	0.310	0.230	0.390	0.270	0.270	0.260	0.300	0.170
100	120	m5	0.330	0.280	0.400	0.300	0.280	0.300	0.340	0.190
120	140	m5	0.370	0.300	0.400	—	0.300	—	0.390	0.220
140	160	n6	0.430	0.330	0.400	—	0.330	—	0.430	0.240
160	180	n6	0.430	0.370	—	—	0.370	—	0.450	—
180	190	n6	0.430	0.400	—	—	0.400	—	0.500	—
190	200	n6	0.450	0.400	—	—	0.400	—	0.500	—
200	225	p6	0.500	0.450	—	—	0.450	—	0.550	—
225	250	p6	0.500	0.500	—	—	0.500	—	0.600	—
250	280	p6	0.600	0.550	—	—	0.550	—	—	—
280	300	p6	0.700	0.600	—	—	0.600	—	—	—
300	340	p6	0.700	0.650	—	—	0.650	—	—	—
340	360	p6	0.750	0.750	—	—	—	—	—	—

在表 8-3 中，轴向游隙量同时也考虑了由于轴公差引起的游隙减小量。表格中的轴公差是在轴承旋转内圈时，负荷为中等到重负荷的情况下的公差。此时，外圈相对负荷静止，其公差应为 J6 或者 H7，此时外圈由于公差配合对轴承游隙的影响几乎可以忽略。如果轴承外圈选择紧配合的时候，则可能带来轴承内部游隙的减小。

四、背对背配置轴承垫片尺寸的确定与安装

圆锥滚子轴承背对背安装的时候,往往需要在轴承内圈上安装一定尺寸的垫圈以表征轴承内部的预负荷/游隙。

与面对面安装的方法一样,此时需要将轴放置于竖直位置,如图 8-18 所示。

垫片尺寸确定以及轴承安装和测量步骤如下:

第一,将轴承 A 外圈装入箱体;

第二,将轴承 A 的内圈和滚动体组件装入小齿轮轴上,将齿轮轴装入箱体;

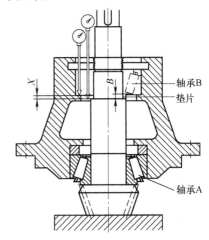

图 8-18 背对背安装的圆锥滚子轴承垫片调整

第三,将带有轴承 A 的齿轮轴以及箱体垂直放置在小齿轮端面上,如图 8-18 所示;

第四,转动箱体,使轴承 A 的滚动体紧靠在内圈挡边上(呈现 0 游隙状态);

第五,测量图中 X 位置的尺寸,然后计算其平均值:

$$X = \frac{X_1 + X_2 + X_3}{3} \qquad (8\text{-}4)$$

第六,将轴承 B 放置在测量平面上,如图 8-19 所示;

第七,在轴承上施加预负荷。当轴承外径 ≤ 240mm 的时候,预负荷取 300N;当轴承外径 > 240mm 的时候,预负荷取 500N;

第八,用手旋转轴承外圈,使滚动体紧靠在轴承内圈挡边上;

第九,测量图 8-19 中所示的 Z 值三次,取平均值:

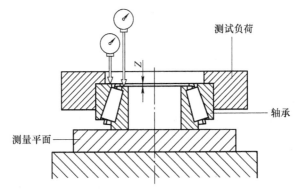

图 8-19 圆锥滚子轴承安装测量

$$Z = \frac{Z_1 + Z_2 + Z_3}{3} \tag{8-5}$$

第十，按照式（8-6）计算由于配合引起的轴承轴向游隙减小量：

$$\Delta_p = \Delta_r 0.4 \cot\alpha = \Delta_r 0.4 \frac{1.5}{e} \tag{8-6}$$

式中 Δ_p——轴向游隙减小量（mm）；

Δ_r——径向过盈量（mm）；

α——接触角（°）；

e——轴承计算系数，查阅轴承型录。

第十一，根据下面公式计算轴承调整垫片宽度为

$$B = X + Z + \Delta_p + \Delta_a \tag{8-7}$$

式中 Δ_a——轴承理想游隙（计算所需的工作游隙），正值为游隙，负值为预负荷。

第五节　轴承安装后的检查

当完成轴承安装之后，需要对轴承进行润滑。此后，在齿轮箱投入试验和运行之前，需要对安装后轴承的情况做一个现场的检查，避免潜在的一些风险。

轴承安装之后检查的第一步就是在可能的情况下，观察轴承内部的运转情况。首先，将安装后的轴承进行低速转动，同时观察轴承内部滚动体的运行状态是否顺畅均匀。

对于没有轴向负荷的轴承而言，检查时处于低速运转情况下，处在负荷区的滚动体将会出现自转速度相近或者相同的自转，同时在滚道表面出现公转。对于有剩余游隙的轴承，在非负荷区的滚动体也会出现自转和公转。只是此处由于剩余游隙的存在，其自转速度有可能不同，甚至有时有部分滚子丢转，这并非故障。

对于有轴向负荷的轴承而言，轴承滚动体和滚道之间在整圈被压紧，因此当轴承运转的时候，所有的滚动体均处于负荷区。所有的滚子均应该呈现速度一致的自转以及公转。如果存在一些滚动体一直处于不旋转状态，或者运转不顺畅状态，则应该迅速查找原因，避免投入运行。

除了在可能的情况下观察轴承的滚动体运动，一般在装机之后也会对轴承的安装进行检查。比如对圆柱滚子轴承对中情况的检查。

圆柱滚子轴承对于偏心负荷的情况比较敏感，而轴承室的加工精度等影响着安装后轴承的负荷的偏心状态。因此对于较大型的圆柱滚子轴承安装，需要对其偏心程度进行检查。其检查方法如图8-20所示。

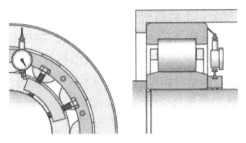

图 8-20 圆柱滚子轴承安装后对中情况检查

在轴承内圈上安装一个千分表,然后将轴承旋转 180°,测量此过程中的最大尺寸偏离值 d_x,由式(8-8)计算偏心:

$$\beta = \frac{3438 d_x}{D_0} \quad (8\text{-}8)$$

式中 β——不对中角度(');
d_x——最大偏离值(μm);
D_0——轴承外径(mm)。

一般地,圆柱滚子轴承能容忍的最大偏心角度为 2~4 弧分(')。因此测量结果大于此值的时候,需要进行纠正,以避免影响圆柱滚子轴承寿命。

除了上述检查之外,在齿轮箱轴承安装之后会对设备进行试运转,此时工程师也会检查轴承的运转振动、噪声等情况。

对于轴承振动的检查可以通过适应专门的振动测试仪,测试轴承部分轴向、径向(水平和竖直两个方向)的振动值。首先可以将振动值与相应的国家标准以及国际标准进行对比,以确定其振动是否超标。根据 ISO 2372(ISO 10816)机械振动分级见表 8-4。

表 8-4 机械振动分级表

振动烈度/(mm/s)	Ⅰ类	Ⅱ类	Ⅲ类	Ⅳ类
0.28	好	好	好	好
0.45				
0.71				
1.12	满意			
1.8		满意		
2.8	不满意		满意	
4.5		不满意		满意
7.1			不满意	
11.2	不允许			不满意
18		不允许		
28			不允许	
45				不允许

表8-4中机器分类如下：Ⅰ类机器——在正常运行条件下连成一体的发动机或者机器的单独部件（15kW及以下的电动机是这类机器的典型例子）；Ⅱ类机器——无专用基础的中型机器；刚性安装的发动机以及安装在专用基础上的机器（功率可达100kW）；Ⅲ类机器——振动测量方向上相对刚度较大的中型基础上安装的大型原动机和其他大型旋转机械；Ⅳ类机器——振动测量方向上相对刚度较小的基础上安装的大型原动机和其他大型旋转机械（如透平发电机组，特别是轻结构上的透平机组）。上述标准对于往复运动的原动机和被驱动机不适用。

针对具体的齿轮箱也可以参照GB/T 6404.2—2005《齿轮装置的验收规范 第2部分：验收试验中齿轮装置机械振动的测定》所规定的方法进行测试。

如果试验现场可以采集频域振动信息，也可以针对振动的频域信息做频谱分析。从而检查轴承相应的特征频率是否存在异常。

对于存在某种缺陷的轴承，运转时缺陷频率计算如下：

轴承运转的时候如果内圈有缺陷，就会在转动的时候出现轴承内圈缺陷频率（Ball Pass Frequency Inner，BPFI）。轴承内圈有一个缺陷的时候，冲击频率（内圈缺陷频率）BPFI为

$$\mathrm{BPFI} = \frac{Zn}{120}\left(1 + \frac{d}{D}\cos\alpha\right) \qquad (8\text{-}9)$$

如果轴承外圈有缺陷，在轴承转动的时候会出现轴承外圈缺陷频率（Ball Pass Frequency Outer，BPFO）。轴承外圈有一个缺陷时候的冲击频率（外圈缺陷频率）BPFO为

$$\mathrm{BPFO} = \frac{Zn}{120}\left(1 - \frac{d}{D}\cos\alpha\right) \qquad (8\text{-}10)$$

轴承的滚动体自转频率（Ball Spin Frequency，BSF）为

$$\mathrm{BSF} = \frac{Dn}{120d}\left[1 - \left(\frac{d}{D}\cos\alpha\right)^2\right] \qquad (8\text{-}11)$$

轴承保持架转动频率（Fundamental Train Frequency，FTF），也是轴承滚动体公转频率为

$$\mathrm{FTF} = \frac{n}{120}\left(1 - \frac{d}{D}\cos\alpha\right) \qquad (8\text{-}12)$$

式中　Z——滚动体数量（个）；

　　　n——轴承转速（r/min）；

　　　d——滚动体直径（mm）；

　　　D——滚动体节径，即滚动体中心所在圆的直径（mm）；

　　　α——轴承接触角（°）。

第六节　齿轮箱轴承的拆卸

在一些情况下，需要对轴承进行拆卸。一般而言，轴承的拆卸以减少对轴、轴承以及轴承室的伤害为重要原则。拆卸过程中对轴承造成伤害的风险很大，因此多数厂家都不建议重新使用已经拆卸过的轴承。但是对于失效分析而言，减少对轴承的拆卸可以大大减少失效分析中的干扰因素，有利于查找造成问题的原因。

一、冷拆卸

一般情况下轴承的冷拆卸是指在不加热轴承及轴承相关零部件的前提下对轴承进行拆卸。通常对于小型轴承而言，这种方式可以实现。

拆卸滚动轴承用的拉拔器有手动和液压两大类，另外还可分为两爪、三爪、可换（调）拉爪、一体液压和分体液压等多种，如图 8-21 所示。

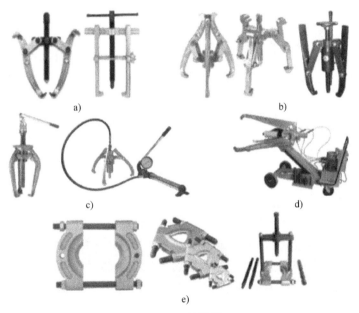

图 8-21　拉拔器
a）两爪手动拉拔器　b）三爪手动拉拔器　c）油压拉拔器
d）带移动底座的电动拉拔器　e）专用轴承卡盘和两爪手动拉拔器组合

安装拉拔器时，应事先在轴伸中心孔内涂一些润滑脂，可减少对该孔的磨损。若需拆下的轴承还要使用，则钩子应钩在轴承内环上，可减少对轴承的损坏，配合使用图 8-21e 所示的专用轴承卡盘可保证这一点。使用中，拉拔器要稳住，其轴线与轴承的轴线要重合，旋紧螺杆时用力要均匀。当使用很大的力还不能拉动时，则不要再强行用力，以免造成拉拔器螺杆异扣、断爪等损伤。

二、加热拆卸

对于使用冷拆卸方法无法拆卸的轴承，有可能需要使用加热拆卸的方法。加热拆卸的方法是利用热胀冷缩的原理将轴承圈加热，配合力变松，然后对轴承进行拆卸。有时候，对于一些轴承，热胀冷缩带来的配合力变化依然无法将轴承拆下来，就需要使用破坏轴承等的方法（比如将轴承进行切割）对轴承进行拆卸。

使用加热的方法对轴承进行拆卸都会对轴承造成一定的破坏，因此凡是经过加热拆卸方法拆卸的轴承都无法再次投入使用。

另外，使用加热拆卸方法的时候，加热地方是最容易对轴承造成破坏的地方，因此为避免给后续失效分析造成更多的干扰，应尽量使加热点避开轴承的失效部位。

现场经常使用的加热拆卸工具是喷灯。喷灯用于加热轴承内圈，使轴承内圈受热膨胀后，便于轴承从轴上拆下。一般在使用拉拔器拆卸比较困难时使用。按使用的燃料来分，有煤油喷灯、汽油喷灯和液化气喷灯三种，如图8-22所示。

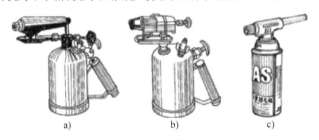

图 8-22 喷灯

a）煤油喷灯 b）汽油喷灯 c）液化气喷灯

对于燃油喷灯，使用时，加入的燃油应不超过筒容积的3/4为宜（不可使用煤油和汽油混合的燃油），即保留一部分空间储存压缩空气，以维持必要的空气压力。点火前应事先在其预热燃烧盘（杯）中倒入少许汽油，用火柴点燃，预热火焰喷头。待火焰喷头烧热、预热燃烧盘（杯）中的汽油烧完之前，打气3~5次，将放油阀旋松，使阀杆开启，喷出雾状燃油，喷灯即点燃喷火。之后继续打气，至火焰由黄变蓝即可使用。应注意气压不可过高，打完气后，应将打气手柄卡牢在泵盖上。

应注意控制火焰的大小，使用环境中应无易燃易爆物品（含固体、气体和粉尘），防止燃料外漏引起火灾，按要求控制加热部位和温度。

使用过程中，还应注意检查筒中的燃油存量，应不少于筒容积的1/4。过少将有可能使喷灯过热而出现意外事故。

如需熄灭喷灯，则应先关闭放油调节阀，待火焰完全熄灭后，再慢慢地松开加油口螺拴，放出筒体中的压缩空气。旋松调节开关，完全冷却后再旋松孔盖。

ID# 第九章
齿轮箱轴承振动分析技术

振动信号是齿轮箱和轴承运行过程中反应运行状态的一个重要运行参数信号,通过轴承振动信号的监测与分析可以掌握齿轮箱以及内部轴承的运行状态,并且可以对故障进行判断、分析。

随着状态监测设备的应用越来越普及和完善,工程师们可以方便地获得可靠的分析工具,通过一定的分析方法可以对运行中的齿轮箱轴承运行状态进行评估。从而确定此时齿轮箱轴承所处的运行状态,并且发现潜在的问题,同时对可能出现的故障提出预警,或者对已经出现的异常状况进行诊断。

运用振动监测技术对齿轮箱轴承进行故障诊断与分析需要对振动监测技术有一定的了解,同时在应用的时候也需要结合轴承其他相关的技术知识。

本章首先对轴承本身固有的振动进行介绍,然后引出设备振动监测与分析的基本概念,之后对齿轮箱轴承振动分析的基本方法进行介绍。

第一节 齿轮箱轴承的振动

通过轴承振动信号的监测与分析是对轴承故障诊断的一个重要手段,这个手段主要是针对工况以及振动频谱的解读为基础的。轴承作为一个多零部件组合而成的旋转零部件,在自身旋转过程中也存在一些固有的振动。与故障引发的振动不同,这些振动是轴承固有的、正常的振动。这些振动的出现,不代表轴承内部有某些故障或者瑕疵,应该与故障引发的振动区别开来。

一、负荷区滚动体交替带来的振动

受到径向负荷的滚动轴承在运转的时候,观察轴承内部滚动体有如图 9-1 两种情况的滚动体位置排列。

可以注意到,轴承最下端滚动体在时刻 a 有一个滚动体,而在时刻 b 有两个滚动体。这两个时刻内圈和外圈的间距关系如图 9-2 不同滚动体位置时轴承内外圈的间距变化所示。

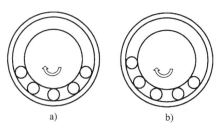

图 9-1 滚动轴承运行时滚动体的位置变换

a)时刻 a 的轴承滚动体位置排列　b)时刻 b 的轴承滚动体位置排列

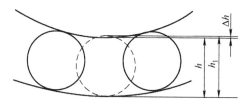

图 9-2 不同滚动体位置时轴承内外圈的间距变化

图 9-1 中可以看到,在时刻 a,滚动体 1 在轴承的最下端,轴承内圈和外圈之间的间距 h 等于轴承滚动体直径(忽略弹性);在时刻 b,轴承内圈最下边没有滚动体,此时轴承内圈最低点处于滚动体 1(左边)和滚动体 2(右边)之间,轴承内外圈最下沿间距为 h_1。显然 h 和 h_1 之间存在一个差异 Δh。随着轴承的滚动,轴承内圈与外圈中心线之间的间距将一直出现一个幅值为 Δh 的变动。同样的,齿轮箱轴的中心线与轴承室的中心线也将存在一个幅值为 Δh 的振动。

这个振动是轴承内部在运转的时候,由于滚动体排列变化的原因固有的一个振动。这个振动不可消除,同时也不意味着齿轮箱轴承存在故障。

当然这种固有的振动随着轴承尺寸的不同,也会显现出不同的程度。比如,轴承直径越大、滚动体数量越多,这种振动的幅值就越小;相反的,轴承直径越小、滚动体数量越少,这个振动的幅值就越大。同时轴承的转速越高,这个振动的频率将会越大。

二、滚动体与保持架碰撞引发的振动

齿轮箱轴承在运行的时候,对于具有保持架的轴承而言,滚动体和保持架之间会持续发生一些碰撞。

(一)负荷区滚动体与保持架的碰撞

对于内圈旋转的轴承而言,当轴承承受纯径向负荷的时候,处于负荷方向的大约 120° 的范围内是一个合理的负荷区,在这个区域内的滚动体承受着轴承的径向力。在这个区域内,滚动体受到内圈滚道和外圈滚道的"捻动"出现自转和公转,其公转速度与轴承内圈转速相同。此时，保持架处于一个被动自转的状态，因此在负荷区内部，轴承的滚动体推动保持架以维持与轴承转速一样的保持架自转速度。此时是滚动体在转速相同方向推动保持架自转。这个推动是通过滚动体与保持架的碰撞实现的。对于保持兜孔而言，这个碰撞发生在兜孔偏向运转方向一侧。这样的碰撞就会产生振动。而这个振动是轴承内部滚动体、保持架和滚道之间运动状态决定的，不可避免。

以上是以内圈旋转轴承为例，读者如有兴趣可以用相同的思路推导外圈旋转轴承相似工况下滚动体滚道在负荷区的运动和碰撞状态。

（二）非负荷区滚动体与保持架的碰撞

对于内圈旋转的轴承，承受纯径向负荷的滚动轴承在运行的时候，部分滚动体处于非负荷区，此时滚动体与滚道之间存在着径向剩余游隙，此时滚动体如果不与周围零部件发生碰撞，其公转速度应该下降。保持架受到负荷区滚动体的推动，维持与轴承内圈转速一致的自转速度，因此保持架会推动滚动体，维持其公转速度。这时保持架与滚动体之间发生的碰撞发生在保持架兜孔内部与自转方向相对的一侧。对于滚动体而言，保持架的碰撞发生在推向轴承转向的方向上。这样的碰撞是一定振动的激励源，并且这个振动也是由轴承内部滚动体、保持架和滚道运动状态决定的，同样不可避免。

相类似地，工程师可以推导外圈旋转轴承以及其他工况下非负荷区滚动体与保持架之间发生的相对运动状态和碰撞。

（三）滚动体与保持架的其他碰撞

在轴承旋转的时候，滚动体由于离心力的作用有一个向外离心运动的趋势。保持架兜孔会对这个运动趋势有一定的限制，因此在高速运转的时候，可能会有一个保持架在径向上修正滚动体运行的相对碰撞，从而会引发一类振动。

另外由于其他原因，滚动体出现的轴向运动趋势，也会被保持架修正，因此也会出现轴向相对碰撞的振动。

三、滚动体与滚道碰撞引发的振动

滚动体由于离心力的作用存在径向上的运动趋势，除了与保持架发生碰撞以外，更主要的是和滚道发生碰撞，以修正其运动轨迹，保持在圆周方向的运动。这种碰撞主要发生在非负荷区，如图9-3所示。

图9-3　滚动体与滚道的碰撞

四、轴承内部加工误差带来的振动

轴承在加工过程中，滚动体、滚道表面都会有一定的加工误差。这些误差会在轴承旋转的时候带来轴承的振动，其中轴承滚道、滚动体的径向波纹度影响尤其明显。

如图 9-4 所示。

加工过程中产生的误差是生产过程中不可避免的，对于已经加工完成的轴承，其加工误差在一定的范围内，轴承由此而产生的固有振动也应该处于一定的合理范围以内。

轴承生产厂家在轴承出厂时进行的轴承振动测试，实际上就是检查这个指标是否合格。这个检查与轴承装机后的振动噪声表现并没有强烈的一致性，因此轴承使用者不应以轴承振动测试仪监测的结果对轴承装机后的噪声进行推断。

图 9-4　滚动轴承内部波纹度的影响

五、润滑引起的振动

轴承在滚动的时候，在滚动体与滚道之间形成润滑膜。润滑膜在进入滚动体与滚道的接触区域之前和进入之后，其内部由于液体动力学原因也会产生相应的振动。

第二节　齿轮箱轴承振动监测与分析概述

一、振动基本概念

（一）振动定义

一个物体（或者物体的一部分）在平衡位置附近所做的往复运动就是我们说的机械振动。机械振动按照产生的原因分可以分为自由振动、受迫振动和自激振动；按照振动规律可以分为简谐振动、非周期振动和随机振动；按照振动位移特征可分为直线振动、扭转振动等。

轴承作为旋转设备零部件在运行的时候存在一定的振动，这些振动中有些是设备固有的振动，有些则反映了设备以及设备零部件存在的某些潜在故障。

对于设备本身运转时候固有的振动，设计人员在进行设计的时候努力将其控制在合理的范围内。一旦投入使用，这个振动就变成一个不可改变的固有存在。对于使用者而言，很难减小这个振动，同时这个振动也不意味着设备有什么故障。对于齿轮箱轴承而言，在设计选型的时候，轴承形式、轴承布置方式等一经确定，其正常的振动就会存在。

但是对于反映潜在故障的振动，是设备使用者十分关注的现象，也是振动监测与分析的重点。对于齿轮箱轴承而言，不论是滚道、滚动体、还是保持架受到伤害，亦或是齿轮箱轴承运行状态不恰当都会在振动上有所反应。

（二）振动的描述

在进行设备振动状态监测与分析的时候，对于一个机械振动可以从不同角度进行描述。

时域描述：从时间序列描述振动的变化状态，显示振动随时间变化而变化的情况。

频域描述：将振动中不同频率振动的幅值、相位、能量等情况进行排序排列。描述同一时间点振动不同频率的分布。

幅域描述：对振动幅值的大小进行分类描述。主要采用峰值、峰峰值、有效值等概念描述振动的烈度。

其他描述方式：振型、瀑布图、极坐标图、全息图谱等。

对于旋转机械及其零部件，尤其对于轴承而言最常用的振动描述方式是频域、时域、幅域方法。

（三）振动的烈度

振动的烈度是表征振动强烈程度的指标。前已述及，振动的幅域描述是对振动水平的反应。振动水平的强烈程度，就可以用来描述振动烈度。因此，振动烈度的表征参数就是振动水平参数（位移、速度、加速度）的最大值、平均值或者均方根值等。

位移：反应质点的位能信息，通常用于监测振动的位能对设备零部件的破坏程度。其单位是长度单位，一般使用峰峰值作为表征参数。

速度：反应质点的动能信息，表明了系统变化率，通常用于监测振动动能对设备零部件的破坏程度。其单位是 m/s，一般使用有效值作为表征参数。

加速度：用于反映质点受力情况，通常用于监测振源冲击力对设备零部件的破坏程度。其单位是 m/s^2，一般使用峰值作为表征参数。

（四）振动监测烈度水平参数的选取

如果振动的速度在全频段内保持一致，则我们可以看到振动的位移、加速度信号将如图 9-5 所示。

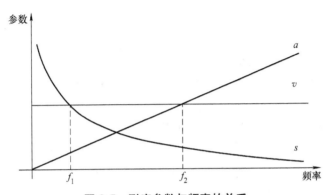

图 9-5　烈度参数与频率的关系

图9-5中可以看到，随着频率的增加，加速度测量的敏感性提高，而位移的敏感性降低。一般地，我们把轴承运行的频段分为低频带、中频带和高频带（图中用f_1、f_2标记分界点）。依据GB/T 24610.2—2009及ISO 15242-2：2004，对于轴承的测试50~300Hz为低频带；300~1800Hz为中频带；1800~10000Hz为高频带。

在设备振动监测与分析中，加速度用以监测设备运行状态变化的速度，通常设备进入生命周期的末期时，其加速度提示设备劣化速度。速度则用于监测设备的变化，尤其在轴承进入失效晚期的时候，速度信号可以对其进行有效的提示和区分。位移信号已经在状态监测中较少使用，一般仅用于低速设备，或者对于低频信号（对于速度和加速度都无法给出可用输出的信号）进行监测与分析。

在齿轮箱中，齿轮的啮合频率是齿数与转速的乘积关系；同时轴承的特征频率也存在于高频部分，因此多数情况使用加速度信号进行振动分析。

二、振动信号分析中的傅里叶变换

前已述及，描述振动主要通过时域、频域与幅域的角度。幅域分析往往较少单独使用，一般都是在时域角度下的幅域分析与频域角度下的幅域分析。从时域的角度，有时候我们根据振动、速度、加速度等信息得知设备在时间序列范围内的状态判断异常，此时这些分析仅仅能够显示异常，却无法进一步深入揭示出更细节的原因。因此，我们需要对"异常"的某一时刻的振动信号进行分解，从而了解某些特征频率下的振动幅值情况。

频谱分析的前提是要对振动信号按照不同频率进行分解，而傅里叶变换让这样的分解成为可能。

从傅里叶变换可知，任意周期性函数都可以表示为无限个幅值不同的正弦和余弦函数的叠加。

$$f(t) = \sum_{k=0}^{\infty} a_k \cos(\omega_k t) + \sum_{k=1}^{\infty} b_k \sin(\omega_k t)$$

这其中"周期性"是十分重要的。理论上说这就意味着$f(t)$必须在无限长时间存在，这是瞬态响应的要求。在现实中，并不一定要求这个信号无限长，只要相对于观测长度而言是一个足够长的时间就可以了。

可以用一个简单的例子来说明傅里叶变换的应用。如图9-6所示，我们用$i_1 \sim i_9$的正弦信号叠加得到了i_m，这个信号接近于方波信号。当我们增加正弦信号的数量，i_m将趋于逼近方波信号。将若干正弦信号进行叠加可以做傅里叶合成，同时将任意信号按照相同规则分解为不同频率和幅值的正弦信号就是傅里叶分解。合称傅里叶变换。当然傅里叶变换有一定的数学要求以及分解的方法，并且现代利用计算机对信号进行的快速傅里叶分析使其变得简单迅速，工程师往往可以很快得到分解的结果。关于数学过程的讨论，此处我们不做展开，有兴趣的工程师可以参阅相关资料。

三、振动频谱分析方法

前面已经讲过，通过傅里叶变换当我们对一个时域信号按照不同频率展开成不同频率段的正弦信号，如此就出现了不同频率段上不同幅值的正弦信号图像，如图9-7所示。

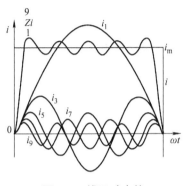

图9-6 傅里叶变换

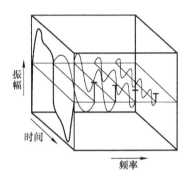

图9-7 信号的傅里叶展开

图9-7中可以看到，纵轴为振幅，就是我们说的幅值；水平上按照时间的展开就是信号总值随时间的变化，此时的图像是一个时域的图像；水平上按照不同频率分解为不同频率的正弦信号，就呈现为一个频域的图像。

在振动分析过程中，通常我们从振动传感器传递来的是一个振动幅值随着时间而变化的信号，我们叫时域信号。同时我们对振动幅值进行傅里叶分解，得到不同频率的振动幅值信号，我们称之为频域信号。

时域信号和频域信号按照时间和频率呈现一个分布的图景，我们称之为振动谱。针对时域谱和频域谱趋势、特征的分析就是我们常说的频谱分析。对于齿轮箱轴承故障诊断与分析而言，最常用的频谱分析就是振动的时域分析与频域分析。有时候会加入一些瀑布图作为辅助。

工程实际中，当工程师对齿轮箱轴承安装振动测试传感器之后，对齿轮箱轴承振动的主要检测和分析方法也就是上面提及的振动时域分析方法，和振动频域分析方法。

第三节　齿轮箱轴承振动的时域分析

前已述及，在工程实际中齿轮箱轴承振动分析主要包括时域分析和频域分析。

齿轮箱轴承振动的时域分析主要是针对齿轮箱轴承振动信号在时间轴上的分布特征进行分析，从而对轴承的运行状态进行判断、诊断的过程。

齿轮箱轴承时域分析总体上是一个对比的方法，具体而言就是将设备在被检测时的状态与基准状态进行参照对比，从而得到相应结论。因此，在进行齿轮箱轴承振动时域分析之前需要明确被测对象的振动对比基准，也就是设备"正常状态"的振动基准是什么。因此，本节从设备"浴盆曲线"开始阐述，进而确定齿轮箱轴承的振动基准状态，然后介绍具体的参照和对比研究方法。

一、设备运行的"浴盆曲线"

设备运行时，其振动随时间变化呈现一定的规律。振动状态监测仪器对设备的状态监测（人工或者自动方式）可能是固定时间点的监测，也可能是连续的信号监测。不论怎样，这些状态监测信号在时间轴上如果排列开来，就呈现一个时序的信号图像。对于设备而言，最著名的状态监测时域图形就是著名的"浴盆曲线"，如图9-8所示。

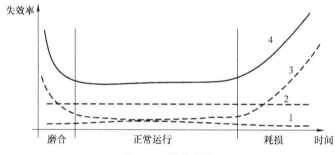

图9-8 浴盆曲线

图9-8中所示为曲线4为"浴盆曲线"，随着时间的推移，这条曲线呈现出中间平滑，两头翘起的形态。这条曲线由三个部分组成：

1）设备投入运行之后的早期失效（Infant Mortality）。这段曲线中失效率一开始很高，随后持续下降。

2）设备运行时候的随机失效（Constant Mortality/Random Mortality）。这段曲线中失效率是一个平均持续存在的。对于稳定的设计，这个阶段设备的失效率低并且稳定。

3）耗损失效。随着设备的运行，设备势必出现一定的性能劣化，此时的失效就是耗损失效，它随时间的推移呈现上升趋势。

三部分失效的总和，就组成了"浴盆曲线"，浴盆曲线由其形态可以大致划分为三个阶段：

1）磨合期：设备初装，各种原因引起的失效率偏高，但是随着时间的推移，设备的失效率明显下降。设备的磨合阶段是各个零部件在磨合期更好的相互协同达到最终稳定的状态，此时设备的维护成本比正常运行的时候高。

2）稳定运行（稳定）期：经过磨合期，设备各个零部件达到一定的协同，设备稳定于一个低失效率的运行阶段。这就是设备的稳定运行期，在这个阶段里，设备贡献出最大的效能，维护成本最低，是设备用户最重要的使用时期。

3）设备耗损期：进入设备耗损期，设备性能劣化带来的失效率上升，逐渐占据主流趋势。设备的维护成本明显增加。此时需要进行设备的维修甚至更换。

对于齿轮箱轴承而言，其投入运行直至失效同样会经历上述三个阶段。这就是齿轮箱轴承运行状态的"浴盆曲线"。

当齿轮箱轴承安装了振动监测装置之后，一般的振动信号就可以对实时的振动总值进行记录，由此展开的时序图景就是轴承的运行状态的振动时序记录。然后，针对这个时域数据的变化呈现的趋势与"浴盆曲线"进行对比分析。

从数据角度，振动是瞬息变化的，因此如果做振动实时信号的记录和存储，其数据量是相对较大的。当使用大数据的方法对振动信号进行分析的时候，数据的采集密度相对较大，记录时间相对较长，因此数据量也十分巨大。因此消耗的数据接收、管理、存储的资源相对也较大。

二、齿轮箱轴承运行时振动的时域表现

（一）齿轮箱轴承时域振动分析的参照基准——稳定运行期

前已述及，齿轮箱轴承在运行的时候，由于运动状态、位置排列，以及加工误差等原因，存在一个固有的振动。这个振动不代表着轴承的故障状态。换言之，也就是说这个状态是轴承"正常运行"的一个表现。当轴承运行振动状态与"正常状态"出现偏差的时候，就可以认为轴承内部存在这样或者那样的异常或者故障。因此，轴承装机后的固有振动水平就是齿轮箱轴承振动时域分析的参照基准。

需要指出的是，轴承内部固有振动受到运动状态、位置关系，以及加工误差的影响，同时也会受到承受负荷、转速、运行工况等其他因素的影响。实际工况中对于一个给定轴承型号的运动状态、位置关系、加工误差，即使是可以给出大致水平，但是其应用条件又存在一定的差别，因此每台齿轮箱的轴承在工况里的"正常状态"很难在出厂前被准确计算出来。更实用的一个方法是，齿轮箱投入使用之后，在稳定运行期内，对其轴承的振动水平进行一段时间的记录。这个记录既然是稳态下的记录，而此时设备又处于一个正常的工作水平，那么这个记录就可以作为这个轴承的"正常状态"被记录并用作故障诊断与分析的参考。

值得工程技术人员注意的是，轴承振动的"正常状态"会随着工况的变化和时间的变化发生一定程度的漂移。因此在对轴承进行振动分析的时候，除了需要参照以往采集的"正常状态"的振动信号，同时也要参照故障发生之前一段时间的振动信号作为参考对比。有的时候，一些轴承振动信号的漂移与轴承所承受的外界负荷等工况条件的变化紧密相关。往往在振动信号变化的同时找到对应的工况变动，可以很大程度

上帮助故障诊断与分析。

（二）齿轮箱轴承进入失效期的振动表现

在前面介绍了设备运行的浴盆曲线。齿轮箱轴承振动表现的浴盆曲线就是振动信号在时域上的表现。

在对齿轮箱轴承进行振动状态监测与分析的时候，通常针对的是已经投入运行的轴承。此时，轴承经过了磨合期进入稳定运行期，并且实际上当故障出现的时候轴承已经处在耗损期。对于设备运维人员来说，轴承从稳定期到耗损期再到轴承出现故障的阶段是最受到关注的。在这个过程中，轴承失效时振动从出现到发展大致如图9-9所示。

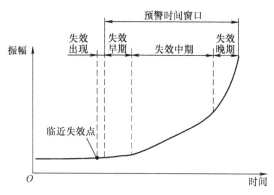

图 9-9 轴承失效时振动的时域表现

图9-9中将轴承失效的振动表现沿着时间轴分为四个阶段：

轴承失效的出现：轴承在稳定运行期的末期，出现第一个失效的时候，此时轴承失效非常轻微，由此而引发的异常振动也非常小，一般的测试手段很难察觉。只有到达一定程度的时候，才能通过诸如振波辐射等方式被发现。这个时候轴承虽然已经出现第一个失效点，但是此时设备运行并没有受到影响。这个阶段是轴承失效出现的第一个阶段。

轴承失效早期阶段：随着轴承的持续运行，轴承失效从第一个失效点开始发展。随着失效的发展和扩大，轴承的振动幅值开始变大。此时轴承的振动幅值变化可以通过振动监测仪器发现，但是此时的设备振动差异很难被现场操作人员察觉。在轴承的早期失效阶段，轴承运行看起来依然没有什么问题，但是失效已经发生，潜在风险在扩大。此时轴承运行进入预警期。

轴承失效的中期阶段：轴承在出现早期失效的基础上继续运行，失效点继续发展，失效点继续扩大，同时开始出现次生失效。这个时候轴承的振动幅值继续增大，有可能伴随着轴承温度的异常。在这种情况下，轴承的振动信号在振动监测仪上十分显著，现场操作人员可以通过宏观的观察发现轴承出现异常。此时齿轮箱依然可以运行，但是运行时轴承的表现已经不正常，轴承处于故障运行阶段。此时应该对齿轮箱轴承进行相应的检修工作。

轴承失效的晚期阶段：轴承在中期失效阶段仍然未得到及时的更换和检修，轴承继续带病运行。轴承内部失效点进一步扩大，次生失效扩大，并且失效越来越严重，有可能出现多重失效重叠的恶性发展。此时齿轮箱轴承的振动幅值越来越大，温度出现异常、操作人员在现场可以轻易地发现这些异常表现。在这个阶段有可能出现轴承无法继续运行的情况（卡死等现象）。此时各种原生、次生失效在轴承上掺杂在一起，为后续轴承失效分析带来困难。并且一旦出现轴承无法继续运行的情况，将带来非计划停机的损失。在齿轮箱的运维过程中应该尽量避免轴承进入失效晚期阶段。

（三）齿轮箱轴承时域分析基本方法

通常而言，在普通的振动监测与维护中，只需要根据实际设备振动值并参照相应的标准对振动是否超标进行判定即可。但是这种简单的报警判断远不足以满足工程实际中的需要。尤其是如果希望对设备进行"预测性维护"，这种被动报警的方法显然不够。此时，振动的时域分析方法可以在设备预测性维护方面提供相当的支持。

前已述及，对齿轮箱轴承振动状态进行监测，将测试时的振动幅值置于"浴盆曲线"之中，此时便可以了解轴承目前所处的状态。

对于齿轮箱轴承的维护保养而言，从图9-9中不难发现，从轴承进入第二阶段到轴承最终彻底失效的时间就是对这台齿轮箱的轴承进行维护修理的时间窗口，工程师可以在这个时间窗口对齿轮箱轴承进行维护更换的工作，这也是齿轮箱轴承运行的预警时间窗口。齿轮箱运行的时候，应尽量避免轴承出现不能运行而导致的非计划停机，因此必须在预警时间窗口消失之前完成轴承的更换。

工程实际中也经常有工程师会询问"这台齿轮箱的轴承还能运行多久？""这台齿轮箱轴承的残余寿命还有多久？"之类的问题。事实上，如果基于前面对轴承失效过程的振动时域表现的了解，齿轮箱的使用者可以将一个工况位置的齿轮箱的振动历史数据记录下来。从而得到很多这个工况位置轴承从开始失效到失效晚期的振动幅值曲线。通过这个曲线就可以得到这个工况位置齿轮箱轴承从监测到失效到彻底失效的时间。这个时间就是这个工位齿轮箱轴承的失效报警时间窗口。

另一方面，将这个工况位置此时此刻齿轮箱轴承振动的幅值放在历史曲线里，就可以得到当前轴承所处的失效阶段，同时也可以从曲线中根据现有轴承振动水平到轴承最终失效的时间差，这样就可以大致得到轴承的"残余寿命"估计值。

由此我们知道，基于同一轴承振动的时域记录，可以为将来此工况位置轴承的维护提供十分有用的分析：

1）状态评估：对当前轴承运行的状态进行评估，得到当前轴承处在轴承失效周期中哪个阶段的判断，从而评估当前轴承运行表现的劣化程度。

2）维护窗口确定：得出当前轴承需要进行维护的时间窗口建议，以便于在最小损失的时间内对轴承进行更换。

3）残余寿命估计：通过经验振动幅值曲线与当前所处状态点之间的时间进行齿轮箱轴承残余寿命估计。

第四节　齿轮箱轴承振动的频域分析

齿轮箱轴承振动的频域分析是对采集到的轴承振动信号在频域进行解耦，从而分离出不同频率段的振动幅值和相位，由此得到被试齿轮箱轴承振动的频谱。在此之后，工程师可以根据轴承故障的特征频谱与采集到的被试齿轮箱轴承的频谱进行对比，从而发现可能的振动故障原因的过程。通常振动的频域分析也被叫作频谱分析。

要做上述的分析，工程技术人员就需要了解齿轮箱轴承失效过程中的频域表现、频谱分析的实施方法、齿轮箱轴承缺陷的频谱特征，以及相应的一些常见的齿轮箱轴承故障频谱。本节就此展开介绍。

一、齿轮箱轴承振动的频域表现

前面我们介绍了齿轮箱轴承振动的时域表现分为四个阶段。在轴承失效的四个阶段中，轴承的频域信号也会发生一些变化，如图 9-10 所示。

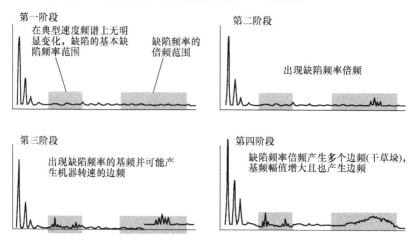

图 9-10　轴承失效振动的频域表现

第一阶段——轴承出现失效。此阶段轴承出现的失效非常小。其振动表现在超声频率范围，用速度振动检测仪，不论在缺陷基频还是在缺陷频率的倍频上，都难以发现此时的异常。此时如果将振动信号进行相应的处理，或者使用加速度振动测试仪，可以发现轴承在初期失效阶段的振动信号。

第二阶段——轴承初期失效阶段。随着轴承失效点的扩展，振动频率下降至 500Hz ~ 2kHz。此时使用速度频谱可以发现轴承初期失效阶段基于轴承部件基频的谐波峰值。在本阶段末期，伴随着这些基频谐波峰值的出现，一些边频也随之产生。

第三阶段——轴承中期失效阶段。轴承失效继续恶化。在缺陷基频范围内出现缺陷基频和基频倍频信号显著。通常，出现越多的倍频信号就意味着情况越糟。与此同时，在基频和倍频部出现大量的边频信号。此时需要更换轴承。

第四阶段——轴承晚期失效阶段。此时轴承内部失效进一步恶化，轴承振动出现了更多的谐波，轴承振动信号的噪声基础提高。如果使用速度频谱，可以看到出现"干草堆"效应。通常在这个阶段，轴承振动已经十分大，轴承的基频及其倍频信号的幅值增大。由于轴承内部失效已经大幅度扩展，此时轴承的整体振动甚至会出现下降的趋势。但是这并不意味着轴承状态变好。原来离散的轴承缺陷频率和固有频率开始"消失"，轴承出现宽带高频的噪声和振动。

前已述及，时域信号分析的方法通过对轴承时域信号历史记录的对比可以确定轴承的运行状态。而此处轴承频域型号的特征给出了轴承运行状态的另一种评估方法。

在这里，频域方法判断的目的性很准确，其频率直接指向轴承，因此在确定故障原因位置方面比时域方法更加精准；但是频域的方法与时域的方法对比，如果没有时域记录，凭借单独某一时刻的频谱图很难准确判断轴承所处的失效阶段，同时在确定维护时间窗口以及报警值等方面，显得比较困难；另一方面，对齿轮箱轴承运行每一时刻的振动频域信号都进行记录和存储，其占用的资源也相对较大（不排除关键设备需要采取这样的措施）。

二、齿轮箱轴承振动频域分析的实施方法（频谱分析方法）

在现场通过振动频域分析方法对齿轮箱轴承进行诊断与分析主要是依据轴承失效过程中的频域表现，并将相应零部件的特征频率进行对比的方法实施的。其主要步骤就是采集——初期研判——信号分离——特征比对。

（一）故障振动信号的采集

一般而言，在设备健康管理日常操作中都会使用速度信号进行振动状态监测。速度信号可以涵盖更广泛的频率段，具有较好的宏观视角。对于故障诊断而言，速度信号的监测和分析对于低频相关的问题十分有效。通常会用于判断诸如不平衡、不对中、地脚松动、轴弯曲等故障。

另一方面，不论是由于什么原因，当齿轮箱轴承出现故障的时候，都会在振动上出现反应。并且轴承失效的频率往往比轴的基频高出许多。而越是在早期，信号发生的频率会越高（参见轴承失效频域表现部分的内容）。此时使用振动信号进行分析的时候，对于轴承的早期失效十分不易察觉，因此在对轴承的分析中需要引入加速度包络信号对轴承振动的频谱进行呈现。加速度包络的方法有助于对轴承早期失效进行识别。

在对齿轮箱进行振动监测的时候，如果使用的是速度信号，那么可以通过ISO2372判断振动的严重程度。

但是相比于不平衡、不对中等故障而言，轴承的振动率具有更高的频率和更低的幅值。此时如果使用 ISO2372 等标准对此进行判断，轴承的故障则非常容易被忽略。因此 ISO2372 的振动烈度评估并不适用于轴承早期故障诊断。

需要说明的是，在后续初期研判阶段，有可能提出数据采集的调整方案。如果初期数据采集的信息不能满足后续数据研判的要求，则需要调整手段，重新采集。

（二）振动频域信号的初期研判

通过振动信号的采集，工程技术人员可以看到频谱图上存在很多尖峰值，这些尖峰值中有的提示某种故障特征，有的则不然。拿到一个振动频谱的时候，工程师需要对频谱的尖峰值分布等情况做一个整体的判读和识别。初期研判的目的首先是根据齿轮箱振动的频域表现判断齿轮箱以及轴承的健康状况、所处阶段。同时判断振动分布在哪些频段，这些频段的分布说明设备大致哪里需要进一步的分析。作为频谱分析的第一步，这样做的目的是明确后面分析的方向，以及使用的信号和手段。

从齿轮箱轴承失效的频域表现部分我们可以知道，一般而言轴的振动会在基频以及低次基频倍频的地方分布，当轴承存在失效（或者缺陷）的时候会在高频的位置出现某种变化。

图 9-11 是某台设备的振动速度频谱。图中可以看到，转轴的振动主要分布在低频部分，其中包括基频以及基频的低次倍频；同时，在设备基频大约 9 倍（高频）的地方出现了一个聚集性的小幅度峰值群（干草垛）。依据前面设备轴承失效过程的频域表现不难判断，此时设备的轴承应该已经出现失效，并且处于中晚期失效的状态。

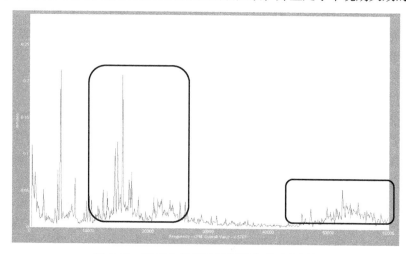

图 9-11　轴承失效振动的频域表现（实例）

面对这样的频谱，工程技术人员估计了设备的整体状态，同时明确下一步分析关注的目标就是低次倍频信号以及高频小幅值峰值群的信号。

（三）齿轮箱轴承振动频谱中相关振动信号的分离

经过对振动频谱的初步研判，工程师可以针对齿轮箱轴承振动频谱的高频以及低频信号展开分析。在展开分析之前，需要收集一些与轴承连接的相关附属设备的信息，通过一定的观察和分析，将这些设备的振动信号与齿轮箱轴承自身的振动分离开来，从而避免干扰。例如：

1）判断振动的尖峰值是否出现在风机或者叶轮的通过频率处；

2）判断振动的尖峰值是否与轴上连接齿轮的齿数存在关联。甚至可以由此对齿轮的问题进行一些判断；

3）判断是否与泵叶轮盘的频率存在某些关联；

4）观察周围连接机械的特征频率，同时判断所得到的频谱的尖峰值是否与周围设备的特征频率有关联。

如果这些振动与齿轮箱、风机叶轮、带轮等周围设备有关，就需要根据这些设备相应的特征信号进行对比和确认。剩下与轴承相关频率下的振动，可以与轴承的特征频率进行对比。

（四）齿轮箱轴承振动频域信号的特性比对

在完成振动频域信号的采集以及与轴承无关的其他频率信号的分离工作之后，就可以将剩下的振动信号与轴承的特征频率进行对比。

当轴承内部的零部件存在缺陷的时候，其相应的特征频率下的振动就会增大。轴承相关零部件振动的特征频率可以根据式（8-9）～式（8-12）进行计算。一旦发现相应频率的振动幅值异常，则表明存在故障。事实上，在第八章轴承安装之后的检查中，使用振动监测的方法检查轴承是否存在某些问题也是利用相同的原理。

三、齿轮箱轴承振动频域分析的其他应用

当对一台齿轮箱进行振动状态监测的时候，往往不是仅仅针对轴承的监测与检查，前面阐述的特征对比的方法同样也适用于除了轴承以外的其他零部件。比如，齿轮的缺陷检查等。

另一方面，除了对设备中零部件特征频率的对比检查之外，在设备组装过程中的组装偏差等也会引发具有某些特征的振动频率分布。比较常见的有不对中、不平衡、连接松动等。

需要说明的是，振动监测与分析方法在设备故障诊断、预测性维护等方面具有十分重要的意义。但是针对设备故障诊断，振动分析可以确定某一个零部件出现了失效，却无法再进一步明确具体原因。比如对于齿轮箱轴承而言，通过振动的监测与分析，工程师可以得知轴承内圈、外圈、保持架或者滚动体等位置出现了失效，但是无法明确导致失效的原因。这是振动分析的局限。在工程实际中，工程师往往通过将振动分析方法与轴承失效分析方法结合使用的方式，找到导致故障的根本原因并予以排除。

第十章
齿轮箱轴承的失效分析技术

齿轮箱在投入试验以及使用过程中，一旦出现轴承相关的故障，就需要对故障原因进行分析。在齿轮箱轴承故障分析的过程中，通常先确定故障位置，然后查找故障原因。这就是故障"定位"与"定责"。

工程中对设备故障进行分析的手段很多，其中包括振动分析、温度监控与分析、噪声分析等。其中振动监测的方法应用非常广泛，并且也相对完善。但是这些分析的方法，对于齿轮箱轴承而言，最多可以找到是某一个轴承零部件损伤的程度。对于轴承故障分析而言，依然是"定位"的层面。因为这些分析方法无法找到针对轴承失效的根本原因，因此"轴承失效分析"成为轴承故障诊断中的"失效根本原因分析方法"（Root Cause Failure Analysis，RCFA）。

第一节 齿轮箱轴承失效分析概述

一、齿轮箱轴承失效分析的概念

齿轮箱轴承失效分析是通过对失效的齿轮箱轴承进行鉴定与判断，进而通过分析推理找到导致轴承失效的根本原因。首先失效分析的对象是失效的轴承，或者怀疑已经失效的轴承。实际上，故障不一定等于失效，因此对于齿轮箱轴承的失效分析仅仅是齿轮箱轴承存在失效的分析方法，是整个故障诊断与分析方法的一个重要组成部分，两者之间并非对等关系。

轴承周围零部件或者设备发生某些故障时，其运行状态会出现异常表现，但是如果这种异常表现并未导致轴承失效，此时设备处在故障初期，对轴承影响甚少，对这个故障的诊断就不一定进入轴承失效分析的范畴。例如，设备初始安装时的对中不良，试运行的时候就会发现振动异常，此时及时停机调整，故障就可以排除。这其中的轴承不一定出现失效（视运行状态而定），因此也就不需要进行失效分析。

另一方面，轴承失效分析往往需要对轴承进行细节痕迹的鉴定与判断，很多情况下需要对轴承进行拆解。多数情况下，对于齿轮箱的生产者和使用者而言，轴承一旦经过拆解就难以复原，无法再重复利用。此时轴承失效分析就是一个破坏性分析方法。并且，在拆解轴承的同时也会造成轴承周围的一些因素产生改变，一些故障的线索可能因此而消失。因此在决定对轴承进行拆解之前，需要先对周围信息进行仔细收集和分析，谨慎地决定对轴承的拆解动作。

轴承失效分析的目的是找到导致轴承失效的根本原因，并予以排除，避免失效的重复出现。因此即便是破坏性分析手段，其对后续齿轮箱轴承的可靠运行也具有重大意义。齿轮箱轴承失效分析在表面上看，就是对轴承进行拆卸，然后做一些小的纠正，之后重新安装轴承。

一些制造厂家，当设备出现了与轴承相关的故障表现时最先采取的手段是更换轴承。事实上更换轴承是一种概略的排除法。有时候更换轴承会使故障消失，有时候则不尽然。但是无论如何，单纯更换轴承并不是真正找到与轴承相关故障原因的方法。在工程实际中也有很多时候出现更换轴承之后故障消失，但是检查轴承后发现轴承一切正常的情况。造成这种情况的原因有可能是在轴承的拆卸和重新安装过程中，某些导致故障的因素被改变，从而故障消失。如果导致故障的因素依然存在，那么在未来的使用中，这种故障依然无法排除。

轴承失效分析其本质上和单纯更换轴承有非常大的区别，不论从目的、方法，以及关注重点上都有不同。表 10-1 对此进行了总结。

表 10-1　失效分析与更换轴承

	轴承失效分析	更换轴承
目的	找到导致轴承失效的根本原因，避免失效再次发生	对轴承进行更新
前序工作	搜集周围设备以及轴承的相关信息	准备更换的轴承和工具
主体工作	对轴承进行拆解，对失效痕迹进行分析判断，通过前序工作收集的信息一同对轴承失效根本原因进行合理推断，必要的时候做相关的验证工作	使用正确的方法将轴承进行拆卸
后续工作	提出轴承失效分析报告，给出改进建议	检查安装后的轴承是否运转正常
关注重点	失效原因的鉴别、分析、判断	完好拆卸，对周围零部件影响最小。安装后轴承运行正常

轴承失效分析通常也会与其他的齿轮箱轴承故障诊断技术和手段配合使用，并且相互印证。就对失效分析的深度而言，轴承失效分析又被称作根本原因分析（Root Cause Failure Analysis，RCFA），顾名思义，轴承失效分析往往是最接近反映根本原因的分析手段。

二、齿轮箱轴承失效分析的基础和依据（标准）

轴承失效分析，是一个通过观察、分析，将线索与理论体系相互联系和印证的过程。所以最初的轴承失效分析是一个非常经验化的工作。并且轴承失效分析对轴承表面形貌的判断往往在图像上呈现，很难对其进行量化说明。

轴承失效分析技术发展之初，连这些失效的轴承表面形貌的归类都不清晰，所以经常出现的情况就是：同一套轴承，在不同人的眼睛里观察的结果可能不同，得到的结论也可能不同。有时，甚至出现因为对相同的失效点不同叫法而带来的误会。这种因人而异的判断很多时候会使分析陷入混乱。

但是另一方面，千差万别的轴承失效也确实有其相类似的地方。这些类似不仅形貌类似，导致的原因也可以分类。这种科学的归类，在很大程度上统一了判断的一些标准，同时对失效分析的判别提供了依据。人们根据这样的归类，明确了相应的分类规则，描述了各个分类之间的共性和可能被诱发的原因，并发布了相应的图谱。目前最广泛使用的是 ISO 15243：2017《滚动轴承损伤和失效术语、特征及原因》。我国在 2009 年也参照这个国际标准颁布了 GB/T 24611—2020《滚动轴承损伤和失效术语、特征及原因》。这些标准就是进行轴承失效分析最主要的依据。

需要指出的是，目前对轴承失效分析的各种资料中，很多并没有遵守既定规则的分析及命名原则。这样给轴承失效分析技术的应用带来了一定的难度。甚至有些大家耳熟能详的叫法，其实并不规范（标准中并未使用的命名）。造成这种情况有时候是由于对外语翻译的偏差，有时候是个人喜好的叫法不同。

不规范的叫法会导致技术人员在进行技术沟通的时候产生很大误解，这些误解最终会造成大家判断的不一致，甚至最终分析结论与实际原因相去甚远。这也使轴承失效分析在某些情况下被认为是"经验学问""不准确""玄学"。而事实并非如此，轴承失效分析作为一门技术，其严格的定义和严格的描述是科学、周密并且符合逻辑的，人为地修改、乱用或者对概念掌握的不准确才是导致分析失真的根本原因。

此处希望工程师尽量使用标准中的归类和命名，以便于轴承失效分析技术发挥真正的科学作用，从而避免成为"因人而异"的"玄学"。

三、轴承失效分析的限制

轴承失效分析作为一门科学，有其规范和适用条件。对于经验丰富的工程技术人员，通过对轴承失效分析概念的准确把握和对现场的敏锐察觉，可以很精准、迅速地找到轴承失效的原因，但是如果失效分析的边界条件被打破，即使是有经验的专家，其判断速度和准确度也会大打折扣。

（一）轴承失效分析的时机

首先，轴承的失效最终状态往往是多重因素多发、并发的。这种多发可能是由一个失效引起的次生失效，而失效之间相互交杂。同时，各种交杂、并发的失效之间发展速度也有可能不一样，有时候次生失效发展的比原发失效速度快，宏观上占据主导。

实际工作中，对轴承进行失效分析的一个重要工作就是界定失效之间的关系，其中包括时间先后关系和因果关系等。对失效关系分析的目的是找到原发失效,从而找到导致原发失效的根本原因。对于失效晚期的轴承,轴承的各种原发、次生失效已经严重相互叠加,轴承各个分析表面已经斑驳不堪,甚至轴承烧作一团。此时几乎无法对轴承的失效展开有效的分析和鉴别。由此可见,失效分析的时机对于失效分析工作的准确性非常重要。失效分析在轴承失效的越早期进行,其次生失效发生的次数就越少,越有利于找到原发失效。

图 10-1 是一个已经完全烧毁的轴承,轴承各种痕迹相互糅杂在一起,对于这样的失效轴承已经失去了分析的意义。

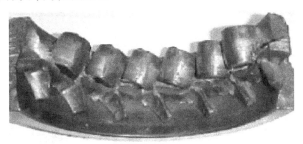

图 10-1　轴承失效晚期

(二) 轴承失效分析标准分类的局限

前已述及,经过多年的努力,轴承失效分析的国际标准和国家标准已经建立起来,并且相对完备。这些标准中定义的轴承失效的类型已经涵盖了大多数轴承失效的类型。但是面对千差万别的工程实际,依然有一些轴承的失效模式并没有被涵盖进来。工程技术人员在齿轮箱轴承诊断中使用失效分析的手段时,主要是依据国际标准进行失效判别,但是一旦发现某种失效确实不属于标准分类中的任何一种的时候,也不一定非要强行纳入到标准分类之中。

另一方面,工程师也不应该过于草率地定义非标准的失效类型。国际标准是经过长时间工程技术实践的总结,能够超出这些分类的轴承失效并不多。在做"非标准轴承失效类型"判定的时候必须谨慎。

不论是否是标准轴承失效类型,对轴承失效表面的鉴别与鉴定都是通过观察实现的。虽然工程技术人员可以通过放大镜、显微镜等各种辅助工具,但是最终判断的依据还是从图片信息到主观判断的一个过程。这样的主观判断方法使得其结果受到分析人员经验、知识等方面背景的影响,因此总体上是一个概率的判断,存在一定的偏差可能性。

轴承失效这样的非量化主观判断过程非常难于实现数据化。即便使用相应的图像识别技术,其实现的难度和准确性等在技术上都有待于进一步的改进和提升。目前大数据和人工智能技术在轴承失效分析领域的应用还处于起步阶段。

第二节 轴承接触轨迹分析

一、轴承接触轨迹（旋转轨迹、负荷痕迹）的定义

一套全新的轴承，在生产过程中要经过车削和磨削等机械加工，生产完成之后，宏观上来看滚道和滚动体表面具有合格的表面精度，但是如果用显微镜进行微观观察，就可以清楚地看到所有的加工表面都有加工痕迹，就是我们所说的刀痕或磨痕。这些加工刀痕或磨痕就是微观上金属表面的高低不平。

齿轮箱轴承在承受负荷运转时，滚动体和滚道之间接触并承压。轴承滚动体在滚道表面反复承压滚动，就会将滚道和滚动体表面刀痕或磨痕压得略微平坦些。其实这个过程在任何新加工后投入运行的机械设备中都会存在，我们称之为"磨合"。轴承接触表面的磨合是接触表面退化的一个环节。接触表面从承载就开始退化，直至失效。其中初期的磨合过程是有益的，经过初期磨合，轴承的运行表现会更佳，滚动体和滚道的接触达到最优的状态，此时轴承的摩擦转矩和旋转状态也进入最佳。经过磨合的滚动体和滚道表面较之全新加工的表面而言，其粗糙度会产生变化。这种变化宏观上就可以看得出来，被滚过的滚道位置比旁边未承载的位置看起来有些许灰暗，其反光程度的差异只能通过观察被发现，而用手接触并无触感差异。

我们把轴承滚动体和滚道表面经过磨合而粗糙度发生变化的痕迹叫作接触轨迹或旋转轨迹（此定义源自 GB/T 24611—2009）。由上述接触轨迹产生的原因可以知道，接触轨迹的位置就是滚道和滚动体承受负荷的位置。也就是哪里承受负荷，哪里就会有接触轨迹。所以，接触轨迹是轴承承受负荷后在内部所留下的"线索"。

二、轴承接触轨迹分析的意义

在前面对轴承分类介绍的部分中，阐述了轴承的承载能力。轴承的承载能力就是这个轴承对应该承受负荷的承受水平以及方向。轴承一旦承受了某个负荷，那么在对应的滚道和滚动体位置就会留下接触轨迹。在观察对比轴承的接触轨迹时，如果在轴承承载能力的范畴以外（承载方向和偏心等）发现了接触轨迹，就说明工况超出了设计预期。轴承承受了本来不应该承受的负荷。这样就提示了值得关注的地方。

我们将对接触轨迹的检查和分析叫作接触轨迹分析。事实上，很多轴承失效分析都会在接触轨迹分析阶段就已经找到对应的原因。只不过一些人过份迷恋轴承失效模式的界定，直接跳过了此步骤。这样做，一方面忽略了重大承载线索；另一方面经常使失效分析结论脱离实际改进的需求。例如，现实中，我们总是看到一些轴承失效分析报告直接给出"表面疲劳"等分类性结论，可是这个结论对于齿轮箱使用维护人员意味着什么呢？应该如何改进呢？没有这些进一步的推论，这样的失效分析报告并无很大的指导意义。出现这种情况的原因很多时候就是就是忽略了接触轨迹分析，忽略

了将轴承失效模式界定与轴承运行状态推断之间建立联系的过程。

由此可见，轴承接触轨迹分析对于轴承失效分析而言十分重要，不可忽略。

齿轮箱轴承在外界以及自身处于正常工况时，轴承滚动体和滚道经过一段运行（磨合）也会留下接触轨迹。我们按照正常工况下轴承承受不同负荷状态的接触轨迹分类介绍如下。

（一）轴承承受纯径向负荷的接触轨迹

轴承承受纯径向负荷内圈旋转时（卧式内转式轴系统，无轴向负荷时），深沟球轴承及圆柱滚子轴承承载状态以及滚道接触轨迹如图 10-2 所示。

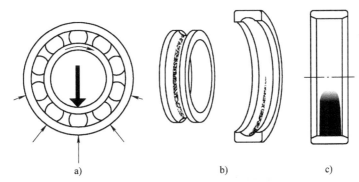

图 10-2　内圈旋转轴承承受径向负荷的接触轨迹
a) 轴承径向受力情况　b) 点接触轨迹（球轴承）　c) 线接触轨迹（柱轴承）

轴承运转时，轴承内圈转动，内圈的所有位置都会经过负荷区，因此轴承内圈宽度范围的中央位置出现宽度一致并且布满一整圈的接触轨迹。

轴承外圈只有负荷区承受负荷，所以外圈在负荷区范围内宽度方向的中央位置留下接触轨迹。正常的深沟球轴承负荷区应该在 120°～150°，因此，在负荷区边缘随着负荷的减少，接触轨迹变窄，直至离开负荷区，接触轨迹消失。

当轴承工作游隙正常时，轴承负荷区大约为 120°～150°；而当轴承工作游隙过小时，轴承接触轨迹如图 10-3 所示。此时负荷区范围会扩大，甚至拓展到整个外圈。由于依然是纯径向负荷，因此此时接触轨迹依然位于外圈沿宽度方向的中央位置，且与轴承径向负荷相对应的地方接触轨迹最宽，并向两边延展变窄。

这种情况下，由于负荷是纯径向的，并且内圈旋转，因此内圈接触轨迹布满内圈一周的等宽度轨迹，并出现在内圈沿宽度方向的中央位置。

工程实际中，若出现此种接触轨迹，就提示我们需要对轴承工作游隙进行调整。我们知道，造成轴承工作游隙过小的原因是轴的径向配合过紧，因此此时我们应该检查轴的径向尺寸，同时检查图纸径向尺寸公差设置。并根据本书轴承公差配合的建议进行调整。

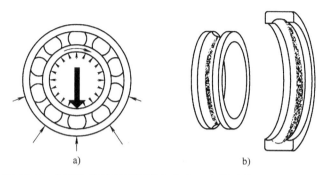

图 10-3 内圈旋转轴承承受径向负荷工作游隙偏小的接触轨迹

a）轴承轴向受力情况 b）接触轨迹

外圈旋转轴承承受纯径向负荷外圈旋转时，轴承承载状态以及滚道接触轨迹如图 10-4 所示。

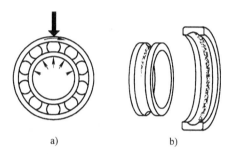

图 10-4 外圈旋转轴承承受径向负荷的接触轨迹

a）轴承径向受力情况 b）接触轨迹

此时，轴承内圈固定、外圈旋转，负荷区位于轴承上半部分。轴承外圈旋转通过负荷区，因此呈现外圈等宽度的整圈接触轨迹。轴承无轴向负荷，因此外圈接触轨迹位于轴承宽度方向的中央位置。

轴承内圈在负荷区宽度方向中央位置的地方出现中间宽、两边窄的接触轨迹。

关于工作游隙的判断，和内圈旋转的情况类似，请读者自行推断，此处不赘述。

（二）轴承承受轴向负荷的情况

轴承承受轴向负荷时，负荷由一个圈通过滚动体传递到另一个圈，也就是从轴承一侧传递到另一侧。因此接触轨迹将出现在滚动体的两边。图 10-5 为轴承承受轴向负荷时候的接触轨迹。

轴向负荷通过轴承圈将滚动体压在中间，因此轴承内部没有剩余游隙。对于纯轴向负荷的情况，轴承内圈和外圈呈现对称方向等宽度的布满整圈的接触轨迹。

纯轴向负荷将轴承内外圈压紧，因此不论内圈旋转还是外圈旋转，轴承两个轴套圈呈现的负荷痕迹呈现对称的分布。

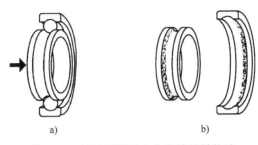

图 10-5　轴承承受轴向负荷的接触轨迹

a）轴承轴向受力情况　b）接触轨迹

在一般负荷下，滚道和滚动体的接触应该发生在滚道两个边缘以内，此时接触轨迹位于滚道之内的某个位置。但是当接触轨迹已经接触或者跨越轴承滚道边缘时，就说明此时轴承承受的轴向力过大，超出了轴承的承受范围，轴承会出现提早失效。

由此可以想到角接触球轴承就是偏移滚道的深沟球轴承，它将滚道沿着轴向负荷方向偏转，使轴承可以承受更大的轴向负荷。但是相应的，如果角接触球轴承受了反向的轴向负荷，那么接触轨迹很容易就会跨越滚道边缘，这是不允许的。

（三）轴承承受联合负荷的情况

如果轴承既承受轴向负荷又承受径向负荷（或者一个负荷如果可分解为轴向和径向两个分量），那么我们将这种负荷称为联合负荷。轴承在承受联合负荷时具有轴向负荷接触轨迹和径向负荷接触轨迹的联合特征。如图 10-6 所示。

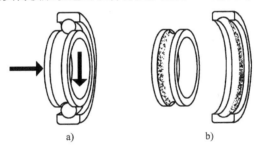

图 10-6　轴承承受联合负荷的接触轨迹

a）轴承受力情况　b）接触轨迹

首先，联合负荷的轴向分量，将滚动体通过轴承套圈压紧，因此轴承接触轨迹布满整个套圈一周，并沿着负荷传递方向分布在滚动体两侧。

另一方面，联合负荷的径向分量使轴承在径向方向产生负荷区，因此轴承接触轨迹在负荷方向宽，在反方向窄。这就说明径向负荷方向的轴承承载大，反方向的轴承承载小。

前面章节已经阐述，在常用的卧式内转式轴系统中，经常使用深沟球轴承结构布置，有时候会对轴承施加轴向预负荷。这时候深沟球轴承所承受的负荷就是一个联合负荷,其中包括了轴系统本身的径向负荷以及轴向预负荷。此时经过一段时间运行,深沟球轴承内部的接触轨迹应该和上图10-6相类似。

上述情况下,轴承滚道上的接触轨迹居于滚道正中,并且可以观察到非负荷区,那就说明此时施加预负荷失败。在运行时,深沟球轴承实际上并未受到预负荷的作用。此时需要检查预负荷的施加是否出现问题。

三、轴承的非正常接触轨迹

轴承非正常运行工况包含很多种。由于不恰当负荷随工况变化而变化,对于轴承承受不恰当负荷状况无法一一列举。但我们只要将实际的接触轨迹和前面讲述的轴承正常运行状态下的接触轨迹对比,便可以找到差异,从而查找到一些线索。

下面对因外界条件不良所引起的非正常接触轨迹进行一些说明,其中包括轴承对中不良、轴承室圆度不合格等造成轴承负荷异常的情况。

(一)轴承承受偏心负荷(对中不良)的情况

轴承承受偏心负荷,也就是轴系统对中不良的情况分为两种:一种是轴承室偏心(轴承室和转轴同心度较差);另一种是轴偏心(轴承和转轴同心度较差)。

1. 轴承室偏心

轴承室偏心是指轴对中良好,而轴承室的中心出现偏心的状态。轴承内圈旋转外圈固定时,轴承状态及接触轨迹情况如图10-7所示。

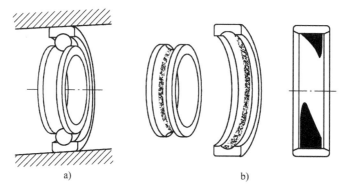

图10-7 轴承室偏心时轴承的接触轨迹

a)轴承位置 b)接触轨迹

由于内圈旋转,滚动体滚过内圈整周,内圈在可能承受负荷的宽度内普遍承载。内圈出现等宽度且布满整圈的接触轨迹。

轴承外圈一直处于偏心状态运行,因此接触轨迹呈现宽度不一致,且位于两个完全相反的方向且斜向相对。

图10-7b中左边为深沟球轴承在轴承室偏心负荷下的接触轨迹,右边为圆柱滚子轴承此时的接触轨迹。与球轴承接触轨迹类似,此时圆柱滚子轴承沿套圈轴向中心线

分布两个相对的接触轨迹。

2. 轴偏心

轴偏心是指轴承中心线对中良好，但轴出现偏心的状态。对于内圈固定外圈旋转的情况，轴承状态及接触轨迹如图 10-8 所示。

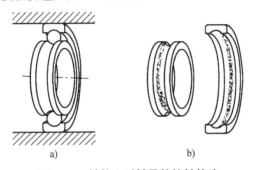

图 10-8　轴偏心时轴承的接触轨迹

a）轴承位置　b）接触轨迹

此时轴承内圈旋转，由于轴处于偏心状态，所以轴承内圈偏斜运行，产生宽度不一致的接触轨迹，同时接触轨迹位于相反方向斜向相对。

轴承运行时，由于内圈偏斜，所有的滚动体都会被压在两个轴承圈之间，因此轴承运行没有剩余的工作游隙。此时，轴承外圈出现宽度一致、遍布整圈的接触轨迹，且接触轨迹宽度相同。

对于非调心轴承而言，偏心负荷会造成比较严重的后果。尤其是对于圆柱滚子轴承等对偏心负荷敏感的轴承而言，偏心负荷会造成滚动体与滚道接触的应力集中，因此会大大降低轴承寿命。

（二）轴承室圆度不良产生的接触轨迹

如果轴承室圆度不良，在轴承滚道上产生的接触轨迹（内圈旋转的情况）如图 10-9 所示。

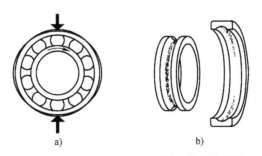

图 10-9　轴承室圆度不良时轴承的接触轨迹

a）轴承圆度不良　b）接触轨迹

由图10-9a看到，轴承室呈现竖向窄、横向宽的椭圆形态。此时内圈旋转，内圈滚道轴向中央位置出现宽度一致、遍布整圈的接触轨迹。

轴承外圈因受压于轴承室，竖向偏窄，通过滚动体与内圈承载；横向偏宽，分布有剩余游隙。因此轴承在上下端出现接触轨迹，在横向没有负荷轨迹，且负荷轨迹位于轴承圈轴向中央位置。

处于这种状态下的轴承会出现噪声不良的状态，最终影响轴承寿命，应予以纠正。

（三）其他不良负荷状态的接触轨迹

了解了轴承滚道接触轨迹产生的原因，就可以推断其他负荷状态下的接触轨迹样貌。举如下几个例子：

1）轴承室如果圆柱度不良（假设圆度等其他因素正常）而呈现锥度，此时内外圈成楔形空间分布，显然楔形空间窄的地方承载会大，因此接触轨迹明显；而相对方向负荷轻，接触轨迹不明显；或者在极端状态下会没有接触轨迹。

2）普通内圈旋转的轴承在振动负荷下运行。此时如果振动比较剧烈，则轴承原本平稳运行时应该处于非负荷区的地方也会出现接触轨迹。此时轴承内圈和外圈同时出现遍布整圈的接触轨迹。

3）振动负荷轴同步旋转时，此时负荷相对于轴承内圈的方向不变，虽然是内圈旋转的轴承，但是轴承外圈也会出现整圈的接触轨迹，而轴承内圈只在某些方向出现接触轨迹。

各种情况不胜枚举，读者可以使用上述分析方法，基于实际工况加以分析，从而得到接触轨迹的合理解释。

第三节　轴承失效类型及其机理

一、概述

轴承失效类型分析是失效分析的核心内容。轴承周围的信息，以及轴承内部的接触轨迹等信息，都属于轴承失效点的周边信息。这些周边信息十分有用，但是最核心的部分依然是对失效点本身的解读。在解读失效点信息的时候，通常会使用相应的国际标准进行分类，而除了分类以外，对失效机理的理解结合失效点周围信息的收集，工程技术人员才能将整个逻辑线条捋顺，从而得到维修的故障诊断失效分析结论。

本节对轴承失效的标准类型以及机理进行相应的介绍。

按照ISO 15243:2017和GB/T 24611—2020《滚动轴承损伤和失效术语、特征及原因》，轴承失效类型总共有6大类，参见图10-10。

第十章 齿轮箱轴承的失效分析技术

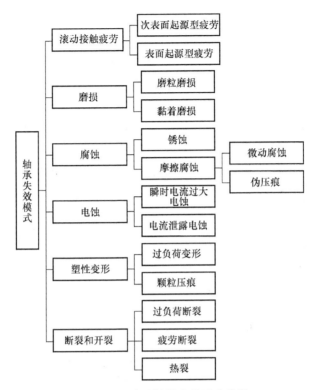

图 10-10 滚动轴承失效形式分类

ISO 规定的轴承失效形式是将轴承失效形式进行标准化，因此被归类的失效模式具有以下 3 个特点：

1）失效原因具有可识别的特点。虽然有很多种失效原因，但是每一种都可以被唯一地识别。

2）失效机制具有可识别的失效模型。失效机制可以进行逻辑分组，这些分组可用于快速确定失效的根本原因。

3）观察到的轴承损伤可以确定失效原因。通过对失效部件及附属部件的仔细观察，可以排除周边干扰因素，从而得出真正的失效根本原因。

二、疲劳

疲劳是指滚动体和滚道接触处产生的重复应力引起的组织变化。宏观上就是轴承滚道及滚动体表面的小片剥落。

轴承在承载运转时，滚道表面以及表面下出现的剪应力分布存在两个峰值如图 5-21 所示。这两个峰值一个在表面处，一个在表面下。两个剪应力随着轴承的滚动往复出现，从而导致了轴承金属出现疲劳。因此这两个位置成为轴承疲劳的两个关键点。在这两个地方出现的疲劳被定义为次表面源起型疲劳和表面源起型疲劳。

（一）次表面源起型疲劳（表面下疲劳）

1. 次表面源起型疲劳的机理（原因）、表现及对策

当轴承滚道承载时，如果表面润滑良好，表面剪应力峰值将会降低。因此次表面（表面下）的剪应力峰值成为剪应力最大值。当剪应力出现次数达到一定值时，金属内部组织结构就会发生变化，进而出现微裂纹。轴承继续运转，微裂纹将向表面扩展，最后形成金属剥落。图 10-11 为某润滑良好的轴承滚道表面下结构在经历不同运转时间后的变化。

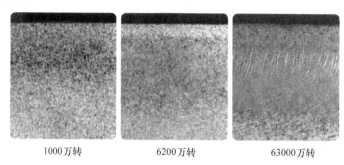

1000万转　　　　　6200万转　　　　　63000万转

图 10-11　次表面源起型疲劳的形成

次表面源起型疲劳最初生成时无法被察觉，这是因为它发生在轴承表面以下，此时轴承运行依然正常。当微裂纹扩展到表面时，轴承滚道表面就会出现缺陷。此时通过状态监测可发觉轴承相关部件的特征频率异常。随着疲劳的继续发展，疲劳剥落将进一步扩大，此时轴承运转会出现异常噪声，通过宏观观察可以察觉。如果此时不采取措施，剥落下来的金属颗粒会变成滚道的污染颗粒，此时会造成其他次生轴承失效。各种轴承失效形式叠加，会使轴承最终出现严重问题，甚至危及设备安全。次表面源起型疲劳如图 10-12 所示。

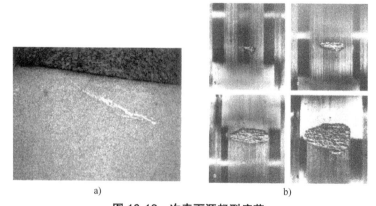

a)　　　　　　　　　　　　b)

图 10-12　次表面源起型疲劳

a）滚道承载后次表面微裂纹　b）次表面源起型疲劳的发展

次表面源起型疲劳是一个逐步发展的过程，其发展的速度与轴承的转速和负荷的大小有关。在轴承失效初期和前期，次表面源起型疲劳可以被察觉。齿轮箱维护人员应该在发现轴承问题时及时处理，避免发生不可控的后果。

因轴承次表面源起型疲劳与轴承承受的负荷有关，所以通常经过轴承尺寸选择的负荷校验，使轴承工作在可以承受的负荷工况下。但是由于其他一些生产、工艺和使用的原因，一旦某些不应该承受的负荷施加到轴承之上，就会对轴承造成伤害。因此，检查并排出这些"非计划内"负荷，是应对轴承次表面源起型疲劳的重要手段。

2. 次表面源起型疲劳举例

如果轴承内部负荷正常，则在轴承转数达到一定值时（剪应力出现到一定次数），轴承负荷区的滚道或者滚动体会将出现正常的次表面源起型疲劳。这就是所谓的轴承寿命的概念。但是当轴承承受不正常负荷时，往往在轴承运行不长时间之后就会出现次表面源起型疲劳。

圆柱滚子轴承偏载引起的次表面源起型疲劳情况如下。

图 10-13 所示是一套圆柱滚子轴承次表面源起型疲劳的图片。首先，我们通过接触轨迹分析可以看到滚道表面一侧有接触轨迹，说明轴承承受了偏载。图 10-13 中仅显示了部分滚道，因此要结合整个滚道进行观察，来判断偏载是偏心还是轴承室锥度等引起的。在轴承承受偏载时，滚子一端和滚道之间的接触力很大，另一侧较小。导致滚子一侧下面的滚道次表面应力大于正常情况，因此轴承运行一段时间（短于正常的疲劳寿命）就会出现次表面源起型疲劳。

图 10-13　圆柱滚子轴承次表面源起型疲劳

（二）表面源起型疲劳

一般情况下，表面疲劳是在润滑状况不良的情况下，由于滚动体和滚道产生一定的滑动，而造成的金属表面微凸体损伤所引起的。

1. 表面源起型疲劳的机理（原因）、表现及对策

当轴承润滑不良时，滚动体和滚道直接接触。如果发生相对滑动，就会造成金属表面微凸体裂纹，进而微凸体裂纹扩展而出现微片剥落，最后会出现暗灰色微片剥落区域。

表面疲劳的宏观可见发展第一阶段是滚道表面粗糙度和波纹度的变化。此时微片剥落发生，如果不能及时散热，摩擦部分的热量就可能使轴承钢表面变色并且变软。这样很多轴承滚道表面呈现出非常光亮的表观形态（有资料用镜面状光亮来形容）。此时如果依然没有足够的润滑，并且散热不良，滚道表面的失效会继续发展，微片剥落继续发生，同时滚道表明会呈现类似于结霜的形态。这个时候，被拉伤的滚道表面甚至会出现沿着滚动方向的微毛刺。在这个区域，沿一个方向的表面非常光滑，而相反方向则十分粗糙。金属从滚道表面被拉开，最终剥落。如图10-14所示。

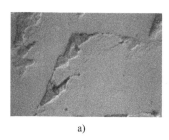 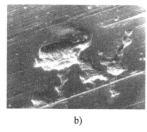 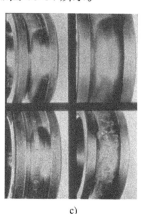

a)　　　　　　　　b)　　　　　　　　c)

图 10-14　表面源起型疲劳

a）滚道表面微裂纹　b）滚道表面微片剥落　c）表面疲劳的发展

轴承润滑不良诱发表面源起型疲劳，而当表面源起型疲劳开始之后，接触表面粗糙度变得更差，接触产生更多热量，从而进一步降低润滑黏度。润滑黏度降低，再进一步削弱润滑效果，如此形成恶性循环。因此，轴承润滑不良导致的表面源起型疲劳发展十分迅速，轴承从开始出现失效到失效后期的时间很短，轴承迅速发热。往往要求一旦发现（通过振动监测和温度检测）异常，就立即停机检查，避免造成严重后果。

由于轴承表面源起型疲劳的原因多数与润滑相关，因此选择正确的润滑是防止轴承表面源起型疲劳的重要手段。

2. 表面源起型疲劳举例

表面源起型疲劳的主要原因是润滑不良。这种润滑不良可能出现在轴承滚动体和滚道之间，也可能出现在其他滚动零部件之间。下面举例说明轴承滚道与滚动体之间表面源起型疲劳。

图 10-15 所示为一个圆柱滚子轴承外圈滚道失效的例子。下面分析此例。

首先从接触轨迹角度判断，轴承的

图 10-15　滚动体和滚道之间表面源起型疲劳

承载在轴承内部沿轴向均布,且位于轴向中央部分。这说明圆柱滚子轴承承受纯径向负荷,无偏心等其他不良负荷,轴承滚道损伤部位位于轴承承载区。

仔细观察轴承滚道表面,发现表面粗糙度异常,且表面材料有方向性观感。轴承滚道呈现表面疲劳指征。观察轴承失效痕迹周围,可以判断此轴承处于失效初期。

表面源起型疲劳与润滑和最小负荷相关。

润滑不足或者油脂黏度过低时,金属直接接触,如果轴承内部是纯滚动,这表面疲劳初期会出现表面抛光。但是这个实例中,表面失效呈现方向性粗糙的表面源起型痕迹,不符合这一指征。

润滑过量、油脂黏度过高或者最小负荷不足的时候,轴承滚动体和滚道之间有可能出现无法形成纯滚动的情况,因而会在滚道表面直接拉伤。观感就是粗糙的拉伤。图 10-16 所示与此相符。

通过以上分析,可以判断这个轴承表面疲劳与最小负荷、油脂填充量,以及黏度(温度)有关。

由此,建议检查轴承最小负荷、油脂牌号、运行和起动温度,以及油脂填充量。

上述案例中,继续观察滚道失效痕迹旁边有滚道变色,这是由于表面疲劳润滑不良带来的高温所引起的。

仔细观察还可以看到圆柱滚子轴承挡边部分有摩擦痕迹。这证明这套轴承可能是外圈引导的圆柱滚子轴承,且轴承保持架和挡边端面出现了摩擦。从前面介绍的内容可知,当油脂黏度过高时,对于外圈引导的圆柱滚子轴承,其保持架和端面之间很难实现良好的润滑。这从另一个角度印证了前面对表面观察的判断。

圆柱滚子轴承安装不当,在前面轴承安装拆卸和轴承噪声部分都提及圆柱滚子轴承安装时造成滚动体或者滚道表面的拉伤会引起轴承噪声等现象。下面我们从轴承失效分析角度再看看这个问题。

图 10-16 为一套圆柱滚子轴承安装不当造成的滚动体表面拉伤照片。

图 10-16　安装不当引起的圆柱滚子轴承表面源起型疲劳

从接触轨迹角度来看,图 10-16 所示的滚动体和滚道表面呈现轴向痕迹。这种接触和相对运动在轴承正常旋转时是不可能出现的，唯一的可能性就是轴承安装时，如果直接将滚动体组件连同端盖直接推入轴承，滚动体组件在滚道表面是滑动摩擦，此时滚动体和滚道表面没有润滑，滚道和滚动体表面会被拉伤，从而留下接触轨迹。

从轴承失效分类角度看，如果这种滑动摩擦不严重，仅仅是造成滚动表面微凸点被拉伤，则此时肉眼难以察觉。但经过长时间运行，表面剪应力反复作用，就产生了表面源起型疲劳。这些疲劳部位从被拉伤的微凸点开始向周围扩展，宏观上就呈现出和滚子间距相等的失效痕迹。

如果这种安装引起的滑动摩擦比较严重，将可能直接造成滚道或者滚子表面的擦伤。这种擦伤未经轴承运行便已经可以被察觉到，待轴承运行时，轴承失效会开始恶化。从轴承失效分析角度来讲，这属于轴承的磨损一类（详见后续内容）。

通过上述分析，我们从轴承失效分析角度解释了为什么在安装拆卸推荐中，建议安装之前在滚道表面涂一层油脂，同时安装时尽量左右旋转着旋入端盖组件，而不是直接推入。

三、磨损

轴承的磨损是指在轴承运转中，滚动体和滚道之间表面相互接触（实质上是微凸体接触）而产生的材料转移和损失。

严格意义上讲，轴承的磨损也是发生在表面的，是与表面疲劳类似，属于表面损伤的一种。但是它与表面源起型疲劳有区别。表面源起型疲劳是在轴承表面产生微凸体裂纹，从而随着负荷的往复开始发展的轴承失效。而磨损是指在表面直接造成材料的挪移和损失。可以理解为磨损更严重，不需要往复的表面剪应力就已经成为一种损伤，同时磨损伴随着材料的减少或者转移。

（一）磨粒磨损

轴承的磨粒磨损指的是由内部污染颗粒等充当的磨粒而造成的轴承磨损。

轴承内部的污染颗粒可能来自轴承安装过程中对轴承或油脂的污染，也可能来自密封件失效后轴承内部进入的污染。

另外，当轴承出现疲劳剥落时的剥落颗粒也可能成为次生磨粒磨损的磨粒来源。

在前面轴承润滑部分中曾经提及，二硫化钼作为极压添加剂使用时，如果轴承转速很高，则二硫化钼添加剂在这个时候也会充当磨粒的作用而损伤轴承。

1. 磨粒磨损的机理（原因）、表现及对策

磨粒磨损的发生是和磨粒不可分割的。若接触表面之间存在其他微小颗粒，在接触表面承载并相对运动时，这些小颗粒就会被带动并在接触表面间承载移动，充当摩擦颗粒的作用对接触表面造成损伤。轴承的磨粒磨损都会伴随着轴承材料的遗失，初期宏观表现为轴承滚道及滚动体表面的灰暗。进而，原本进入的污染颗粒和刚刚被磨下来的金属材料一起成为磨粒，使磨粒磨损进一步恶化。图 10-17 为某调心滚子轴承滚道表面轻微的磨粒磨损，图中可以观察到磨损部分与其他部分的滚道表面的差异。

对于轴承而言，磨粒磨损可能发生在滚动体和滚道之间，也可能发生在滚动体和保持架之间，甚至保持架与轴承圈之间。轴承发生磨粒磨损的发展是过程性的失效，失效出现时，轴承内部剩余游隙会变大，有时轴承的保持架兜孔与滚动体的间隙也会变大。随着磨粒磨损的发展，轴承会出现过快发热和异常噪声等现象。

轴承磨粒磨损严重程度以及发展速度与轴承内部污染程度、轴承转速、负荷的情况相关。

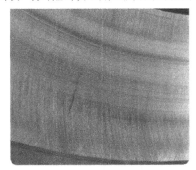

图 10-17　调心滚子轴承滚道表面轻微的磨粒磨损

通过上述内容可知，轴承的磨粒磨损多数与污染颗粒有关，因此注意轴承使用过程中的清洁度以及对轴承使用正确的密封，是防止轴承磨粒磨损的重要措施。

2. 磨粒磨损举例

图 10-18 所示为一个深沟球轴承磨粒磨损失效的保持架。从图中可以看出保持架有很多材料的损失。这时拆开轴承，会发现轴承油脂里有大量的金属碎屑夹杂其他污染颗粒，轴承保持架兜孔变大，保持架材料被磨损。

通常这样的轴承保持架磨粒磨损会伴随着对轴承滚道的磨粒磨损。磨粒磨损发

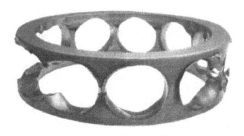

图 10-18　保持架磨粒磨损

生时应该及时检查轴承密封、润滑等部分，查找污染进入的原因。

滚道磨粒磨损图中所示为一个球面滚子轴承内圈。图中不难发现原本光亮的轴承滚道变得灰暗，仔细观察会发现上面布满微小的坑。这就是轴承运行时候由于污染进入轴承内部引发磨粒磨损而造成的。轴承的这种状态继续发展下去就会使滚道表面出现大量的材料损失。

图 10-19 中可以见到，轴承滚道表面颜色灰暗，内圈严重变形，变形的原因是轴承圈有一些部分被磨薄。轴承油脂内部含有大量轴承钢的金属材料以及其他污染颗粒。此时建议检查轴承密封和润滑的清洁性。

图 10-19　滚道磨粒磨损

(二)黏着磨损

轴承黏着磨损也被称作涂抹磨损、划伤磨损、黏合磨损。通常是指轴承运转时,由于滚动部件之间的直接摩擦而使材料同一个表面向另一个表面转移的失效模式。

1. 黏着磨损的机理(原因)、表现及对策

轴承滚动体和滚道直接接触时,如果有比较大的力并有足够的相对运动,就会发生两个表面在一定压力下的滑动摩擦。通常这种摩擦伴随着较多的发热,甚至使轴承材质出现"回火"或者"重新淬火"的效果,并且在这个过程中还有可能出现负荷区的应力集中,从而导致表面开裂或者剥落。而此时温度又很高,剥落下来的材料会被黏着到另一个接触表面之上。这样的结果就是我们所说的黏着磨损。

由上可见,黏着磨损产生的基本条件(特点)是:表面相对滑动;摩擦产生较大热量;金属材质被"回火"或者"重新淬火",从而出现剥落;材料的转移。

轴承发生黏着磨损可能的原因包括:①轴承过快的加速度运行;②轴承最小负荷不足;③轴承圈和轴承室相关部件之间的蠕动等。要避免这些情况的发生,可以采取如下措施:①保证油膜处于流体动力润滑状态,避免接触表面出现退化;②选择合适的添加剂,防止滚动表面的滑动;③保证润滑的洁净度,避免滚动表面磨损。

黏着磨损的宏观表现是轴承的温度升高同时发出尖锐噪声。其中温度升高会十分显著。伴随着温度升高,润滑恶化,出现恶性循环,最终导致轴承损坏。这样的轴承高温除了恶化润滑,还会对轴承本身带来恶劣影响。一般地,轴承可以在热处理稳定温度以下运行(请参考本书轴承基础知识部分)。当轴承温度高于此温度时,轴承材料的硬度等会受到影响而降低。轴承材料硬度每降低 2~4 个洛氏硬度,轴承寿命就会降低一半。

为避免轴承发生黏着磨损,应该改善轴承的润滑,在根据实际工况选择合适的润滑黏度的同时,还要综合考虑轴承的频繁起动问题、过快的加速度起动问题,以及轴承内部不可避免的滑动问题(诸如滚动体与挡边的滑动摩擦)等。

2. 黏着磨损举例

滚道负荷区位置的黏着磨损是在轴承运转时,滚动体进出负荷区时会出现相对滑动。如果轴承运行于过快的加速度时,滚动体和滚道表面就会出现"涂抹"现象,也就是我们说的黏着磨损。图 10-20 所示就是一个圆柱滚子轴承内圈上的痕迹。图中轴承内圈上有比较明显的沿滚动方向的摩擦痕迹,并且表面有材料损失的状况发生。

图 10-20 滚道负荷区黏着磨损

当轴承所承受的负荷无法达到最小负荷时（请参考轴承大小选择部分），滚动体在滚道内无法形成纯滚动，也就是出现了打滑。这样的承载打滑也会使接触表面出现黏着磨损。

另外，滚动体和滚道之间在相对转速过小时，也有可能发生黏着磨损。

我们知道圆柱滚子轴承中除了 NU 和 N 系列以外，其他内外圈均带挡边的圆柱滚子轴承可以承载一定的轴向负荷。同时圆锥滚子轴承也可以承载一些轴向负荷。但是这些滚动体轴承承载轴承负荷都是通过滚动体端面和挡边之间的滑动摩擦实现的。

由于这些轴承轴向负荷承载能力是通过滑动摩擦实现的，因此对承载就有一定限制。承载不能过大（可以根据相关资料进行计算）；速度不能过快（可计算）。超过这些限制就会出现如图 10-21 中所示轴承失效。

图 10-21 是一套圆柱滚子轴承（双侧带挡边）承受轴向负荷时，其滚动体端面的照片。

从接触轨迹角度来看，正常的圆柱滚子轴承不应该承受轴向负荷，即便带挡边的圆柱滚子轴承通常也仅仅适用于轴向定位。但是在图 10-20 给出的这套轴承中发现了滚动体端面的接触轨迹，说明该轴承曾经承受了轴向负荷。

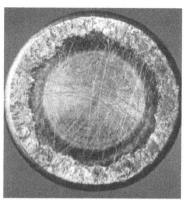

图 10-21　滚动体端面黏着磨损

从失效归类的角度可以看出图 10-20 给出的滚动体端面有多余的材质黏着。如果观察轴承圈挡边会发现材料的遗失。由此可以判定为轴承滚动体端面和挡边之间发生了黏着磨损。此时应该检查轴承是否承受了轴向负荷，并予以适当调整。

四、腐蚀

轴承钢材质在一定条件下发生化学反应而被氧化，从而引起的轴承失效即轴承的腐蚀。从腐蚀的过程和机理上划分，有锈蚀和摩擦腐蚀两种类型。

（一）锈蚀

轴承是由轴承钢加工出来的，当轴承钢与水、酸等介质接触时，会被其氧化生成氧化物。而被氧化的材质与未被氧化的材质一起，其强度发生变化，并有可能产生腐蚀凹坑。如果轴承继续运行，就会在腐蚀凹坑的位置出现应力集中，进而产生小片剥落。

潮湿的工作环境会使轴承的润滑剂中含有水分。这些水分会成为轴承发生锈蚀的重要诱因。除此之外，润滑剂中的水分对润滑影响很大。通常润滑剂中含有 0.1% 的水分就会使润滑的有效黏度降低 50%。图 10-22 为轴承的滚道受水分影响而出现腐蚀的一个示例。

另一方面，有些润滑剂含有可以使轴承某个部件氧化的成分，这些成分会造成轴承锈蚀。因此在选用新润滑剂时除了选择合适的黏度，还需要考虑润滑剂成分对轴承材质的影响（曾有风力发电机轴承铜保持架与所选用润滑剂发生化学反应变黑的案例）。

图 10-22　滚道锈蚀

a）示例 1　b）示例 2

通常，轴承生产完成之后都会进行防锈处理。因此出厂的新轴承表面都有一层防锈油，一般而言，轴承的防锈油的防锈功能都会有一定的期限（具体期限可咨询轴承生产厂家会查阅相关资料）。因此，请在防锈油失效之前将轴承投入使用或者进行再次防锈处理。另外，一般轴承生产厂家使用的防锈油可以和大部分润滑剂兼容，因此在使用之前，请不要将轴承的防锈油清洗掉，这样，一方面可以保护轴承；另一方面避免在清洗过程中对轴承的污染。

轴承锈蚀是由污染带来，那么，注意轴承的防护就成为了应对轴承锈蚀的主要措施，例如：加强轴承的密封、储存，以及组装环境的清洁等。

（二）摩擦腐蚀（摩擦氧化）

在接触表面出现相对微小运动时，接触金属表面微凸体被磨去，这些微小的金属颗粒很容易发生氧化而变黑形成粉末状锈蚀（氧化铁）。在接触应力的作用下，这些氧化的锈蚀附着在金属表面形成摩擦腐蚀（摩擦氧化）。由此可见，摩擦腐蚀是由于摩擦和腐蚀两个过程组成，总体上是一个化学氧化的过程，属于腐蚀一类的轴承失效模式。

在不同接触摩擦状态下，摩擦腐蚀产生的表观和内在机理有所不同，因此我们又将摩擦腐蚀分为微动腐蚀和伪压痕（振动腐蚀、伪布氏压痕）。

1. 微动腐蚀（摩擦锈蚀）

（1）微动腐蚀的机理（原因）、表现及对策

轴承通过配合安装在轴上和轴承室内，在轴旋转时，轴和轴承内圈之间、轴承室和轴承外圈之间有相对运动的趋势。当配合选择较松的时候，金属接触表面会发生微小的相对运动。这种微小的相对运动会将接触表面的微凸体研磨下来形成微小金属颗粒，这些微小金属颗粒氧化后形成金属氧化物（氧化铁颗粒），它们在微动中被压附在轴承金属表面上，呈现出生锈的样貌。这就是我们所说的微动腐蚀。图10-23是一套有微动腐蚀的轴承内圈照片。

图 10-23　微动腐蚀的轴承内圈

由此可见，微动腐蚀的特点是其发生在相对微动的接触表面之间（通常是相对配合面）；呈现氧化的表观；有时有生锈粉末；伴随部分金属材料损失。

微动腐蚀初期宏观上的表象是配合面呈现类似生锈的样貌。随着材料的遗失，配合面的配合进一步被破坏，微动腐蚀更加严重甚至出现配合面大幅度的相对移动，就是我们俗称的跑圈现象。

我们在观察轴承配合面"生锈"痕迹时，切不可当作生锈进行处理。此处"锈迹"也不是一般生锈原因造成的。也有人提问：配合面没有氧气，何来生锈？微动腐蚀的机理可以帮助我们解答这个问题。

微动腐蚀有时不仅发生在轴承内圈上，还会发生在轴承室与轴承接触的地方，造成轴承室内部的凹凸、锥度，以及过度磨损等情况。此时，轴承室不能为轴承提供良好的支撑。轴承外圈在不良支撑下承载运行会造成断裂，通常这种断裂都是在滚道上沿轴向方向的，如图10-24所示。

防止微动腐蚀的对策主要就是选择正确的轴与轴承内圈、轴承室与轴承外圈的配合尺寸。有时采取其他防止轴承外圈"跑圈"的措施，比如O型环和带卡槽的轴承等。

（2）微动腐蚀举例

1）轴承外圈微动腐蚀。图10-25所示为一个球面滚子轴承外圈微动腐蚀。从接触轨迹的角度可以看到，轴承外圈和轴承室接触的外表面呈现类似生锈的现象。"锈

迹"点分布在滚道对应的外面。从失效分析的角度来讲，轴承外圈外表面"锈迹"不可擦除，其他无异常，这是微动腐蚀所致。建议检查轴承外圈和轴承室的配合尺寸，避免外圈蠕动继续发展破坏轴承运转状态。

图 10-24　微动腐蚀引起的轴承内圈断裂　　　图 10-25　轴承外圈的微动腐蚀

在本书轴承公差配合部分我们谈及了正常的轴承配合，考虑轴承圈的挠性，轴承外圈总会有相对于轴承室的蠕动趋势。这种蠕动趋势无法避免，因此会导致微动腐蚀。因此，在进行齿轮箱维护时，如果发现轴承外圈有轻微的微动腐蚀迹象，在通过检查轴承室尺寸，配合正常的情况下，可以不用做特殊处理。此时考虑的重点是，这个微动腐蚀是否严重，以及是否有继续扩大发展的趋势。如果有，则需要进行相对纠正。

2) 轴承内圈微动腐蚀。图 10-26 所示为轴承内圈微动腐蚀。对于内转式设备，一般轴承内圈和轴之间配合相对较紧，即不希望轴承内圈和轴发生相对运动，若出现相对运动，则会严重影响轴承滚动体的运转状态。

当轴承内圈和轴配合不良时，轴承内圈和轴之间会发生蠕动，从而产生如图 10-26 所示的微动腐蚀。轴和轴承内圈之间的配合不良包

图 10-26　轴承内圈的微动腐蚀

括尺寸配合过松，或者形位公差不当。图 10-26 所示为轴承内圈均匀分布微动腐蚀的痕迹。从接触轨迹的角度观察，应该是内圈配合过松所致。

相比于外圈微动腐蚀，内圈微动腐蚀发生时产生的影响更容易产生恶性循环。内圈一旦有微动腐蚀，将造成配合进一步变松，则轴在旋转时其配合力更难以带动轴承内圈，从而滑动加剧，情况更趋恶劣。另外，与外圈相比，轴靠与轴承内圈之间的滑动摩擦带动轴承内圈旋转，而轴承外圈本来不需要旋转，因此轴承内圈和轴之间的摩擦趋势更明显，更容易出现微动腐蚀现象。因此，一旦发现轴承内圈微动腐蚀，应尽快进行纠正。

2. 伪压痕（振动腐蚀，伪布氏压痕）

（1）伪压痕产生的机理（原因）、表现及对策

当滚动表面出现往复性相对运动时，在轴承滚动体和滚道表面接触的材料会出现

微小运动。如果滚动体在滚道表面是纯滚动，那么这种微小运动可能是由于挠性原因而出现的回弹运动；如果滚动体和滚道之间产生了微小的相对运动，那么这种微小运动可能是滚动体和滚道表面的相对滑动。

不论是回弹运动还是相对滑动，金属表面的微凸体都会由于疲劳而脱落。这些微小的金属颗粒有可能被环境氧化。由于轴承内部润滑脂的存在，润滑剂覆盖了接触表面，这些微动痕迹和金属颗粒的氧化发生较少。但是这样的微动持续进行，会在滚道及滚动体表面形成凹坑，且凹坑的痕迹和滚动体相关。对于滚子轴承，多数为直线形状；对于球轴承，多数为点状。

出现这些后续变化的前提是"往复性"相对运动，这经常发生在振动的工况中。当轴承处于静止不转的场合时，形成的凹坑间距与轴承滚动体间距相当；当轴承处于运转的振动场合时，滚道表面留下的凹坑间距比滚动体间距小。

上述现象分别如图 10-27 所示。

（2）伪压痕举例

1）运输过程中产生的伪压痕。设备从生产厂发送到用户必经运输。在运输过程中轴承处于静止状态，但是运输过程中的路途颠簸和车辆的起、停、转弯，都会使轴承滚动体在内圈上出现相对的蠕动。

图 10-27　圆柱滚子轴承伪布氏压痕

由微动腐蚀的机理可知，此时轴承滚道上很容易就会产生伪压痕类型的轴承失效。所以很多设备都会遇到这样的问题：生产制造测试环节噪声合格，但是运抵客户现场试车时就出现异常噪声问题。这就是由于运输过程中轴承内部出现伪压痕的情况。

2）船舶上使用的设备在停用较长时间产生的伪压痕。有时候会出现设备正常运行时轴承噪声正常，一旦停机一段时间再启用时，轴承出现了异常噪声。这种情况下，设备运转时振动负荷不会在齿轮箱轴承滚道固定部分往复运动，因此不会出问题。但是设备停止工作时，就构成了生成伪压痕的条件。要避免这种情况的出现，可以在轴承选择油脂时适当选用含有极压添加剂的油脂，防止轴承不运转时滚动体和滚道的直接接触，以削弱伪压痕的形成。

五、电蚀

电蚀是指当电流通过轴承时对轴承造成的损伤失效模式。由于机理不同，我们把轴承电蚀分为由于电压过高造成的电蚀和由于电流泄漏造成的电蚀。

（一）瞬时电流过大（电压过高）造成的电蚀

轴承内圈、外圈和滚动体都是轴承钢制成的，它们都是良好的导体。轴承运行之前需要施加润滑，则在从轴承的一个圈到滚动体再到另一个圈的路径中，润滑剂相当于放入它们三者之间的绝缘介质。在轴承外圈和滚动体之间的润滑一起构成了一个电容，相同的在轴承内圈和滚动体之间也构成电容，我们可称之为接触点电容。当由于外界原因，接触点电容两端有电动势（或者说电压）时，油脂起阻隔作用，或者说是绝缘介质作用。当该电动势（电压）达到一定值时，就会击穿电容。

击穿的过程是以火花放电的形式出现的。在击穿时，局部火花温度很高。这个温度一方面会使油脂碳化；另一方面会使轴承表面在高温下出现熔融，从而呈现微小凹坑。这些凹坑的直径可达 100μm，如图 10-28 所示。

另一方面，轴承运行时滚动体是转动的，滚动体和滚道的接触点是移动的。随着滚动体的滚动，接触点的两个接触面会被分离开，出现类似"拉电弧"的效应。这种情况加剧了放电效应。

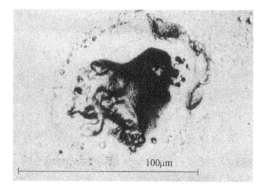

图 10-28 过电压产生的电蚀坑

当轴承滚道上出现了这样的电蚀凹坑，滚动体滚过时，就会在凹坑边缘产生应力集中。而凹坑形成时，由于高温使凹坑处轴承钢结构发生变化，在凹坑附近形成变脆的一层，在应力集中的情况下更加容易剥落。由此开始，轴承的次生失效发生。

对于电压过高而出现电蚀的轴承，首先是油脂退化，在油脂中可以找到碳化的痕迹，在轴承滚道上也可以见到明显的电蚀凹坑。轴承运行的宏观表现，初期是噪声，随着失效的发展，轴承噪声变大、温度升高。

（二）由于电流泄漏造成的电蚀

实验表明，即便很小的电流通过轴承，而且并未形成上述电压过高时形成的大电蚀凹坑的情况下，轴承滚道表面依然会出现微小的电蚀凹坑，随着轴承的旋转，凹坑将逐步发展为波纹状凹槽。当凹坑刚刚出现时，均布于滚道表面，使滚道呈现灰暗状。通常，在一定转速下旋转，微小的电压积累会通过润滑膜的电流呈现一定频率的脉动性。所以，经过一段时间后，滚道上面的微小电蚀凹坑会呈现一定的聚集。聚集的结果就是形成了间距相等的电蚀凹坑槽，有时我们将这种纹路称作"搓板纹"（ISO 标准中用词为 Fluting，意为衣料上的细纹；国标中翻译为"电蚀波纹状凹槽"；本书称之为"搓板纹"，这是行业内的习惯称谓）。而对于球形滚动体（滚珠）而言，由于存在自旋和公转，所以微小凹坑的发生不具备可以聚集的因素，因此均匀分布于滚动体表面，没有特征的分布，但柱状滚动体会有"搓板纹"。上述现象如图 10-29 所示。

搓板纹和伪压痕经常容易被混淆，可根据如下差异加以区别：

1）出现搓板纹的轴承滚动体表面发污、光洁度下降、条纹间隔均匀。这是由于

第十章 齿轮箱轴承的失效分析技术

布满凹坑的原因。用显微镜观察滚动体和滚道，会发现上面布满了微小的电蚀凹坑。

图 10-29　轴承通过电流产生的电蚀"搓板纹"

2）出现伪压痕的轴承，滚道上呈现压痕，同时滚动体上也有可能出现压伤的痕迹。通常滚动体硬度比套圈大，即便滚动体上不出现压伤痕迹，其整体光洁度也不应该变暗。通过显微镜观察，伪压痕处呈现机械磨损特征，没有电蚀凹坑。

六、塑性变形

当轴承受到的外界负荷在轴承零部件上产生超过材料的屈服极限时，轴承零部件就会发生不可恢复的变形，这种失效模式被定义为塑性变形。

ISO 标准中把塑性变形分为如下两种不同类别：

1）宏观：滚动体和滚道之间接触载荷造成在接触轨迹范围内的塑性变形。

2）微观：外界物体在滚道和滚动体之间被滚辗，在接触轨迹内留下的小范围塑性压痕。

其实这种分类的实质都是一样的，都是指轴承零部件发生不可逆的塑性变形。

（一）过负荷（真实压痕）

轴承在静止时所承受的载荷超过轴承材料的疲劳负荷极限时，在轴承零部件上就会产生塑性变形；轴承在运转时，如果承受了强烈的冲击负荷，也有可能超过轴承零部件的疲劳负荷极限而发生塑性变形。这两种情形都归类于过负荷塑性变形。

从过负荷塑性变形的定义可以看到，过负荷需要有如下特点：

1）轴承承受很大的静态负荷或者振动冲击负荷。

2）轴承零部件在负荷下出现不可逆变形。

3）等滚动体间距的表面退化（塑性变形痕迹间距与滚动体间距相等）。

4）轴承操作处理不当。

在轴承选择时，如果已知轴承处于低速运转状态，当速度很低时需要对轴承的额定静负荷进行校核，以避免轴承出现过负荷引起的塑性变形。同时，如果轴承可能经历巨大的冲击振动负荷，则也要在轴承选型上进行斟酌。在这些情况下，除了考虑过负荷会引起塑性变形之外，还需要注意改善润滑。

轴承操作不当引起的过负荷塑性变形，需要对操作中的错误进行纠正。

269

(二)碎屑压痕

1. 碎屑压痕的机理(原因)、表现及对策

理想状态的轴承运转下,轴承滚动体和滚道之间只有油膜承压。当有其他颗粒进入承载区域时,这些颗粒将在滚道上被碾压,滚道和滚动体上会出现压痕。不同的颗粒在滚道上的压痕也不尽相同。

2. 碎屑压痕举例

如果轴承内部出现软质颗粒(木屑、纤维、机加工铁屑),则软质颗粒会被压扁,同时在滚道上留下类似扁平的压痕,这些压痕边缘并不尖锐,呈现平滑的趋势,如图 10-30 所示。软质颗粒会造成润滑失效,相应地,在滚道和滚动体表面留下的压痕也会造成应力集中。这些都会引发轴承次生失效。其宏观表现包括轴承的发热和异常噪声。污染颗粒引起的轴承振动会出现不规则的峰峰值。

如果轴承内部出现硬质颗粒(硬淬钢、硬矿物质颗粒等),那么硬质颗粒会在负荷区被碾压,首先在滚道上产生压痕,同时硬质颗粒可能会被压碎,碎屑在旋转方向扩散,同时被继续碾压,进而发生次生碎屑压痕,如图 10-31 所示。

图 10-30 软质碎屑压痕

图 10-31 硬质碎屑压痕局部

在显微镜下可以观察到硬质颗粒产生的碎屑压痕边缘呈现相对尖锐的状态,并且沿着轴承旋转方向扩散。往往一个压痕后面跟着若干偏小的压痕。同时压痕下面呈现类似于图 10-32 中所示的扩展性。

硬质颗粒导致的碎屑压痕也会引起轴承表面源起型疲劳。轴承出现异常噪声和发热,同时在振动监测时会出现偶发性不规则的峰峰值。

轴承出厂时进行的振动测试中,有的生产厂家进行了振动的峰峰值测试,其目的就

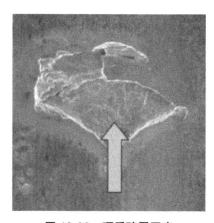

图 10-32 硬质碎屑压痕

是检查轴承生产制造过程中的污染情况,查看轴承内部是否存在未清洗干净的污染颗粒。

GB/T 6391—2010《滚动轴承 额定动载荷和额定寿命》描述了颗粒压痕对轴承寿命的影响。可以参考。

不论是软质颗粒还是硬质颗粒,都是轴承运行时不允许出现的。究其来源,多数与污染有关。因此要严格控制轴承安装使用时的清洁度。比如,不用木板添加油脂、不用棉质手套搬运轴承、保持油脂清洁、保持安装场所清洁等,都可以在很大程度上改善由于污染带来的轴承碎屑压痕失效。

(三)不当装配压痕

1. 不当装配的机理(原因)、表现及对策

在对轴承进行安装等操作时,轴承滚动体等部件在受到冲击负荷的情况下也会在滚道表面挤压出塑性变形的痕迹。

齿轮箱生产过程中用锤子敲击轴承的错误做法,除了敲击本身会损坏轴承以外,敲击力通过滚动体在滚道之间传递,也会在滚道上产生塑性变形。

改善轴承安装工艺,使用正确的工装以及安装手法,可以避免此类问题的发生。此内容在轴承安装部分已有详述,此处不再重复。

2. 不当装配举例

图 10-33 所示为轴承在安装时出现的不当装配。从图中可见,轴承内圈侧面有一处为安装时直接敲击产生的损坏,而轴承滚道一侧,留下了滚动体在冲击安装力下挤压滚道而产生的压痕。

图 10-33 不当装配的轴承损伤

七、断裂和开裂

当轴承所承受的负荷在轴承零件上产生的应力超过其材料的拉伸强度极限时,轴承材料会出现裂纹,裂纹扩展后,轴承零件的一部分会和其他部分出现分离而造成轴承失效,这种轴承失效被称为轴承断裂和开裂失效。

根据轴承断裂和开裂的原因,大致分为过负荷断裂、疲劳断裂和热断裂。

(一)过负荷断裂

轴承由于应力集中或者局部应力过大,超过材料本身的拉伸强度时,轴承圈就会出现过负荷断裂。

导致过负荷断裂的应力集中可能来自负荷的冲击、配合过紧、外界敲击等因素。

在对轴承进行拆卸时,所用拉拔器部分的应力集中也是造成过负荷断裂的原因之一。

图 10-34 所示为轴与轴承配合过紧而导致的轴承内圈过负荷断裂。

(二) 疲劳断裂

疲劳断裂是材料在弯曲、拉伸、扭转的情况下，内部应力不断超过疲劳强度极限，往复出现多次之后，材料内部出现的裂纹。内部裂纹首先出现在应力较高的地方，随着轴承的运转，裂纹不断扩展，直至整个界面出现断裂。

轴承的疲劳断裂经常呈现大面积的滚道疲劳破坏，同时在断裂区域内呈现台阶状，也是呈现线状。图 10-35 为一个深沟球轴承疲劳断裂图片。

图 10-34 过负荷断裂的轴承内圈

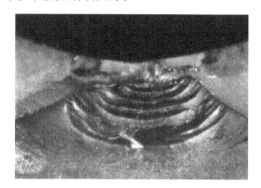

图 10-35 深沟球轴承疲劳断裂

疲劳断裂出现在轴承圈和保持架之上。当轴承室支撑不足时，也会使轴承圈出现不断弯曲，最终断裂。

(三) 热断裂

零部件之间发生相对滑动而产生高摩擦热量时，在滑动表面经常会出现垂直方向的断裂，这种断裂被称为热断裂。

发生热断裂时，摩擦表面由于高温而出现颜色变化。

一般而言，热断裂往往与不正确的配合以及安装操作造成的轴承圈"跑圈"相关。

第十一章
风力发电机概述

人类利用风能的历史可以追溯到从"风车之国"荷兰，利用风能进行谷物的加工，到我国古代利用风能吸海水制盐。如果追溯第一台真正意义上的自动运行的，且用于发电的风力机，大概可以追溯到 1880 年，美国电力工业奠基人之一的 Charles F. Brush 在俄亥俄州的克利夫兰市安装的，用雪松木制造的叶长只有 8.5m 的风力发电机了。

随着能源问题成为全球可持续发展所面临的主要问题，国际社会不得不积极地寻找对策，同时关注新能源或者绿色能源的发展与利用。风能是一种可再生并且没有污染的绿色能源，与水力一样，目前看来是取之不尽、用之不竭的，而且全球的风能储量非常丰富。据估计，全球可利用的风能总量在 53000TWh/ 年。风能的大规模开发利用，将会有效地减少化石能源的使用，同时降低二氧化碳等气体的排放，缓解温室效应，保护环境。大力发展风能已经成为各国政府的重要选择。

20 世纪 30 年代起，北欧等国家就已经着手研发大功率的风力发电机，直至 80 年代初期，已经出现了功率为 600kW，在当时来说算是中大型的风力发电机，各国的技术逐渐在突破风力发电的技术瓶颈，风力发电机的制造及整体风力发电的成本都在逐步降低。20 世纪末期新一代的风力发电机的雏形已经形成，并且在本世纪初，全球形成第一波风力发电机制造和风力发电风场建设的高潮。

我国与全球同步开始了大型风力发电机的推广应用，在本世纪初的时候就已经形成了近 30 个规模化的风力发电风场，分布在风资源较丰富的 10 余个省份。至 2016 年前后，我国风电新增装机容量已达 2300 万 kW，累计装机容量达 1.7 亿 kW，其间海上风电开始崭露头脚，并开始有计划的部署。

第一节 风力发电机的功能及作用

风力发电机是发电设备的一种，工作原理与其他的发电设备类似。简单说就是将风能转化为机械能，再通过常用的发电机组将机械能转换成电能的设备。

风力发电机的工作原理比较简单，叶轮在风力的作用下旋转，把风的动能转变为叶轮轴的机械能，发电机在叶轮轴的带动下旋转发电。

一、风力发电机的各个组成部件

传统的风力发电机通常由叶轮及轮毂组件、主轴系统、变速系统、发电系统、控制系统等一系列机构组成。图 11-1 以水平轴风力发电机为例介绍了风力发电机的各个组成部分。除了在图片中介绍的主要部分以外，风力发电机组还包括一些其他的辅助机构，例如刹车系统、避雷系统、润滑系统、冷却系统（在某些设计的风力发电机组中）、电梯（大型兆瓦级风力发电机）、塔架及塔架基座、液压系统、风速计及风向标等。

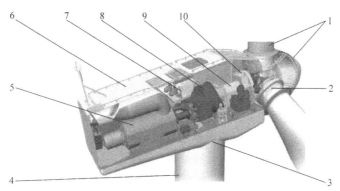

图 11-1 水平轴风力发电机组成部件

1—轮毂及叶片 2—变桨系统 3—偏航系统 4—塔架 5—发电机组 6—机舱 7—电控系统
8—齿轮箱（增速箱） 9—主轴 10—主轴承

（一）轮毂及叶片

轮毂及叶片，通常也被称作叶轮，是风力发电机重要的部件之一，它是风力发电机区别于其他动力机的主要标志，同时也是风力发电机需要利用风能的关键部件，它的作用是捕捉和吸收风能，并将风能转变成机械能（旋转），同时通过主轴将能量传递给后续部件的关键部件。

叶轮由叶片和轮毂组成，在现代的风力发电机中，我们一般也把变桨系统算在其中。中大功率风力发电机的叶片设计都采用截面积接近于流线型的叶片设计，类似于飞机的机翼，如图 11-2 所示。而叶片的材料目前也以玻璃钢叶片为主，即某种类型的环氧树脂或者不饱和树脂的高强度塑料，同时渗入长度不同的玻璃纤维，以达到增强的作用。这种材料的强度较高，同时重量轻，耐老化能力强，而且表面可以继续缠绕玻璃纤维或者涂环氧树脂，以达到表面光滑，降低风阻的目的。因为粗糙的叶片表面容易增加叶片在运转过程中的撕裂风险。

玻璃钢材料的叶片在其内部的其他部分会填充软木或者泡沫塑料，在保证叶片运转稳定性的同时，尽可能地降低叶片的重量，在保证叶片具有一定刚度的情况下，增大叶片的捕风面积。

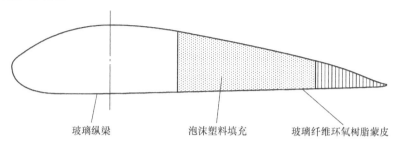

图 11-2　风力发电机叶片结构简述

　　随着风力发电机功率的增加以及使用场地的变化——从陆上到沿海滩涂，再到海上风电，整体对包括叶片在内的材料的要求也越来越高。因此，随着要求的不断提升，现在也有采用碳纤维制作的复合叶片。碳纤维复合叶片的刚度是玻璃钢复合叶片的 2~3 倍。但是性能的提升带来的是制造成本的增加，由于碳纤维材料的成本较高，影响了它在风力发电机上的应用。

（二）变桨系统

　　变桨系统，顾名思义是指在风力发电机运行的过程中，通过控制叶片的角度来控制叶轮的转速，进而控制风力发电机的输出功率，并能够通过空气动力制动的方式使风力发电机安全停机。

　　变桨控制系统包括三个主要部件，驱动装置的电机和齿轮箱，以及变桨轴承。从额定功率起，通过控制系统将叶片以精细的变桨角度向顺桨方向转动，实现风机的功率控制。如果一个驱动器发生故障，另两个驱动器可以安全地使风机停机，如图 11-3 所示。

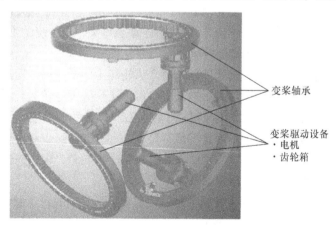

图 11-3　变桨控制系统

　　变桨控制系统是通过改变叶片迎角，实现功率变化来进行调节的。通过在叶片和轮毂之间安装的变桨驱动电机带动回转轴承转动从而改变叶片迎角，由此控制叶片的升力，以达到控制在风轮叶片上的扭矩和功率的目的。在风力发电机组正常运行时，叶片向小迎角方向变化而达到限制功率。

采用变桨距调节，风机的起动性好、刹车机构简单，叶片顺桨后风轮转速可以逐渐下降，额定点以前的功率输出饱满，额定点以后的输出功率平滑，风轮叶根承受的动、静载荷小。变桨系统作为基本制动系统，可以在额定功率范围内对风机速度进行控制。

（三）主轴系统

当叶轮旋转起来后，转动惯量就传递到下一个阶段，即风力发电机的主轴和主轴承部分，如图 11-4 所示。

主轴是风力发电机里主要传递转矩的零部件，它将转动惯量传递到下一个零部件，也就是我们本次需要着重介绍的部分——增速齿轮箱。

图 11-4　主轴的配置及连接方式

而主轴承则是整个风力发电机里面最主要的承载零部件。整个风力发电机传动链的重量，包括叶轮、主轴承，在某些风力发电机的设计中可能还会包括齿轮箱的重量，以及风的载荷，都会通过主轴承传递到机舱，通过塔筒最终传递到基座上。因此主轴承的选型，在风力发电机的整个设计链上都会是一个非常关键的环节。

（四）增速齿轮箱

在整个风力发电机的传动链中，紧接着主轴之后的就是我们在后续要跟大家花比较大的篇幅去介绍的本书的主要内容——增速齿轮箱。从名字就可以看出来，其实这就是一个齿轮箱，只是名字中包含"增速"，顾名思义，与传统的工业齿轮箱不同，它的作用不是降低转速，而是增加转速。

所以，与主轴后段直接相连接的则是整个齿轮箱中的低速轴，通过齿轮的增速传动，把由于风能提高的转速增加到后端发电机可以接受的发电转速。因为风力发电机的叶轮转速一般都比较低，大多数都在 20 转左右。如果我们以装配了 4 级风力发电机的设备为例，那么齿轮箱的增速比一般都要在 70~100。这也对齿轮箱的整体设计提出了很多的要求。所以从设计上说，虽然这也是个齿轮箱，但是内部轴的配置以及轴承的选择与工业齿轮箱都有很多的不同。

一般来说，风力发电机的齿轮箱都是以行星轴加平行轴的混合设计来达到如此高的传动比的。

如图 11-5 所示，这种混合传动的设计结构相对紧凑，比较符合风力发电机的要求，因为风力发电机整体设计的空间就较小。低速级转速低、扭矩大，采用行星传动，且主要以太阳轮浮动均载为主。第二级、第三级扭矩小得多，采用斜齿传动，能有效地保证叶尖高压油通道。首先,通过风带动叶片转动,叶片通过主轴和主轴承把转速传到输入轴①上。通过输入轴①上的花键把力矩传到行星架②上,行星架通过内齿圈③、行星轮④和太阳轮⑤组成的行星传动传到太阳轮⑤上,太阳轮⑤通过另一端的花键把力矩传到大齿轮⑥上,大齿轮⑥通过齿轮传动把力矩传到齿轮轴⑦上,齿轮轴⑦通过轴上的大齿轮把力矩传到输出轴⑧上。输出轴⑧通过输出轴轴伸端把力矩和转速传到发电机上,供发电机发电。

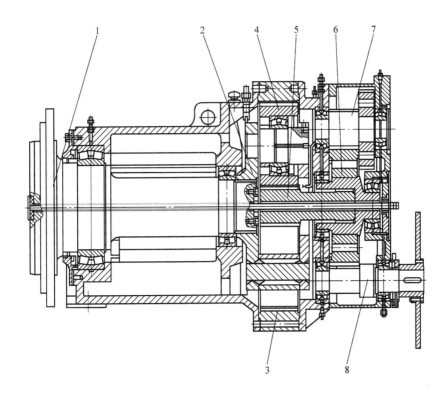

图 11-5　600kW 的风力发电机增速齿轮箱示意图

(五)发电机及其他零部件

发电机是整个风力发电机组中的主要做功设备。传动链前期所有的功最终都需要通过发电机把旋转的机械能转变成电能。目前传统的风力发电机组里的发电机与普通的发电机区别不大,只有一些需要根据风力发电特点所做的细节上的调整,例如带有绝缘涂层的轴承等。

在目前的风力发电机机组中,常用的风力发电机主要有双馈异步发电机以及直驱式风力发电机组里面常用的永磁发电机。关于发电机的部分,其他书籍中已经做了非常详细的介绍。可以参考才家刚与王勇编著的《电机轴承应用技术》,以及王勇编著的《电机轴承故障诊断与分析》等书。

风力发电机组的其他部件,例如塔架、机舱等,因为是纯静态的结构,而且不涉及轴承的应用,我们在本书中不做说明。后续如果我们会专门介绍风力发电机组,会继续详细地介绍给大家。

二、风力发电机的设计类型与发展方向

随着风力发电机的不断发展,以及风力发电机零部件制造技术的不断提升。风力发电机的发展也遵循着结构更紧凑、功率密度更高的发展趋势。由于风力发电机特殊的应用场合,导致了对与风力发电机相关的技术要求也非常高。例如,越轻以及越紧凑的结构设计不仅给风力发电机主机带来轻量化的设计,同时塔架的成本也会随之降低;随着功率的不断提高,紧凑型的设计会带来更小的机舱容量,也意味着整体设计趋向轻量化的要求。

因此,对于风力发电机整体的零部件的设计,链接的设计甚至是材料的设计都带来了越来越多的改进。

目前风力发电机流行的趋势是在保证强度的同时,重量更轻,同时传动链的设计更紧凑。这也是市场上现有的风力发电机设计存在不同设计类型的最主要原因。从最早的传统两点支撑的风力发电机设计到现在非常流行的无主轴的风力发电机设计,风力发电机经历了多代更迭,风力发电的发展在近40~50年出现了井喷的情况,所以市场上的风力发电机存在着从最早到最新的设计全覆盖的情况。

我们对风力发电机设计的区分,从"整合度"程度的不同,把它们分为三个类型的设计:①传统式风力发电机,主轴系统与增速齿轮箱完全分离式的设计;②混合式风力发电机,在混合式风力发电机的设计中又存在两种不同的区分,一是有两个主轴承,其中一个与后面的齿轮箱融合,这个轴承承担着两种功能,即主轴承的支撑功能和齿轮箱输入轴轴承的功能;二是只有一个主轴承的设计,而且完全与齿轮箱融合,不仅起到支撑整个传动链的功能,还承担一部分齿轮箱输入轴的功能;③直驱式风力发电机,在这种风力发电机中,增速齿轮箱被去掉,主轴承直接与永磁发电机连接,发电机直径较大,转速较慢,但是同样能达到传统式风力发电机的作用。

图11-6所示的不同的设计,在整个风力发电机的设计流程中,经历了多年的市场验证。从技术上来讲,是从传动链的角度对其整合性以及功能性划分做了非常大的改进。

(一)传统式风力发电机(带齿轮箱设计)

对于传统的风力发电机来说,它的优点是功能区分明显,主轴承担主轴的功能,齿轮箱承担齿轮箱的功能,因此缺点也非常明显,整个传动链的尺寸非常长,导致的结果就是整个风力发电机主机的尺寸很大,整体重量较重。

第十一章 风力发电机概述

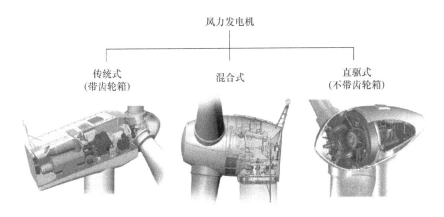

图 11-6　三种不同的风力发电机设计

（二）混合式风力发电机

混合式的风力发电机设计。在传统设计的角度上，对主轴系统和增速齿轮箱系统做了部分层面的混合。最主要的目的是缩短传动链，从图 11-6 也可以看出，混合式的风力发电机内部的设计要比传统式短了不少。优点是，缩短的传动链设计更紧凑，重量更轻。更轻的风力发电机主机对于塔架的设计来说，也友好了不少。

但是，对机械设计稍有了解就会发现，混合式的机型给整机设计，甚至是加工制造都提出了更高的要求。功能的混合意味着在设计时我们就要考虑两个不同功能的零部件之间的相互影响。而且单一零部件所承担的功能越多也意味着出现失效的点也在增多，出现失效的风险也在提高。因此这种设计的风力发电机不仅对设计，也对零部件的制造，整机的安装，甚至后续的维护都提出了更高的要求。

（三）直驱式风力发电机（不带齿轮箱设计）

在开始我们就介绍过直驱式的风力发电机，要让发电机达到发电的条件，不可或缺的一点就是转速要达到发电机的要求，这也是为什么在早期的设计中，增速齿轮箱是传动链上不可缺少的一部分。但是，随着大批量的风力发电机投入商业运行，我们发现在整体的风力发电机失效中，齿轮箱的失效占到了 60% 以上。

这时因为，增速齿轮箱是一个相对来说比较复杂的部件，其中不仅有齿轮的啮合，更多的还有轴承的运行。因此，在过去的很长一段时间中，齿轮箱的维护和保养都是摆在风场业主面前的一个很大的难题。这也是直驱式的风力发电机应运而生的主要原因。

为了降低风力发电机的维保成本，直接拿掉了其中一个失效点过多的零部件。但是，齿轮箱的消失意味着对发电机的要求更多了，尺寸需要更大，永磁发电机在生产成本上也面临着问题。但是这个就是发电机厂家需要去进一步解决的问题了，我们在本书中不展开讨论。

第二节 风力发电机的发展趋势

随着全球能源需求的政策性倾斜,以及科技的不断进步,风力发电机的发展在过去的几十年中经历了爆炸性的增长,展现出了广阔的前景。

一、单机容量的不断增大

如果我们只讨论商用的风力发电机,我国市场开始接触到风力发电机的时候大概已经是 500~600kW 等级的主机占据主要市场了。经过多年的发展,如今在丹麦已经建成的风力发电机高度已经超过 200m,叶片长度超过 80m,长度已经超过了波音 747 飞机,其叶轮的扫风面积甚至超过了坐落在泰晤士河岸的"伦敦眼"。此风力发电机每天的发电量可达 26 万 kWh,基本可以满足上百个用户一个月的基本用电量。

虽说全球的风能资源非常丰富,但是历经过去多年的装机,风场资源也面临着越来越紧张的局面,因此单机容量更大的风力发电机势必成为未来发展的方向。

二、风力发电从陆地向海上拓展

虽然我们一直强调风能是一种可再生的能源,而且只要有太阳,同时地球在不停地转动,风能可以说是一种取之不尽,用之不竭的资源,但是随着过去几十年风力发电机的快速增长,越来越多的风力发电机竖立在陆地上风能较充沛的地方,也在不停地侵占着陆地资源,我们同样面临着陆地资源不够,而没有地方可以继续建设风力发电机的窘境。

因此,海上的广阔空间和巨大的风能潜力使得风力发电机从陆地向海上的扩张成为一种趋势。自 2006 年开始,欧洲的海上风力发电已经大规模的兴起。随着我国对风力发电机设计和改进的不停投入以及技术的不断创新,我国的海上风力发电机也在经历着快速发展的阶段。目前,头部的风力发电机设计及制造商已经有了成熟的海上风力发电机技术,并且在我国的东部及东南沿海地区建设了越来越多的海上风力发电场。

三、新方案和新技术的不断使用

在功率调节方式上,变速恒频技术和变桨距调节技术将得到更多的应用;在发电机类型上,无刷双馈型感应发电机(传统式)和永磁发电机(直驱式)已经成为风力发电的新宠;在励磁电源上,随着电力电子技术的发展,新型变频器不断出现,同时性能得到不断的改善;在控制技术上,计算机分布式控制技术和新的控制理论将进一步得到应用;在驱动方式上,无齿轮箱的直接驱动技术将更加吸引人们的注意。

在技术上,经过不断发展,世界风力发电机组逐渐形成了水平轴、三叶片、上风向、管式塔的统一形式。进入 21 世纪后,随着电力电子技术、计算机机控制技术和材料技术的不断发展,世界风力发电技术得到了飞速发展。

第十二章
风力发电机齿轮箱的作用及特点

在上一章我们大致提到过,由于风力发电机设计的原因,轮毂将风能传递至传动链后段时的转速是无法满足后续发电机的正常运行的。因此我们需要一个能将轮毂处的低转速升高至发电机可用的转速。

当然,这个设计是对传统式的风力发电机的要求,以下内容所有的关于齿轮箱的特点的介绍也只是针对与传统式或者混合式的风力发电机而言,对于直驱式的风力发电机,不在本书的讨论范围内。

因此,风力发电机齿轮箱最主要的功能就是增速,这也是为什么把它叫作增速箱的最直接的原因。看到这里,我们就会发现,风力发电机里的齿轮箱与工业齿轮箱的作用是一样的,都是改变齿轮箱两端的速度,只不过一个是减速,一个是增速。

第一节 风力发电机齿轮箱的设计

在第十一章的图 11-5 里我们给大家看了一个 600kW 的齿轮箱的简单设计,并且给大家简单地介绍了一下整个齿轮箱的运转过程。本节主要介绍风电齿轮箱的设计。图 12-1 是一个例子。

图中所示的齿轮箱结构看似比较复杂,这样的结构布置与实际工况需求有关。一般来说,风力发电机里面用的齿轮箱的增速比(输入转速与输出转速的比)都比较高,图 12-1 所示的齿轮箱的增速比大约在 1:45 左右,也就是说。如果轮毂处由于风能所带来的转速(齿轮箱的输入转速)在 15r/min 时,在传动链后端的发动机处的输入转速(齿轮箱的输出转速)可以达到 675r/min。

从转速看,这是一个功率较小的风力发电机。如果以目前的海上风电的大型兆瓦级的功率发电机的齿轮箱来看的话,设计更加复杂。

图 12-2 是一个风力发电机齿轮箱的例子。

图 12-1 是一个风力发电机齿轮箱的总体设计。此处,对上述图纸的详细设计暂且不进行深入探讨,只是给读者一个大致的概念,风力发电机的齿轮箱虽然说起来就是一个输入输出反向应用的工业齿轮箱,但是它内部的设计往往更复杂。涉及齿轮箱的设计,甚至是安装的考虑,以及日后维修保养都要在设计初期考虑进去。

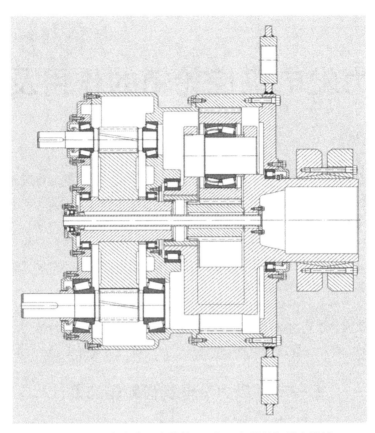

图 12-1　风力发电机齿轮箱，2 级，行星轮与斜齿轮轴

风力发电机的设计是一个非常复杂的过程。因为我们在这个阶段不仅要满足最基本的齿轮箱功能，同时要满足齿轮箱在风力发电机里的作用。再者，我们又要求齿轮箱的重量更轻，结构更紧凑。

由于风力发电机的安装位置的特殊性，我们还需要风力发电机的齿轮箱在长时间内不要进行太复杂或者太频繁的保养。这也就意味着，拥有复杂结构的风力发电机齿轮箱还需要保证长时间、高效、正常并且不出现失效的运转。

这对齿轮箱的整机设计，以及齿轮箱的零部件设计，包括齿轮、轴承、轴、壳体、连接件、润滑、润滑系统都是非常大的考验。从图 12-2 我们可以看出，风力发电机齿轮箱内部是一个零部件互相影响，同时错综复杂的机械设备。齿轮的啮合，轴承的失效，润滑的失效最终都会成为齿轮箱箱体失效的风险点，这也是为什么我们需要对各个零部件的选型、生产、安装、定位都要有很严格的把控。换言之，这也就是直驱式风力发电机变成越来越多人的选择的最主要因素之一。

第十二章 风力发电机齿轮箱的作用及特点

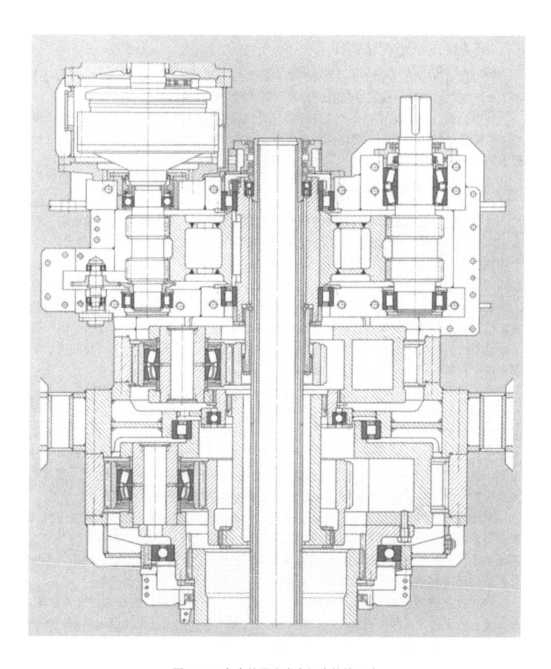

图 12-2 复杂的风力发电机齿轮箱设计

第二节 风力发电机齿轮箱的作用及特点

一、风力发电机齿轮箱的作用

风力发电机中的齿轮箱是一个重要的机械部件，其主要功能是将轮毂处在风力作用下所产生的转动惯量传递给发电机并使其得到相应的转速。

通常来说，风力发电机轮毂的转速很低，远达不到发电机发电所需要的转速要求，需要通过齿轮箱齿轮的增速作用来实现。直驱式风力发电机由于发电机的尺寸设计不同，不在此考虑范围之内。

二、风力发电机齿轮箱的特点

由于风力发电机需要安装在风资源丰富的地理环境中，而风资源丰富的环境一般来说都是人烟稀少，环境比较恶劣的地方，例如高山、荒野、滩涂、海上等风口处。

而且风力发电机所受的风载荷变向无规律、变负荷也无规律，同时还要面临着强阵风或者是极端恶劣天气的冲击，同时，风力发电机安装的环境还会受到极端温差的影响，例如严寒、酷暑等，加之所处自然环境交通不便，齿轮箱在狭小的机舱内的固定也不如地面固定的牢固，同时机座基础也在高空，通过塔筒与地基连接，因此整个传动系统的动力匹配和扭转振动的因素集中反映在某个薄弱环节上，大量的实践证明，这个薄弱环节常就是机组中的齿轮箱。

齿轮箱部分的技术挑战使得在长时间内直驱式风力发电的发展进入快车道。

大功率是风力发电机齿轮箱的第二个特点。目前主流风电机组已达到兆瓦级，目前在国内的各个风场，2.5～3MW 的风力发电机是非常主流的机型，随着风力发电机组的更新换代，以及海上风电的快速发展，更大兆瓦级的风力发电机在不断地被研发出来，5MW 的风力发电机现在已经进入商用时代，而且 8MW、10MW 的超大型风力发电机在国内的多家风力发电机主机厂商已经研发成功，甚至完成样机试制。

风力发电机组中的齿轮箱速差大。通常风轮的输入转速很低，远达不到发电机转子所要求的转速，必须通过齿轮多级增速传动来实现。而且风力发电机本身设计的空间就很小，因此需要在紧凑的空间内达到更高的转速比。因此风力发电机的齿轮箱设计就有一个很大的特点，结构紧凑，速差大。

风力发电机的齿轮箱对齿轮的精度要求更高。齿轮箱内用作主传动的齿轮精度，外齿轮一般不低于 5 级，内齿轮不低于 6 级。齿部的最终加工是采用磨齿工艺，尤其内齿轮磨齿难度甚高。这也是目前风力发电机齿轮箱制造遇到的一个比较严重的问题，在国内来说，能够设计生产风力发电机齿轮箱的厂商屈指可数，而且都集中在比较大型的制造商。对中小型制造商，或者民营企业来说，风力发电机的设计以及加工制造成本甚高，再进一步说，风力发电机齿轮箱对设计人员的综合素质要求也非常高，国内目前能自主研发风力发电机齿轮箱的研究机构或者齿轮箱厂商也比较少。

风力发电机齿轮箱的使用寿命要求长。根据标准的要求，风力发电机的齿轮箱同风力发电机一起，要求的使用寿命要达到 20 年，甚至更长。但是风力发电机运行的自然环境条件又比较恶劣，因此，要满足这么长的使用寿命，对设计和制造来说都有着不小的难度。

风力发电机齿轮箱维护困难，维护成本高。风力发电机一般安装在交通不方便的地理环境中，并且齿轮箱在数十米高的塔顶部，同时空间狭小，即使能够在机舱内做维护的操作，也比较困难。另外，由于安装在高空，齿轮箱的安装和维护都需要特定的设备，比如大型吊车等，这也给安装和维修带来了很多的问题。

风力发电机的齿轮箱可靠性要求高。不仅对整机，甚至对齿轮箱内部的零部件都提出了更高的使用寿命和运行可靠性的要求。对于结构件材料，除了常规状态下力学性能外，可能还需要具有低温状态下抗冷脆性等特性；对于齿轮箱，工作要平稳，防止振动和冲击等。设计中要根据载荷谱进行疲劳分析，对齿轮箱整机及其零部件的设计极限状态和使用极限状态进行动力学分析、极限强度分析、疲劳分析，以及稳定性和变形极限分析。

对零部件的热处理要求也相应提高。强调材料热处理的重要性就是要保证齿轮的疲劳强度和加工精度。一方面，由于风力发电机所受风载频繁变化，而且带冲击，所以齿轮表面常产生微动点蚀而早期失效，这种失效与接触精度和硬化表层物理冶金因素有关；另一方面，由于齿轮箱变速比大，所以采用平行传动加行星传动方式，而在行星齿轮中，为了提高齿轮强度、传动平稳性及可靠性，同时减小尺寸和重量，内齿圈也要求采用渗碳淬火磨齿工艺。

对风力发电机齿轮箱的噪声要求。风力发电机齿轮箱的噪声标准为 85dB 左右。而噪声主要来自于各个传动部件，包括齿轮和轴承。因此要保证良好的噪声标准，就需要提高齿轮的精度，增加内核重合度；提高轴承轴系统的共度；合理布置轴系和轮系的传动，避免共振的发生；必要时还需要采取减震措施，将齿轮箱的机械振动控制在标准规定的范围之内。

第十三章
风力发电机齿轮箱轴承及轴承配置

前面章节我们大概介绍了风力发电机齿轮箱的功能和作用，与工业齿轮箱相比自身的特点，以及基于这些特点，风力发电机齿轮箱在设计上的差异。

由于风力发电机齿轮箱设计的特殊性，应用工况较恶劣，而且对维护的要求较高，因此在对风力发电机齿轮箱进行设计时，最主要需要考虑就是各个零部件的安全性、寿命和维护的方便。

在风力发电机齿轮箱中，主要的部件与传统的工业齿轮箱相同，包括轴、轴承和齿轮。本章我们会跟大家详细介绍风力发电机齿轮箱中的轴承以及轴承配置。

在上一章中，我们提到过，由于风力发电机的齿轮箱需要很高的传动比，因此风力发电机的齿轮箱中多使用的是行星轮。在现代大型兆瓦级的风力发电机里，两级甚至三级行星轮是使用非常多的设计。由于行星轮的使用，就会导致整体齿轮箱的设计复杂程度有所上升。在传统的工业齿轮箱里，由于应用的需要，一般采用平行轴和垂直轴的设计比较多。但是在风力发电机齿轮箱里，我们基本上不会看到垂直轴的齿轮啮合，因为在整个传动链里，我们不希望传动方向发生改变。因此行星轮和平行轴设计是我们在风力发电机齿轮箱最常见到两种齿轮啮合方式。

这两种齿轮啮合方式虽然与传统工业齿轮箱的设计是一致的，但是由于应用场合的不同，我们对它们的要求也不一样，因此也会导致在轴承的选择上会有少许的不同。

第一节 风力发电机齿轮箱里的行星轮

一、行星轮简介

前面章节在介绍工业常用齿轮箱类型的时候，我们对一般的行星齿轮箱有过一些简单的介绍。由于在现代的风力发电机齿轮箱里，行星轮（也称行星齿轮）是非常常用的齿轮啮合的配置，因此本章针对风力发电机里的行星齿轮箱进行更加详细的阐述。

图 13-1 所示的是一个简单的行星齿轮啮合的设计，也是在工业齿轮箱和风力发电机齿轮箱中最常用的设计。

第十三章　风力发电机齿轮箱轴承及轴承配置

一般情况下，行星齿轮的转动轴线是不固定的。行星齿轮安装在转动支架上，一般称之为行星架，行星齿轮与中间大齿轮啮合，我们把这个固定的齿轮叫作太阳轮。行星齿轮除了围绕自己的旋转轴旋转以外，行星齿轮自身的旋转轴随着行星架围绕着太阳轮的轴向转动。如图 13-2 所示。

图 13-1　行星齿轮啮合的设计

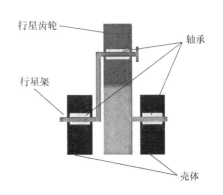

图 13-2　行星齿轮的旋转示意

围绕着自己的旋转轴的转动称之为"自转"，围绕着太阳轮轴线的转动称之为"公转"，就像太阳系中的行星围绕着太阳旋转是一个道理，这也是这个设计被称之为"行星轮"的主要原因。

行星齿轮传动与普通齿轮相比，特点显著：

首先，行星齿轮在传动动力时可以进行功率分流，并且输入轴和输出轴可以设计在同一水平线上，这样的结构很大程度上节省了空间，因此行星轮传动现在被广泛地应用在各种机械传动系统的减速机中；其次，行星轮传动具有负荷重、传动比大的特点，因此在风力发电机的齿轮箱设计中，绝大多数都会使用行星轮传动，在有限的空间，或者说在更短的传动链设计中，可以得到同样尺寸下更大的传动比。

同时，由于行星齿轮的结构和工作状态的复杂性，行星齿轮较多会出现振动的问题，直观的感官上，我们在行星轮里会听到更多的噪声。而且，由于负荷重、传动比大的特点，行星轮的齿轮也比较容易出现翅根断裂等问题，从而会影响到整体齿轮箱的传动效率和使用寿命。

这是通用工业行星齿轮常见的一些特点和问题，如果我们把行星轮用在风力发电机里，除了上述的特点和问题以外，它还具有一些独特的特性。

第一，与传统式的齿轮箱相比，风力发电机齿轮箱是一个增速箱，也就意味着行星轮所有的传递过程与传统的工业齿轮箱相比就是相反的。基于这样一个设计情况，也就意味着对于风力发电机的齿轮箱来说，行星轮是作为输入端出现的。也就是说行星架或者外齿圈是整个载荷传递的第一个阶段，由于风力发电机载荷的特殊性，在这个情况下，齿轮箱需要在很低的转速下输出极高的扭矩。

第二，作为整个齿轮箱的输入端，这里接收的是由主轴或者主轴系统传递过来的风载荷，这个载荷的大小、方向都是时刻变化的。而且这种变化是一个持续性的变化。也就是说，对于风力发电机的齿轮箱来说，稳定的工作状态就是一个载荷变化的状态。这与我们之前了解的工业设备不同。在研究大多数工业设备的时候，我们都知道，变化状态在整个设备的生命周期里面只占其中的一部分，只有起停阶段或者故障阶段我们会遇到一些状态的变化，当然也有一些特殊的工业设备，例如振动筛之类的，载荷也是在发生变化的。绝大多数的传统工业设备，我们在定义它的"正常工作状态"时，一般都会理解成稳定的载荷，或者有规律变化，并且变化程度不大。这其中的工作状态包括转速、负荷等。但是对于风力发电机来说，这种相对稳定的工作状态反而成了特例，而其"正常工作状态"就是负荷、转速等持续变化的状态。

第三，由于风力发电机主机的安装位置一般都在地面以上几十米的距离。温度相对而言较低，因此所有的起停都是在我们一般意义理解的低温下进行的。

第四，其他风力发电机齿轮箱还有的一些特点以及面临的挑战，例如低速、小转矩的工况下运行，也就是我们通常意义上的空载运行。对于风力发电机来说，只有当风速达到设备的工作状态时，才能在真正意义上发电。但是风况以及风速都不是可控的，因此，在大部分情况下，空载的概率较高。此时，风力发电机不发电，但是因为风一直有，又不能让风力发电机停住，所以只能让它空转，那么对于风力发电机齿轮箱里的轴承来说面临的就是低速、小转矩的运行，这种所谓的"工况"对轴承来说就是载荷很小、转速很低、滑动摩擦的机会会增加。甚至对于一些轴承来说都无法达到轴承正常运行所需的最小负荷。由此会带来一系列的问题。

二、风力发电机齿轮箱的基本设计

基于上述的特点，我们以目前市场上比较流行的风力发电机设计为例，介绍一下风力发电机齿轮箱内的轴承配置设计。诚然，风力发电机的设计现在已经步入了快车道，很多风力发电机设计机构，或者风力发电机主机厂以及配套的齿轮箱厂都在做更多、更高效的齿轮箱设计，本书不做齿轮箱设计方面的探讨，仅就一些常规、通用的风力发电机齿轮箱中的轴承配置等问题进行阐述。

（一）一级行星轮设计

在风力发电机的齿轮箱设计中，一级行星轮加上一级或者多级平行（斜齿轮）的设计是相对来说比较简单的齿轮箱设计。图 13-3 是一个简单的一级行星轮加两级斜齿平行轴的齿轮箱设计。

该设计一般能用到最大功率为 2.5MW 的风力发电机里。而且这个齿轮箱输入端齿圈能够做的变形也比较多。可以独立的把主轴系统和齿轮箱系统分开，就是说主轴有两个主轴轴承，齿轮箱也有完整的轴承配置设计，主轴和齿轮箱之间通过联轴器进行连接。齿轮箱的外齿圈在设计时，可以与齿轮箱设计成一体以节省空间。

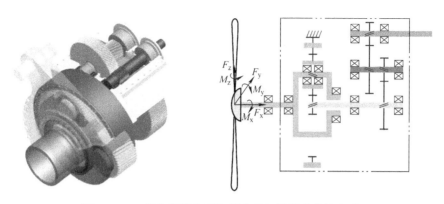

图 13-3　一级行星轮加两级斜齿平行轴的齿轮箱设计

（二）两级行星轮设计

比一级行星轮设计更复杂一点的为两级行星轮再加上一级斜齿平行轴的设计，如图 13-4 所示。

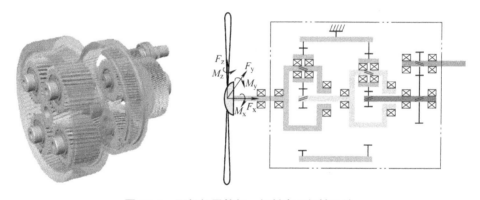

图 13-4　两级行星轮加一级斜齿平行轴设计

与上一个设计比较，我们就很明显的能看到区别，这个设计要比前一个一级行星轮的设计复杂了很多。虽然说平行轴只有一个，但是行星轮变成了两级。

从上面对行星轮的介绍我们就能看到，行星轮设计本身就比其他的齿轮啮合复杂了很多，再多一级，复杂程度是成几何程度上升的。

但是，伴随着复杂度的上升，带来的明显的特点就是这种设计的齿轮箱的传动比可以达到 1∶100，也就是说速度可以达到 100 倍，这个对于风力发电机的齿轮箱来说是个非常利好的事情，那么现在在我们就可以更直观地理解为什么在风力发电机的齿轮箱里要采用行星轮设计了。

两级行星轮的设计基本上可以满足目前市场上 6MW 级风力发电机的主机设计需求。可以看到，这种设计有时候会采用第一级 4 个行星轮，第二级 3 个行星轮的设计。

当然，随着风力发电机设计的不断发展，为了追求更大的传动比，同时也为了更大程度地缩小空间，风力发电机的齿轮箱设计正在不断发展。本书因为篇幅所限，只从简单的原理入手，先了解在齿轮箱中的轴承应用。以此为契机，举一反三，来认识更多的、更复杂的齿轮箱设计。

第二节　风力发电机行星轮上各个部件的轴承配置

基于上一节对行星齿轮的介绍，我们就可以根据行星齿轮在风力发电机里的特点，以及风电发电机对行星齿轮的需求，来做轴承的选型。换个角度说，我们需要知道什么样的轴承适合使用在风力发电机的齿轮箱里。

如图 13-5 所示，在行星轮里，主要的零部件有行星架和行星齿轮，还有一个就是与后面平行轴啮合的低速轴，本节我们主要介绍一下这几个轴以及各个部件上的轴承配合。

图 13-5　行星轮和行星架

一、风力发电机行星架轴承配置

行星架是整个行星轮机构中承受外力矩最大的零部件，同时它需要保证行星轮间的载荷分布均匀，也就是载荷沿着啮合尺宽的方向均匀分布。因此行星架的设计和制造要保证它具有较高的承载能力，同时要有一定的精度。

在风力发电齿轮箱中，行星架的运行特点主要为低转速。因为行星架这里是作为齿轮箱的输入轴存在的。在图 13-6 所示的行星架中，左侧连接的是风力发电机的主轴，因此行星架的转速会比较低，这里的转速就是风力发电机轮毂直接的转速，正常工作下，一般来说在 12~25r/min，当然此处不包括空载的时候。

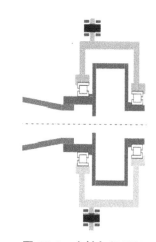

图 13-6　主轴与行星架

另外，这里作为齿轮箱中传递扭矩的第一个零部件，整体需要承受的载荷较高。在某些风力发电机的设计中，这里还要承担一部分的主轴的重量（这个是比较特殊的风力发电机类型设计，我们在这里不多做讨论）。

一般来说，风载荷在轴向和径向都会存在。但是在整个传动链里，齿轮箱前面还有一个主轴。对齿轮箱来说，基本上所有的因为风载荷产生的轴向载荷都由主轴上的固定端主轴承承担了，因此，当力矩或者载荷通过主轴承传递到齿轮箱的时候，已经完全消除了轴向载荷的影响，因此在行星架上，轴承主要承担的载荷还是在径向方向上。

这里的轴承选型，机械工程师只要记住低速、重负荷（径向）的要求就可以了。基于这样的应用工况，一般在这里选择的轴承都是能承受较高的载荷的，对高速不敏感的轴承，之前绝大多数的设计里都会选择单列的满装滚子的圆柱滚子轴承，当然也存在着另外一种设计，就是使用面对面配置的圆锥滚子轴承。下面我们就简单讨论一下为什么会有这样两种设计。

（一）满装滚子的圆柱滚子轴承配置

下面图 13-7 所示的就是单列满装滚子的圆柱滚子轴承。

从图中我们就可以看到，该轴承设计中没有保持架。因此，整体轴承内部更多的空间都用来填充更多的滚动体。我们在前面的文章中介绍过，轴承的滚动体越多，意味着轴承的承载能力越强。轴承作为标准件，当内外圈的尺寸固定了之后，在轴承中填充越多滚动体可以在同样的轴承外形尺寸下获得更大的载荷能力。

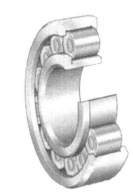

图 13-7　单列满装滚子的圆柱滚子轴承

另外，从轴承的设计中我们也能看到，与带有保持架的圆柱滚子轴承的 NJ 设计类似，在轴承的内圈的一侧带有一个挡边。这个挡边的作用有两个：首先，从轴承本身设计的角度出发，由于轴承内部没有保持架，因此轴承的滚动体就缺少了一个定位的零部件把它们固定在轴承内部，滚动体在轴承内部都是游离状态的。如果轴承内圈没有这个挡边，那么当轴承在搬运和安装的过程中，内圈很容易从轴承的两侧滑落，这样轴承内部的滚动体就全部散落了。虽然再把滚动体装回去很容易，但是掉落的过程中滚动体难免会磕碰受伤，这是需要避免的；其次，当轴承运行处于工作状态时，这种单边设计有助于防止由于轴承在轴向上产生过大的位移而导致的脱落失效。

为了更加清楚地理解上述问题，我们将图 13-6 的局部放大，如图 13-8 所示。

图 13-8　满装滚子的圆柱滚子轴承在行星架上的安装

我们在前面的章节中了解到，作为一种特殊的圆柱滚子轴承，满装滚子的圆柱滚子轴承同样具有普通圆柱滚子轴承的特点，那就是内圈（如果是 N 设计，就是外圈）相对于滚动体可以在轴向上做有限的位移，而且在这种位移下，不影响任何的轴承应用。但是这个位移在不同的轴承设计中是有限制的。

对于满装滚子的圆柱滚子轴承来说，首先，我们需要有一个挡边用来控制在安装过程中不让滚动体掉落，这是这个挡边存在的最重要的意义；第二，行星架上的轴承基本上没有外界的轴向载荷。因此，在轴承运行时，我们也不希望挡边接触到滚动体的端面，从而出现不应有的滑动摩擦。在这两个因素的限制之下，设计的时候需要在结构中预留挡边间隙。如图 13-8 中所示。

在图 13-8 这个局部放大图中，我们也能很清楚地看到，在一根轴上使用的两个轴承的挡边是相向放置的，也就是说要么两个挡边都放在外侧；要么两个挡边都放在内侧。这种轴承的配置我们叫作"交叉定位轴承配置"。

这里交叉定位的配置有如下几个作用：

第一，这个结构中不存在轴承需要承受的轴向负荷，因此交叉定位的配置最主要的功能是轴系统的轴向定位。让轴承在轴向上实现相对固定，内圈相对于外圈和滚动体（或者外圈相对于内圈和滚动体）只能在轴向有限的位置中移动，以保证轴承的正常功能。换言之，也就是让轴承套圈的有效部分与滚动体完全接触。

第二，给"挡边间隙"留有一定的量，也就是说需要保证轴承套圈在轴向上相对运动时，尽量不要让滚动体的端面与挡边的端面接触。这种轴承接触往往在轴系统受热而发生温度变化的时候发生。

预留挡边间隙的原因如下：

第一，滚动轴承作为以滚动摩擦实现传动的零部件，其内部摩擦主要以滚动摩擦方式实现。由于轴承结构的原因，一旦内部存在出现滑动摩擦的可能性，则应该尽量予以避免。这是因为滑动摩擦通常比滚动摩擦大，同时也会产生更大的热量。满装滚子轴承内部滚动体与挡边之间的摩擦就是滑动摩擦，因此应该予以避免。

第二，在上述结构中，轴系统没有轴向负荷，如果不考虑温度因素，一般不应出现轴承内部滚动体与挡边之间的接触与摩擦。同时，对于满装滚子轴承设计时候主要考虑的也是轴承内部的滚动摩擦及发热，并没有将滚子端面与挡边的滑动摩擦纳入考虑和计算。如果在结构中不预留挡边间隙，当温度变化的时候，由于热胀冷缩的原因，轴承与轴之间的轴向位置可能发生变化，此时比较容易出现滚子端面与挡边之间的滑动摩擦，而这个滚动体与挡边之间的滑动摩擦往往难以预计。我们称之为"额外的滑动摩擦"。额外的滑动摩擦带来额外的发热，会对轴承性能造成影响。

在风力发电机齿轮箱中为什么要选择满装滚子的圆柱滚子轴承呢？

首先，轴承选择是需要以满足行星架的运行要求为主要条件的。而风力发电机齿轮箱里的行星架最主要的运行特点就是重负荷、低速。在这种要求下，我们就需要轴

第十三章　风力发电机齿轮箱轴承及轴承配置

承能够承担这部分载荷，并且要达到标准规定的 20 年的使用寿命，现在新的风力发电机的设计要求使用寿命可能会更长，因此对轴承来说是一个不小的挑战。

其次，轴承的承载能力是跟轴承本身的设计相关的，简单来说尺寸越大，滚动体越大，滚动体个数越多，都代表着轴承的承载能力越强。可是在风力发电机的齿轮箱设计里，我们必须要遵守的一个首要前提是要尽可能地缩小整体设计体积，为风力发电机整体设计走向轻量化、集约化提供更大的可能性。因此，对齿轮箱的设计要求就变成了在尽可能紧凑的设计中，让设备承受更大的载荷。

轴承作为所有齿轮箱零部件里面主要的承载零部件来说，它的承载能力就变成了设计中不能被忽视的重要环节。轴承的承载能力是跟本身的设计有关系的，我们通过轴承的一个特征参数来表示轴承的承载能力，这个参数叫作基本额定动负荷，这个表示的是轴承在运行中的承载能力。还有一个基本额定静负荷的概念，是用来表征轴承在静止状态或者极低速运行状态下的载荷能力的参考系数。这两个概念可以从本书前面章节处找到详细阐述。

基本额定动负荷值，也叫作 C 值，是衡量一个轴承在运行状态下的承载能力，轴承的寿命较荷也是通过用实际所受的载荷与这个值的比值来确定的。那么基本额定动负荷与什么相关呢？

公式（13-1）表示的是影响轴承基本额定动负荷 C 值的所有相关参数

$$C \sim f\left[(iL_w \cos\alpha)^{\frac{7}{9}}, Z^{\frac{3}{4}}, D_w^{\frac{29}{27}}\right] \qquad (13\text{-}1)$$

式中　　i——滚动体列数；

L_w——滚动体有效长度；

Z——滚动体个数；

D_w——滚动体有效直径。

我们可以从这个公式中看出，C 值的大小很大程度上取决于滚动体的尺寸和个数。而在上文中我们已经提到，风力发电机中的轴承设计或者选择希望尽可能小的尺寸，因此要选择一个高承载能力的轴承，如果尺寸上没有其他的办法可以考虑，我们只能选择给轴承内部增加更多的滚动体了，也就是增加公式（13-1）中的 Z 的数值了。

但是因为轴承的外形尺寸已经确定，Z 值，也就是滚动体的个数不能无限制的增加，因此，把轴承内部的空间——轴承内、外圈之间本身预留给滚动体和保持架的空间全部用滚动体填满，这就已经是我们能做到的最极限的状态了。这就使得满装滚子的圆柱滚子轴承成为了在考虑承载能力时的最好的选择。

这里我们解决了承载能力的问题，同时又引入了另外一个问题，就是轴承内部的摩擦发热。保持架在轴承里存在的意义就是把滚动体分隔开，尽量避免滚动体之间的接触，因为旋转起来后滚动体之间的运动方向是相对的，可能会产生更多的滑动摩擦。一般而言，设计轴承的时候，希望其内部的摩擦越小越好，这样不仅能降低温升，对轴承的寿命来说也是一个很好的保证。对于满装滚子的轴承，其在承载能力和发热角度方面明显存在矛盾。满装滚子轴承中，每个滚动体之间都是互相接触的，因此也会产生相应的摩擦，如图 13-9 所示。此时，我们需要在这个矛盾中进行权衡和取舍。

第一，我们要解决主要的问题，就是承载能力问题。通过公式（13-1）我们能够知道，满装滚子的轴承首先解决了我们一个棘手的承载能力的问题。这是齿轮箱设计时选择轴承的基础，如果承载能力满足不了，20 年的理论使用寿命都无法保证的话，我们也不可能进一步去考虑其他的问题。

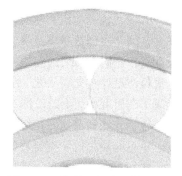

图 13-9　满装圆柱滚子轴承内部的滚动体接触状态

第二，我们需要综合考虑轴承的摩擦情况。诚然，满装圆柱滚子轴承运行中，由于滚动体之间的接触带来了额外摩擦，如图 13-9 所示。这个摩擦无法避免，在满足承载性能的前提下，我们似乎只能通过其他的办法来解决，例如润滑。好在风力发电机的齿轮箱是整体油浴润滑，也就是说，当齿轮箱运行起来时，润滑油通过齿轮的旋转会被搅动起来覆盖到齿轮箱里面的零部件上，尤其是轴承上。这是一个比较好的润滑方式，能够让轴承有比较良好的润滑，并且起到一定的散热功能。

针对上述问题，另外一个有利因素是行星轮机构在整个齿轮箱中的运行是比较低速的，我们在本章一开始就提到过，转速等效到轴承上的运行速度大概有 20r/min。这种较低的转速导致滚动体之间的摩擦比高转速小很多。

因此这种良好润滑状态和低转速的运行条件，使得满装圆柱滚子轴承基本上可以满足整体轴承的运行工况。

从上述阐述中，虽然可以知道，满装圆柱滚子轴承基本可以满足风力发电机齿轮箱的工况需求，但是，由于其结构特性仍然不可避免存在一些失效的可能性。而且，随着工程实践越来越多，从总体失效案例上看，由于这种摩擦引起的失效并不少见。那么，是否存在其他的解决方案？或者说是否有替代的产品和方案来最终同时平衡这两个看似互相矛盾的因素？是否存在既能满足轴承承载能力的需要，同时又能够不让滚动体接触的方案（也就是采用一个具有高承载能力的非满装滚子的轴承配置方式）？

另一方面，在转速较低的场合下，满装滚子的轴承基本上还是能够满足所有的需要的。但是对于较高转速的工况应该如何解决呢？例如在行星轮里，或者在中、低速的平行轴设计里，有时候满装滚子轴承无法实现承载和发热之间的平衡。此时则需要对轴承配置和选型进行其他的考虑。例如选用不同类型的轴承，采用其他的轴承配置方式等。

（二）面对面配置的圆锥滚子轴承配置

在上一部分我们着重给大家介绍了在行星架配置里的一种配置方式——满装滚子的圆柱滚子轴承。在这一部分，我们给大家介绍另外一种配置形式，面对面配置的圆锥滚子轴承，如图 13-10 所示。

在风力发电机齿轮箱的行星架里，绝大多数都是满装滚子的圆柱滚子轴承的配置设计。如果我们去看早期的风力发电机齿轮箱设计，这种轴承配置可能占到了 90% 以上，随着实践经验的积累，由于各种各样的原因，齿轮箱的设计者们正在不停地改进设计形式。因此产生了其他类型的轴承配置方式。这其中的原因就包括在上面提到的摩擦的问题。

那么为什么会出现圆锥滚子轴承配置的设计呢？而且这种设计是目前流行的趋势。排除不同的轴承厂商在市场上从商业的角度的推广以外，我们单纯从技术的角度去分析这个问题，同样能发现其中的一些原因。

图 13-10　面对面配置的圆锥滚子轴承

第一，在进行一种轴承的配置时，我们要清楚这种配置是否满足当前设备或者零部件的工况需求；第二，使用或者改进一种轴承配置的时候，要看它是不是改进了轴承的运行效果，或者说它是不是提高了整体的运行效率；第三，这种新的轴承配置在安装以及维护上是不是带来了好处；第四，这种新的轴承配置有没有引入额外的风险或者额外的失效因素。

对于圆锥滚子轴承的配置而言，我们需要明确这种新的配置有没有带来好处，以及这个新的配置可能存在隐患是什么，以及我们是否有方法预防或者排除它。

第一，从承载能力上来说，圆锥滚子轴承的承载能力肯定是不如满装滚子的轴承。不论轴承的滚动体类型如何，对相同尺寸的轴承而言，带保持架的轴承的承载能力肯定比不上满装滚子的轴承，这个我们在上篇已经很详细地分析过了。对于圆锥滚子轴承的配置而言，经过一段时间的实践，说明这种轴承的配置在某些风力发电机齿轮箱的配置里还是合适的。例如，较低功率的齿轮箱，或者在第二级的行星架上使用都是可以的。

从总体可行性上来说，在行星架上除了满装滚子的轴承以外，还可以考虑其他的轴承类型配置，其中圆锥滚子轴承的配置是一种选择。但是针对特定工况设计而言，这个配置的选择是否满足齿轮箱设计的需要，我们需要进一步去做校核，首先要校核的就是在这种配置下面，轴承的理论计算寿命是否能达到一般主机厂商规定的年限。这个通过了之后，我们才可以做下一步的选择。

第二，圆锥滚子轴承由于轴承自身结构的特点，其基本配置本身就需要进行"交叉定位"。并且在圆锥滚子轴承运行的时候，良好的交叉定位有助于提高轴承运行性能以及轴系统刚性。

在上一章中我们提到，因为圆柱滚子轴承在轴向上是放开的，这也是为什么我们需要在内圈（或者外圈，取决于轴承内部的设计）的一侧增加一个挡边，这个挡边不能受力，因为受力就要有接触，而接触了就会产生摩擦，这个部位还是很难润滑，而且也是很难去预估的。但是我们需要这样的一个挡边来给轴承内部做定位，不能让轴承在轴向上运动的位移太大，如果运动的位移太大，那么就会导致轴承滚动体运动到套圈滚道的有效接触面积之外。但是如果我们选择圆锥滚子轴承，情况就不同了。从轴承的结构可以看出，这个轴承其实是一个可以承受联合载荷的轴承，也就是说轴向和径向上这个轴承都是具有承载能力的，那么从设计上我们就知道了，这个轴承在轴向和径向上都是可以定位的。

既然可定位，可承受载荷，那么意味着即使轴承的内圈相对于外圈有一点位移，这对于轴承来说都不存在问题。由于轴承内部压力角的存在，只是把轴向内、外圈的相对位移转化成了轴承内部的预紧力。由此提高了轴系统的刚性，也有助于行星架运行的平稳性。

从轴系统定位的角度考虑圆锥滚子轴承的配置更加有利。因为，轴承配置最终的目的是要保证与之相配的零部件的运行状态。对于行星架来说，行星架的旋转要带动行星齿轮的运行，而在风力发电机齿轮箱中行星轮的运行是比较重要的，我们需要行星架在一定程度上的运行是平稳的。何为平稳，就是说最终我们需要保证的是行星轮和太阳轮直接的齿轮啮合是平稳的。

因此，在行星架轴承的选择上，我们一直都需要考虑的问题不仅是载荷能不能满足要求，还包括这个机构在运行时会不会发生摆动，会不会发生位移方向的窜动，因为这些不良的运动趋势导致的结果就是齿轮的啮合不良。齿轮啮合不良不仅会影响整体齿轮箱的运行效率，还会出现齿轮啮合的失效。比方说，如果行星架出现摆动，三个（或者四个）行星轮和太阳轮的啮合点也会出现相应的变化，这种不稳定或者说不平稳的变化就会导致齿面接触的蠕动；更进一步，如果行星架的摆动频率较高，那么这种以某种形式出现的振动就会传递到啮合齿面上，运行时间过长，有可能会导致断齿出现。

从这个角度考虑，设计时更加希望保证行星架运行状态的稳定。当然是在保证足够的承载能力下，维持行星架的稳定运行，这样我们会遇到的额外振动就会小，整体系统的刚性会增加，当然整个运行的效率就会提高。

但是，额外的好处肯定会带来一些额外的成本。对这个轴承的配置来说，额外的成本就是安装成本。这里我们就需要从圆锥滚子轴承的设计入手介绍了。

圆锥滚子轴承是分体式的轴承设计，轴承内圈以及保持架、滚动体是固定在一起的组件，而外圈是单独的一个零部件。跟其他整体式设计的轴承不同，这个轴承有点类似于圆柱滚子轴承，轴承的两个部件是分开的，如图13-11所示。

同时，我们可以从图上看到一个明显的不同，这个轴承的滚动体的旋转中心线和轴承的旋转中心线是不平行的，存在一个交角。也就是说滚动体的中心线

图13-11 单列圆锥滚子轴承

和轴承的中心线是相交的，这种设计使得这个轴承可以作为一个单独的轴承同时承受径向和轴向载荷，但是从另一个方面，也给轴承带来了安装和使用上的麻烦。

暂时不去考虑使用上的问题。上面提到的所谓的"额外的成本"，这里指的就是安装成本。这个轴承的游隙方向不是单纯的径向或者轴向，因此在安装时的难度比较大。另外，这个轴承跟纯径向轴承不同，它是比较少有的可以运行在预紧状态下的轴承，也就是说，这个轴承在正常工作之前，也就是没有承受外界载荷之前，是可以有内部载荷的，而且当内部载荷在一定的范围内时，这个轴承的使用寿命可以达到最大值。这一部分的内容我们在前面有详细的介绍过。

因此，如何调整预紧，也就是所谓的内部载荷，是一个比较重要，而且也相对来说比较复杂的过程，而且随着轴承尺寸的增大，这个调整过程会变得更加复杂。

首先，我们要保证的是在正常工作状态下的预紧。那么在轴承刚安装到轴上时，有可能轴承内部还是游隙状态，轴承运行起来产生发热之后，这部分游隙才能被抵消掉。所以，我们先要通过计算得到这个安装后正常运行前的游隙状态的游隙值是多少。

然后，我们需要通过一定的安装流程，把轴承安装到轴上，还要保证这个安装之后的内部游隙值在我们计算出来的理论范围之内。这个预紧值如果低于理论计算的范围，那么整体系统的刚性可能不能达到我们的要求，也就是说整个行星架带着行星轮的运行可能无法达到我们设计时希望的那样稳定；但是如果这个预紧值高于理论计算的范围，那么更大的风险在于这个轴承的寿命会呈断崖式的下降，这是我们非常需要注意的地方。不能为了追求运行的稳定性，反而抛弃了轴承或这个齿轮箱设备运行的可靠性，这在机械设计上也是不允许的。

圆锥滚子轴承具体的安装调整方法与一般工业齿轮箱相同，读者可以参照本书前面的内容。

(三)面对面配置和背对背配置的区别

如何在行星架的轴承配置里选择一个合适的配置方式,是我们在选择圆锥滚子轴承之后马上要考虑的问题。由于压力角的存在,圆锥滚子轴承的配置就有了两种不同的配置方式。

1. 面对面配置

图 13-12 左侧所示为面对面的圆锥滚子轴承配置,这种配置,两个轴承压力接触线的连线与轴承或者说轴的旋转中心的交点之间的距离要短于轴承实际安装在轴上的物理距离。也就是说,实际轴承开始工作之后承载范围可能会小于实际安装的距离。

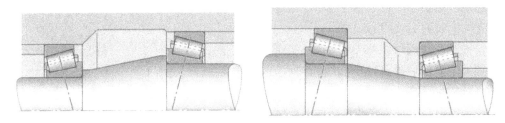

图 13-12　面对面配置(左)和背对背配置(右)的圆锥滚子轴承

这样的配置,两个轴承与轴组成的整个轴系的刚性相对来说就会小一点。也就是说,系统的柔性会高,当然,这里的柔性是跟背对背的配置相比较而言的。也就是灵活性更好,这种配置,安装操作会比较容易。采用圆锥滚子轴承的轴系里面,轴承室一般都是一体式的,如图 13-12 所示。通常不会出现轴承室是两个部分然后还要通过连接件连接,这样就失去了刚性配置的意义。对于一体式的轴承室,面对面配置的圆锥滚子轴承的安装要容易得多,而且对系统整体的游隙或者预紧的调整也比较方便。

因为风力发电机齿轮箱行星架的尺寸较大,出于安装方便的考虑,我们在这里通常会采用面对面的配置方式,而且这种方式所带来的系统刚性已经能够满足目前行星架的需要了。因为,在风力发电机的齿轮箱里,行星架在轴向上的尺寸不会太大,也就是说这个行星架不会太宽,不需要太多的额外的系统刚性来满足运行的需要。

2. 背对背配置

图 13-12 右侧所示为背对背的圆锥滚子轴承配置,与左侧面对面的配置不同,这两个轴承的接触压力线连线与旋转轴的交点之间的距离要大于轴承实际的物理安装距离。从上面内容的介绍,我们就可以推论出这个轴系的刚性要强于左侧面对面的配置。

这种轴承的配置会带来额外的更高的系统刚性,也就意味着,当轴太长时,这会是一个很好的补充。

因此,这种轴承的配置方式我们会更常见于轴比较长的应用中,我们之前在一些风力发电机的主轴设计中会看到类似的设计。

目前，尤其在一些更大型的风力发电机的主轴承里，背对背配置的双列圆锥滚子轴承的使用越来越多。尤其在一些无主轴的设计里，也就是把主轴的功能和部分齿轮箱的功能结合起来的设计里，这种轴承的使用越来越多。

（四）两种不同轴承选择的适用范围

满装滚子的圆柱滚子轴承目前在行星架的轴承配置中仍然处于主流的地位，这还是因为其轴承的承载能力很好，同时轴承的安装也比圆锥滚子轴承更方便，同时造价也相对较低。

关于轴承配置的探讨，本书也想讨论一下关于这里轴承的配置，作者个人观点，仅供读者参考。

根据前面内容的介绍，参考图 11-6 中不同风力发电机的设计理念，我们可以看到风力发电机的设计越来越趋向于紧凑型。在传统的风力发电机设计里，整个传动链上的三个重要部件，主轴系统、齿轮箱和发电机的功能都是相对独立又相互联系的。

对于主轴系统，功能就是承担所有由轮毂传递过来的风载荷，以及轮毂和叶轮的重量，同时把风载带来的扭矩传递到后面的齿轮箱里。

齿轮箱的功能也很单一，就是传递扭矩，并且提高转速，把前段由主轴产生的低转速提高到后面发电机能正常工作的合适转速区间里。

发电机的功能在这里显得更重要，它把旋转的机械能转化成电能。

三个传动部件之间互相联系，但是又各自独立地完成各自的功能，不会遇到功能重叠的问题。这样设计的好处就是每个部分的功能单一，设计会比较简单，而且由于单一性功能，出现失效的可能性也比较低，即使出现失效，也是单纯的因为自身的功能而产生的失效。另外，这样的设计也便于更好地安排各个部件的生产加工，由于功能的单一性，各个部件在加工制造时只需要满足自己的要求和标准就好，不需要考虑其他零部件的问题。只有在各个部件进行组合的时候，由风力发电机的主机厂商去考虑连接的问题。

另外，三个传动部分采用刚性连接，也从一定程度上区分了各自的功能。在早期的风力发电机还没有形成大功率的时候，例如，低于 1MW，或者 1~1.5MW，这个设计是非常符合设计思路的方式。因为功率较低，整个风力发电机主机的尺寸也不会太大，整体的重量也不会成为额外的考虑因素。这个设计思路有一个问题就是整体传动链的尺寸会比较长，因为每个功能都独立，因此每个传动部分的所有相关功能部件都必须包含在内。举个例子，主轴系统必须包括主轴、两个支点轴承、连接法兰等。

随着风力发电机功率的不断变大，伴随的是风力发电机尺寸的增长，不止在径向方向，在轴向方向同理。给大家一个直观的概念，可能理解起来会更容易，在早期的 800kW 的风力发电机中，主轴的直径可能大概在 300mm 左右，随着风力发电机的功率达到 1MW 或者 1.5MW 的时候，主轴的直径一般要达到 600~800mm。自然而然的，传动链在轴向的尺寸也会随之变长了。这个带来的问题就是整个风力发电机主机,也就是我们通常说的机舱的尺寸在变大,进一步整个机舱的重量也随之增大。

当机舱的尺寸变大时,带来的不仅是机舱以及机舱内部零部件的制造成本的提升,同样的,还有塔筒制造成本的上升。因为需要更大直径,或者刚性更高的塔筒来支撑顶部越来越重的部件,某些列的塔筒地基的设计也需要加强。

因此,我们看到了尺寸的增加,往往带来的是连锁性的反应。这就是为什么现在越来越多的风力发电机主机制造商在做混合式(Hybrid)的风力发电机的主要原因。混合式的设计的理念就是让传动链中的三个部分的功能相互重合,缩短整个传动链的长度,以此来减少一些零部件,最终达到减轻重量的目的。

我们先看一张对比图片,从图13-13里可以发现一些差异。

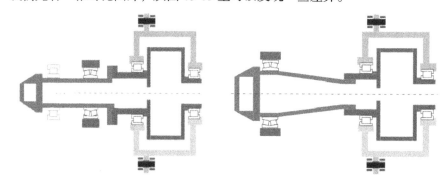

图13-13 两种不同的主轴和齿轮箱连接方式的设计

我们暂且不管传动链第二部分齿轮箱的设计,只看主轴和齿轮箱连接部分。左侧是传统的风力发电机分离功能的设计,我们可以看到主轴系统由主轴和两个主轴承组成,右侧远离轮毂侧的主轴承在整个系统里承受因为风载产生的,以及由轮毂和主轴重量产生的部分径向力和全部的轴向力,左侧靠近轮毂侧的轴承承受剩下的部分径向力,不承受任何的轴向力。

主轴系统通过一个刚性法兰连接与右侧的齿轮箱连接起来,齿轮箱的行星架作为整个齿轮箱的输入端,传递扭矩和转速。这是非常明确的设计,每个功能,包括主轴的轴承的功能划分都非常的明显。这种设计对齿轮箱来说有一个非常的重要地方,那就是齿轮箱的运动分析,完全不需要考虑来自主轴方向的因为风产生的任何载荷,所以齿轮箱的运行更加纯粹。完全只需要考虑输入功率、转速等因素就可以了。

而图13-13右侧的这个设计有很明显的不同,固定端的轴承放在主轴的左侧,也就是靠近轮毂一侧,右侧在主轴上没有轴承,主轴的右端完全深入到齿轮箱里面。这样,主轴右侧的支撑就落在了齿轮箱行星架左侧的第一个轴承上。

这一个轴承的功能就变得稍显复杂一些。第一,它不仅被用作主轴系统里的一个支撑轴承,需要承受一些主轴上的径向力;第二,它又是齿轮箱行星架上的一个轴承,还需要承受行星架的转矩和载荷。这样,这一个轴承承受了两个传动系统的载荷,我们就不能简单地把这个轴承划在主轴系统里,或者划在齿轮箱系统里。

这种设计模糊了主轴系统和齿轮箱之间的界限,也是因为轴承的受力有点复杂,但是这样的好处就是大大缩短了整体的传动链长度,主轴的长度可以远远短于传统的风力发电机的设计。

从简单的设计角度来看,节省了一个轴承,缩短了主轴。从通用的理解上面来看,这个成本会有所下降,确实根据我们这么多年跟踪的风力发电机齿轮箱的设计来说,这种设计确实节省了一些成本。

但是这个设计会带来另外的一个问题,就是齿轮箱中行星架的受力稍微复杂了一点,虽然主轴前端的固定端轴承已经堵截了大部分载荷,但是还是有一部分的径向载荷需要考虑到整体的齿轮箱设计中去。这也引入了另外一个问题,主轴设计生产,主轴承的设计生产,以及齿轮箱的设计生产被并入到了同一个体系里面,我们需要三方,甚至多方更紧密的合作来达到设计的要求,而不再像以前那样,各自独立的设计生产就可以了。

(五)选择这两种配置时需要考虑的因素

两种设计各有各的优势,但是也各自存在着问题。那么我们在什么时候考虑哪种的设计呢?只是单纯的从成本的角度出发吗?

从单机制造成本的角度考虑,双轴承制造成本高,但是采用这种设计时,能够降低齿轮箱的输入载荷,因为所有的风载荷都在主轴系统上,这样有利于保证齿轮箱的实际使用寿命,同时齿轮箱的设计考虑的外界因素也相应降低。从运行稳定性上来说,这种设计对大功率的风力发电机来说是有利的,图13-14展示的就是一个实际设计的双轴承支撑主轴系统的风力发电机。

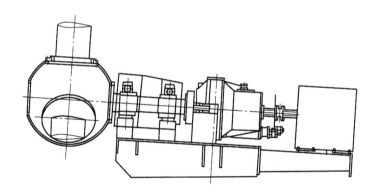

图13-14 双轴承支撑主轴系统的风力发电机设计

单轴承的设计,如上面所提到的,如果只从单机的制造成本看,主轴上的设计和制造费用相对会比双轴承的低一点,但是由于齿轮箱系统增加了额外的载荷,因此在齿轮箱的设计和制造精度上需要投入的精力要更多。图 13-15 展示了单轴承支撑主轴系统的风力发电机设计。

另外，单轴承的设计由于模糊了一部分主轴和齿轮箱的功能，所以在整机设计时需要两个部分设计的配合和融合会更多。因为与双轴承设计而言，在这种设计中，主轴与齿轮箱可以被看成一个整体来考虑。

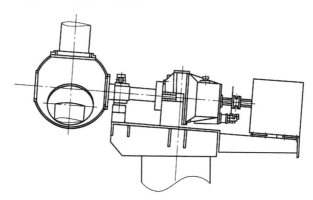

图 13-15　单轴承支撑主轴系统的风力发电机设计

这种设计的风力发电机在安装上较双轴承的设计也会相对复杂，尤其是齿轮箱的支撑，以及齿轮箱与主轴连接的部分。

基于这两种不同的主轴设计方案，我们需要考虑在行星架的齿轮选型上到底需要如何选择了。

对于主轴系统是双轴承支撑的设计，齿轮箱的行星架轴承在选型时需要考虑的载荷因素就比较单一，只是齿轮箱的输入功率，可能会加上行星架和行星轮的部分重量。那么，一般从设计保险的角度，满装滚子的圆柱滚子轴承是非常好的选择，安全系数也比较高；同理的，我们也可以把圆锥滚子轴承的选择作为备选方案，如果根据风力发电机的功率来看，圆锥滚子轴承的寿命完全满足要求的话。因为，我们在上文中提到过，圆锥滚子轴承提供的刚性更好，定位性更好。

对于主轴系统是单轴承支撑的设计，行星架上的轴承在选择时，除了要考虑齿轮箱的输入功率以外，可能还要考虑一部分主轴过来的径向载荷，这个载荷有可能包括部分的风载，同时可能也包括部分的主轴重量，这个要看前端主轴系统的设计是什么样的。因此，这个行星架轴承所需要承受的载荷可能会高，那么有可能只有满装滚子的圆柱滚子轴承是唯一的选择了。

除此以外，我们还需要考虑的因素：

1）齿轮箱的设计能力以及齿轮箱供应商的加工能力、加工精度是否能够满足要求；

2）安装是否方便；

3）主轴系统与齿轮箱安装的调整能力，例如对中等。

二、风力发电机行星轮轴承配置

行星小齿轮在整个行星轮的结构中,分别与太阳轮和内齿圈啮合。如图 13-16 所示。

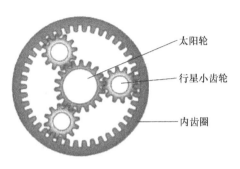

图 13-16　行星小齿轮的啮合

在风力发电机的行星轮里,行星小齿轮的转速相对于行星架会更高,但是仍然处在低速的状态,转速大概在 40~70r/min。

在行星小齿轮的运行过程中,分别与太阳轮和内齿圈啮合,产生的啮合载荷如图 13-17 所示。啮合力分别产生在切向、径向和轴向。

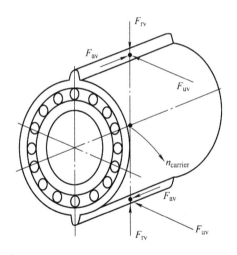

图 13-17　行星小齿轮啮合产生的啮合载荷

在目前的中大型兆瓦级风力发电机设计中,行星小齿轮的直径大约在 250mm 左右。

从图 13-17 中我们可以看出,行星小齿轮中的轴承的安装与我们常见的形式有所不同,轴承是安装在齿轮的内圈里面的,也就是说轴承的外圈安装在齿轮中,同时轴承的内圈还要与一根旋转轴固定安装。

因此，在这种特殊的安装方式下，与其他的方式不同，轴承的内外全都需要与其相邻的部件做过盈配合的安装。我们看一个简单的示意图，如图13-18所示。

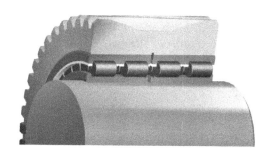

图13-18　行星小齿轮中的轴承安装

在这个应用中，轴承的内、外圈都会随着旋转轴、小齿轮旋转，因此我们不希望轴承的内圈与轴之间，以及外圈与齿轮之间产生相对的位移或者摩擦，轴承的内、外圈都是紧配合。

这种情况下就对轴承的安装提出了一定的要求。那么我们在这里可以选择的轴承有哪些呢？

1）圆柱滚子轴承；
2）圆锥滚子轴承；
3）球面滚子轴承或者圆环滚子轴承。

（一）圆柱滚子轴承配置

与上面的应用类似，这里同样可以使用圆柱滚子轴承。但是在行星轮的轴承应用里面我们同样面临两个问题。第一是承载能力，普通的圆柱滚子轴承的承载能力不足以满足越来越大功率的齿轮箱的需求；第二则是润滑。

首先，从承载能力的角度来看，行星小齿轮的应用里，轴承需要承受的载荷仍很高。我们从图13-18可以很明显地看出来，这里我们用了两个双列的圆柱滚子轴承，这足以说明这里的载荷程度。

理论状态下，我们可以通过不停地串联几个圆柱滚子轴承以提高整体轴承系统的承载能力，但是不要忘记我们之前一直跟大家提的风力发电机的设计趋势，"尺寸更小，结构更紧凑"。因此，我们不能不停地串联轴承，还需要提高单体轴承的承载能力。这似乎又回到了行星架齿轮选型的问题，我们可以选择一个满装滚子的圆柱滚子轴承。

从承载能力的角度来看，满装滚子的圆柱滚子轴承是一个非常好的解决方案。但是我们要考虑到另外一个因素。

其次，润滑。风力发电机齿轮箱的润滑采用与传统的工业齿轮箱相同的油浴润滑，然后通过齿轮的转动再把润滑油带到其他的零部件上。对于行星架轴承来说，位

第十三章 风力发电机齿轮箱轴承及轴承配置

置相对固定,它的润滑状态是比较好的。但是行星小齿轮,它本身就是围绕着太阳轮做公转的,一来位置不固定;二来润滑状态也比较复杂,因此单纯的用齿轮搅动飞溅这种方式的润滑是不能满足轴承对润滑的需要的。

但是润滑方式又不能做大的更改,如果采用强制润滑,因为行星小齿轮是运动的,强制润滑也没有办法跟着小齿轮一起运动。

因此对于这个轴承,更好的选择是介于普通的圆柱滚子轴承与满装滚子轴承之间的一个选择。目前已经有很多轴承厂商基于这样的需求开发出了一种高承载能力的圆柱滚子轴承。如图 13-19 所示。这种轴承的承载能力介于普通轴承与满装滚子轴承之间,已经能够完全满足应用的需要,同时它又是带保持架的,单个滚动体之间被分隔开,不存在接触,也不需要考虑额外的滚动体与滚动体之间的润滑。

图 13-19　高承载能力的圆柱滚子轴承

这个轴承的特点:
1)承载能力相对而言比较高;
2)对润滑的敏感性远低于满装滚子轴承。

轴承是从设计的角度出发,改进了内部空间的布局,在有限的空间里面多增加了几个滚动体,来提高轴承的承载能力。

从图 13-20 我们可以看到,高承载能力的轴承主要的改进是改变了保持架的设计。在保证保持架刚性的同时,减小了保持架的尺寸,以便在轴承内部有效的空间里增加更多的滚动体。

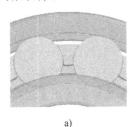 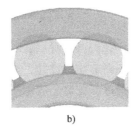 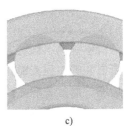

a)　　　　　　　　　　　b)　　　　　　　　　　　c)

图 13-20　不同设计的高承载能力轴承与普通轴承的比较

a)普通圆柱滚子轴承　b)保持架靠近内圈的高承载能力轴承　c)保持架靠近外圈的高承载能力轴承

根据保持架改进的位置的不同,靠近内圈或者靠近外圈,能够得到的轴承内部空间的大小也不一样,因此对于这两种不同的设计,我们可以增加的滚动体的个数也不一样。

同样的,根据轴承本身尺寸的大小不一样,相同的高承载能力轴承的保持架设计,能够增加的滚动体的个数也不一样。具体的载荷提高的程度需要跟不同的轴承厂商进行确认。

理论上，高承载能力的圆柱滚子轴承相比较同型号的普通的圆柱滚子轴承，承载能力提升最高能到12%，这里我们可以给出一个大概的估算参数，以便大家在考虑使用高承载能力的轴承时候做一个简单的参考。

该轴承的设计改进局限在轴承内部，因此轴承的外形尺寸仍然遵守国际标准的规定，因此在使用时不需要考虑外形尺寸的变化，润滑也无须额外考虑。

（二）特殊的轴承齿轮一体件

在考虑轴承的承载能力时，有两个方向是可以进行修改的。第一，就是滚动体的个数，越多的滚动体意味着越高的承载能力，前一节介绍的高承载能力的圆柱滚子轴承就是基于这样的想法来设计研发的；第二，就是改变轴承滚动体的尺寸，越大的滚动体也意味着越高的承载能力，但是在轴承有限的空间里面，要增加滚动体的尺寸也不是一件容易的事情，对轴承来说，保持架已经在改进时做了很详细的考虑了，内、外圈还有什么可以进行修改的吗？

这是我们本节要给大家介绍的另外一种解决方案，与齿轮一体的轴承。

在图13-21右侧展示的设计中，轴承外圈直接用齿轮圈代替。这样的设计，从理论上增加了轴承的运行空间，因为本来外圈的位置现在可以完全或者大部分的让给轴承的滚动体，以便增加滚动体的直径，提高整体轴承的承载能力。

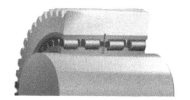 

图13-21 一体式轴承的比较

除了能够提高承载能力以外，我们可以看到这种一体式的设计也有一个很大的好处，就是安装的流程被简化了。左侧的这种设计，整个系统中有三个零部件，轴、轴承和外齿圈，而且我们之前也提到过，在这个应用中为了保证轴承的正常运行，以及平稳的啮合，我们需要内外圈都不能是松配合，这对于轴承的安装就有了很大的难度。这里的配合过盈量除非有特殊要求，跟普通轴承配合过盈量选择一样就可以了，只是在选择的时候轴承内外圈都被看作是动负荷。

当我们把轴承内圈去掉以后，从另一个角度我们也可以理解成在轴承的内圈上加工了齿轮。这样在安装的时候我们只需要考虑轴承内圈和轴的过盈配合就好了。

但是这种设计，把轴承和齿轮看成一个整体，我们还需要考虑另外一个问题，也就是轴承内部加工的问题。本身齿轮和轴承是两个独立的零部件，各自有各自的加工方法、加工精度。在上述的设计里，我们其实是把轴承和齿轮组成了同一个零部件，因此对齿轮内圈的加工就变得非常重要，因为这里是轴承非常重要的接触面，也就是轴承滚道，它的加工精度会直接影响轴承的运行表现。因此这种设计需要齿轮加工和轴承加工的结合，或者有一个厂商能两个零部件都做，但是目前看来，这是两个非常独立的标准产品，由一家供应商完成的可能性不大，那么就需要齿轮加工厂和轴承工厂之间更紧密的合作。

在使用圆柱滚子轴承的时候，根据载荷的情况不同，我们可以选择两个单列的轴承并排使用，或者两个双列的轴承并排使用。当两个轴承紧靠着使用时，我们要注意对这两个轴承的精度的要求了。轴承的所有外形尺寸都是有标准规定的，而且加工误差也必须控制在一定的范围之内。但是对于配对使用的轴承，两个轴承的尺寸差异需要越小越好，最好这两个轴承能有一样的实际尺寸。因此在选择两个轴承配对使用时，我们需要控制轴承的尺寸公差在更小的范围之内。这个需要我们在设计的初期对轴承制造厂提出相应的要求。

（三）配对的圆锥滚子轴承配置

与行星架轴承配置一样，在行星小齿轮里，除了圆柱滚子轴承以外，我们也可以使用圆锥滚子轴承作为小齿轮的支撑轴承。

与行星架不同的是，这里我们可以直接采用通用配对的轴承。与圆柱滚子轴承绝大多数情况是单个使用的情况不同，圆锥滚子轴承配对使用，也就是两个轴承以背对背或者面对面的配置配合使用，出现的概率更高。

在行星小齿轮里，我们采用的就是背对背配置的圆锥滚子轴承。如图 13-22 所示。

采用这种轴承配置具有的优点：我们在前文中提到过，背对背配置的圆锥滚子轴承的系统会有更好的刚性，也就意味着在行星小齿轮的运行过程中，能够更好地保证齿轮的啮合精度。

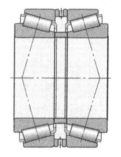

图 13-22　背对背配置的圆锥滚子轴承

通用配对的轴承，与分别布置在两边的两个单列的圆锥滚子轴承的配置不同。这两个轴承在出厂时就已经做了更好的加工精度的控制，两个轴承的外形尺寸基本相同，或者差距远小于普通的轴承。整个轴承在设计和加工时就已经确定好了轴承内部的游隙或者预紧，也就是说，我们只要把轴承安装好，内外圈根据要求固定住，那么轴承内部是预紧状态还是游隙状态，预紧力或者游隙值是多少就已经固定了。不需要像我们前文提到还要去调整两个轴承系统之间的预紧力。

因为内部的游隙或者预紧状态是设计好的，因此在使用的时候直接选择相应的范围就可以了，同时这种预调整是在轴承厂家内部完成的，精度会控制得更好，而且这种调整可以实现滚动体内部最优的载荷分布。也就是说载荷在滚动体与滚道接触面的分布会更均匀，能够提高整体轴承的使用寿命。圆锥滚子轴承内部载荷分布如图 13-23 所示。

对于配对的圆锥滚子轴承，市场曾经出现过类似于圆柱滚子轴承一体式轴承的设计，也可能有一些样机尝试过这样的设计。齿轮一体式的圆锥滚子单元如图13-24所示。

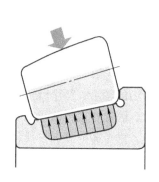

图13-23 圆锥滚子轴承内部的载荷分布

图13-24 齿轮一体式的圆锥滚子单元

从理论上来看，这个方案是可行的。原理上这个设计与前一节提到的一体式的圆柱滚子轴承的设计理念是相同的。区别仅在于一个是圆柱滚子轴承，一个是圆锥滚子轴承。

不论这个设计目前是否通过了市场验证，作者都认为圆锥的一体式解决方案不是一个相对可靠的方案。

从图13-25中可以看出，两个轴承内部设计形式的不同导致的滚动体与外圈的接触面的形式也是不同的。左侧的圆锥滚子轴承因为压力的存在，我们只从轴承的截面来看，滚动接触面与齿顶的平面是不平行的。

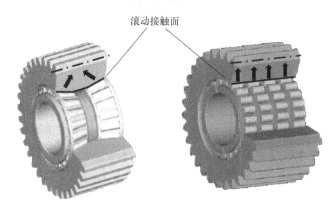

图13-25 两种不同轴承的比较

滚动体的受力最终传递到外齿圈上，我们能看到齿圈内部的力的传导方向如图13-25中的箭头所示。内部的受力传递过程总归会在齿圈内部产生一定的材料变形。

而且这种变形会影响到行星小齿轮的啮合面,至于这个影响会影响到什么程度,需要在特定的条件下做一些有限元的分析。

而且风力发电机的齿轮受力情况相对来说比较复杂,尤其是单轴承主轴的设计。因此,对圆锥滚子轴承不带外圈的设计,还有待进一步的实践。

但是作为配对的圆锥滚子轴承,在有外圈的情况下,虽然轴承内部的力的传递也存在一个夹角,但是当轴承与齿圈接触之后这个力的方向就会发生变化,而不再是向中间集中了。如图13-26所示。

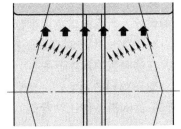

图 13-26　带外圈的圆锥滚子轴承载荷的分布

(四) 其他的轴承配置方式

以上提到的行星小齿轮的轴承配置方式都是目前被使用过或者在设计中被考虑过的,也有一些其他的轴承配置,短期的出现在风力发电机齿轮箱行星小齿轮的设计中。

图13-27也是曾经在某些齿轮箱行星小齿轮中出现过的设计,但是这两个设计最终都没有成为主流的设计类型。原因有挺多,但是我们不能单纯的说市场没有的设计就是不好的设计,因为一个设计的出现一定是有其原因的,至于没有发展起来,可能是因为受其他的条件所限制。那么对于图13-27所示的两个设计,它的优缺点到底有哪些?

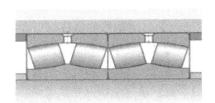 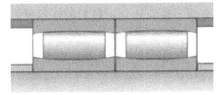

图 13-27　调心滚子轴承与圆环滚子轴承的配置

第一,我们还是先来看承载能力。调心滚子轴承是整个轴承系列中不多见的标准设计就是两列滚动体的轴承。这也意味着这个轴承的承载能力就会比较强,我们比较一下相同尺寸的调心滚子轴承和满装滚子的圆柱滚子轴承的额定动负荷。轴承承载能力的比较见表13-1。

表 13-1　轴承承载能力的比较

轴承类型	型号	外形尺寸		基本额定动负荷(C)
		内径 d/mm	外径 D/mm	kN
满装滚子圆柱滚子轴承	SL183044	220	340	1 400
调心滚子轴承	24044	220	340	1 150

从这个角度上看调心滚子轴承基本可以满足承载能力的需要。

第二,我们看一下轴承在开始运行后所需要的润滑。调心滚子轴承没有满装滚子的设计,所有的轴承内部都是需要带保持架的,这是轴承滚动体的设计类型所限定的。对于大尺寸的调心滚子轴承,现在多家轴承制造商采用的都是黄铜保持架的设计,在油润滑的条件下基本上不存在润滑不良的问题。

对于双列的轴承,一直有个疑虑,是否有一列的滚动体或者说两列滚动体靠中心的部分的润滑条件比较苛刻。这个在一些较高转速,以及轴承一侧封闭,同时又是单边润滑的应用中可能存在问题。但是在行星小齿轮里,这个问题基本上不构成轴承润滑失效的潜在因素。一来,轴承两侧都是开放的,通过齿轮甩上来的润滑油可以通过轴承两侧进入轴承;二来,在这个应用里,轴承的转速不是很高,润滑的效果也不会有很大的折扣。因此对于这个问题,我们基本上不用担心。

综上所述,轴承的润滑也是可以满足应用的需求的。

上述两点其实从一个侧面也反映了在这个应用中,调心滚子轴承理论上似乎是一个比满装滚子更合适的轴承配置的选择。

另外,因为轴向游隙的存在,在选择两个轴承配对使用时,两个轴承的端面能够接触得更好,而不会影响到轴承的正常使用。这个特点我们在前面的轴承介绍中曾经提到过。

但是,这个轴承配置也存在它的不足,而且这个不足基本上在行星小齿轮的应用里是影响比较大的。

调心滚子轴承的一个最大的特点就是轴承的内圈与滚动体的组件可以在一定的范围内相对于外圈在圆周方向做摆动,而且这个摆动是不会影响轴承任何的应用性能的。这是因为调心滚子轴承的外圈滚道的设计是球面的一部分。因此,当整个系统存在偏心的时候,这个轴承是个非常好的选择。但是也就是这个特点导致了调心滚子轴承不适合应用于行星小齿轮中。能够调心,意味这个轴承适应外界变化的能力较强,它的主要功能是适应外界的不对心、偏心等一系列问题,以轴承的角度来看,这是一个优点。但是如果站在齿轮啮合的角度,适应偏心意味着轴承在系统中的刚性不高,不能保证齿轮的有效啮合。

所以,在行星小齿轮的应用里,除了载荷、润滑条件,为了满足良好啮合的系统刚性也是我们必须要考虑的一个问题。

系统柔性并不是一个不可解决的问题,比如我们可以通过提高所有零部件的加工精度,改善安装精度来解决,在尺寸链上就不要让齿轮的啮合出现偏差,那么对调心滚子轴承来说也就不会因为外界的问题导致系统柔性发挥太大的作用。但是改进加工精度的成本较高,另外,从安装精度的角度看,如果安装的齿轮箱设备数量不大,我们完全可以保证每一台齿轮箱都达到一定的安装精度,但是从批量生产的角度,不是不可以完成,而是要达到这个目的所要付出的时间以及其他成本不足以支撑由于采用不同的轴承所带来的成本的变化。

这些就是这个轴承在应用中的优势和劣势，当然，采用何种轴承的设计，不是简单从一个方面的理论探讨就可以解决的问题。我们还是需要从不同的齿轮箱设计、生产、安装的整个环节来把控全局。

三、风力发电机平行轴轴承配置

上面两节里我们详细介绍了风力发电机齿轮箱在行星轮的轴承配置，主要介绍的是与传统工业齿轮箱轴承配置的区别。

所有的轴承的配置选择有一个前提就是必须要满足应用的要求，我们介绍的所有的轴承配置都是以应用需求为最主要出发点的。上述的这些配置不能机械的作为轴承配置选型的基础。也有可能在某些风力发电机的齿轮箱里，与传统工业齿轮箱一样的配置就能解决问题，我们就不要需要去考虑是否要使用较高承载能力的轴承了，毕竟这个轴承不是作为通用标准件出现的，它只是在某个特殊行业里的一个标准产品而已。

主轴传递过来的扭矩经过一级，或者两级行星轮之后，就要传递到后面的平行轴上了。平行轴的设计绝大部分都是采用的与工业齿轮箱相同的设计理念，因此这里的轴承配置的通用型就会比较高，也就是说跟传统工业齿轮箱的配置会类似。我们分别给大家简单地介绍一下，绝大多数的内容我们可以参考前面工业齿轮箱的部分。

（一）低速平行轴轴承配置

行星轮传递出来的扭矩先传递到第一级平行轴，我们也把它叫作"低速平行轴"。这里的低速不是指的绝对转速，而是在平行轴部分是低转速的。

在不同功率的齿轮箱里，这个轴的转速一般会在 70~100r/min，轴的直径根据不同的设计在 500mm 左右。这个轴上的轴承主要承受的是来自于行星轮的扭矩，行星轮的部分重量，轴自身的重量，还有一部分由于啮合（斜齿）产生的轴向载荷。

因此，这根轴的轴承配置相对而言与工业齿轮箱的低速轴类似了，唯一要注意的就是这里的载荷，这里的轴承可能会承受一部分来自于行星轮的重量，所以通常来说载荷较重。因此轴承的选型首先需要考虑的还是承载能力。

如果系统中存在比较大的轴向载荷，这个载荷有可能是啮合产生的，那么我们一般会选择配对的圆锥滚子轴承与圆柱滚子轴承（带保持架）的设计，如图 13-28 所示。

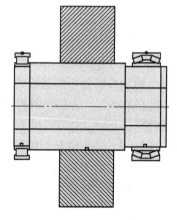

图 13-28　配对的圆锥滚子轴承与圆柱滚子轴承（带保持架）

配对的圆锥滚子轴承作为定位端承受系统中全部的轴向载荷和部分的径向载荷，圆柱滚子轴承作为浮动端承受部分的径向载荷。

作为浮动端的圆柱滚子轴承，这里可以选择 NU 的设计，也就是内圈不带挡边的轴承。在某些应用中，如果因为需要定位或者为了安装的考虑，也可以选择内圈带一个挡边的 NJ 设计，这两种不同设计的轴承在本书前面可以详细看到。这里的浮动端圆柱滚子轴承基本上没有特别的需求，而且整个齿轮箱中采用的是油浴润滑，对于黄铜保持架类型的选择也不需要特殊的考虑。

如果整个系统中的轴向力很小甚至没有轴向力，而径向力较大，也可以选择两个圆柱滚子轴承的设计，这两个圆柱滚子轴承中的一个，也就是承受径向力更大的那个轴承，可以选择满装滚子的轴承设计，如图 13-29 所示。

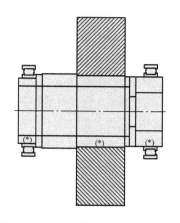

图 13-29　两个圆柱滚子轴承的设计

（二）中速平行轴轴承配置

按照齿轮箱速度增加的递进速度设计，我们在大部分的一级行星轮齿轮箱里，可能还需要更多的平行轴来将转速提高到能够满足传动链后端的发电机的发电功率的要求。

因此，中、高速平行轴的设计现在在大多数的中大功率的风力发电机齿轮箱里还是需要的。当转速通过前面的传动比提升后，一般转速在这里已经能达到 500r/min 左右了。这里的轴承的载荷会随着扭矩的下降而变小，所以中速平行轴的轴径也要比低速轴的轴承小，在不同的设计里，大概 250mm。也就是说这里的轴承的运行工况是中速、中载。

在这样的运行工况下，轴承的选型范围就会变得比较宽，一般会选择①两个带保持架的圆柱滚子轴承；②面对面配置的圆柱滚子轴承和一个带保持架的圆柱滚子轴承；③两个带保持架的圆柱滚子轴承和球轴承。

前两个轴承的配置与低速轴的配置是相同的，我们在本章节不做特别说明了。与低速轴的区别就在于，①轴承的尺寸相比较来说会变小；②由于转速的相对提高，轴承的游隙选择会不同，对圆柱滚子轴承的设计，可能会选择到 C3 组的游隙。

这里再提一下关于轴承游隙的选择，上文中提到可能会选择 C3 组的游隙，但是这个不是绝对的，也不是说在中速轴里我们就一定要选择大组别的游隙。这个完全取决于选择轴承的尺寸和旋转速度。之所以选择大组别的游隙值，目的是为了轴承在正常工作起来后，由于配合和旋转温升所来的游隙减少量不会导致轴承运行在预负荷的状态下。

因此，初始游隙的选择，是需要根据轴承的尺寸、旋转速度或者说运行温度，以及安装的配合尺寸来综合选择的。这里初始游隙 C3 组的建议值也是根据绝大多数设计经验的总结而来,在具体的情况下还需要做具体的分析计算。

我们着重介绍一下第三种配置方式,也就是通常说的"两柱一球"的配置形式,如图 13-30 所示。一般这种配置形式我们可能在电机里会见的比较多,但是在齿轮箱中确实也存在着很多这样的轴承配置,不论是风力发电机齿轮箱还是工业齿轮箱里。

一般我们在一根轴上所能看到的都是两个轴承的配置,一个支点的功能都由一个轴承完成。配对的圆锥滚子轴承虽然也是两个单独的轴承,但是在功能上,它们是作为一个整体来实现的,所以从功能上来看,我们把配对的轴承还是当作"一个轴承"来对待。

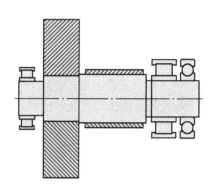

图 13-30 "两柱一球"的中轴承配置

图 13-30 所示的三个轴承的配置功能上都不同。两个圆柱滚子轴承分布在齿轮的两侧,作为整个轴系中承担径向力的轴承,所以我们从图中可以看出,这两个轴承都选择的是 NU 系列的轴承,也就是说轴承在轴向上是放开的,两个轴承都不能承担任何的轴向载荷,而系统中的轴向载荷完全由最右侧的球轴承来承担。

这种设计的优点在于两套轴承——两个圆柱滚子轴承和一个球轴承的功能是完全分开的,每个轴承只承受单向的受力,没有联合载荷的作用,轴承的工作状态较简单,轴承的分析计算也较容易,相应的在相同轴径的情况下,轴承能在窄系列中选择就可以满足整个应用。

但是这个轴承配置的设计也有其较复杂的地方,就是轴承与轴承室的配合接触上。

首先,两个圆柱滚子轴承需要承受整个系统中所有的径向力,因此圆柱滚子轴承的外圈与轴承室之间是需要接触的,也就是说要按照正常的轴承配合选型来进行选择。

其次,对于球轴承,不能让它受任何的径向负荷,因此这个球轴承的外圈与轴承室之间要完全放开,否则,三个轴承都与轴承室接触,径向力的分布就会变成不静定的状态,我们就无法得知每个轴承最终到底承受了多少的径向力,这对轴承尺寸的选型设计,以及未来轴承可能的分析是非常负面的。但是在整个系统中,球轴承需要承受所有的轴向力,球轴承的端面需要与圆柱滚子轴承的端面紧密的接触,所以这里的设计需要做仔细的考虑。

本节内容与本书在工业齿轮"两柱一球"轴承配置的内容一致,具体的内容请参考前面内容。

这个轴承的配置里，我们需要注意的就是这个"一球"，有两种球轴承可以选择，深沟球轴承和四点角接触球轴承，两个轴承理论上都能够满足需要，但是如果载荷允许的情况下，深沟球轴承的选择会更多，因为四点角接触轴承的安装比较复杂，虽然它的承载能力更强，但是轴承整体的正常运行性能对安装到位的要求较高。

关于角接触球轴承的介绍在本书的前面部分也有详细的说明。

（三）高速平行轴（输出轴）轴承配置

与工业齿轮箱不同，在风力发电的齿轮箱中，输出轴是高速轴，这里的转速通过整个齿轮箱传动比的放大，已经达到发电机的工作功率。

风力发电机齿轮箱的输出轴转速为 1500～1800r/min，轴径进一步变小，根据设计的不同，在 200mm 左右，或者以下，载荷较轻。因此这里轴承的选型需要考虑的就是高速、轻载。

这里的轴承配置基本上与上述的两个轴的配置类似，区别也在于尺寸、游隙等轴承内部设计上。

这里通常使用的配置是：①"两柱一球"；②配对的圆锥滚子与圆柱滚子；③两个单列的圆锥滚子交叉定位的方式。

第一，"两柱一球"的设计与中间中类似，也是要注意"一球"的选择，由于在高速轴整个轴承系统的载荷又轻了一些，深沟球轴承是一个较好的选择。由于轴承的转速较高，需要考虑大组别，比如 C3 组游隙的选择。另外，对于圆柱滚子轴承来说，可以选择"2"系列的窄系列轴承。

第二，对于配对的圆锥滚子轴承和圆柱滚子轴承的设计。配对轴承的轴向游隙的选择需要额外注意。一般在这里选择的都是面对面配置的圆锥滚子轴承，这种配对方式的轴承在轴承运行一段时间产生温升后，内部的游隙会减少，最终轴承会运行在预紧下，这对于这个轴承来说是较好的运行方式，轻微的预紧会提高这个轴承的运行寿命，但是预紧变大，寿命会呈断崖式的下降，因此在早期，我们要通过详细的分析计算出合理的轴承游隙，以保证轴承因为配合和温升导致的游隙减小后，能工作在合适的预紧范围内。

第三，对于两个单列的圆锥滚子轴承交叉定位的配置，在本书工业齿轮箱高速轴承配置的介绍中已经有了详细的介绍，轴承的选型、游隙或者预紧的调整同工业齿轮箱一致。请参考相关的部分内容。

至此，我们对整个风力发电机齿轮箱大致的轴承配置方式已经做了一些简要的介绍，当然，随着齿轮箱技术和轴承技术的发展，未来我们也许能用到更多能够在齿轮箱中发挥更大作用的轴承。

（四）一种特殊的轴承

这种轴承的出现其实最早是作为风力发电机的主轴承，但是随着齿轮箱的设计越来越紧凑，主轴和齿轮箱功能的融合变成了未来风力发电机的趋势，也就是说主轴可能在未来的设计中不存在，而所有的功能都由齿轮箱来完成。这就越来越模糊了这个轴承的定位，我们也可以把它作为齿轮箱轴承的一部分，但是大体来说这个轴承更多的功能还是体现在主轴作用上。

这里简单地介绍一下这个轴承，相信大家也在各种不同的风力发电机设计中遇到过这个轴承。但是这个轴承的功能较复杂，而且目前严格意义上讲它还是属于传动链主轴的一部分，我们这里只简单地给大家介绍一下这个轴承。

图 13-31 所示的是一个紧凑型的风力发电机设计，我们可以从图中看到有一个尺寸很大的主轴承直接安装在齿轮箱第一级行星轮的内齿圈外侧。整个风力发电机的设计中没有传统的主轴承的概念。行星轮的内齿圈或者说行星轮整体充当了主轴的功能。所以虽然这个大型的轴承仍然被叫作"主轴承"，但是它的一部分功能已经融合进了齿轮箱。

图 13-31　紧凑型风力发电机设计

图 13-32 是一个大接触角设计的特殊的圆锥滚子轴承。它的特点在于接触角很大，可以达到 45°，因此这个轴承可以承受很大的倾覆力矩，这个轴承最开始的功能是来以一个轴承替代主轴上的双轴承设计，进一步缩小主轴承的长度。最后在某些风力发电机中，出现了完全没有主轴的设计。

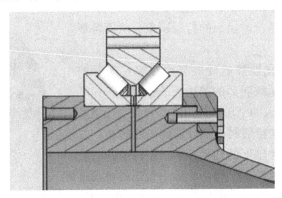

图 13-32　大接触角的圆锥滚子轴承设计

这个轴承从设计到使用，再到安装都显得比较复杂，而且从传统意义上讲，它作为主轴承的功能更主要。在本书中不再做详细说明。

第三节　风力发电机中轴承的特点

因为风力发电机齿轮箱应用的复杂性，虽然看上去在风力发电机的齿轮箱里，轴承的配置与工业齿轮箱的类似，但是由于特殊的工况条件，齿轮箱对轴承的要求也有一定差异，因此风力发电机齿轮箱轴承与一般工业齿轮箱轴承相比存在一定差异。

一、轴承的表面处理

从我们上面介绍的轴承应用工况以及配置来看，首先满装滚子轴承的应用会比较常见，第二高承载能力的轴承作为一种特殊的轴承也比较常见。其实这都是为了满足风力发电机运行工况的重载特性要求来设计的。

但是，我们一开始在介绍风力发电机运行工况的时候，就提到过这个设备运行的特殊性。与传统的机械设备不同，风力发电机的运行并不是连续运行的，它依赖风资源，或者说依赖风况的程度很高，在风况良好的情况下，风力发电机才能达到其设计的运行工况，所有轴承的承载或者转速才会达到我们预期设计的效果。

而在其他的情况下，当风况不好时，风力发电机仍然会旋转，但是对于齿轮箱内部的轴承来说，载荷不够，就会面临着打滑失效的风险。而我们都知道风力发电机的维护比较困难而且成本较高，在这种情况下，我们在做轴承选型时，不仅要考虑正常工作的状态，还要考虑非工作状态下的情况，要避免这种情况下对轴承造成的损坏。

那么表面涂层的处理就是一个比较好的方式。在轴承运行，却没有达到运行所需要的最小负荷时，轴承出现的打滑或者滑动摩擦会损伤轴承的滚道表面，因此当轴承滚动体再次受力时，失效的风险就会大大增加。

因此基本上在风力发电机齿轮箱的中高速轴里，轴承都会采用表面氧化发黑的处理方式。这种处理方式可以有效地抑制轴承在空载或者载荷不够情况下运行时出现的打滑现象，从而保证轴承的运行寿命。

一般来说，氧化发黑的处理都用在满装滚子的圆柱滚子轴承和高承载能力的圆柱滚子轴承上，如图13-33所示，一来，这两个轴承使用的位置在中低速轴上，设计载荷较重，空转时出现打滑的风险较高；二来，对于使用在高速轴上的轴承，本书设计载荷就较小，轴承的尺寸选择的也比较少，最小负荷的要求也没有中高速轴上那么高，出现打滑失效的风险也很低，

图 13-33　氧化发黑的表面处理

因此也不太采用轴承表面处理的方式。

目前，对于上述两种轴承的表面氧化的处理方式已经变成了一种标准选择。

二、关于轴承类型选择的问题

如果我们一直看下了会发现一个问题，在工业齿轮箱中，为了保证轴承较好的承载能力，在很多情况下，我们都是选择调心滚子轴承。一是因为这个轴承的承载能力较强；二是因为这个轴承的设计对润滑的敏感性也没有那么高。

那么为什么在风力发电机的齿轮箱里我们基本上没有谈到过调心滚子轴承的应用，主要的原因在于我们对齿轮箱设计的认识。调心滚子轴承的调心能力如图 13-34 所示。

从风力发电机应用工况的角度来看，我们普遍认为风力发电机整体的受力情况会比较复杂，因为风载荷的大小和方向似乎时刻都是在变化的。结合设计理念，我们更希望风力发电机内部设备的系统刚性会更强，尤其是在齿轮箱里，因为齿轮箱的效率最主要体现在齿轮的啮合上，如果轴系刚性不够，齿轮的啮合不平稳，产生的效率问题或者齿轮失效的问题可能会非常明显。

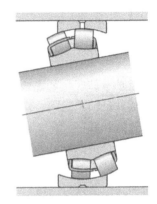

图 13-34 调心滚子轴承的调心能力

但是从另外一个角度看，在工业齿轮箱里我们同样面临着啮合问题，同样面临着效率问题，但是为什么在风力发电机的齿轮箱里这个问题会被放大。一来，可能是因为风力发电机齿轮箱的维修确实是一个很大的问题，所以我们在开始设计时就应该尽量地避免所有可能出现的失效因素；二来，调心滚子轴承在齿轮箱中的应用也不是不可替代的；第三，随着风力发电机的设计向紧凑型的方向进行，对系统的刚性要求越来越高，可能调心滚子轴承确实不是一个好的方案选择。这仍然是一个正在被探讨的问题。

第十四章
风力发电机齿轮箱轴承应用

第一节 风力发电机齿轮箱轴承应用建议

对于轴承的应用来说，润滑是一个非常重要的环节，轴承选择的合适，但是润滑如果不能满足轴承应用，或者说不能达到良好的效果的话，那么轴承也不能运行达到我们期望的效果。

因此，合适的轴承和合适的润滑才能带来较长的使用寿命，那么对于风力发电机齿轮箱来说，润滑的选择包括几个方面，①采用什么样的润滑方式；②润滑油的选择；③润滑的其他参数的选择。

对于齿轮箱来说，需要润滑的不仅是轴承，还包括齿轮的啮合面。而且在齿轮箱中，最重要的其实是齿轮啮合。但是齿轮啮合所需要选择的润滑油和轴承所需要的润滑油在本质上是有区别的，因为齿轮啮合面和轴承接触面是不一样的。但是考虑到齿轮啮合的重要性，在润滑油的选择上，是以满足齿轮啮合的润滑为主，那么对轴承来说，这个润滑油也许无法很好地满足它的运行要求，我们就需要从其他的方面入手，满足轴承的要求。

一、润滑系统的建议

（一）润滑油过滤系统的建议

对于齿轮箱中的轴承，最普通的润滑方式就是通过齿轮的旋转带动润滑油的飞溅，以达到润滑轴承的目的，还有就是通过润滑油路的设计，在轴承附近安装润滑油喷嘴进行强制润滑，强制润滑就需要润滑油的循环系统和冷却系统。

如果采用了具有过滤功能的循环系统，对于齿轮箱润滑的过滤功能的建议，有一个简单的推荐。

最低的过滤等级需要达到 -/17/14，这是根据 ISO4406 的要求，当对 25mm 的污染颗粒的过滤比为 75 的时候，也就是 $\beta_{25} = 75$ 时，这是对于过滤器的最低要求。那么从轴承良好润滑的效果来说，我们建议可以考虑当 $\beta_{12} = 200$ 时，过滤精度能够达到 -/15/12。

(二) 润滑油温度的建议

一般情况下，齿轮制造商会针对齿轮的润滑效果提出一个润滑油浴温度的推荐。轴承的润滑只需要参考这个温度建议就可以了。

如果齿轮制造商没有给定一个确定的温度建议的时候，从轴承润滑的角度考虑，当整个润滑系统中存在冷却循环设备时，我们建议润滑油浴的温度保持在70℃。

这个温度是比较粗略的温度建议。在后续的内容里我们会大致地说明一下在风力发电机齿轮箱里轴承寿命的特殊计算要求和方式。如果我们需要对轴承的调整寿命有额外的要求的话，我们还必须考虑润滑油在运行温度下的黏度，这个黏度会直接影响轴承的润滑效果，包括轴承的寿命。因此我们必须考虑当润滑油进入轴承接触面时的温度，但是由于实际条件所限，这个温度是很难测量的，也很难根据理论分析得到一个计算的推荐值，我们总结了一下作者多年的应用经验，针对不同的齿轮箱内的传动轴，我们给出了一个基于经验的参考建议，仅供参考。

同样，当我们计算轴承润滑的黏度比时，也可以参考提供的温度值。根据这个运行温度来计算轴承所需足够润滑的黏度比，以此判断轴承是否有足够的润滑。

对于只采用了飞溅润滑的齿轮箱系统来说，也就是没有额外增加冷却和过滤系统，我们也可以通过正常运行时轴承静止套圈的温度来获得运行温度，而不用采用表14-1中提供的各个轴上的轴承润滑油温度的经验值，但是根据我们多年的经验，这个温度的实际测量难度较大。

表 14-1 各个轴上的轴承润滑油温度的经验值

轴承所在的轴	对于飞溅润滑轴承的运行温度参考值
高速平行轴（输出轴）	$T+10K$
中间平行轴	$T+5K$
低速平行轴	T
行星轮组件	$T+5K$

其中，T 表示的是齿轮箱内油浴的温度，加号后的数值表示根据经验这里的润滑油温度可能会比油浴中的油所高出的温差。

对于强制润滑系统来说，一般在整个润滑系统中都会有冷却循环系统和过滤系统，因此这个温度的值会比较好确定，只要确保润滑油在循环冷却后能够达到足够的轴承润滑的理论温度就可以，例如70℃。具体的值需要在设计润滑系统时进行计算考虑。

二、风力发电机齿轮箱轴承配合的建议

轴承的配合不仅会影响到轴承在运行时相对于轴和轴承室的摩擦，同时，配合的大小也会影响到轴承内部游隙的变化，因此选择合适的配合也是非常重要的。

针对轴承的配合，在本书的前面已经有了详细的介绍。绝大部分的风力发电机齿轮箱内部的轴承配合及公差与普通的工业齿轮箱是一致的。

截取了我们在风力发电机齿轮箱内会用到的一些轴承的推荐配合,作为轴承配合选择的参考。

表 14-2 风力发电机齿轮箱轴承的推荐配合

轴承类型	轴配合								轴承室配合		
	轴径 /mm								轴承室内径 /mm		
	≤ 18	> (18~40)	> (40~100)	> (100~140)	> (140~200)	> (200~280)	> (280~500)	> 500	≤ 300	> (300~500)	> 500
深沟球轴承轻载 ($P \leq 0.06C$)	j5	k5	k5	k6	k6	m6	m6	m6	J6[①]	J6	H7
									G6[②]	G7	F7
四点接触球轴承	k5	k5	m5	m5	n6	—	—	—	轴承外圈与轴承室不接触		
圆柱滚子轴承	k5	k5	m5	m5	n6	p6	p6	r6	J6	J6	H7
单列圆锥滚子轴承	k6	k6	m6	m6	n6	p6	p6	—	J6	J6	H7
单列配对圆锥滚子轴承	k5	k5	m5	m5	n6	p6	p6	r6	J6	J6	H7

①固定端轴承。
②浮动段轴承。

对于行星小齿轮内的轴承,配合的推荐值有所不同,请参考本书第六章表 6-5 的具体要求。

第二节 风力发电机齿轮箱轴承校核方法

轴承的校核或者说轴承的寿命计算在整个齿轮箱的选型里是非常重要的内容,不仅因为轴承寿命的校核直接影响到我们选择的轴承是否能够满足风力发电机齿轮箱运行以及标准的严格要求,而且风力发电机由于其载荷的复杂性,因此计算的方法也会比较复杂。

一、风力发电机齿轮箱轴承的寿命校核原理

根据 ISO281 规定的寿命计算要求,风力发电机齿轮箱的轴承寿命需要采用调整寿命的计算方式,因此我们需要采用高级寿命计算理论或者方法达到要求。

在传统的机械设备里,基本上比较简单的寿命理论就可以作为估算轴承寿命的方法,如式(14-1)所示:

$$L_{10} = \left(\frac{C}{P}\right)^p \quad (14\text{-}1)$$

但是在风力发电机里，这种简单的寿命计算理论已经不能满足需要，我们需要从更深层的角度去考虑轴承的受力情况，在上述公式中，轴承被当作一个质点，我们只考虑了外部载荷的影响，但是由于风力发电机受力的复杂性，我们需要从轴承内部接触应力的角度来重新考虑轴承的寿命。

（一）应力分布分析

应力分布分析方法是目前我们在风力发电机，包括主轴和齿轮箱的轴承寿命校核中采用的方式，它不仅只考虑单一的寿命影响因素，比如说外力，而是更大范围的综合考虑轴承、轴、以及轴承多个零部件组成的整体系统。而且从载荷应用的角度讲轴承所受到的外部载荷，转变成轴承内部的滚动体与滚道间的接触应力，以接触应力为参考来源，分析轴承套圈最终产生疲劳剥落的时间，最终确定轴承的寿命。轴承内部的应力分布示意如图14-1所示。

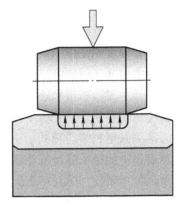

图14-1 轴承内部的应力分布示意

这个方式是目前最符合轴承本身寿命定义的方式，现在随着计算机辅助计算的手段越来越多，计算轴承内部的接触应力已经不再是一个难以完成的任务，因此，我们可以更准确地分析轴承内部的应力分布，以确定更加接近实际情况的轴承寿命。

应力分布分析的方法不仅考虑了轴承外部载荷在轴承内部滚动体上的分布，同时我们可以分析轴承、轴、轴承室整个系统的材料因素，因为制作这三个零部件的材料不同，不同材料的变形量也不同。

这使得整个轴承的寿命校核从以前的刚性计算进入了柔性分析的范畴，现在我们可以考虑材料因为非线性弹性形变导致的内部滚动体应力分布的变化，来达到最准确的轴承载荷分布情况。

在这个分析里，我们会考虑：

1）轴承内部设计的影响：轴承滚动体和滚道接触曲线的表面形状决定了滚动接触的弹性形变，所以轴承内部的设计参数对于这个形变的影响是非常重要的，这些参数包括滚动体外形尺寸，内、外圈的滚道沟道半径，轴承的分度圆直径，以及轴承的接触角。弹性体接触面的赫兹理论是在滚动接触中，计算弹性形变的基础理论。

2）轴承外形尺寸的影响：轴的尺寸参数也会导致弹性形变的不同，其他参数还包括轴的光洁度，轴间的位置及尺寸，空心轴还是实心轴，这些参数的综合影响也会导致轴承内部接触应力的不同。

3）轴承室的影响：与轴的参数影响一样，轴承座的材料、尺寸，包括轴承座内径的同轴度，都会导致轴承内部接触应力分布的变化。

4）其他因素的影响：安装因素，包括尺寸公差、行位公差和配合等。

(二）校核的载荷要求

由于风载荷的复杂性，导致风力发电机校核过程中载荷的分析也是比较复杂的一个过程，因为需要考虑不同风载荷下的波动影响。

而且风载荷是连续而且实时变化的，与其他的工业设备不同，并不是稳定的外部载荷。因此我们需要把载荷，也叫作载荷谱，或者应用中的载荷循环缩减到有限的范围之内，使计算简便、耗时短，同时也能够满足计算的要求。

因此在计算轴承寿命之前，我们首先要计算轴承的载荷，并且载荷必须包括与传动链设计相关的 DLC 描述，载荷的循环次数，以及载荷计算模型的信息，例如载荷方阵中使用的传动链模型描述等。

在风力发电机齿轮箱的计算中，轴承的校核不仅需要校核轴承疲劳寿命，我们还需要考虑轴承在受到极端载荷下的安全系数。

风力发电机齿轮箱的轴承校核分为两个部分，一是安全系数 s_0，安全系数主要通过载荷谱中的极限载荷来计算，极限载荷，顾名思义就是在整个轴承的寿命周期中会出现的最大载荷，但是一般来说这种载荷情况不是经常出现的，因此我们只要确保在短时间内出现这个载荷的时候，寿命仍然处在安全状态就可以了。

这个计算需要的就是瞬时可能出现的在各个方向上载荷的最大值，然后判断轴承的静态情况。载荷谱应该包括载荷发生的条件，以表格的形式呈现，如表 14-3 所示。

表 14-3　极限载荷描述

工况	M_x	M_y	M_z	F_x	F_y	F_z
1						
2						
3						
4						
5						
6						

第二个校核计算就是我们一直提到的寿命校核。我们需要轴承在整个寿命周期内模拟载荷谱，以此来判断轴承的动态情况。

寿命计算所需要的就是轴承的载荷谱。目前的计算方式有两种载荷谱都在使用，一种是时间序列载荷谱，这些时间序列来自于载荷仿真，从时间序列得到的疲劳载荷通常代表了风力发电机的正常运行工况，然后通过一些方法将这个时序载荷谱的个数降低到可以计算的范围之内，而且这个个数既不能太多，影响到计算时间，也不能太少，会丢失一些特征工况。

缩减的方法一般就是数据处理的方法，与轴承或者齿轮箱设计的相关性都不大。我们可以从数据处理的角度得到更多的详细信息。

第二种采用的就是载荷持续分布，也叫作 LDD 或者 LRD。载荷持续分布是从模拟时间序列中得到的。在 ASTM 的标准中给出了适合的方法，我们可以参考。载荷分布可以采用载荷—持续时间，也就是 LDD，或者载荷—循环次数，也就是 LRD，这两种形式进行表示。

每个载荷段的载荷值使用的都是该载荷段内最大的载荷绝对值来表示。各个载荷段的宽度不必一致。某些载荷段的载荷值可能为负。载荷谱也必须包含空转和停记时间内的载荷。

二、风力发电机齿轮箱轴承的寿命校核计算

（一）轴承的安全系数

上文中已经简单提到了轴承的安全系数 s_0，安全系数的主要目的是为了校核轴承在极限载荷作用下的存活能力。

采用上文提到的极限载荷矩阵就可以得到安全系数的值了。

（二）轴承的疲劳寿命

因为风力发电机工作的不连续性，我们需要选出每个工作间隔中的寿命，然后组成轴承在整个工作周期的疲劳寿命。

$$L_{10m} = \frac{1}{\frac{U_1}{L_{10m1}} + \frac{U_2}{L_{10m2}} + \frac{U_3}{L_{10m3}} + \cdots} \quad (14\text{-}2)$$

式中　L_{10m}——轴承的修正额定寿命，单位为百万转；

　　　L_{10m1}——在工作间隔下的轴承修正额定寿命，单位为百万转；

　　　U_1——工作间隔下的寿命段，$U_1 + U_2 + U_3 + \cdots = 1$。

（三）轴承的疲劳寿命和接触应力

风力发电机齿轮箱的轴承根据标准要求需要达到 20 年的使用寿命。因此我们需要在给定的载荷条件下选择一个至少能够达到这个要求使用寿命的轴承。

轴承的疲劳极限应力是与轴承的材料化学成分、轴承钢的洁净程度、晶格尺寸、残余奥氏体等因素相关的应力值。当除了轴承由于载荷产生的应力以外，没有其他的应力存在于理论接触面上的时候，对于轴承来说，疲劳极限应力的值一般为 2200N/mm^2。

在计算时，我们通常以这个值作为一个标准值，也就是说当轴承内部的应力值超过这个值时，这个轴承的选择就是错误的，我们需要更换一个更大尺寸的轴承。

但是在轴承的实际应用中，由于运行工况、制造公差等因素的影响，在轴承内部

会存在因为这些因素导致的额外应力。基于这样的原因，如果我们在以应力为计算手段判断轴承寿命的时候，在计算由外力所引起的轴承内部应力的值时就不能以 2200N/mm² 为标准值，否则再加上刚才提到的因素，轴承的应力就会远超这个值。根据在风力发电机里的应用经验，以及对多种实际工况的校核计算，由外力导致的应力值我们应该取 1450N/mm² 左右，这样才能够保证轴承有效的使用寿命。

如果轴承的加工精度更低，或者轴承钢的洁净度不够，那么这个标准值就要下降到 1100N/mm² 左右，反之，如果轴承的加工精度提高，或者轴承钢的洁净度更好，这个值也可以提高到 1850N/mm²。

在轴承选型时，根据齿轮内不同轴上的轴承，这里有一些选择轴承型号和尺寸时的应力标准值的建议。

我们只选择了本书中介绍的风力发电机齿轮箱中可能选择的轴承类型的建议最大应力值，见表 14-4 和表 14-5。

表 14-4　在疲劳载荷下的轴承建议最大荷兹接触应力（N/mm²）

轴	轴承类型					
	圆柱滚子轴承			圆锥滚子轴承	深沟球轴承	调心滚子轴承
	NJ 设计	N 设计	NU 设计			
行星架	1600	—	1600	1600	—	1550
行星小齿轮	1500	—	—	1500	—	1450
低速轴	1600	—	1600	1600	—	1550
中速轴 1	1450	1450	1450	1450	1400	1450
中速轴 2	1450	1450	1450	1450	1400	1450
高速轴（输出轴）	1400	1400	1400	1400	1400	1400

表 14-5　在极限载荷下的轴承建议最大荷兹接触应力（N/mm²）

轴	轴承类型					
	圆柱滚子轴承			圆锥滚子轴承	深沟球轴承	调心滚子轴承
	NJ 设计	N 设计	NU 设计			
行星架	2500	—	2500	2500	—	2350
行星小齿轮	2500	2500	2500	2500	—	2350
低速轴	2350	—	—	2500	—	2350
中速轴 1	—	—	—	—	2350	2350
中速轴 2	2350	2500	2500	2500	2350	2350
高速轴（输出轴）	2350	2500	2500	2350	2350	—

第十五章
基于大数据的齿轮箱轴承的智能运维技术

第一节 大数据与人工智能技术在轴承运行维护领域的应用场景

随着计算机技术、网络技术和人工智能技术的发展，越来越多的设备故障诊断可以通过大数据和人工智能技术得以实现。大数据和人工智能技术也是对工业智能制造领域的一个创新和前沿技术。

在齿轮箱轴承的应用领域，齿轮箱工程师通常关注的是与齿轮箱本身运行性能有关的数据。这些数据主要是在投入使用的过程中出现的。

齿轮箱投入运行后的各项表现状态通常会用一些参数描述出来，然后再对这些参数进行监督和监测，此时所做的工作就是齿轮箱运行状态的监测。

就齿轮箱轴承系统而言，描述这个系统运行状态的参数主要包括：温度、振动、噪声等。目前应用最广泛的是齿轮箱轴系统的振动参数。关于齿轮箱状态的参数化以及状态参数的选择，本章后续内容会详细介绍。

当齿轮箱的状态通过参数进行描述并被记录之后，就会形成很多数据。这些描述齿轮箱状态的数据包括参数本身的时序数据、描述参数之间关系的关系数据和齿轮箱设备的属性数据等。随着齿轮箱运行时间的流逝，这些数据的数据量变得巨大，生成了齿轮箱运行的大数据。以往的处理手段和技术，面对这样庞大的数据量往往是效率低下的，有时候甚至是无能为力的。大数据和人工智能技术，为这些数据的利用和分析提供了有力手段。大数据与人工智能技术在很大程度上拓宽了齿轮箱轴承状态监测与故障诊断的应用范围并增强了其功能。

对于一般的设备而言，作为设备的使用者来说，对于设备的使用期望是让其运行得更好。这其中主要有两方面的含义：

第一，设备运行整体发挥到最优效率。这个最优效率并不一定是狭义的单体设备效率，可能是指更广义的设备整体使用效率。

第二，设备维修成本最低。设备维修成本受到维修次数、维修时间（停机时间）、维修时机（计划停机与非计划停机）、备品备件价格、备品备件库存数量、维修人员成本等的影响。

上述的两个运维期望包含了如何更好地"运用"设备以及如何更好地"维护"设备的含义。这也是"运维"一词最重要的含义。

对于如何使设备被"运用"得更好，除了需要具备设备本身的知识以外还需要各行各业其他领域的知识，这些并非本书讨论的重点。齿轮箱轴承的应用范畴内重点讨论的是如何让齿轮箱被"维护"得更好（维护效率更高）。

事实上在大数据技术得到广泛应用之前，上述的齿轮箱轴系统运维方法已经在工程领域中得到使用。但那时，齿轮箱轴系统运行过程中的状态参数往往是在需要的时候才去采集，而采集来的参数以单点的方式进行存储，因此数据规模小、质量差，数据之间缺乏关联。这使得当时的数据分析仅限于小样本的故障诊断，以及一定程度的实时监督。大数据的优势在那个时候并没有得到充分的发挥。

随着大数据技术的发展，单台齿轮箱的数据可以成为整个生产设备系统中的子数据，数据关联得以建立，数据采集密度得以增加，数据质量得以提高。此时很多大数据分析技术以及人工智能技术终于可以走出实验室进入工厂设备管理运维的实际应用之中。

第二节　基于大数据和人工智能分析技术的齿轮箱轴承运维系统实施的基本思路和方法

绝大多数工程对于处理数据并不陌生，比如日常的计算分析、试验数据的整理、齿轮箱振动数据的频谱分析等。随着传感器技术、数据采集技术的发展，齿轮箱实时运行数据可以系统化留存，因此齿轮箱工程师面对的数据就不是单点数据或单次数据，而是众多有关联的、连续的数据。并且随着数据规模的增加，原先的手工处理方法已经无法满足实际需求。此时，大数据技术和人工智能技术就成为一个必要的手段。

在上面阐述的过程中，不难发现一个逻辑，大数据技术以及人工智能技术实际上是对实体世界的建模技术，以及对于数据的分析处理技术。对于一条生产线、一个齿轮箱、一个齿轮箱轴承，从安装到得出数据分析结果之间需要经过的总体路径包括如下一些过程。

一、齿轮箱轴系统运行状态的参数化

上至一条生产线、一台设备，下至一个齿轮箱轴承系统，它们运行时的状态可以有很多种表现。如果对这些表现进行定量分析就需要选用一些参数对这些设备的运行状态进行描述。因此对齿轮箱轴系统的状态参数化的第一步就是选择状态参数。

第十五章 基于大数据的齿轮箱轴承的智能运维技术

（一）齿轮箱轴承系统的分析参数选择

对于齿轮箱轴承系统而言，最常用的运行状态参数包括温度、振动、噪声、转矩、转速等参数。在这些参数中，有些是被动表现出来的运行状态，这些参数包括温度、振动、噪声；其他参数是轴系运行时外界输入的参数以及自身的输出参数，比如上述的转矩、转速等。

对设备运行状态参数化描述受到参数测量手段、测量准确度等的限制。因此工程技术人员往往进行相应的简化。比如对上述的齿轮箱轴承系统的参数化描述中最常见的温度、振动和噪声的选择和运用。

在工程实际中，齿轮箱轴系统的温度变化受到齿轮箱轴本身热容的影响，有一定的滞后性。因此，相比于振动和噪声而言，温度的变化相对较慢。这就导致温度参数中包含的特征信息相对较少，对于测量点的分布有一定的要求。因此，采用单点温度数值对齿轮箱轴系统进行参数化分析可以得到的信息量不大（相对于振动而言）；另一方面，齿轮箱轴承系统的温度分布可以反映齿轮箱轴承系统的某些运行特征，但是对于一般齿轮箱而言，很少对一个轴系统施加很多的温度测点来了解温度分布。这样通过多温度测点测量温度了解温度分布的方法通常只在一些大型齿轮箱中被采用。对于一般中小型齿轮箱，有时候会用红外相机进行热分布分析，但是红外相机的图像数据对于工程师后续分析而言，其数值化难度较高。因此在做齿轮箱轴系统数据分析的时候，温度信号往往是一个参考信息。

与齿轮箱轴承系统的温度参数相比，齿轮箱轴系统的噪声信号是一个高频信号。这个信号里包含了齿轮箱轴承系统中诸多运行情况的信息。事实上，齿轮箱轴承系统的噪声信号是其本身的振动经由空气介质传播出来的信号，信号源头是振动。但是噪声信号的测量受到环境因素的影响很大，因此在工程现场对噪声的采集容易被环境噪声影响，信号的信噪比较小。轴承系统的噪声信号往往被环境噪声信号淹没，这就给后续的数据分析工作带来很大难度。因此，在工程实际中除非具有很好的噪声采集条件，否则噪声信号用于后续数据分析的难度相对较大。

作为声音的激励源，振动信号具有很丰富的系统状态特征。通过现代的传感器以及数据采集系统，工程师已经可以非常方便的得到信噪比良好的振动信号。这些信息含量丰富且易于测量的状态参数是对齿轮箱轴承系统进行状态监控和后续数据分析的最佳选择。这也是现在对很多齿轮箱轴承系统以及其他机械设备进行状态监测时主要采用振动信号的原因。

通过上面的分析我们可以知道对齿轮箱轴承系统进行参数化描述的时候可以选择信息量丰富且易于测量的振动信号；信息量相对较少但是易于准确测量的温度信号；在条件允许的情况下可以采集噪声信号。需要说明的是，噪声信号即使在良好的试验条件下得到了正确的提取，其分析方法和过程往往与振动分析十分接近，因此这样耗费资源的信息采集，有时候就被舍弃了。在一些考虑心理声学因素的场合（考虑听感的应用中），噪声信号会被采纳。

（二）齿轮箱轴承系统参数化实施、采集方案的制定

对于一个齿轮箱轴承系统而言，工程师用振动和温度参数来描述系统工作状态，此时就需要对参数采集的方案进行考量。

首先对温度信号而言，通常齿轮箱在出厂以及安装的时候会布置一定的测点。对于齿轮箱轴承系统而言，主要是监测齿轮箱轴两端轴承的温度、齿轮油的油温等，这是最广泛使用的方法，对轴承温度的测量点的选择可以尽量接近轴承外圈的部位。

另一方面，温度参数本身受到系统热容量的影响，通常温度信号并非高频信号，也不会发生瞬变，因此对于温度参数的采样不需要过度频繁。那种毫秒级的温度数据，显然对齿轮箱轴承系统而言是没有意义的。这样做的结果只会增加系统数据量，造成存储浪费。通常齿轮箱轴承系统的温度信号采用分钟级采集即可，有时候甚至可以用小时级数据。

对于振动信号而言，首先是测量位置的问题。

一个质点在空间的振动轨迹是一个三维的轨迹。当想了解这个质点的振动的时候，最完整的信息是采集其三维振动轨迹。但是通常这样的三维采集在工程实际中并不常用。工程师们用了一些非常巧妙的方法将这个三维轨迹做成在三维坐标上的投影，进而进行测量。

对于齿轮箱轴承系统而言，这个三维坐标系统就是轴向水平、径向水平和径向垂直。因此这也就构成了我们进行齿轮箱轴承系统振动分析时信号采集的三个基本方向。这三个方向的数据共同可以还原出轴系在三维空间的振动情况。

在对一些中大型齿轮箱轴系进行振动分析的时候，可以将径向水平、径向垂直信号进行合成，生成了轴心轨迹。这样工程师可以根据轴心在径向平面上的移动轨迹对齿轮箱轴承系统的运行情况进行分析。轴心轨迹分析也是振动分析中一个非常常用的手段。

图 15-1 为某设备组轴心轨迹估计随时间而变化的三维坐标图。图 15-1a 为轨迹在 X 方向和时间轴组成平面的投影是 X 方向摆度；图 15-1b 为轨迹在 Y 方向与时间轴组成的平面的投影是 Y 方向摆度；图 15-1c 为在 X—Y 平面的投影是轴心轨迹。

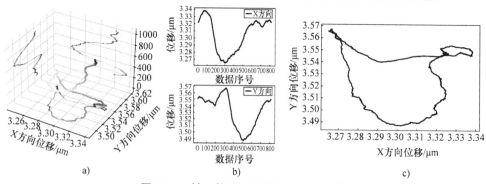

图 15-1 轴心轨迹三维坐标合成与分解
a）轴心轨迹三维图 b）X,Y 方向摆度 c）轴心轨迹

三个坐标轴上的测量在一些工程条件下无法实现，因此不得不进行取舍。工程师需要了解的是，每一次舍弃都会造成一些信息的丢失。但是如果从振动对轴承系统带来的伤害程度看，我们需要尽量保留最大振动烈度方向的数据。

另外，与温度信号不同，振动参数的采样频率则要高得多。

从采样定理可知，信号的采样频率只有大于所分析信号频率的 2 倍的时候，采样信号才能保留原来信号的特征。为了防止频混现象，通常选取 2.56～4 倍。

对于齿轮箱轴承系统的故障频率来看，不对中、不平衡、地脚松动等诸多轴系特征频率均在齿轮箱相应的轴转速倍频范畴内。因此如果希望采样后的振动信号保留这些特征，那么采样频率应该是这些信号频率的 2.56～4 倍。

对于齿轮箱轴承系统中的轴承而言，轴承的滚动体、滚道、保持架等的特征频率可以根据本书相应的部分进行计算。如果在振动信号分析的过程中，如果需要保留对这些故障信息的呈现，那么采样频率也需要选取该特征频率的 2.56～4 倍。

对于齿轮箱轴系统中的齿轮而言，齿面缺陷在啮合频率处会得以体现。齿轮的啮合频率是齿数与轴转速的乘积，通常采样率选取这个数值的 2.56～4 倍。

总体而言，齿轮箱轴承系统振动信号的采样频率需要涵盖上述诸多诊断对象对应的特征频率。通常是选取上述数值中的最大值，对于齿轮而言，一般齿数比轴承滚动体个数多，因此选取转频与齿数乘积的 2.5～4 倍。

在工程实际中振动参数的信号经常是毫秒级的波形数据，究其原因就是希望信号涵盖各种故障信息。但是这样的参数化方案就会带来另一个麻烦：毫秒级的数据如果连续采集，那么如果进行长时间的连续采集的话，数据量就会变得十分巨大，会给系统带来沉重的压力。

事实上，对于齿轮箱轴承系统振动信号的测量不需要毫秒级数据。这是因为，虽然设备振动信号需要高频以覆盖各种故障，但是齿轮箱轴承系统的各类故障本身的发生和发展是需要一定的时间的。这个时间相对于振动信号本身而言是一个很长的时间过程。

因为这个和原因，一个比较合理的齿轮箱轴承系统振动信号采集方案应该是每间隔一个时间段，采集一个连续几秒的高频波形数据。这样的数据采集方案不禁让我们联想起在自动化监测装备出现之前，工程师的实际操作。那时候工程师按照操作规程，每天（甚至更长时间）对设备振动进行一次测量。事实证明这样的采集方法有其合理性。因此我们也可以类比地指定自动化数据采集策略：每天（或者小时），采集一个连续几秒的高频数据。

随着大数据分析技术的发展，工程师甚至可以根据每次采集来的数据得出评估结果，并对振动信号采集时间间隔进行动态调整。比如，当振动信息劣化的时候可以缩短两次采集的时间间隔；当振动信息平稳的时候，可以拉长两次采集的时间间隔。当然这样的动态信息采集方案需要与后续的数据分析相结合才能得以实现。如果仔细思考上述逻辑，不难发现，采用动态数据采集时间间隔调整实际上是在优化数据存储，避免无用数据的采集和有用数据的漏采集，也可以称之为基于状态的数据采集策略。

以下是两个齿轮箱轴承系统数据采集方案的案例：

1）某气体公司要对增压机主齿轮箱的轴承做大数据分析，经现场了解，在增压机主齿轮箱的轴承两端布置了振动传感器，传感器每秒上传一个振动数据，该数据是一个单值数据。数据连续上传24h。经过几年的输出存储，齿轮箱轴承的振动数据量已经十分巨大。但是在这样的数据面前，秒级的振动数据几乎无法包含齿轮箱轴承系统的各种故障特征，因此无法做进一步振动分析。只能对振动总值进行24h的秒级监控。显然，对于一个稳定运行的设备而言，振动总值的监控并不需要到秒级。这样的齿轮箱轴承系统参数化方案显然是不合理的。

2）某风场对风力发电机齿轮箱轴承系统进行状态监测。监测振动信号并以毫秒级上传，每次采样不足1s，不定期测量并上传。后一台风力发电机齿轮箱上传一组数据，经检查数据采样频率满足分析要求，判定之后设备正常运行。然后经过一个月，数据再次上传，发现有轻微异常。此时本应增加数据采集密度，但是第三次数据上传的时候已经是三个月后，齿轮箱轴承系统处于严重故障状态中。在这个案例中我们发现，对于这台风力发电机齿轮箱轴承系统的参数化及采集策略依然有问题。单次数据采样频率足够，但是每次采集的时间间隔过长，造成错过发现设备早期失效的机会。

二、齿轮箱轴承系统运行数据的采集与管理

齿轮箱轴承系统运行数据的采集是由传感器进行的，工程师可以根据不同的工作需求选择合适的传感器。在齿轮箱轴承系统参数化方案的实施过程中，我们制定了传感器需要达到的最低数据要求，比如传感器类型（温度传感器、振动传感器等），传感器最小采样频率等。然后跟传感器工程师一起根据其他的要求对传感器进行最后选型。

在传感器的数据到达分析人员的屏幕上之前，还需要借助专业设备对数据进行采集。

即便如此，这些数据如果没有一个良好的存放平台，那么后期对振动数据的查询和使用也将成为一个十分困难的问题。

这时候齿轮箱工程师就需要求助于IT工程师，寻求一个合理、合适的数据平台，以便对采集数据实现更方便的接、存、管、用。对于单台的齿轮箱轴承系统而言，只有两端轴承的一根轴，貌似关系相对简单。但是如果对于一个生产厂家，几百台不同型号分属于不同位置的齿轮箱而言，对所有的数据进行合理的管控是一个很大的挑战。

在工业设备领域，以旋转轴为单位的设备状态参数之间存在着复杂的相关性。

1）对于某一个单一测点的数据而言，每次采集都有一个时间标签。这些数据是一个时间序列数据，这些数据随着时间的变化而变化。

2）对于隶属于不同生产线、不同设备的不同齿轮箱而言，每一台齿轮箱所处的位置，以及它与其他齿轮箱的相互关系是一个关系数据。这些数据随着位置关系的变化而变化。

3）对于某一台设备自身的设计参数而言，这些参数是这些设备的属性数据。比如一个轴承内有几个滚动体。这些数据随着设备结构的改变而改变，反之数据不动。这是一个属性数据。

上面三种主要的数据类型之间存在重叠，多对一、一对多、一对一等诸多查询关系。因此构建设备状态监测数据的数据库时，必须对上述基本数据类型以及期间的相互关系非常清楚。

显然，上述数据库（数据平台）的工作无法由齿轮箱工程师来完成，但是如果仅仅依靠IT工程师来完成这项工作也是不现实的。因此构建这样的设备管理工业大数据平台的工作必须由不同专业和知识背景的工程师通力合作才能完成的。此时的工作相当于对工业设备进行设备建模。

需要说明的是，目前很多数采供供应商以及大数据平台具备了一定的数据采集后处理并将其呈现的能力。但是这种呈现背后是有一定的信号处理算法支撑的，这些算法的不同使得相同的振动数据会呈现不同的数据结果。

三、齿轮箱轴承系统状态参数的判断

在完成了齿轮箱轴承系统状态参数的采集和呈现之后，齿轮箱轴承系统的状态参数可以实时显示在齿轮箱工程师的面前，此时仅仅完成了设备的状态监测，系统仍然是"传达"功能，是不具备智能的。状态监测的目的是对设备状态进行判读，工程技术人员通过编制算法和模型使系统具有判读能力的过程就是为系统注入智能。本章第三、四节将深入介绍利用大数据和人工智能相关技术的算法模型构建思路。

由于齿轮箱轴承系统主要的状态参数是振动，我们用振动参数展开详细说明。

首先，一个轴承的振动值被采集上来之后，工程师需要判定这个振动值是否"正常"。这个过程就是我们说的状态参数的判断过程。

既然是判断是否"正常"，工程师就会需要一个"正常"的标准。在大数据和人工智能技术广泛使用以前，人们使用的方法是用测量值与标准值进行对比。表8-4给出了标准的振动速度有效值范围，一旦实际测量值超过标准范围，工程师即可判定这个齿轮箱轴系统的振动是否存在异常。通常我们称这种判断方式为阈值对比。这是最简单的一种数据判断逻辑。数据工程师可以通过一段非常简短的代码实现这种阈值对比的功能。而其中也不需要所谓的智能。事实上，这种基于阈值对比的设备报警系统在很多自动化系统中已经得到广泛应用。

不难发现，阈值对比的基础是要有一个阈值。工程师们甚至不用关心阈值是如何产生的。现实生产实践中往往会出现下面几种特殊情况：

1）某些情况下设备的振动范围没有标准指导，比如一些全新的产品在设计的时候没有标准指导，标准阈值也就不存在，因此阈值对比也无法实现。工程师们应该如何判断轴系统的振动是否合格呢？

2）在某些工况下，超越阈值的设备长期运行并未损坏。此时，设备是否一定是处于故障状态呢？如果依照标准进行报警，则设备频繁的报警，但其实设备完好无损。如果上调阈值，虽然报警次数会减少，但是应该上调多少？这样做的潜在风险如何评估呢？

3）在某些工况下，设备尚未超过阈值就已经损坏了。此时，如果按照标准进行报警，则设备会出现大量的漏报警。如果下调报警阈值，又没有参考依据。此时如果通过下调报警阈值的方式进行管理，那么应该下调多少呢？

大数据和人工智能技术在这些方面可以给出令人满意的答案。而这样的判断答案背后是一系列数据分析、计算模型和算法。例如，根据设备实际工况给出动态自适应阈值。这时候的阈值并非基于标准推荐，而是基于设备自身的情况给出的。这个阈值随着设备运行状态的改变可以自行调整。在工程实践中，兼顾标准的普适应和齿轮箱应用工况的个异性的方法才是更加切实可靠的状态监测判读机制。第四节将讲述自适应阈值以及其他一些算法模型的构建思路，供读者参考。

四、齿轮箱轴承系统状态参数的分析

在齿轮箱轴承系统参数完成判断"正常"与否之后，齿轮箱工程师往往可以沿着参数的线索进行更加深入的分析。如果判断的过程是根据明确阈值对单一参数进行1、0的判定，则相对简单。但是，对于众多参数的综合分析过程就会显得复杂得多。这一过程往往是一个甄别的过程，甄别的对象有时候是很多状态判定1、0的组合，有时候是一些难以用1、0逻辑进行判定的结论组合。

传统的齿轮箱轴承振动分析方法可以让工程师们看到各种故障的时域特征和频域特征，从而进行故障诊断。大数据和人工智能技术则可以将这些特征的分析过程固化到程序模型之内。进而，通过一些自学习手段、算法甚至可以发现一些以前工程师难以发现的问题。

随着专家系统技术的发展，某些时候算法甚至可以学习专家逻辑，让机器大脑在一定程度上代替人脑。这些逻辑、自学习是依赖于很多算法模型支撑的。这些算法模型可能基于统计分析、设备机理、故障诊断机理，甚至工况参数之间显性的或者隐性的数学关系。当前，大数据分析和人工智能技术的核心就是基于设备及其零部件参数之间复杂的关系，面对错综复杂的设备表现，形成一些稳定可靠的数学算法，从而实现状态识别、趋势预测、故障分类与诊断、因素显著性分析等诸多具有实际应用价值的功能。

当然，虽然目前在算法分析模型方面，工程师们取得了很大的进展，有时候甚至替代了部分人工分析工作，但是这种替代还远未达到人们的要求。因此目前很多算法和模型在参数的分析上更多的是给工程师的人脑分析提供某些辅助。

工程师们使用大数据的分析方法对齿轮箱轴系统状态参数进行处理的时候，经常使用的思路包括统计分析和机理分析。

（一）统计分析

统计分析是大数据分析目前发展最好的方面之一。在我们熟知的消费互联网、金融等领域统计分析的方法已经发展得十分成熟了。事实上，统计分析方法在工业领域的应用也不是一个新鲜事物。

例如，我们在测量一个工件的尺寸时，工程师常用的方法就是多次测量，取平均值。在机械工程师常使用的公差中，我们知道公差带实际上是在均值附近的一个正态分布。不难发现这些概念实际上都是统计概念。

对于一个齿轮箱轴系统而言，一个振动数据完成测量之后，一定存在各种误差。对这些误差的处理就需要使用统计工具。

对于一个齿轮箱轴系统的某些故障状态的振动，通过振动信号的特征进行归类，也会用到统计知识。除了上面列举的两个例子，还有很多场景工程师们实际上都在使用统计方法。

基于大数据的分析方法中，对于上述一些场景的应用与以往工程师使用的手段几乎完全一致。所不同的是，由于数据量庞大，可能用到的统计工具会更加丰富，可以得到的计算结果会更加多样和完善。比如，以往某个工程师的经验，这些经验在没有大数据的时代是留存在工程师大脑中的"经验信息"，工程师可以根据以往经验进行下意识的"统计归类"，但是此时其他人对这些经验知识则无从获取。即便拥有经验的工程师在进行"下意识分析"的时候，由于无法描述分析方法和参数，而要面对经验是否可靠的质疑。这些问题在大数据时代都能迎刃而解。例如上述的场景，状态参数不断被记录，偶尔的故障虽然没有被识别，但是却可以被记录，日积月累之后，这些偶尔的故障数据达到一定规模也就形成经验，因此可以进行相应的统计分析，得到统计结论。这个结论可以在后续的运行过程中不断被使用和修正。这也使得以往留存在人脑中的"经验"被沉淀到算法之中，并且算法还会不断积累、迭代和优化。

（二）机理分析

机理分析是基于设备本身机理进行的分析。我们知道一台设备各个表现参数之间的运行表现有时候有非常清楚的机理公式在背后指引。我们将这些清楚明确的机理模型称之为强机理模型。这些强机理模型本质上即便不需要大数据技术，也可以很清晰地指导工程师对实际问题进行分析。工程实际中也确实如此，对于强机理问题，往往现在的数字化手段就是将机理内置到算法，使之自动运行，提升运行效率。但是此时的大数据方法带来的是运算效率和精度的提升，并没有带来新的机理突破。

相对于一些强机理关系而言，还有一部分弱机理因素。所谓弱机理因素就是没有非常清晰的机理公式,或者机理公式虽然清晰,但是由于影响因子众多,计算结果往往和实际误差较大的情况。此时人工智能的方法就可以帮助工程师突破弱机理局限,形成更加明确的模型。其中对于齿轮箱轴承系统一个典型的应用就是"健康度模型"。健康度如何定义?如何划定边界?哪些因素是影响因素?这些问题在传统机理模型中都很难得到可实际操作的答案(虽然理论模型众多)。但是通过人工智能技术,可以把齿轮箱轴承系统的健康状况模拟成一个黑箱子,通过众多输入参数对应的输出参数关系找到这个黑箱子的模型,从而形成齿轮箱轴承系统健康度模型,为后续齿轮箱轴承系统的振动状况评估提供依据。

(三)统计分析与机理分析的应用关系

在实际的大数据分析过程中,经常出现一类场景,数据分析师到工程现场先拿到所有的数据,然后用众多不明确关系的数据进行分析。而分析的方法也是粗暴的聚类分析、显著性分析、统计分析、相关性分析等。无数的案例表明,这样的盲目分析往往带来巨大的工作量,有时候会产生"本应如此"或者"啼笑皆非"的结论。大数据领域经常开的一个玩笑就是,用 BP 神经网络经过长时间计算得到了牛顿第二定律。

产生上述问题的原因其实也容易理解,数据分析师往往具有较强的数据分析和统计分析背景而不具备工业背景。在数据分析工程师眼中,数据就是数据,数据之间有统计关系,而不具备其他机理联系(或者是机理联系未知)。此时他们的数据挖掘是盲目的挖掘,因此也会产生效率低下、结果不具有指导意义的现象。

相同的数据在齿轮箱工程师、机械工程师眼中与数据工程师不同,他们每个参数背后都有其物理属性、设备属性、机理属性。这些工程师往往在进行数据分析之前,已经对众多参数进行了归类,比如哪些参数属于同一台设备,哪些参数本身具有强烈相关性,哪些参数互不相关等。要知道这些机理分类实际上是在对数据分析进行降维处理,是基于机理的降维分析。在数据分析中,良好的降维往往可以大大地降低分析工作量和难度,得到事半功倍的效果。

从上面的分析可以知道,对于统计分析和机理分析的应用场景实际上是有一定特定场合的。比如对于规模大的数据,首先可以根据机理进行适度降维,然后分离出相关、强相关、弱相关、不相关的大致概念,在必要的时候使用统计方法进行分类印证(尤其是一些弱相关因素),然后再综合运用机理知识和统计知识做指向目标的算法挖掘。

五、齿轮箱轴承系统智能运维的实施路径

不论是大数据技术、人工智能技术还是传统的机理分析方法,人们对设备运维的思路都是沿着一定路径进行的,如图 15-2 所示。

图 15-2　设备智能运维路径

随着传感器技术、自动化技术的发展，工业设备的参数化已经得到了蓬勃的发展。基于工业设备的参数化，才使得"数字孪生"概念得以出现。与此同时数据的采集也已经十分完善。

目前的很多数据采集设备和传感器设备厂家已经具备了相当完备的数据呈现能力。可以将采集到的设备参数准确的呈现在工程师的面前。只是这些呈现往往只是单纯的呈现，并没有做很好的解读。这就对工程技术人员的解读能力提出了要求。比如，如何看频谱图，如何看瀑布图，如何看趋势等。

目前绝大多数自动化设备都具备了阈值判断的能力。工程师可以根据标准以及个人经验设定阈值，一旦设备状态达到阈值，报警立刻发出。这些功能只是最简单的判断工作。

对于稍微复杂的判断以及深入的设备状态分析，以前几乎全部是由人工完成的。大数据以及人工智能技术使得数据系统对设备状态参数的"判断"与"分析"能力大大增强。当一个设备或者平台具备了对数据的判读、分析能力的时候，也就是这个设备或者平台真正的具备了"智能"。

由此不难发现，齿轮箱轴承系统的智能运维在于对齿轮箱轴承系统参数的判断和分析层面。这也是让硬件具备智能的灵魂。

第三节　基于大数据和人工智能分析技术的齿轮箱轴承系统状态监测与诊断方法

在第二节中我们阐述了大数据和人工智能分析技术在齿轮箱轴承系统状态监测与诊断中的基本思路。在实施数据化、智能化的总体过程中，数据的采集、存储等工作并非机械工程师和齿轮箱工程师的专业领域，因此本书不做介绍。但是，整个分析过程中的核心分析方法和算法则是广大机械工程师和齿轮箱工程师的重要工作。在实际工作中，工程师合理地使用正确的方法对数据进行分析，同时与数据分析师一起使用相应的计算机语言（目前比较常用的是 Python, Matlab 等）将这些对数据的处理进行算法化和模型化，然后搭载在 IT 运行系统之上，实现机器的自动执行。

基于设备参数的分析方法和算法相当于整个数字化架构的大脑，所有的数据都需要经过这些算法进行分析和判断，这也是整个数字化系统的智能所在。对于一个没有核心算法的平台或者是 IT 架构而言，面对具体的设备问题几乎是"无脑"的。

前面已经讨论过齿轮箱轴承系统运行状态参数的一些特征，并提出振动数据是整个齿轮箱轴承系统信息含量最丰富的，最易测量的数据。因此我们本节将以齿轮箱轴承系统振动数据为基础，介绍齿轮箱轴承系统状态监测和诊断的一些算法思路。齿轮箱工程师可以根据这些思路进行算法编程，以实现数字化系统的智能化。

一、齿轮箱轴承系统的振动信号处理技术

当齿轮箱轴承系统安装振动传感器之后,其采集来的信号需要在分析之前进行一定的处理。这些信号处理有时候在数据采集部分已经完成,有时候未经处理。但无论如何,对于齿轮箱工程师而言,了解基本的振动数据信号处理技术有助于他们对数据的解读和分析。

(一) 采样

我们知道轴系统的振动在三维空间内是个连续的过程,而振动的信号也应该是一个连续的过程。传感器在测量振动的时候实际上是对这个连续的振动在一定的时间间隔下进行测量得到的一系列数值。这样的测量过程本身就相当于将一个连续量变成一个离散量。而每次的测量,我们就叫作一次采样。每次采样的结果是一个测量结果,每两次采样的时间间隔就是采样时间间隔。

这里不难发现,传感器的每次测量都有可能存在误差(与人测量某物理量一样,存在测量误差),这种连续的采样有可能引入一系列的测量误差(有时候还有一些传感器干扰,信号传输等带来的噪声信号,此处我们将它们统一称为误差)。这些误差使得原始数据一般都不是平缓的,而是充满毛刺的。

(二) 采样间隔选择

在对一个振动进行采样的时候,采样时间间隔决定了采样数据对原始数据的信息保留程度。在一个固定时间窗口内采样间隔越小,采样密度(采样率)越大,采样来的数据越能反映原始数据的状态。相反,采样间隔越大,采样率越低,采样来的数据丢失的数据信息就越多。根据 Shannon 采样定理,对于带限信号(信号中的频率成分 $f<f_{max}$),如需获得不丢失信息的信号,其最低采样率为

$$f_s \geq 2f_{max} \tag{15-1}$$

式中 f_s——最低采样率(Hz);

f_{max}——原始信号最高频率成分的频率(Hz)。

当不满足采样定理的时候,会出现采样混淆,影响采样信号对原始信号的特征反应。在工程上,我们通常使用的最低采样频率 $f_s=(2.56\sim4)f_{max}$。新信号处理的过程中我们可以使用低通滤波器滤掉过高的频率,仅保留需要分析的频率来解决采样混淆的问题。

对于齿轮箱轴承系统的振动信号分析而言,我们所说的最高频率成分应该包含分析的目标频率。

例如,对于一台转频为 50Hz 的齿轮箱轴,我们如果需要诊断轴系统的故障,采样频率至少为(128~200Hz)。此时,目标是轴系统,因此用轴系统转频作为最大频率。轴承特征频率可能高于轴系统转频,因此如果使用上述采样率对轴系统进行故障诊断,则可能缺失了轴承的信息。因此此时应该调整采样率,根据轴承特征频率的最

高值设定相应的采样率。

（三）采样长度

我们对齿轮箱轴系统振动进行信号采样的时候，通常如果采样时间过短则可能出现信息不全的情况；如果采样时间过长则可能存在浪费。在一般的信号分析仪器中，一般是固定采样点数，根据采样率来确定采样长度。

二、齿轮箱轴承系统的振动特征提取与处理

齿轮箱轴承系统数据采集完成之后，就可以对振动数据进行进一步的分析。

在信号的处理过程中，我们对原始信号进行了采样处理才能得到分析的原始数据。从此刻开始，我们要用分析的眼光来处理这些数据。在这个过程中有可能会出现重采样（再采样），也就是对观测的众多数据再进行观测，从而拿出一些数据代表某些特征。由于经常也用采样一词，有时候容易造成误会。

在进行数据处理的过程中，在分析之前进行的采样需要被固定，存储为原始数据，后续分析的重采样可能是根据分析目的不同而设定不同的采样方式，这部分数据不一定会单独留存，往往根据最终目的的决定取舍。

（一）振动时域数据处理与分析

本书振动分析部分中我们介绍了时域分析的概念，很多趋势、图形看起来就是一个现成的信息，但是对于算法而言，这些信息必须转化成数据，才能做出相应的判断。因此数据处理技术在这部分工作中显得尤为重要。

首先，所谓振动时域特征，是振动数据在一个时间段内的表现。前面介绍数据采样的时候，我们谈到每次数据测量（采样）都会带来误差，这些误差有时候会影响工程师的分析。因此我们可以在进行分析之前先对这些数据进行一些处理。

1.同步平均法

由于传感器测量带来的数据误差信号的频率与转频无关，这些信号有时候会影响后续数据分析，因此必须采取一定的手段加以滤除。

在滤除无用频率信号的时候，如果干扰信号（或者不需要监测的信号）的频率已知，则可以通过滤波的手段滤除不需要的信号。但是对于由测量误差引起的干扰，我们无从知晓其频率，因此滤波的手段无法实现。

对于齿轮箱轴承系统而言，我们知道转轴围绕一个中心旋转，在旋转的每个周期都会经过相同的位置，而在这个位置的监测（采样）都会重复进行。此时，我们可以理解成为同一位置的反复测量。因此，可以引入去除测量误差的方法。其中最简单的方法就是对多次测量取平均值。

首先我们用齿轮箱转频折算出齿轮箱旋转一圈的时间 t，表达式如下：

$$t=\frac{60}{n} \qquad (15\text{-}2)$$

式中　t——齿轮箱旋转一周所用时间（s）；
　　　n——齿轮箱转速（r/min）。

根据数据长度计算齿轮箱每旋转一周的数据个数 N，表达式如下：

$$N = \frac{L}{t \times f_s} \quad (15\text{-}3)$$

式中　N——齿轮箱旋转一周所测量的数据个数；
　　　L——数据总长度；
　　　t——齿轮箱旋转一周所用时间（s）；
　　　f_s——采样率（Hz）。

根据齿轮箱旋转一周所测量的数据个数，对测量数据进行分段，得到若干段旋转一周的测量数据。然后将每一个对应的数据取平均值，就得到齿轮箱旋转一周时，每一个测量点的数据平均值。

图 15-3 所示为某一设备轴承 Y 方向振动的测量值。在本次测量中总共测量数据历时轴系统旋转 50 圈。图 15-3 为轴承 Y 方向振动测量值中的某一圈数值。图 15-3 为此轴承 Y 方向振动数值经过 50 圈同步平均之后的数值。从图中可以看到，这个处理结果滤除了测量值中很多干扰因素，信噪比明显大幅度提高。

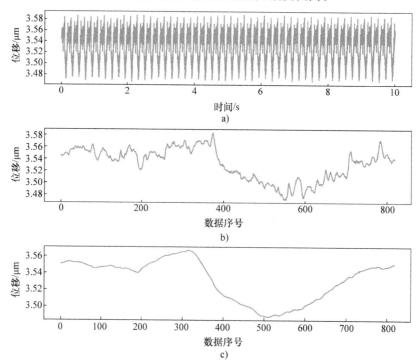

图 15-3　轴承 Y 方向振动测量值中的某一圈数值

a）轴承 Y 方向振动（位移）　b）轴承 Y 方向振动一周（位移）　c）轴承 Y 方向振动一周同步平均值（位移）

在工程实际中，除了在每一圈去平均值以外，有时候也可以采用某一置信度的范围来绘制振动曲线的幅值范围。这其中背后的逻辑与处理反复测量数据的逻辑一致。

2. 时域特征提取

振动信号的时域特征是对于某振动信号在一个时间段内测量数据所表现的特征。在振动分析中常用的时域特主要特征包括：

平均值 $\bar{x}$

$$\bar{x} = \frac{1}{N}\sum_{n=1}^{N}x(n) \tag{15-4}$$

标准差 σ_x

$$\sigma_x = \sqrt{\frac{1}{N-1}\sum_{n=1}^{N}\left[x(n)-\bar{x}\right]^2} \tag{15-5}$$

均方根值 x_{rms}

$$x_{\text{rms}} = \sqrt{\frac{1}{N}\sum_{n=1}^{N}x^2(n)} \tag{15-6}$$

方根幅值 x_{r}

$$x_{\text{r}} = \left(\frac{1}{N}\sum_{n=1}^{N}\sqrt{|x(n)|}\right)^2 \tag{15-7}$$

峰值 x_{p}

$$x_{\text{p}} = \max|x(n)| \tag{15-8}$$

波形指标 W

$$W = \frac{x_{\text{rms}}}{\bar{x}} \tag{15-9}$$

峰值指标 C

$$C = \frac{x_{\text{p}}}{x_{\text{rms}}} \tag{15-10}$$

脉冲指标 I

$$I = \frac{x_p}{\bar{x}} \quad (15\text{-}11)$$

裕度指标 L

$$L = \frac{x_p}{x_r} \quad (15\text{-}12)$$

歪度 S

$$S = \frac{\sum_{n=1}^{N}[x(n)-\bar{x}]^3}{(N-1)\sigma_x^3} \quad (15\text{-}13)$$

峭度 K

$$L = \frac{\sum_{n=1}^{N}[x(n)-\bar{x}]^4}{(N-1)\sigma_x^4} \quad (15\text{-}14)$$

式中 $x(n)$ ——信号的时序数据，$n=1, 2, 3, \cdots, N$；

N——样本点数。

上述这些数值都是在一个时间段内所有振动数据所构成数据集合的特征。不难发现均值、标准差、方根幅值、均方根值、峰值直接从振动数据集中获得，是这些数据集的一次特征；波形指标、峰值指标、裕度指标、歪度（也叫偏斜度）、峭度都是在一次指标基础之上加工出的二次指标。

上述这些时域特征指标是对一个稳定振动进行测量获得的，这些分析中数据集满足正态分布。对于齿轮箱轴承系统振动的某一次测量而言，测量历时几秒甚至更短时间，在这个时间内，齿轮箱轴承系统的振动是相对稳定的（振动的变化相对于采样时间长度而言相对稳定），因此，此时测量的振动结果符合正态分布，也就可以使用上述振动数据时域特征来描述每次测量波形的时域特征。

如果测量采样的时间相对于振动变化而言并不稳定的时候，则需要重新确定采样时间窗口重新，以满足分析的需求。后续关于设备健康度分析部分的内容介绍了重采样的原则和方法。

需要指出的是，信号的采样频率、采样周期与上述时域特征的计算紧密相关。这是因为所有的时域特征信号均是在某一周期内的指标，比如齿轮箱振动在1s内的峰值、1min 内的峰值、1h 内的峰值有可能不同。因此在选择单次测量的数据集进行上述时域特征计算的时候，应该注明采样信息。工程师们经常见到的一些状态监测系统测量数值有时候存在一些差异，其中除了测量误差的原因，算法窗口选择也是其中一

第十五章 基于大数据的齿轮箱轴承的智能运维技术

个可能的原因。

3. 轴心轨迹分析

齿轮箱轴承系统的振动是在三维空间内发生的,轴在任意时间内都位于三维空间的某个位置,在进行振动测量的时候,工程师们通常沿着三维坐标的方向进行测量。它们分别是轴向、径向水平,以及径向垂直。其中,径向水平方向与径向垂直方向的值构成轴在径向平面上的点坐标。如果测量的数值是位移指标,那么这个坐标就是轴振动的位置在径向平面上的投影。随着轴的旋转,这个投影点的移动轨迹构成了轴心轨迹。通过对轴心轨迹的分析,工程师可以得到齿轮箱轴承系统的一些振动特征,并辅助工程师进行振动诊断与分析。

工程实际中,工程师使用两个相互垂直安装的电涡流传感器并将其安装在轴的同一个径向平面上来测量、绘制轴心轨迹,如图 15-4 所示。

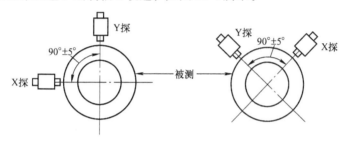

图 15-4 测量轴心轨迹时传感器安装的位置

收到轴心轨迹测量值之后需要对轴心轨迹进行绘制。如果直接绘制轴心轨迹,那么各种误差引起的波动会使轴心轨迹杂乱无章,无法显示出有规律的形状,这样使得分析工作变得更加困难。因此,此时可以采用前面介绍的同步平均法,将 X、Y 的数值进行一定的同步平均,这样可以使轴心轨迹更加平滑,同时这种平滑也是受到理论知识支持的。图 15-5 为某水轮发电机齿轮箱上轴承振动位移测量直接绘制的轴心轨迹。图 15-6 为同一组数据采用低通滤波处理后得到的轴心轨迹。

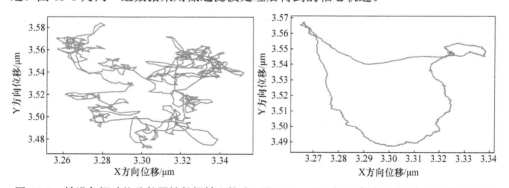

图 15-5 某设备振动位移数原始数据轴心轨迹　图 15-6 采用低通滤波处理后得到的轴心轨迹

工程实际中,有经验的工程师客户直接使用滤波的方式进行处理。通常在这个处理中使用低通滤波。但是滤波的频率需要根据工程师的经验来选择。如果仅仅对轴心轨迹的图形形状进行判读的时候,滤波处理的效果更加平滑。但是由于滤波截止频率的确定依赖于专家经验,因此这种处理方式的通用性受限。

对于上一组相同的数据,如果我们用40Hz作为截止频率,使用滤波后的数据绘制轴心轨迹,则如图15-7所示。与同步平均法不同,此时绘制了每一圈的轴心轨迹(为避免杂乱,图15-7仅仅绘制了5圈)。

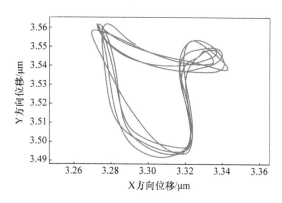

图15-7 采用低通滤波处理后得到的轴心轨迹(40Hz截止频率)

轴心轨迹的算法判读需要工程师根据轴心轨迹机理进行编程。比如常见的8字形轴心轨迹,通常在出现8字形回转的时候,轴心轨迹的极坐标图中幅值的相角会出现变小的趋势。

(二)振动频域数据处理与分析

本书前面相关章节介绍了振动频域分析的基本概念和方法,在传统的振动频域分析工作中,齿轮箱工程师阅读图谱,进行相应的识别与判断从而找到某些故障的特征。在数字化时代,智能化的系统就是尽量做到通过机器来自动处理和识别这些特征。因此,齿轮箱工程师就必须掌握一些振动频域特征数据的处理和提取方法,这样便可以根据自己的分析目的,提取合适的振动频域数据及特征来进行相应的处理。

1. 振动频域特征概念的进一步理解

振动的频域特征是振动数据在不同频率段的分布,通常我们做快速傅里叶分析之后得到了振动数据在不同频率下的幅值谱图和相位谱图。在图9-7中,可以看出振动信号在一定不同频率下的幅值、相位分布的前提是振动信号经历了一定的周期。换言之,就是振动信号在一个时间段内所包含的不同频率的幅值、相位谱图。因此,不难理解,实际上振动的频域分析的实质是振动信号对一个时间段内振动波形(时域波形)的特征,只不过这个特征是在分析不同频率下的幅值分布而已。

因此,振动的频域分析离不开时域波形,因为后者是前者分析的对象。同时,作为振动频域分析的对象的时域波形的长度以及其所包含的频率分量，决定了频域分析的频率边界。对于无法涵盖在时域波形里的频率特征，是无法通过时频域分解得到的。事实上这就是采样率、采样窗口概念的一个应用。

2. 振动频域特征的提取

就振动信号本身而言，常用的频域特征参量有 13 个。这些参数描述了振动信号波形本身的频率含量的特征信息。

对于齿轮箱工程师而言，一些典型的频域特征已经被比较完整地总结好了，因此往往可以直接利用这些已经总结好的频域特征进行相应的分析。齿轮箱轴承系统振动分析中经常遇到的频域特征包括：

- ◆ 轴系统振动频域特征
  - ■ 不对中的频域特征
  - ■ 不平衡的频域特征
  - ■ 松动的频域特征
- ◆ 轴承振动频域特征
  - ■ 轴承外圈缺陷的频域特征
  - ■ 轴承内圈缺陷的频域特征
  - ■ 轴承滚动体缺陷的频域特征
  - ■ 轴承保持架缺陷的频域特征

这些特征所对应的频率值可以在相关内容中找到对应的计算方法和信息。

齿轮箱工程师可以在上述特征频率基础上加工二次特征，例如不同特征频率在总体信号中所占的能量比等。

将这些频域特征的识别和提取通过程序写成算法，从而实现自动识别和提取，就是我们做大数据分析智能应用的主要工作。

整个频域分析数据工作的流程是：当振动数据采集完成之后，首先需要对振动数据进行傅里叶分解，然后识别出频谱图中的峰值数据，将峰值数据的频率与故障特征频率进行对比，从而输出故障诊断结论。

为实现上述功能，工程师需要编制的程序模块及其功能包括：

- ◆ 数据预处理模块
  - ■ 数据质量评估，缺失数据处理等
  - ■ 选取合适的数据段，要求数据连续并且包含故障特征
- ◆ 数据的傅里叶分解模块
  - ■ 根据诊断目的，选择合适的观察窗口
  - ■ 进行数据的傅里叶分解
- ◆ 数据的特征频率提取模块
  - ■ 识别傅里叶分解后数据中的峰值

- ■ 提取傅里叶分解数据峰值所对应的频率
- ◆ 数据频率特征与故障频率特征的对比模块
  - ■ 幅值对比：对比各个峰值与基频峰值的比例。通过第八章的内容我们可以知道当特征频率与基频比例关系达到一定值的时候，可以做相应的判定。同时对于各个特征频率幅值的变化达到一定程度的时候也可以做出相应的判断。
  - ■ 特征频率对比：对比各个峰值对应的频率与特征频率之间的对应关系。需要注意的是，峰值频率与计算的故障频率之间经常无法严格意义对应。在以往的人眼识别过程中，我们可以忽略这些误差，但是对于机器算法而言，不能自动忽略这些误差，需要工程师编写适当的程序进行识别。
- ◆ 诊断结论输出模块
  - ■ 将比对的特征频率图谱结论输出

第四节 齿轮箱轴承系统健康管理模型

对于齿轮箱工程师而言，大数据和人工智能的算法在齿轮箱系统健康管理方面的应用是最能体现其优势和价值的地方。

设备健康管理（PHM）的概念已经提出很多年了，是一个被业内理解并使用的成熟概念。但是，在以往的设备健康管理中，往往都停留在理念上，到了工程实际中，如何实现健康管理？如何找到浴盆曲线？如何进行相应的分析比较？设备报警阈值如何设定？相应的标准如何采信？这样的诸多问题都困扰着现场工程师。传统的做法就是生硬参照设备标准进行设备维护，偶尔会加入一些人工经验，这使得设备维护和管理变得模糊、不够科学。

在引入了数字化以及大数据分析技术之后，设备的信息更加密集和全面，因此机械工程师终于可以通过大数据、人工智能手段对设备健康管理（PHM）的很多理论进行充分实践。

在以前的设备健康管理过程中，工程师往往是从仪器仪表中读出数据，根据一些限值进行人工判断，在做故障诊断的时候要使用人工的经验判断和知识判断。在大数据时代，使用大数据人工智能算法的时候，工程师们面对的不再是已经呈现出来的某些数字，而是一系列直接测量的数据。这就要求工程师们必须具备数据处理能力，同时根据分析目的，将处理完的数据通过算法搭建成具备业务目的的算法模型。

对于齿轮箱轴承系统而言，工程师们就需要利用第三节讲述的内容对齿轮箱轴承系统的振动数据进行处理，并在此基础之上搭建齿轮箱轴承系统健康管理的算法模型。设备健康管理与故障诊断的算法模型有很多种，同时这些技术的工程实际应用开展的时间也不长，因此仅就一些主流的同时已经经过实践使用的模型方法进行介绍。

第十五章 基于大数据的齿轮箱轴承的智能运维技术

一、基于健康基准的 PHM 方法

设备维护的策略就是基于设备自身状态的维护，当设备故障的时候可以及时发现，甚至期望可以提前预警。传统的设备健康管理的实施中，经常会依赖某些标准限值。对于振动而言就是振动的限值。当齿轮箱轴承系统的振动高于这个限值的时候，工程师认为齿轮箱轴承系统振动异常，在这个基础之上进行更深入的分析。

这样的做法存在一些弊端。齿轮箱轴承系统的振动相关标准与实际投入运行的齿轮箱的个体状态存在差异，因此有时候齿轮箱轴承系统的振动还没有超过相应标准时齿轮箱轴承系统已经出现了故障。如果使用标准的限值报警方法，这样的情况就会被漏掉。总体标准无法照顾到不同工况、不同应用齿轮箱的个体差异。

另一方面，齿轮箱轴承系统的振动一旦超越了标准，就被判定为故障状态。此时的报警已经是对现状的反应，无法实现提前预警。事实上，齿轮箱轴承系统在早期故障出现的时候，其整体的振动值应该不会达到报警标准的阈值。这也使得传统的阈值报警无法起到提前预警的功能。

工程师为了做到提前预警，会降低报警限值。但是困难的是，这种限值降低的标准比较难实现。报警限值降低的不足，那么预警的目的就达不到；如果降低的过分，就会出现频繁的误报警。这也是一直困扰齿轮箱工程师的地方。

总体上传统的基于报警限值的健康管理方法，其实质上是基于"故障"的健康管理。这在逻辑上也存在可以商榷的地方。

数字化时代，设备的状态数据可以大量的被获取和留存，使得设备的状态数据本身产生了可以被利用的价值。其中最重要的就是用于界定设备健康的基准。

事实上，真正的健康管理实践是建立在一个重要概念——"设备健康状态"的概念之上的。所有的健康管理、故障甄别、状态评估等的后续概念都应该建立在这个状态的定义的基础之上。因此，在对设备进行状态监测和故障诊断的第一项工作就是确定设备的"健康状态"。

对于齿轮箱轴承系统而言，在我们进行振动分析的时候，首先需要确认齿轮箱轴承系统的振动正常状态。

当齿轮箱轴承系统投入持续运行的时候，我们将齿轮箱轴承系统实时运行状态与轴承系统振动的正常状态基准进行比较，通过这个差异来确定齿轮箱轴承系统健康程度（或者说亚健康程度）。不难发现，我们比较的基准是健康状态（不再是传统概念的故障报警），是针对设备偏离健康状态的程度进行评估。

因此我们说，基于齿轮箱轴承系统振动的智能运维方法是基于健康基准的 PHM 方法。

如果我们将传统的故障管理与使用大数据人工智能技术的智能健康管理做一个对比，可以如图 15-8 所示。

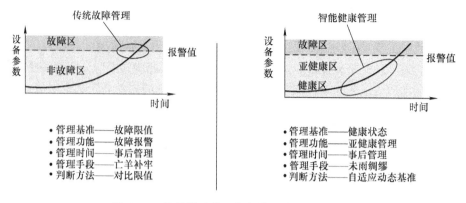

图 15-8 传统故障管理与智能健康管理的比较

基于齿轮箱轴承系统健康基准的 PHM 方法的核心包括几个部分：
1）齿轮箱轴承系统振动指标的健康基准模型的建立；
2）基于健康基准模型的齿轮箱轴承系统振动实时状态评估。

关于建立健康基准和对实时数据的健康评估，本书将介绍三种方法：基于工况相关性的动态阈值法、基于日常工况的动态阈值法、基于健康状态的特征向量法。

二、基于工况相关性的动态阈值法

我们知道，齿轮箱轴承系统的振动与齿轮箱的工作状态相关。这些相关因素包括工作场地的温度、润滑情况，以及齿轮箱的负荷等诸多因素。这些因素都在直接、间接地影响着齿轮箱轴承系统的振动数值。

我们把齿轮箱工作的相关工况进行参数化，然后定义工况参数集 C。

$$C = [c_1, c_2, \cdots, c_M] = \begin{pmatrix} x_{1,1} & \cdots & x_{M,1} \\ \vdots & \ddots & \vdots \\ x_{1,n} & \cdots & x_{M,n} \end{pmatrix} \quad (15\text{-}15)$$

其中

$$c_i = [x_{i,1}, x_{i,2}, \cdots, x_{i,M}]^{\mathrm{T}} \quad (15\text{-}16)$$

$$i = 1, 2, \cdots$$

式中　M——工况参数的数量；
　　　n——工况参数数据的数量。

工况参数集 C 中的参数选取可以由工程师根据实际测点测量情况选取。请注意工况参数集合的选取应尽量考虑机理的相关性，这样可以帮助数据工程师提高降维分析的准确性，降低分析难度。

第十五章　基于大数据的齿轮箱轴承的智能运维技术

对于一台齿轮箱而言，我们的轴承振动测量点有 5~6 个：轴伸端径向水平；轴伸端径向垂直；轴伸端轴向；非轴伸端径向水平；非轴伸端径向垂直；非轴伸端轴向（与轴伸端可以二选一）。这些参数可以构成齿轮箱轴承系统振动的运行状态参数及 P。

$$P = [p_1, p_2, \cdots, p_{M1}] = \begin{pmatrix} x_{1,1} & \cdots & x_{M1,1} \\ \vdots & \ddots & \vdots \\ x_{1,n1} & \cdots & x_{M,n1} \end{pmatrix} \quad (15\text{-}17)$$

其中

$$p_i = \begin{bmatrix} x_{i,1}, x_{i,2}, \cdots, x_{i,M1} \end{bmatrix}^{\mathrm{T}} \quad (15\text{-}18)$$

$$i = 1, 2, \cdots$$

式中　$M1$——工况参数的数量；
　　　$n1$——工况参数数据的数量。

对于齿轮箱轴承系统的振动数据而言，齿轮箱轴承系统的状态参数 P 就是两端轴承各个测点的振动数据。

齿轮箱运行的时候，其状态参数与工况参数存在一定的关系，表达式如下：

$$P = f(C) \quad (15\text{-}19)$$

式中　P——齿轮箱轴承系统运行参数集；
　　　C——齿轮箱轴承系统工况参数集；
　　　f——齿轮箱轴承系统参数关系函数。

当齿轮箱正常运行的时候：

$$P = f_h(C) \quad (15\text{-}20)$$

式中　f_h——齿轮箱轴承系统健康状态参数关系函数。

我们可以使用数据集 P、C 通过神经网络等方法找到齿轮箱轴承系统健康状态参数关系 f_h。此时 f_h 即为齿轮箱轴承系统的健康模型。

当齿轮箱投入实际运行，工程师可以得到实时的工况参数集 C_r 和实时状态参数 P_r。

通过齿轮箱轴承系统健康模型 f_h，我们有：

$$P_h = f_h(C_r) \quad (15\text{-}21)$$

式中　P_h——齿轮箱健康状态下应有的运行参数；
　　　f_h——齿轮箱健康状态模型；
　　　C_r——齿轮箱实时工况参数。

我们通过对比齿轮箱实时状态参数 P_r 与齿轮箱健康状态下应有的运行参数 P_h，就可以评估齿轮箱实时运行状态是否正常。

从上面分析可以看出，我们使用这种方法对齿轮箱实际运行状态进行健康建模，然后对比实时参数和应用健康参数之间的差异并以此来评估齿轮箱轴承系统是否处于正常状态。整个分析过程中齿轮箱轴承系统的振动信号分析需要与工况参数之间进行关联分析。这种分析属于参数之间的互相关分析。

三、基于 3σ 的动态阈值法

在前面我们介绍了齿轮箱轴承系统振动数据的互相关分析，但是在一些场合我们就齿轮箱轴承系统振动参数本身也可以做自相关分析。这种分析方法仅针对参数本身实施分析。这种分析方法可以有如下几种情况：

（一）齿轮箱工况稳定的情况

当齿轮箱工作状态稳定的时候，齿轮箱的振动本身应该为一个相对稳定的数值。由于测量等原因，这些测量值会围绕平均值呈现一个正态分布。

在齿轮箱正常工作的时候，我们测量齿轮箱轴承振动数据可以得到振动的均值，以及测量值的标准差 σ。所有的振动数值中 99.73% 的数据应该落入均值 $\pm 3\sigma$ 的区间内。

由此，我们知道，当齿轮箱振动的实测值超过均值 $\pm 3\sigma$ 时，齿轮箱轴承系统振动数据可能存在异常，一旦这样的情况持续，则表明齿轮箱轴承系统处于亚健康状态。

（二）齿轮箱工况不稳定的情况

上述工况稳定的 3σ 判别方法在实验室里已经得到了很好的印证，但是对于工况变动的工程实际，振动信号在一个相对较长的时间段内的幅值受到齿轮箱负荷等因素的影响，并不稳定，因此振动值也不一定服从正态分布，因此基于稳定工况的 3σ 判别方法无法使用。

这种情况下，可以通过划分工况区间的方法进行处理。图 15-9 所示为一台设备的功率曲线。通过这个曲线可以将设备工作分为两个区间，在每个区间内，齿轮箱的工作负荷是稳定的，因此可以使用稳定工况下的 3σ 判别方法。

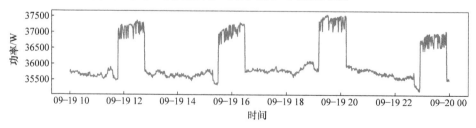

图 15-9 某设备功率数据（负荷）

这种处理方法就是工况分仓的数据处理技术。在每个分仓的振动数据中，通过 3σ 判别方法判断振动是否超过限值。此处的限值不一定是振动监测标准中的限值，通常情况下这个限值会比标准中的数值低，一旦达到这个限值，系统提出警示，就可以在振动到达标准限值之前进行提前报警。

另外，在每个工况分仓的振动数据中，如果齿轮箱轴承系统的振动实际值呈现某种趋势（比如持续上升、急速上升）的时候，则可能预示着齿轮箱轴承系统裂化程度正在逐步恶化。

（三）基于 3σ 的动态阈值法判别传感器数据质量

基于 3σ 的动态阈值法除了可以进行齿轮箱轴承系统健康程度的判别以外，还可以用于甄别振动数据质量问题。

事实上振动数据质量问题可能是传感器问题、变送器问题，甚至数据传输问题。一般的数据缺失等数据异常情况是可以通过数据处理方法进行排除的，但是有些由于传感器漂移、数据传输故障等引起的异常值则可以使用 3σ 的动态阈值法进行甄别。这样甄别的目的是为了避免这些异常数据触发齿轮箱轴承系统振动异常的误报警。

首先，振动数据每次的获取都是一次量测，而每次量测都符合数据测量的基本规律：正态分布。因此我们对每一次量测进行分析，就可以找到异常的数据点。

同样对于一个工况变动的振动信号而言，振动数据如果是单次测量的，每次测量的数据是在一个测量时间内获得的，因此它符合正态分布，可以直接进行 3σ 方法的甄别。

现在很多齿轮箱轴承振动监测系统采用的是连续测量的振动数据，因此这些振动数据是一个随着齿轮箱负荷等情况变化的振动值，在一个相对较大的时间窗口内是一个连续变量。此时我们可以使用微分的方法，将这些数据微分成很小的时间段，然后在这些时间段内进行 3σ 方法的甄别，如图 15-10 所示。

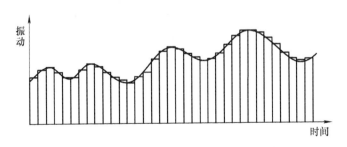

图 15-10　不稳定工况下振动数据微分处理

图 15-11 为图 15-9 的设备在负荷较大工况下的振动数据。从图中可以看到，在这个工况下齿轮箱的振动呈现一定的波动，并且测量值有一些毛刺。因此我们将这段数据进行进一步的数据分仓。分仓的原则是单样本 KS 检验结果。首先设定一个数据长

度，然后用这个长度对所有数据进行切片，再使用 KS 检验来判断切片内的数据是否符合正态分布。如果这个切面长度下的所有切片数据都符合正态分布，则这个切片长度被接受，否则重新选择数据切片长度。

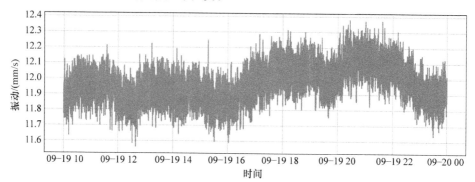

图 15-11　负荷波动时某设备轴承振动数据

确定数据切片长度之后，可以在这个切片内计算 3σ，然后便可以确定这个切片内数据应该分布的区间。这个区间就是振动数据检测后的合理范围，超过这个范围，则可以认为是数据质量问题。

使用上面方法，针对上述数据选择最优切片长度之后的某段数据的分布情况如图 15-12、图 15-13 所示。

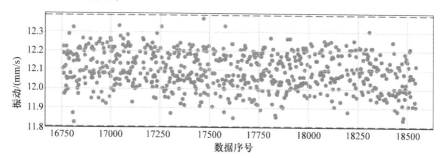

图 15-12　切片内数据分布以及 3σ 范围

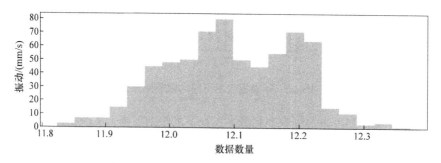

图 15-13　切片后振动数据分布

将求出的 3σ 通过切片均值的方法还原到整个振动数据中,可以得到振动数据的正常分布范围,同时可以看到个别点的数据异常。如图 15-14 所示。

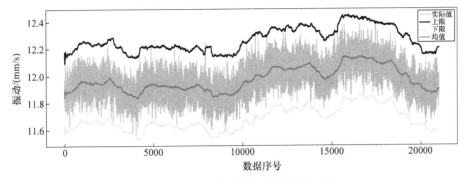

图 15-14　设备振动数据质量阈值范围

四、健康特征向量法

基于健康特征向量的方法对设备轴承系统进行状态评估首先需要对轴承系统振动信号进行特征提取。

对轴承系统的特征提取可以根据工程师的行业应用经验进行特征选择。表 15-1 为某风力发电机组轴承系统特征选取。

表 15-1　某风力发电机组轴承系统特征选取

	特征	状态
时域特征	峰峰值	故障
	均方根值	
	峰值指标	
	峭度指标	
频域特征	外圈故障幅值和	外圈故障
	内圈故障幅值和	内圈故障
	滚动体故障幅值和	滚动体故障
	总幅值和	轴承故障
	内圈故障能量和	内圈故障
	外圈故障能量和	外圈故障
	滚动体故障能量和	滚动体故障
	总能量和	轴承故障

完成轴承系统故障特征选取之后,通过对轴承振动监测数据的处理我们可以得到轴承的状态向量 B 为

$$B = \left[f^1, f^2, \cdots, f^k \right] \tag{15-22}$$

在正常状态下，我们可以获取轴承的健康状态特征向量 B_0 为

$$B_0 = \left[f_0^1, f_0^2, \cdots, f_0^k \right] \quad (15\text{-}23)$$

在 t 时刻时，电机轴承的实时振动特征向量 B_t 为

$$B_t = \left[f_t^1, f_t^2, \cdots, f_t^k \right] \quad (15\text{-}24)$$

两个特征向量的相对相似性为

$$RS_t = \frac{\left| \sum_{i=1}^{k} \left(f_0^i - \overline{f_0} \right)\left(f_t^i - \overline{f_t} \right) \right|}{\sqrt{\sum_{i=1}^{k} \left(f_0^i - \overline{f_0} \right)^2 \sum_{i=1}^{k} \left(f_0^i - \overline{f_t} \right)^2}} \quad (15\text{-}25)$$

式中　k——轴承特征向量的长度；

　　　f_0^i——正常状态下轴承振动信号的第 i 个特征；

　　　f_t^i——第 t 时刻轴承振动信号的第 i 个特征；

　　　$\overline{f_0}$——正常状态下轴承特征向量的均值；

　　　$\overline{f_t}$——第 i 时刻轴承特征向量的均值。

轴承当前特征向量与轴承正常状态下振动特征向量之间的相似性越低，意味着轴承当前情况下距离正常状态的偏离就越大，基于此，我们可以计算轴承偏离正常状态的程度以确定轴承的健康程度。

图 15-15 为基于轴承振动特征向量相似性的方法对某 1.5MW 风力发电机齿轮箱轴承振动状态的评估。

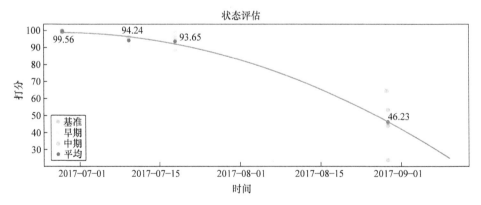

图 15-15　基于轴承振动特征向量相似性的方法对某 1.5MW
风力发电机齿轮箱轴承振动状态的评估

本案中，我们取用振动的若干时域特征以及一部分频域特征构建轴承的振动特征向量。风力发电机客户在轴承正常工作的时候（图中所示为 6 月下旬）进行了第一次

测量,在若干测量样本中我们得到了相对稳定的测量结果,从而得到电机轴承振动状态的健康样本。时隔半个月,客户分别进行两次测量,此时轴承的振动总体幅值并没有显示报警。但是从分析结果来看,轴承在此时若干次测量之间存在一定离散度,同时总体特征均值与健康状态总体均值存在一定偏差。8月底,用户对轴承再一次进行测量并得到相应数据,通过分析我们发现较大的特征差异。

在上述分析中,风力发电机客户通过四次测量界定了发电机轴承的正常、早期和中期失效过程。

在这些数据基础之上,我们通过曲线拟合得到轴承随时间劣化的曲线。事实上这条曲线就是浴盆曲线失效段的部分。基于这条曲线的应用,风力发电机用户可以推测风力发电机轴承寿命预测、维护时间窗口等信息。

在数据丰富的前提下(例如上述案例,如果风力发电机用户每天或者每周进行一次测量),我们可以得到非常准确的风力发电机轴承振动特征数据,由此可以绘制相当准确的浴盆曲线。在浴盆曲线的基础之上,就可以准确地完成以后风力发电机轴承运行的寿命预计、预测性维护窗口计算以及设备裂化程度评估。这些都是在大数据技术没有引入之前难于实现的。

附录

附录 A 轴承失效模式和原因
（GB/T 24611—2020/ISO 24611：2020）

哪个零件损伤？ 套圈　**零件哪个表面发生变化？** 滚道

发生如下哪种变化？	润滑剂不足	润滑剂过量	黏度不合适	润滑剂不合适	润滑剂老化	固体污染	液体污染	动静载荷过高	载荷不足	速度过高	速度过低	加速度过快	载荷及转速变动	激振	电流通过	外部热量或冷却不足	维护不善	油过滤堵塞	存放条件不合适	运输振动	游隙或预载荷设置错误	径向或者轴向预载荷不合适	偏斜	安装方法不合适	轴或轴承座形状及尺寸	套圈支承刚度不均匀	配合与公差不合适	密封不合适或失效	散热不充分	材料、热处理	机加工与装配	搬运、包装、运输
次表面疲劳剥落	●							●																								
表面疲劳显微剥落	●							●			●																				●	
表面材料移失（磨损、磨粒磨损）			●	●	●	●	●				●						●	●														
划痕						●																										
涂抹，咬粘印痕	●							●	●			●	●											●								
刻痕																																●
锈蚀，腐蚀							●										●		●									●				
伪压痕																				●												
环形坑，波纹状凹槽															●																	
塑性变形								●																				●				
颗粒压痕						●												●										●				
真压痕																							●	●								

（续）

哪个零件损伤？	零件哪个表面发生变化？	发生如下哪种变化？	润滑剂不足	润滑剂过量	黏度不合适	润滑剂不合适	润滑剂氧化	固体污染	液体污染	动静载荷过高	载荷不足	速度过高	速度过低	加速度过快	载荷及转速变动	激振	电流通过	外部热量或冷却不足	维护不善	油过滤堵塞	存放条件不合适	运输振动	游隙或预载荷设置错误	径向或者轴向预载荷不合适	偏斜	安装方法不合适	轴或轴承座形状及尺寸	套圈支承刚度不均匀	配合与公差不合适	密封不合适或失效	散热不充分	材料,热处理	机加工与装配	搬运、包装、运输
套圈	滚道	击痕, 擦伤																								●						●		●
		过载断裂								●																●								
		疲劳断裂	●			●	●		●	●													●	●				●	●					
		过载运转带																		●														
		光亮抛光外观	●	●	●	●	●			●													●	●									
		变色 (过热)	●		●	●	●					●											●	●									
	挡边	涂抹, 咬粘印痕	●		●	●	●		●	●													●	●									
		锈蚀, 腐蚀							●										●		●								●				
		过载断裂								●															●			●						
	配合面 端面	微动腐蚀表面													●														●					
		蠕动, 抛光表面													●														●					
		锈蚀, 腐蚀							●												●									●				●
		热裂													●																●			

356

附录

	滚动体						保持架						密封圈或防尘盖	
	滚动接触表面			端面			圆环		兜孔或过梁		铆钉		密封体	密封唇
	次表面疲劳剥落	表面疲劳显微剥落	表面材料移失（磨损，磨粒磨损）	涂抹，咬粘印痕	环形坑，波纹状凹槽	锈蚀，腐蚀	涂抹，咬粘印痕，胶合	磨粒磨损	疲劳断裂	引导面磨损	磨粒磨损	疲劳断裂	疲劳断裂	变形	磨粒磨损
												●		
	●	●	●			●		●			●	●		
				●				●						
													●	
	●				●	●			●	●				
	●				●	●					●			
	●				●	●					●			
				●					●					
		●	●		●			●					●	
	●	●			●			●						
			●	●										
						●								
				●							●	●		
				●								●		
				●		●		●						
	●	●											●	
		●	●		●									
							●	●		●				
	●	●	●		●	●		●	●	●				
	●	●	●		●	●			●	●				
			●		●									
	●	●		●		●		●	●					●

357

附录 B 深沟球轴承的径向游隙（GB/T 4604.1—2012）

内径范围 /mm	游隙组别（代号）				
	2组（C2）	0组	3组（C3）	4组（C4）	5组（C5）
	游隙范围 /μm				
> 6 ~ 10	0 ~ 7	2 ~ 13	8 ~ 23	14 ~ 29	20 ~ 37
> 10 ~ 18	0 ~ 9	3 ~ 18	11 ~ 25	18 ~ 33	25 ~ 45
> 18 ~ 24	0 ~ 10	5 ~ 20	13 ~ 28	20 ~ 36	28 ~ 48
> 24 ~ 30	1 ~ 11	5 ~ 20	13 ~ 23	23 ~ 41	30 ~ 53
> 30 ~ 40	1 ~ 11	6 ~ 20	15 ~ 33	28 ~ 46	40 ~ 64
> 40 ~ 50	1 ~ 11	6 ~ 23	18 ~ 36	30 ~ 51	45 ~ 73
> 50 ~ 65	1 ~ 15	8 ~ 28	23 ~ 43	38 ~ 61	55 ~ 90
> 65 ~ 80	1 ~ 15	10 ~ 30	25 ~ 51	46 ~ 71	65 ~ 105
> 80 ~ 100	1 ~ 18	12 ~ 36	30 ~ 58	53 ~ 84	75 ~ 120
> 100 ~ 120	2 ~ 20	15 ~ 41	36 ~ 66	61 ~ 97	90 ~ 140
> 120 ~ 140	2 ~ 23	18 ~ 48	41 ~ 81	71 ~ 114	105 ~ 160
> 140 ~ 160	2 ~ 23	18 ~ 53	46 ~ 91	81 ~ 130	120 ~ 180
> 160 ~ 180	2 ~ 25	20 ~ 61	53 ~ 102	91 ~ 147	135 ~ 200
> 180 ~ 200	2 ~ 30	25 ~ 71	63 ~ 117	107 ~ 163	150 ~ 230
> 200 ~ 225	2 ~ 35	25 ~ 85	75 ~ 140	125 ~ 195	175 ~ 265
> 225 ~ 250	2 ~ 40	30 ~ 95	85 ~ 160	145 ~ 225	205 ~ 300
> 250 ~ 280	2 ~ 45	35 ~ 105	90 ~ 170	155 ~ 245	225 ~ 340

附录 C 圆柱滚子轴承的径向游隙（GB/T 4604.1—2012）

内径范围 /mm	游隙组别（代号）				
	2组（C2）	0组	3组（C3）	4组（C4）	5组（C5）
	游隙范围 /μm				
10	0 ~ 25	20 ~ 45	35 ~ 60	50 ~ 75	—
> 10 ~ 24	0 ~ 25	20 ~ 45	35 ~ 60	50 ~ 75	65 ~ 90
> 24 ~ 30	0 ~ 25	20 ~ 45	35 ~ 60	50 ~ 75	70 ~ 95
> 30 ~ 40	5 ~ 30	25 ~ 50	45 ~ 70	60 ~ 85	80 ~ 105
> 40 ~ 50	5 ~ 35	30 ~ 60	50 ~ 80	70 ~ 100	95 ~ 125
> 50 ~ 65	10 ~ 40	40 ~ 70	60 ~ 90	80 ~ 110	110 ~ 140
> 65 ~ 80	10 ~ 45	40 ~ 75	65 ~ 100	90 ~ 125	130 ~ 165
> 80 ~ 100	15 ~ 50	50 ~ 85	75 ~ 110	105 ~ 140	155 ~ 190
> 100 ~ 120	15 ~ 55	50 ~ 90	85 ~ 125	125 ~ 165	180 ~ 220
> 120 ~ 140	15 ~ 60	60 ~ 105	100 ~ 145	145 ~ 190	200 ~ 245
> 140 ~ 160	20 ~ 70	70 ~ 120	115 ~ 165	165 ~ 215	225 ~ 275
> 160 ~ 180	25 ~ 75	75 ~ 125	120 ~ 170	170 ~ 220	250 ~ 300
> 180 ~ 200	35 ~ 90	90 ~ 145	140 ~ 195	195 ~ 250	275 ~ 330
> 200 ~ 225	45 ~ 105	105 ~ 165	160 ~ 220	220 ~ 280	305 ~ 365
> 225 ~ 250	45 ~ 110	110 ~ 175	170 ~ 235	235 ~ 300	330 ~ 395
> 250 ~ 280	55 ~ 125	125 ~ 195	190 ~ 260	260 ~ 330	370 ~ 440

附录D 开启式深沟球轴承（60000型）的极限转速值

规格/mm		极限转速/(r/min)	规格/mm		极限转速/(r/min)
内径	外径		内径	外径	
10	19, 22, 26, 30, 35	26000~18000	60	78, 85, 95, 110, 130, 150	6700~4500
12	21, 24, 28, 32, 37	22000~17000	65	90, 100, 120, 160	6000~4300
15	24, 28, 32, 35, 42	20000~16000	70	90, 110, 125, 150, 180	6000~3800
17	26, 30, 35, 40, 47, 62	19000~11000	75	95, 105, 115, 130, 160, 190	5600~3600
20	32, 37, 42, 47, 52, 72	17000~9500	80	100, 110, 125, 140, 170, 200	5300~3400
25	37, 42, 47, 52, 62, 80	15000~8500	85	110, 120, 130, 150, 180, 210	4800~3200
30	42, 47, 55, 62, 72, 90	12000~8000	90	125, 140, 160, 190, 225	4500~2800
35	47, 55, 62, 72, 80, 100	10000~6700	95	120, 145, 170, 200	4300~3200
40	52, 62, 68, 80, 90, 110	9500~6300	100	140, 150, 180, 215, 250	4000~2400
45	58, 75, 85, 100, 120	8500~5600	105	130, 160, 190, 225	3800~2600
50	65, 72, 80, 90, 110, 130	8000~5300	110	150, 170, 200, 240, 280	3600~2000
55	72, 90, 100, 120, 140	7500~4800	120	150, 165, 180, 215, 260	3400~2200

附录E 带防尘盖的深沟球轴承（60000—Z型和60000—2Z型）的极限转速值

规格/mm		极限转速/(r/min)	规格/mm		极限转速/(r/min)
内径	外径		内径	外径	
20	42, 47, 52	15000~13000	55	90, 100, 120	6300~5300
25	47, 52, 62	13000~10000	60	95, 110, 130	6000~5000
30	55, 62, 72	10000~8000	65	100, 120, 140	5600~4500
35	62, 72, 80	9000~8000	70	110, 125, 150	5300~4300
40	68, 80, 90	8500~7000	75	115, 130, 160	5000~4000
45	75, 85, 100	8000~6300	80	125, 140	4800~4300
50	80, 90, 110	7000~6000	85	130, 150	4500~4000

附录F 带密封圈的深沟球轴承（60000—RS型、60000—2RS型、60000—RZ型、60000—2RZ型）的极限转速值

规格/mm		极限转速/(r/min)	规格/mm		极限转速/(r/min)
内径	外径		内径	外径	
20	42, 47, 52	9500~8500	55	90, 100, 120	4500~3800
25	47, 52, 62	8500~7000	60	95, 110, 130	4300~3600
30	55, 62, 72	7500~6300	65	100, 120, 140	4000~3200
35	62, 72, 80	6300~5600	70	110, 125, 150	3800~3000
40	68, 80, 90	6000~5000	75	115, 130, 160	3600~2800
45	75, 85, 100	5600~4500	80	125, 140, 170	3400~2600
50	80, 90, 110	5000~4300	85	130, 150, 180	3200~2400

附录 G 内圈或外圈无挡边的圆柱滚子轴承（NU0000 型、NJ0000 型、NUP0000 型和 N0000 型、NF0000 型）的极限转速值

规格 /mm		极限转速 / (r/min)	规格 /mm		极限转速 / (r/min)
内径	外径		内径	外径	
50	80, 90, 110, 130	6300~4800	95	170, 200, 240	3200~2200
55	90, 100, 120, 140	5600~4300	100	150, 180, 215, 250	3400~2000
60	95, 110, 130, 150	5300~4000	105	160, 190, 225	3200~2200
65	120, 140, 160	4500~3800	110	170, 200, 240, 280	3000~1800
70	110, 125, 150, 180	4800~3400	120	180, 215, 260, 310	2600~1700
75	130, 160, 190	4000~3200	130	200, 230, 280, 340	2400~1500
80	125, 140, 170, 200	4300~3000	140	210, 250, 300, 360	2000~1400
85	150, 180, 210	3600~2800	150	225, 270, 320, 380	1900~1300
90	140, 160, 190, 225	3800~2400	160	240, 290, 340	1800~1400

附录 H 单列圆锥滚子轴承（30000 型）的极限转速值

规格 /mm		极限转速 / (r/min)	规格 /mm		极限转速 / (r/min)
内径	外径		内径	外径	
50	72, 80, 90, 110	5000~3800	90	125, 140, 160, 190	3200~1900
55	90, 100, 120	4000~3400	95	145, 170, 200	2400~1800
60	85, 95, 110, 130	4000~3200	100	150, 180, 215	2200~1600
65	100, 120, 140	3600~2800	105	160, 190, 225	2000~1500
70	100, 110, 125, 150	3600~2600	110	150, 170, 200, 240	2000~1400
75	115, 130, 160	3200~2400	120	180, 215, 260	1700~1300
80	125, 140, 170	3000~2200	130	180, 200, 230, 280	1700~1100
85	120, 130, 150, 180	3400~2000	140	190, 210, 250, 300	1600~1000

附录 I 单向推力球轴承（510000 型）的极限转速值

规格 /mm		极限转速 / (r/min)	规格 /mm		极限转速 / (r/min)
内径	外径		内径	外径	
50	70, 78, 95, 110	3000~1300	90	120, 135, 155, 190	1700~670
55	78, 90, 105, 120	2800~1100	100	135, 150, 170, 210	1600~600
60	85, 95, 110, 130	2600~1000	110	145, 160, 190, 230	1500~530
65	90, 100, 115, 140	2400~900	120	155, 170, 210	1400~670
70	95, 105, 125, 150	2200~850	130	170, 190, 225, 270	1300~430
75	100, 110, 135, 160	2000~800	140	180, 200, 240, 280	1200~400
80	105, 115, 140, 170	1900~750	150	190, 215, 250, 300	1100~380
85	110, 125, 150, 180	1800~700	160	200, 225, 270	1000~500

附录 J　单向推力圆柱滚子轴承（80000 型）的极限转速值

规格 /mm		极限转速 /(r/min)	规格 /mm		极限转速 /(r/min)
内径	外径		内径	外径	
40	60, 68	2400, 1700	85	110, 125	1300, 900
50	78	2400	90	120	1200
55	78, 90	1900, 1400	100	150	800
65	90, 100	1700, 1200	120	155	950
75	110	1000	130	190	670

附录 K　单列角接触轴承（70000C 型、70000AC 型、70000B 型）的极限转速值

规格 /mm		极限转速 /(r/min)	规格 /mm		极限转速 /(r/min)
内径	外径		内径	外径	
50	80, 90, 110, 130	6700～5000	90	140, 160, 190, 215	4000～2600
55	90, 100, 120	6000～5000	95	145, 170, 200	3800～3000
60	95, 110, 130, 150	5600～4300	100	150, 180, 215	3800～2600
65	100, 120, 140	5300～4300	105	160, 190, 225	3700～2400
70	110, 125, 150, 180	5000～3600	110	170, 200, 240	3600～2200
75	115, 130, 160	4800～3800	120	180, 215, 260	2800～2000
80	125, 140, 170, 200	4500～3200	130	200, 230	2600～2200
85	130, 150, 180	4300～3400	140	210, 250, 300	2200～1700

附录 L　ISO 公差等级尺寸规则

标准尺寸 /mm	公差等级（IT）及尺寸 /μm											
	IT0	IT1	IT2	IT3	IT4	IT5	IT6	IT7	IT8	IT9	IT10	IT11	TI12
1～3	0.5	0.8	1.2	2	3	4	6	10	14	25	40	60	100
>3～6	0.6	1	1.5	2.5	4	5	8	12	18	30	48	75	120
>6～10	0.6	1	1.5	2.5	4	6	9	15	22	36	58	90	150
>10～18	0.8	1.2	2	3	5	8	11	18	27	43	70	110	180
>18～30	1	1.5	2.5	4	6	9	13	21	33	52	84	130	210
>30～50	1	1.5	2.5	4	7	11	16	25	39	62	100	160	250
>50～80	1.2	2	3	5	8	13	19	30	46	74	120	190	300
>80～120	1.5	2.5	4	6	10	15	22	35	54	87	140	220	350
>120～180	2	3.5	7	8	12	18	25	40	63	100	160	250	400
>180～250	3	4.5	7	10	14	20	29	46	72	115	185	290	460
>250～315	4	6	8	12	16	23	32	52	81	130	210	320	520
>315～400	5	7	9	13	18	25	36	57	89	140	230	360	570
>400～500	6	8	10	15	20	27	40	63	97	155	250	400	630
>500～630	—	—				28	44	70	110	175	280	440	700
>630～800	—	—				35	50	80	125	200	320	500	800
>800～1000						56	56	90	140	230	360	560	900

附录 M 深沟球轴承新老标准型号对比及基本尺寸表

基本尺寸/mm			新型号	老型号	基本尺寸/mm			新型号	老型号
内径	外径	宽度			内径	外径	宽度		
20	47	14	6204	204	75	115	20	6015	115
	52	15	6304	304		130	25	6215	215
	72	19	6404	404		160	37	6315	315
25	52	15	6205	205		190	45	6415	415
	62	17	6305	305	80	125	22	6016	116
	80	21	6405	405		140	26	6216	216
30	62	16	6206	206		170	39	6316	316
	72	19	6306	306		200	48	6416	416
	90	23	6406	406	85	130	22	6017	117
35	72	17	6207	207		150	28	6217	217
	80	21	6307	307		180	41	6317	317
	100	25	6407	407		210	52	6417	417
40	80	18	6208	208	90	140	24	6018	118
	90	23	6308	308		160	30	6218	218
	110	27	6408	408		190	43	6318	318
45	85	19	6209	209		225	54	6418	418
	100	25	6309	309	95	145	24	6019	119
	120	29	6409	409		170	38	6219	219
50	80	16	6010	110		200	25	6319	319
	90	20	6210	210	100	150	24	6020	120
	110	27	6310	310		180	34	6220	220
	130	31	6410	410		215	47	6320	320
55	90	18	6011	111		250	58	6420	420
	100	21	6211	211	105	160	26	6021	121
	120	29	6311	311		190	36	6221	221
	140	33	6411	411		225	49	6321	321
60	95	18	6012	112	110	170	28	6022	122
	110	22	6212	212		200	38	6222	222
	130	31	6312	312		240	50	6322	322
	150	35	6412	412	120	180	28	6024	124
65	100	18	6013	113		215	40	6224	224
	120	23	6213	213		260	55	6324	324
	140	33	6313	313	130	200	33	6026	126
	160	37	6413	413		230	40	6226	226
70	110	20	6014	114		280	58	6326	326
	125	24	6214	214	140	210	33	6028	128
	150	35	6314	314		250	42	6228	228
	180	42	6414	414		300	62	6328	328

附录 N 带防尘盖的深沟球轴承新老标准型号及基本尺寸对比表

基本尺寸 /mm			新型号		老型号	
内径	外径	宽度	单封闭 60000-Z 型	双封闭 60000-2Z 型	单封闭	双封闭
10	26	8	6000Z	6000-2Z	60100	80100
10	30	9	6200Z	6200-2Z	60200	80200
10	35	11	6300Z	6300-2Z	60300	80300
12	28	8	6001Z	6001-2Z	60101	80101
12	32	10	6201Z	6201-2Z	60201	80201
12	37	12	6301Z	6301-2Z	60301	80301
15	32	9	6002Z	6002-2Z	60102	80102
15	35	11	6202Z	6202-2Z	60202	80202
15	42	13	6302Z	6302-2Z	60302	80302
17	35	10	6003Z	6003-2Z	60103	80103
17	40	12	6203Z	6203-2Z	60203	80203
17	47	14	6303Z	6303-2Z	60303	80303
20	42	12	6004Z	6004-2Z	60104	80104
20	47	14	6204Z	6204-2Z	60204	80204
20	52	15	6304Z	6304-2Z	60304	80304
25	47	12	6005Z	6005-2Z	60105	80105
25	52	15	6205Z	6205-2Z	60205	80205
25	62	17	6305Z	6305-2Z	60305	80305
30	55	13	6006Z	6006-2Z	60106	80106
30	62	16	6206Z	6206-2Z	60206	80206
30	72	19	6306Z	6306-2Z	60306	80306
35	62	14	6007Z	6007-2Z	60107	80107
35	72	17	6207Z	6207-2Z	60207	80207
35	80	21	6307Z	6307-2Z	60307	80307
40	68	15	6008Z	6008-2Z	60108	80108
40	80	18	6208Z	6208-2Z	60208	80208
40	90	23	6308Z	6308-2Z	60308	80308
45	75	16	6009Z	6009-2Z	60109	80109
45	85	19	6209Z	6209-2Z	60209	80209
45	100	25	6309Z	6309-2Z	60309	80309
50	80	16	6010Z	6010-2Z	60110	80110
50	90	20	6210Z	6210-2Z	60210	80210
50	110	27	6310Z	6310-2Z	60310	80310
55	90	18	6011Z	6011-2Z	60111	80111
55	100	21	6211Z	6211-2Z	60211	80211
55	120	29	6311Z	6311-2Z	60311	80311
60	95	18	6012Z	6012-2Z	60112	80112
60	110	22	6212Z	6212-2Z	60212	80212
60	130	31	6312Z	6312-2Z	60312	80312

附录 O　带骨架密封圈的深沟球轴承新老标准型号及基本尺寸对比表

基本尺寸 /mm			新型号		老型号	
内径	外径	宽度	单封闭 60000-RS 型	双封闭 60000-2RS 型	单封闭	双封闭
10	26	8	6000RS	6000-2RS	160100	180100
	30	9	6200RS	6200-2RS	160200	180200
	35	11	6300RS	6300-2RS	160300	180300
12	28	8	6001RS	6001-2RS	160101	180101
	32	10	6201RS	6201-2RS	160201	180201
	37	12	6301RS	6301-2RS	160301	180301
15	32	9	6002RS	6002-2RS	160102	180102
	35	11	6202RS	6202-2RS	160202	180202
	42	13	6302RS	6302-2RS	160302	180302
17	35	10	6003RS	6003-2RS	160103	180103
	40	12	6203RS	6203-2RS	160203	180203
	47	14	6303RS	6303-2RS	160303	180303
20	42	12	6004RS	6004-2RS	160104	180104
	47	14	6204RS	6204-2RS	160204	180204
	52	15	6304RS	6304-2RS	160304	180304
25	47	12	6005RS	6005-2RS	160105	180105
	52	15	6205RS	6205-2RS	160205	180205
	62	17	6305RS	6305-2RS	160305	180305
30	55	13	6006RS	6006-2RS	160106	180106
	62	16	6206RS	6206-2RS	160206	180206
	72	19	6306RS	6306-2RS	160306	180306
35	62	14	6007RS	6007-2RS	160107	180107
	72	17	6207RS	6207-2RS	160207	180207
	80	21	6307RS	6307-2RS	160307	180307
40	68	15	6008RS	6008-2RS	160108	180108
	80	18	6208RS	6208-2RS	160208	180208
	90	23	6308RS	6308-2RS	160308	180308
45	75	16	6009RS	6009-2RS	160109	180109
	85	19	6209RS	6209-2RS	160209	180209
	100	25	6309RS	6309-2RS	160309	180309
50	80	16	6010RS	6010-2RS	160110	180110
	90	20	6210RS	6210-2RS	160210	180210
	110	27	6310RS	6310-2RS	160310	180310
55	90	18	6011RS	6011-2RS	160111	180111
	100	21	6211RS	6211-2RS	160211	180211
	120	29	6311RS	6311-2RS	160311	180311
60	95	18	6012RS	6012-2RS	160121	180121
	110	22	6212RS	6212-2RS	160212	180212
	130	31	6312RS	6312-2RS	160312	180312

附录 P 内圈无挡边的圆柱滚子轴承新老标准型号及基本尺寸对比表

内径	外径	宽度	内圈外径	新型号 NU0000	老型号 32000	内径	外径	宽度	内圈外径	新型号 NU0000	老型号 32000
20	47	14	27	NU204	32204	45	85	19	55	NU209	32209
	47	14	26.5	NU204E	32204E		85	19	54.5	NU209E	32209E
	47	18	26.5	NU2204E	32504E		85	23	55	NU2209	32509
	52	15	28.5	NU304	32304		85	23	54.5	NU2209E	32509E
	52	15	27.5	NU304E	32304E		100	25	58.5	NU309	32309
25	52	15	32	NU205	32205		100	25	58.5	NU309E	32309E
	52	15	31.5	NU205E	32205E		100	36	58.5	NU2309	32609
	52	18	32	NU2205	32505		100	36	58.5	NU2309E	32609E
	52	18	31.5	NU2205E	32505E		120	29	64.5	NU409	32409
	62	17	35	NU305	32305	50	80	16	57.5	NU1010	32110
	62	17	34	NU305E	32305E		90	20	60.4	NU210	32210
	62	24	33.6	NU2305	32605		90	20	59.5	NU210E	32210E
	62	24	34	NU2305E	32605E		90	23	60.4	NU2210	32510
30	62	16	38.5	NU206	32206		90	23	59.5	NU2210E	32510E
	62	16	37.5	NU206E	32206E		110	27	65	NU310	32310
	62	20	38.5	NU2206	32506		110	27	65	NU310E	32310E
	62	20	37.5	NU2206E	32506E		110	40	65	NU2310	32610
	72	19	42	NU306	32306		110	40	65	NU2310E	32610E
	72	19	40.5	NU306E	32306E		130	31	65	NU410	32410
	72	27	42	NU2306	32606	55	90	18	64.5	NU1011	32111
	72	27	40.5	NU2306E	32606E		100	21	66.5	NU211	32211
	90	23	45	NU406	32406		100	21	66.0	NU211E	32211E
35	72	17	43.8	NU207	32207		100	25	66.5	NU2211	32511
	72	17	44	NU207E	32207E		100	25	66.0	NU2211E	32511E
	72	23	43.8	NU2207	32507		120	29	70.5	NU311	32311
	72	23	44	NU2207E	32507E		120	29	70.5	NU311E	32311E
	80	21	46.2	NU307	32307		120	43	70.5	NU2311	32611
	80	21	46.2	NU307E	32307E		120	43	70.5	NU2311E	32611E
	80	31	46.2	NU2307	32607		140	33	77.2	NU411	32411
	80	31	46.2	NU2307E	32607E	60	95	18	69.5	NU1012	32112
	100	25	53	NU407	32407		110	22	73	NU212	32212
40	80	18	50	NU208	32208		110	22	72	NU212E	32212E
	80	18	49.5	NU208E	32208E		110	28	73	NU2212	32512
	80	23	50	NU2208	32508		110	28	72	NU2212E	32512E
	80	23	49.5	NU2208E	32508E		130	31	77	NU312	32312
	90	23	53.2	NU308	32308		130	31	77	NU312E	32312E
	90	23	52	NU308E	32308E		130	46	77	NU2312	32612
	90	33	53.5	NU2308	32608		130	46	77	NU2312E	32612E
	90	33	52	NU2308E	32608E		150	35	83	NU412	32412
	110	27	58	NU408	32408						

附录 Q　外圈无挡边的圆柱滚子轴承新老标准型号对比及基本尺寸表

基本尺寸 /mm			新型号		老型号	
内径	外径	宽度	N0000 型	NF0000 型	2000 型	12000 型
20	42	12	N1004	—	2104	—
	47	14	N204	NF204	2204	12204
	47	14	N204E	—	2204E	—
	52	15	N304	NF304	2304	12304
	52	15	N304E	—	2304 E	—
25	47	12	N1005	—	2105	—
	52	15	N205	NF205	2205	12205
	52	15	N205E	—	2205E	—
	52	18	N2205	NF2205	2505	12505
	62	17	N305	NF305	2305	12305
	62	17	N305E	—	2305E	—
	62	24	N2305	NF2305	2605	12605
30	62	16	N206	NF206	2206	12206
	62	16	N206E	—	2206E	—
	62	20	N2206	—	2506	—
	72	19	N306	NF306	2306	12306
	72	19	N306E	—	2306E	—
	72	27	N2306	NF2306	2606	12606
	90	23	N406	—	2406	—
35	72	17	N207	NF207	2207	12207
	72	17	N207E	—	2207E	—
	72	23	N2207	—	2507	—
	80	21	N307	NF307	2307	12307
	80	21	N307E	—	2307E	—
	80	31	N2307	NF2307	2607	12607
	100	25	N407	—	2407	—
40	68	15	N1008	—	2108	—
	80	18	N208	NF208	2208	12208
	80	18	N208E	—	2208E	—
	80	23	N2208	NF2208	2508	12508
	90	23	N308	NF308	2308	12308
	90	23	N308E	—	2308E	—
	90	23	N2308	NF2308	2608	12608
	110	27	N408	—	2408	—

（续）

基本尺寸 /mm			新型号		老型号	
内径	外径	宽度	N0000 型	NF0000 型	2000 型	12000 型
45	85	19	N209	NF209	2209	12209
	85	19	N209E	—	2209E	—
	85	23	N2209	—	2509	—
	100	25	N309	NF309	2309	12309
	100	25	N309E	NF309E	2309E	12309E
	100	36	N2309	NF2309	2609	12609
	120	29	N409	—	2409	—
50	80	16	N1010	—	2110	—
	90	20	N210	NF210	2210	12210
	90	20	N210E	—	2210E	—
	90	23	N2210	—	2510	—
	110	27	N310	NF310	2310	12310
	110	27	N310E	NF310E	2310E	12310E
	110	40	N2310	NF2310	2610	12610
	130	31	N410	NF410	2410	12410
55	90	18	N1011	—	2111	—
	100	21	N211	NF211	2211	12211
	100	21	N211E	—	2211E	—
	100	25	N2211	NF2211	2511	12511
	120	29	N311	NF311	2311	12311
	120	29	N311E	NF311E	2311E	12311E
	120	43	N2311	NF2311	2611	12611
	140	33	N411	—	2411	—
60	95	18	N1012	—	2112	—
	110	22	N212	NF212	2212	12212
	110	22	N212E	—	2212E	—
	110	28	N2212	—	2512	—
	130	31	N312	NF312	2312	12312
	130	31	N312E	NF312E	2312E	12312E
	130	46	N2312	NF2312	2612	12612
	150	35	N412	—	2412	—

（续）

基本尺寸/mm			新型号		老型号	
内径	外径	宽度	N0000型	NF0000型	2000型	12000型
65	120	23	N213	NF213	2213	12213
	120	23	N213E	—	2213E	—
	120	31	N2213	—	2513	—
	140	33	N313	NF313	2313	12313
	140	33	N313E	NF313E	2313E	12313E
	140	48	N2312	NF2313	2613	12613
	160	37	N413	—	2413	—
70	110	20	N1014	—	2114	—
	125	24	N214	NF214	2214	12214
	125	24	N214E	—	2214E	—
	125	31	N2214	—	2514	—
	150	35	N314	NF314	2314	12314
	150	35	N314E	NF314E	2314E	12314E
	150	51	N2314	NF2314	2614	12614
	180	42	N414	—	2414	—
75	130	25	N215	NF215	2215	12215
	130	25	N215E	—	2215E	—
	130	31	N2215	NF2215	2515	12515
	160	37	N315	NF315	2315	12315
	160	37	N315E	NF315E	2315E	12315E
	160	55	N2315	NF2315	2615	12615
	190	45	N415	—	2415	—
80	125	22	N1016	—	2116	—
	140	26	N216	NF216	2216	12216
	140	26	N216E	—	2216E	—
	140	33	N2216	—	2516	—
	170	39	N316	NF316	2316	12316
	170	39	N316E	NF316E	2316E	12316E
	170	58	N2316	NF2316	2616	12616
	200	48	N416	NF416	2416	12416
85	150	28	N217	NF217	2217	12217
	150	28	N217E	—	2217E	—
	150	36	N2217	—	2517	—
	180	41	N317	NF317	2317	12317
	180	41	N317E	NF317E	2317E	12317E
	180	60	N2317	NF2317	2617	12617
	210	52	N417	—	2417	—

(续)

基本尺寸 /mm			新型号		老型号	
内径	外径	宽度	N0000 型	NF0000 型	2000 型	12000 型
90	140	24	N1018	—	2118	—
	160	30	N218	NF218	2218	12218
	160	30	N218E	—	2218E	—
	160	40	N2218	—	2518	—
	190	43	N318	NF318	2318	12318
	190	43	N318E	NF318E	2318E	12318E
	190	64	N2318	NF2318	2618	12618
	225	54	N418	NF418	2418	12418
95	170	32	N219	NF219	2219	12219
	170	32	N219E	—	2219E	—
	170	43	N2219	—	2519	—
	200	45	N319	NF319	2319	12319
	200	45	N319E	NF319E	2319E	12319E
	200	67	N2319	NF2319	2619	12619
	240	55	N419	—	2419	—
100	150	24	N1020	—	2120	—
	180	34	N220	NF220	2220	12220
	180	34	N220E	—	2220E	—
	180	46	N2220	—	2520	—
	215	47	N320	NF320	2320	12320
	215	47	N320E	NF320E	2320E	12320E
	215	73	N2320	NF2320	2620	12620
	250	58	N420	NF420	2420	12420
105	160	26	N1021	—	2121	—
	190	36	N221	NF221	2221	12221
	225	49	—	NF321	2321	12321
110	170	28	N1022	—	2122	—
	200	38	N222	NF222	2222	12222
	200	38	N222E	—	2222E	—
	200	53	N2222	NF2222	2522	12522
	240	50	N322	NF322	2322	12322
	240	80	N2322	NF2322	2622	12622
	280	65	N422	—	2422	—

(续)

基本尺寸 /mm			新型号		老型号	
内径	外径	宽度	N0000 型	NF0000 型	2000 型	12000 型
120	180	28	N1024	—	2124	—
	215	40	N224	NF224	2224	12224
	215	40	N224E	—	2224E	—
	215	58	N2224	NF2224	2524	12524
	260	55	N324	NF324	2324	12324
	260	86	N2324	NF2324	2624	12624
	310	72	N424	—	2424	—
130	200	33	N1026	—	2126	—
	230	40	N226	NF226	2226	12226
	230	64	N2226	NF2226	2526	12526
	280	58	N326	NF326	2326	12326
	280	93	N2326	NF2326	2626	12626
	340	78	N426	—	2426	—
140	210	33	N1028	—	2128	—
	250	42	N228	NF228	2228	12228
	250	68	N2228	—	2528	—
	300	62	N328	NF328	2328	12328
	300	102	N2328	NF2328	2628	12628
	360	82	N428	—	2428	—
150	225	35	N1030	—	2130	—
	270	45	N230	NF230	2230	12230
	320	65	N330	NF330	2330	12330
	320	108	N2330	NF2330	2630	12630
	380	85	N430	—	2430	—
160	240	38	N1032	—	2132	—
	290	48	N232	NF232	2232	12232
	290	80	N2232	—	2532	—
	340	68	N332	NF332	2332	12332
170	260	42	N1034	—	2134	—
	310	52	N234	NF234	2234	12234
	360	72	N334	—	2334	—
	360	120	N2334	NF2334	2634	12634

附录 R 单向推力球轴承新老标准型号及基本尺寸对比表

基本尺寸/mm			新型号 510000	老型号 8000	基本尺寸/mm			新型号 510000	老型号 8000
内径	外径	高度			内径	外径	高度		
30	47	11	51106	8106	80	105	19	51116	8116
	52	16	51206	8206		115	28	51216	8216
	60	21	51306	8306		140	44	51316	8316
	70	28	51406	8406		170	68	51416	8416
35	52	12	51107	8107	85	110	19	51117	8117
	62	18	51207	8207		125	31	51217	8217
	68	24	51307	8307		150	49	51317	8317
	80	32	51407	8407		180	72	51417	8417
40	60	13	51108	8108	90	120	22	51118	8118
	68	19	51208	8208		135	35	51218	8218
	78	26	51308	8308		155	50	51318	8318
	90	36	51408	8408		190	77	51418	8418
45	65	14	51109	8109	100	135	25	51120	8120
	73	20	51209	8209		150	38	51220	8220
	85	28	51309	8309		170	55	51320	8320
	100	39	51409	8409		210	85	51420	8420
50	70	14	51110	8110	110	145	25	51122	8122
	78	22	51210	8210		160	38	51222	8222
	95	31	51310	8310		190	63	51322	8322
	110	43	51410	8410		230	95	51422	8422
55	78	16	51111	8111	120	155	25	51242	8242
	90	25	51211	8211		170	39	51324	8324
	105	35	51311	8311		210	70	51424	8424
	120	48	51411	8411	130	170	30	51126	8126
60	85	17	51112	8112		190	45	51226	8226
	95	26	51212	8212		225	75	51326	8326
	110	35	51312	8312		270	110	51426	8426
	130	51	51412	8412	140	180	31	51128	8128
65	90	18	51113	8113		200	46	51228	8228
	100	27	51213	8213		240	80	51328	8328
	115	36	51313	8313		280	112	51428	8428
	140	56	51413	8413	150	190	31	51130	8130
70	95	18	51114	8114		215	50	51230	8230
	105	27	51214	8214		250	80	51330	8330
	125	40	51314	8314		300	120	51430	8430
	150	60	51414	8414	160	200	31	51132	8132
75	100	19	51115	8115		225	51	51232	8232
	110	27	51215	8215		270	87	51332	8332
	135	44	51315	8315	170	215	34	51134	8134
	160	65	51415	8415		240	55	51234	8234

附录 S 推力圆柱滚子轴承新老标准型号及基本尺寸对比表

基本尺寸/mm			新型号 80000	老型号 9000	基本尺寸/mm			新型号 80000	老型号 9000
内径	外径	高度			内径	外径	高度		
10	24	9	81100	9100	50	70	14	81110	9110
12	26	9	81101	9101	55	78	16	81111	9111
15	28	9	81102	9102	60	85	17	81112	9112
17	30	9	81103	9103	65	90	18	81113	9113
20	35	10	81104	9104	70	95	18	81114	9114
25	42	11	81105	9105	75	100	19	81115	9115
30	47	11	81106	9106	80	105	19	81116	9116
35	52	12	81107	9107	85	110	19	81117	9117
40	60	13	81108	9108	90	120	22	81118	9118
45	65	14	81109	9109	100	135	25	81120	9120

附录 T 我国和国外主要轴承生产厂电机常用滚动轴承型号对比表（内径≥10mm）

轴承名称		型号				
		中国		日本 NSK	日本 NTN	瑞典 SKF
		新	旧			
向心深沟球轴承	开启式	61800	1000800	6800	6800	61800
		6200	200	6200	6200	6200
	一面带防尘盖	61800—Z	106008	6800Z	6800Z	—
	两面带防尘盖	61800—2Z	1080800	6800ZZ	6800ZZ	—
		6200—2Z	80200	6200ZZ	6200ZZ	6200—2Z
	一面带密封圈	61800—RS	1160800	6800D	6800LU	61800—RS1
		6200—RS	160200	6200DU	6200LU	6200—RS1
		61800—RZ	1160800K	6800V	6800LB	61800—RZ
		6200—RZ	160200K	6200V	6200LB	6200—RZ
	两面带防尘盖	61800—2RS	1180800	6800DD	6800LLU	61800—2RS1
		6200—2RS	180200	6200DDU	6200LLU	6200—2RS1
		61800—2RZ	1180800K	6800VV	6800LLB	61800—2RZ
		6200—2RZ	180200K	6200VV	6200LB	6200—2RZ
内圈无挡边圆柱滚子轴承		NU1000	32100	NU1000	NU1000	NU1000
		NU200	32200	NU200	NU200	—
		NU200E	32200E	NU200ET	NU200E	NU200EC
推力球轴承		51100	8100	51100	51100	51100
推力圆柱滚子轴承		81100	9100	—	81100	81100

注：NSK 为日本精工公司（Nippon Seiko K.K.Japan），NTN 为日本东洋轴承公司（the Toyo Bearing Mfg Co.Ltd.,Japan），SKF 为瑞典斯凯孚集团。

附录 U　径向轴承（圆锥滚子轴承除外）内环尺寸公差表

内径范围 d/mm	公差范围/μm									
	0级（普通级）				P6级				P5级		
	内径	圆度			内径	圆度			内径	圆度	
		直径系列				直径系列				直径系列	
		8,9	0,1	2,3,4		8,9	0,1	2,3,4		8,9	0~4
> 2.5~10	−8~0	10	8	6	−7~0	9	7	5	−5~0	5	4
> 10~18	−8~0	10	8	6	−7~0	9	7	5	−5~0	5	4
> 18~30	−10~0	13	10	8	−8~0	10	8	6	−6~0	6	5
> 30~50	−12~0	15	12	9	−10~0	13	10	8	−8~0	8	6
> 50~80	−15~0	19	19	11	−12~0	15	15	9	−9~0	9	7
> 80~120	−20~0	25	25	15	−15~0	19	19	11	−10~0	10	8
> 120~180	−25~0	31	31	19	−18~0	23	23	14	−13~0	13	10
> 180~250	−30~0	38	38	23	−22~0	28	28	17	−15~0	15	12
> 250~315	−35~0	44	44	26	−25~0	31	31	19	−18~0	18	14
> 315~400	−40~0	50	50	30	−30~0	38	38	23	−23~0	23	18
> 400~500	−45~0	56	56	34	−35~0	44	44	26	−27~0	27	21

附录 V　径向轴承（圆锥滚子轴承除外）外环尺寸公差表

外径范围 d/mm	公差范围/μm									
	0级（普通级）				P6级				P5级		
	外径	圆度			外径	圆度			外径	圆度	
		直径系列				直径系列				直径系列	
		8,9	0,1	2,3,4		8,9	0,1	2,3,4		8,9	0~4
> 6~18	−8~0	10	8	6	−7~0	9	7	5	−5~0	5	4
> 18~30	−9~0	12	9	7	−8~0	10	8	6	−6~0	6	5
> 30~50	−11~0	14	11	8	−9~0	11	9	7	−7~0	7	5
> 50~80	−13~0	16	13	10	−11~0	14	11	8	−9~0	9	7
> 80~120	−15~0	19	19	11	−13~0	16	16	10	−10~0	10	8
> 120~150	−18~0	23	23	14	−15~0	19	19	11	−11~0	11	8
> 150~180	−25~0	31	31	19	−18~0	23	23	14	−13~0	13	10
> 180~250	−30~0	38	38	23	−20~0	25	25	15	−15~0	15	11
> 250~315	−35~0	44	44	26	−25~0	31	31	19	−18~0	18	14
> 315~400	−40~0	50	50	30	−28~0	35	35	21	−20~0	20	15
> 400~500	−45~0	56	56	34	−33~0	41	41	25	−23~0	23	17

附录 W　径向轴承（圆锥滚子轴承除外）内外圈厚度尺寸公差表

内径范围 d/mm	公差范围 /μm	内径范围 d/mm	公差范围 /μm
> 2.5 ~ 10	−120 ~ 0（−40）[①]	> 120 ~ 180	−250 ~ 0
> 10 ~ 18	−120 ~ 0（−80）[①]	> 180 ~ 250	−300 ~ 0
> 18 ~ 30	−120 ~ 0	> 250 ~ 315	−350 ~ 0
> 30 ~ 50	−120 ~ 0	> 315 ~ 400	−400 ~ 0
> 50 ~ 80	−150 ~ 0	> 400 ~ 500	−450 ~ 0
> 80 ~ 120	−200 ~ 0		

① 括号内的数字为 P5 级。

参 考 文 献

[1] 陈雪峰. 智能运维与健康管理 [M]. 北京：机械工业出版社，2021.
[2] 黄志坚. 机械设备振动故障监测与诊断 [M]. 2 版. 北京：化学工业出版社，2017.
[3] 徐萍. 振动信号处理与数据分析 [M]. 北京：科学出版社，2016.
[4] 余本国. 基于 python 的大数据分析基础及实战 [M]. 北京：中国水利水电出版社，2018.
[5] 王勇. SKF 大型混合陶瓷深沟球轴承——风力发电机的可靠解决方案 [J]. 电机控制与应用，2008（12）：54-57.
[6] 王勇. 风力发电机中的轴承过电流问题 [J]. 电机控制与应用，2008（9）：15-19.
[7] 王勇. 工业电机中的滚动轴承噪声 [J]. 电机控制与应用，2008（6）：38-41.
[8] 王勇. 工业电机中的滚动轴承失效分析 [J]. 电机控制与应用，2009（9）：38-43.
[9] 王勇. 滚动轴承寿命计算 [J]. 电机控制与应用，2009（7）：14-18.
[10] 王勇. 工业电机滚动轴承润滑方案设计 [J]. 电机控制与应用，2009（12）：52-56.
[11] 王勇. 工业电机滚动轴承的安装与使用 [J]. 电机控制与应用，2010（1）：56-60.
[12] 才家刚. 电机故障诊断及修理 [M]. 北京：机械工业出版社，2016.
[13] 才家刚，李兴林，王勇，等. 滚动轴承使用常识 [M]. 2 版. 北京：机械工业出版社，2015.
[14] 才家刚，王勇，等. 电机轴承应用技术 [M]. 北京：机械工业出版社，2020.